Xinding Riben Gongsi Fadian

新订日本公司法典

| 王作全 译

图书在版编目(CIP)数据

新订日本公司法典/王作全译.—北京:北京大学出版社,2016.8
ISBN 978-7-301-27436-1

Ⅰ.①新… Ⅱ.①王… Ⅲ.①公司法—日本 Ⅳ.①D931.322.9

中国版本图书馆 CIP 数据核字(2016)第 195070 号

书　　　名	新订日本公司法典 XINDING RIBEN GONGSI FADIAN
著作责任者	王作全　译
责任编辑	李　倩
标准书号	ISBN 978-7-301-27436-1
出版发行	北京大学出版社
地　　　址	北京市海淀区成府路 205 号　100871
网　　　址	http://www.pup.cn
电子信箱	law@pup.pku.edu.cn
新浪微博	@北京大学出版社　@北大出版社法律图书
电　　　话	邮购部 62752015　发行部 62750672　编辑部 62752027
印　刷　者	三河市北燕印装有限公司
经　销　者	新华书店
	965 毫米×1300 毫米　16 开本　28.5 印张　482 千字 2016 年 8 月第 1 版　2016 年 8 月第 1 次印刷
定　　　价	63.00 元

未经许可,不得以任何方式复制或抄袭本书之部分或全部内容。
版权所有,侵权必究
举报电话:010-62752024　电子信箱:fd@pup.pku.edu.cn
图书如有印装质量问题,请与出版部联系,电话:010-62756370

译者序:日本公司法典的最新发展

一、概说

日本近现代意义上的公司法制度,发端于1890年的所谓"旧商法"(其第一编第6章对公司制度做出了基本规定),而正式起步于1899年的所谓"新商法",即日本现行商法(其第二编专为"公司"编)。① 由于新旧商法典的编撰都与德国法学家密切相关,故从正式起步开始的日本公司法制度,以及直至第二次世界大战结束前的修改完善,基本上是在大陆法系的框架内,在深受德国法系影响的情况下进行的。第二次世界大战后,由于特殊的国际背景,特别是美国对日本的影响,日本公司法制度的修改完善开始大量吸收和引进美国的公司法制度,在有机结合大陆法系和英美法系公司法制度的特殊模式下,取得了长足发展。应该说,第二次世界大战后的日本公司法制度体系逐步发展成了大陆法系和英美法系公司法制度的集大成者,在人类社会公司法制建设的进程中独具特色,产生了重要影响。②

在20世纪90年代初,随着日本泡沫经济的破灭,日本经济发展进入长期停滞不前的时期。为从根本上扭转这种局面,不断增强日本企业的活力和国际竞争力,日本公司法制度也进入了频繁修改完善,努力建立具有自己特色的公司法制度体系的历史阶段。③ 特别是进入21世纪后,修改完善更加频繁,有些年份修改次数多达三次,直至2005年日本对商法进行了历史性的重大修改调整,将商法典的第二编"公司"部分独立出来,并与《有限公司法》

---

① 详见吴建斌等译:《日本公司法典》,中国法制出版社2006年版,"代序"第2—4页。
② 正如有学者所言,1950年日本商法"修改的最大特色就是广泛吸收英美法系国家,尤其是美国公司法的有关规定,从而使以大陆法(尤其是德国法)为基础的公司法中融合进许多英美法的因素,并形成兼容两大法系公司法特点的公司法体系"。参见《日公司法典》,崔延花译,中国政法大学出版社2006年版,"译者前言",第1页。其实,在之后很长一段时间内,美国及其法律对日本公司法制度的发展仍然保持了很强的影响力,甚至直至今日。所不同的是与第二次世界大战刚结束后的一段特殊时期相比,进入20世纪七八十年代以后,更多是因美国的发达与先进日本从被动变为自主自愿地接受这种影响。
③ 日本著名的公司法学者指出:"作为德国法系的立法所起步的日本公司法,战后受到美国法的强烈影响而发生在重大变化,之后经过频繁的修改不断强化日本独自的特色发展至今。"参见〔日〕神田秀树:《公司法》(第十六版),日本弘文堂2014年版,第32页。

(1938年制定)、《商法特例法》(1974年制定)等法规整合为一体,以单行法方式制定颁布了独立的且规范内容十分详尽的《日本公司法典》,"这是日本商事立法的一个重大变革。长期以来,日本的公司法渊源于商法第2编、有限责任公司法和商法特例法,而日本《公司法》的颁布则使公司法的规范资源集中地得到整合并且法典化了,这一法律现象无疑应该引起我国的重视"。①

《日本公司法典》于2005年7月26日颁布,自2006年5月1日施行以来,为配合其他法律、法规的制定或者修改而进行了若干次必要的修正。比如,根据2006年法律第50号、第66号、第109号,2007年法律第47号、第99号、2008年法律第65号、2009年法律第29号、第58号、第74号,2011年法律第53号、2012年法律第16号以及2013年法律第45号等所进行的修改就属于这类修正。举例来说,为配合2006年日本新《信托法》的制定颁布,根据该法配套法调整法案(2006年法律第109号)的要求,《日本公司法典》第一编第2章第3节"股份转让等"之下增设一分节,即第4分节"属于信托财产股份的对抗要件等",并增设第154条之2,共设四款。其第1款规定,股份,若不在股东名册中记载或者记录该股份属于信托财产之意,该股份不得以属于信托财产而对抗股份公司及其他第三人。其第2款规定,第121条第1项所规定的股东,其所持有股份属于信托财产时,可向股份公司请求将该意旨记载或者记录于股东名册。其第3款规定,在股东名册中已进行前款所规定的记载或者记录时,就适用第122条第1款及第132条的规定,将第122条第1款中的"所记录的股东名册记载事项"改为"所记录的股东名册记载事项(含该股东所持有股份属于信托财产之意)",将第132条中的"股东名册记载事项"改为"股东名册记载事项(含该股东所持有股份属于信托财产之意)"。其第4款规定,对于股票发行公司,不适用以上3款的规定。

但需要明确的是,《日本公司法典》自颁布施行以来,并未从完善自身制度、谋求新的发展的角度做过任何一次修改而发展至今。正如日本有学者所言,"公司法虽于2005年成立,2006年5月施行,但之后未作任何正式的修改,所以本次修改(指2014年修改——译者注)属于新公司法的第一次正式

---

① 王保树主编:《最新日本公司法》,于敏、杨东译,法律出版社2006年版,"代序"第1页。对于《日本公司法典》制定的意义和制定过程等,分别详见收录于该书中的〔日〕江头宪治郎:《新公司法制定的意义》(第3—12页)和〔日〕相泽哲:《公司法制定的过程和概要》(第13—27页)的文章。

修改"。① 并且此次修改,如下所述,条款增减以及修改幅度非常大,属于重大修改。若不对新修改的《日本公司法典》重新进行全面翻译介绍,势必会影响我国对《日本公司法典》制度的参考使用,这也是翻译出版该《新订日本公司法典》一书的目的所在。

二、《日本公司法典》2014 年重大修改的成立及其背景

(一) 2014 年重大修改的经过

对于此次修改,首先,2010 年 2 月,日本法务大臣向法制审议会提出了公司法需要修改,请提出修改要纲的正式请求。受到该请求的法制审议会及时在该会之下成立了公司法制部会,并从 2010 年 4 月开始研究公司法典的修改工作。到 2011 年 12 月,法务省民事局参事官室公布了《关于公司法制修改完善的中期试案》以及《公司法制修改完善中期试案的补偿说明》。根据所征求到的意见在经过必要的探讨后,于 2012 年 9 月法制审议会正式决定并公布了《关于公司法制修改完善的要纲及其附带决议》。该要纲经过部分修改后作为修改法案于 2013 年 11 月 29 日正式提交给国会,修改法案于 2014 年 6 月 20 日通过国会审议正式成立(2014 年法律第 90 号)。"从作为修改法案基础的法制审议会正式决定的《关于公司法制修改完善的要纲》算起经过了近 2 年时间,如果从法务大臣向法制审议会提出请求的 2010 年 2 月算起经过了 4 年以上的时光。应该说是一次难产的公司法修改,正因为如此,也应该是一次具有重要意义的修改。"②

(二) 2014 年重大修改的背景

《日本公司法典》2014 年的重大修改,尽管涉及众多制度规范,但从修改的宗旨而言,主要基于两大方面的背景思考。一是日本社会普遍认为,从 2008 年世界金融危机以来日本经济以及日本企业竞争力不断下降的一个重要原因,就是日本企业的法人治理机制落后于其他国家。正因为日本企业的治理机制存在问题,其结果导致了日本企业的纯资本利润率(ROD)以及自己资本利润率(ROE)明显低于欧美企业的不良结果。二是通过 1997 年《日本反垄断法》的修改解除了对纯控股公司的禁止性规定,之后以金融机构为中心的纯控股公司得到了极大的发展。在这种企业集团体制中,集团企业的经

---

① 〔日〕稻叶威雄:《对 2014 年公司法修改的思考》,载《法律时报》第 86 卷第 11 号,第 66 页。
② 〔日〕岩原绅作:《2014 年公司法修改的意义》,载《Jurist》第 1472 号(2014 年 10 月),第 11 页。

营业务以及实际的经营中心大多在纯控股公司所控制的子公司中,但作为母公司的纯控股公司以及其股东对子公司经营的监督管理明显不足。其结果出现了诸多因子公司的违法事件使母公司及企业集团的其他企业遭受沉重打击,以及母公司利用子公司实施不正当行为的事件。此外,母公司盘剥子公司,损害子公司股东以及债权人利益之事,也是备受诟病的情形。所以,有必要完善公司法有关企业集团机制方面的制度规范也是社会的共识。正是基于上述的背景思考,2010年2月,日本法务大臣向法制审议会提出修改公司法的请求中就明确指出:"有关公司法制,结合公司所发挥的社会性以及经济方面的重要作用,从取得围绕公司的广大利益相关者的更高信任的理念出发,有必要修改完善企业治理机制以及有关母子公司的制度规范,为此,请提出相关要纲。"①

三、《日本公司法典》2014年重大修改的主要内容

(一)属于涉及众多条款的大修改

如上所述,2014年《日本公司法典》的修改,从更加广义的角度而言,主要围绕企业治理机制更加完善先进以及以母子公司关系为核心的企业集团机制更加健全两个方面进行的。但实际上涉及众多具体制度规范,不仅涉及到了有关企业治理机制以及企业集团机制方面的诸多制度规范,同样涉及到了发行募集股份以及企业重组等方面的诸多制度规范。说到更具体的制度规定,此次修改涉及面十分广泛。从粗略统计看,由八编34章979条组成的《日本公司法典》,2014年修改所涉及的条、款、项等多达约820处。此外,为有效衔接修改前后的公司法规定,以"附则"方式(2014年法律第90号)规定了25条的过渡措施等。所以,对于《日本公司法典》2014年的重大修改,很难通过一篇文章进行全面介绍,以下只对主要方面的修改完善做概要介绍。

(二)《日本公司法典》2014年修改内容概要

1. 有关公司机构制度的修改

如上所述,修改完善企业治理机制是此次重大修改的主要任务之一。企业治理机制在公司层面上主要表现为公司的组织机构制度。所以,围绕公司的组织机构制度,《日本公司典》2014年修改涉及了多项重要制度。

---

① 有关《日本公司法典》2014年重大修改的背景,详见〔日〕岩原绅作:《2014年公司法修改的意义》,载《Jurist》第1472号(2014年10月),第11—12页;〔日〕神田秀树:《公司法》(第十六版),日本弘文堂2014年版,第39—40页。

1）有关独立董事和独立监事制度的修改

一是对确保独立性要件规定的修改。众所周知，独立董事和独立监事制度，主要以上市公司等的大型公开公司为主，通过与公司经营者具有独立性的董事和监事的引进达到强化对公司经营者的有效监督功能为目的所设计的制度。但由于《日本公司法典》中有关独立董事和独立监事的要件规定的不合理等因素，该项制度未能取得预期效果。所以，此次修改从两个方面做出了新的规定。

首先，对独立董事和独立监事的要件作出了更加严格的规定。不仅作为自然人的母公司、董事、监事、执行官、使用人等相关者不具有法律要求的独立性，而且相关公司的董事、执行官、重要使用人以及作为自然人的母公司等的配偶或者2代内直系亲属也不具有这里所说的独立性（详见修改后《日本公司法典》第2条第4项之2，第2条第15项3、4，第2条15项5、第16项5等的规定。以下简称"修改后法"）。

其次，对独立董事和独立监事的要件也做出了适当放宽，使其更加合理的规定。即修改前规定只要过去曾是相关公司或者其子公司一定职位上的公司负责人就不得被选任为独立董事，而通过修改只关注就任前的10年间，即只要在就任前的10年间未曾担任过公司负责人等者就可被选任为独立董事和独立监事（详见修改后法第2条第15项1、第2条第16项1的规定）。其理由在于以前的规定过于严格，实际上只要经过一定的时间，与经营者之间的独立性不应再成为怀疑的对象。①

二是规定了对设置独立董事不合理理由进行说明等的义务。对于作为监事会设置公司的上市公司等大型公开公司是否有必要强制其设置独立董事，一直是公司法修改过程中激烈争论的问题。最后未将设立独立董事规定为义务，而是导入了相关公示规则，即在作为公开公司且为大公司的监事会设置公司中，需要提交有价证券报告书的公司，只要未设置独立董事，在年度股东大会上董事须对设置独立董事不合适的理由作出说明（详见修改后法第327条之2的规定），并且根据修改要纲，公司法施行规则还计划将该理由作为年度事业报告的内容作出规定。②

---

① 参见〔日〕前田雅弘：《企业治理》，载《Jurist》第1472号（2014年10月），第22页。
② 对此，日本公司法的权威学者指出，这次的公司法修改只停留在"事实上"强制设置独立董事的层面上，而未上升到法律强制的程度，应该说是不幸中的万幸。详见〔日〕江头宪治郎：《日本公司不会因公司法的修改而变化》，载《法律时报》第86卷第11号，第61页。

2）创设了监查等委员会设置公司制度

也是为了通过设置独立董事的方式强化对公司经营监督功能的同时，赋予经营者更广泛的权限使其能够开展更加灵活的经营活动为目的，日本通过2002年的商法修改导入了"委员会设置公司"制度，2005年制定的《日本公司法典》继承了商法的这一制度。但是在日本公司法制的实践过程中，理应采用这一制度的公司并未显示出应有的积极性，采用者只占上市公司的2%。在修改的过程中，提出了应该创设一种更加"容易使用"的制度的意见，通过此次《日本公司法典》修改所创设的"监查等委员会设置公司"，应该说就是积极回应这种意见的结果。与监查等委员会公司的创设相对应，原有的"委员会设置公司"被更名为"提名委员会等设置公司"了。

从制度功能设计看，首先，监查等委员会制作对董事职务执行的监查及监督报告书，并决定会计监查人选任议案等的内容（详见修改后法第399条之2第3款第1、2项）。这与提名委员会设置公司的监查委员会的功能是相同的。其次，监查等委员会，在股东大会上对不是监查委员的董事的选任、解任、辞任以及报酬等可陈述作为监查等委员会的意见（详见修改后法第342条之2第4款、第361条第6款）。可见，监查等委员会设置公司的监查等委员会，在发挥提名委员会等设置公司的监查委员会的监查、监督功能的同时，期望也能够发挥提名委员会等设置公司的提名委员会、报酬委员会的一部分功能，旨在使委员会制度能够得到更加有效地采用。①

3）有关会计监查人任免等议案内容决定权限规定的修改

在修改前，有关会计监查人的选任、解任以及不再连任议案内容的决定属于董事会的职权，而公司的监事等仅享有同意权以及议案提案权。处于接受监督地位的董事会享有决定权的该项规定，从保障会计监查人的独立性的角度看明显存在问题，受到多方批评。所以，此次修改进一步扩大了监事有关该事项的权限，不再是单纯的同意权以及提案权的问题了，直接赋予了决定权。修改后法第344条第1款规定，"公司属于监事设置公司时，由监事决定提交给股东大会的有关会计监查人的选任及解任以及会计监查人不再连任议案的内容。"其第2款规定，"就监事有2人以上时适用前款的规定，将同款中的'由监事'改为'由监事的过半数'。"

---

① 参见〔日〕笠原武朗：《2014年公司法修改概要》，载《法律时报》第86卷第11号，第55页。

2. 有关母子公司规定的修改

如上述,完善有关母子公司的相关规定,健全其制度体系,是此次《日本公司法典》修改完善的另一项大重要任务。说到有关母子公司关系的制度,如何保护子公司少数股东以及债权人的利益应该是重点关注的问题。但在日本公司法制的情况下,一是如上所述的纯控股公司的复归,引起了人们对母公司股东保护的关注;二是通过1999年日本商法修改导入了股份交换、股份转移制度,但相应地只规定了母公司股东对子公司账簿等的查阅权以及母公司监事对子公司的调查权外,对母公司股东利益保护的制度建设明显不足。鉴于此,此次围绕《日本公司法典》有关母子公司规定的修改,将重点放在了母公司股东保护方面,并从以下几个方面进行了修改完善。①

1) 创设了多重代表诉讼制度

所谓多重代表诉讼是针对普通股东代表诉讼而言的。一般意义上的股东代表诉讼,是指本公司的股东代替本公司提起追究本公司负责人责任诉讼的制度,而多重代表诉讼指的是母公司的股东代替子公司甚至孙公司提起追究该子公司或者孙公司经营者责任的诉讼制度,只要符合法定要件不受直接母子公司关系的限制,中间可有多重母子关系,故称为多重代表诉讼。尽管立法论以及学术界早已提出了创设该项有利于母公司股东保护制度的建议,但一直存在激烈争论,就是在此次公司法修改过程中也存在很大的意见分歧。最终公司法修改案在限定条件的前提下创设了该项制度。根据修改后《日本公司法典》第847条之3的规定,最终全资母公司等的股东,可请求全资子公司应提起追究子公司负责人责任的诉讼,如果自提出该请求后的60日内该子公司未提起该诉讼时,该母公司股东可代替该子公司直接提起追究子公司负责人责任的诉讼。所给出的条件有三:① 须存在全资母子公司关系;② 限于相关全资子公司股份的账面价额超过全资母公司资产总额的20%的情形;③ 只有持有全资母公司全体股东表决权的1%以上或者已发行股份的1%以上的股东才能提起该诉讼,即将其设计为一项少数股东权了。②

2) 对母公司转让子公司股份行为性质的明确化规定

《日本公司法典》通过此次修改,有条件地将母公司转让子公司股份行为的性质等同于全部或者部分重要事业转让的性质,对其的法规制也与事业转

---

① 参见〔日〕藤田友敬:《母公司股东的保护》,载《Jurist》第1472号(2014年10月),第33页。
② 对于如此限定条件的理由,参见〔日〕笠原武朗:《2014年公司法修改概要》,载《法律时报》第86卷第11号,第56页。

让的规制保持了一致性。即根据修改后《日本公司法典》的规定,母公司所要转让的子公司股份的账面价额超过母公司净资产额的20%,且通过该转让导致母公司所持有的子公司的表决权低于过半数时,该转让合同须取得股东大会特别决议的同意(详见修改后法第467条第1款第2项之2、第309条第2款第11项的规定)。而且公司法有关保护反对股东的股份回购请求权的规定等同样适用于这种情形的股份转让(详见修改后法第468、469、470条等的规定)。

3) 新设了特别控制股东的股份出售请求权制度

据介绍,在现实中通过支付现金对价的方式从公司中(多指子公司)剔除其他股东,使该公司变为全资子公司的做法很流行。为此,此次《日本公司法典》的修改对此类做法给出了必要的回应,通过赋予特别控制股东股份出售请求权的方式,创设了特别控制股东股份出售请求权制度,即所谓的"现金剔除制度"。根据修改后《日本公司法典》的规定,凡持有其他公司(即对象公司)全体股东表决权的90%以上(章程规定了高于该标准的比例时,从其该比例)的股东,即所谓的特别控制股东,就可不需要经过股东大会的同意直接请求对象公司的其他股东将所其持有的股份出售给自己(详见修改后法第179条第1款等的规定)。如果对象公司发行新股预约权时,特别控制股东的该项出售请求权也可对新股预约权行使,还可对发行附新股预约权公司债券中的公司债券部分行使(详见修改后法第179条第2、3款等的规定)。当然,为了保护即将被剔除的股东的利益,修改后的《日本公司法典》对这类股东的知情权、对违反法律、章程并可能损害股东利益时的停止请求权、对价格不满意股东的向法院的价格决定申请权以及无效诉权等做出了相应的规定(详见修改后法第179条之4、5、10,第179条之7、8等的规定)。

另外,对母公司、子公司概念定义的刷新、为确保企业集团业务合理所必要的体制完善等做出了相应规定(详见修改后法第2条第3项之2、第4项之2、第362条第4款第6项等的规定)。

3. 有关募集股份发行等规定的修改

以募集股份的发行等为核心,围绕公司筹集资金方面的修改内容也很多。[①] 但对以下两项制度的修改完善需要关注。

[①] 详见〔日〕野村修也:《关于资金筹集的修改》,载《Jurist》第1472号(2014年10月),第25页以下。

1) 对伴随控制股东变动的募集股份发行等程序的修改完善

按照修改前的规定,只要公开公司的募集股份发行等不是所谓的对认购人有利的发行,就可通过董事会决议进行。但这种公开公司的募集股份发行(指不是股东配股发行)往往伴随着公司支配权变动的情形,基本上与企业重组等影响企业基础的事项相类似。所以,此次《日本公司法典》的修改,对伴随控制股东变动的公开公司募集股份发行等的程序制度进行了修改完善。其基本内容如下:一是公开公司进行非股东配股方式的募集股份发行时的认购人,在该发行生效后其持股达到该公司表决权的过半数时,即当出现新的控制股东时,该公司须在股款缴纳日或者期间开始日的2周前向股东通知或者公告有关该认购人的信息(详见修改后法第206条之2第1—3款)。二是当持有公司表决权10%以上的股东向该公司通知了反对该认购人认购之意时,该公司,为了事业的继续紧急需要的情形除外,在股款缴纳日等之前须取得股东大会的同意(详见修改后法第206条之2第4、5款的规定)。①

2) 对募集股份发行等中存在的虚假缴纳的严格规制

在企业筹资特别是上市公司通过发行募集股份等的筹资过程中,通过所谓的"让看金"等方式②进行虚假股款缴纳所引起的非法融资事件层出不穷。尽管对这类虚假出资的法律性质如何界定,仍存在各种观点,但这种虚假融资必然会导致形式上股份的流通量在增加而公司却无法募集到所需要资金事态的发生,对公司运营特别是融资的健康发展极为不利。所以,此次《日本公司法典》修改以强化认购人以及参与事务的董事等的连带支付义务的方式,对这类虚假出资做出了较严格的法规制。具体而言,修改后的《日本公司法典》首先明确规定,就募集股份的发行等如果出现虚假出资时,该募集股份的认购人以及参与事务的董事、执行官,对全部虚假缴纳额承担连带支付义务(详见该第213之2、第213条之3的规定)。其次规定,该募集股份的认购人,只要不履行该支付义务,对进行了虚假出资的募集股份不得行使股东权利。但是,该募集股份的无重大过失的受让人可行使股东权利(详见修改后法第209条第2、3款规定)。

---

① 作如此修改完善的宗旨在于不仅需要强化控制股东变动时的信息公开机制,也以是否存在持股达一定分量股东的反对为界限对发行等程序做不同处理,适当照顾募集股份发行应有的灵活性。参见〔日〕笠原武朗:《2014年公司法修改概要》,载《法律时报》第86卷第11号,第56页。

② 对"让看金"等方式的虚假出资的具体含义,参见〔日〕前田庸:《公司法入门》(第12版),王作全译,北京大学出版社2012年版,第51页。

此外,此次《日本公司法典》修改还对有关新股预约权无偿分配时的分配通知作出了更加明确的规定(详见修改后法第279条第2、3款的规定)。

4. 有关企业重组规范的修改完善

围绕企业重组相关制度的修改完善,《日本公司法典》2014年的修改同样涉及诸多方面,但比较重要的修改完善举措主要集中在以下两个方面。

1) 新设了对一般企业重组的请求停止规定

在修改前,仅对特别支配公司与进行重组的被支配公司的股东赋予了重组停止请求权。此次修改从更好地保护股东利益的角度出发,以增设新规定的方式对一般意义上的企业重组也对股东赋予了停止请求权。即对满足简易企业重组要件以外的一般企业重组[①],当该重组违反法令或者章程的规定,并且股东有可能遭受损失时,股东可请求停止该重组行为(详见修改后法第784条之2第1项等的规定)。

2) 对公司分立中债权人保护制度的修改完善

首先,对保护分立公司所不知晓的债权人的规定作了更加明确的规定,使其更加公平、合理。从规定的修改情况看,如果分立公司只通过官报进行了公告时,分立公司所不知晓的债权人,可在一定的限度内(以所承继财产额为限)对本来不是债务人的公司(吸收分立承继公司)请求履行债务。如果该债权人属于侵权行为债权人时,相关公司即便在官报公告之上通过新闻报纸登载的方法或者电子公告进行了公告,该类债权人可提出相同的请求(详见修改后法第759条第2、3款的规定)。

其次,在通过公司分立的企业重组中,为了逃避债务往往存在将债务留在分立公司,而将事业以及优良资产等让承继公司承继这种恶意利用公司分立制度的做法。这对继续留在分立公司的债权人,即所谓的残存债权人存在保证财产减少以及部分债权人获得优待等所带来的风险。为了解决这类问题,强化对残存债权人的保护,修改后的《日本公司法典》规定,分立公司明知损害残存债权人而仍然实施了分立时,残存债权人可对公司分立承继公司等,以承继财产额为限度请求履行债务。当然,同时也规定了残存债权人不

[①] 《日本公司法典》所规定的"简易企业重组"以及"略式企业重组",指的是两种不需要经过股东大会的同意就可实施的企业重组程序模式。尽管属于企业重组,只要重组当事企业的规模较小,不会影响股东利益时不需要经过股东大会的同意就可进行重组的情形就是所谓的"简易企业重组"模式(见《日本公司法典》第796条第2款),而只要可判明股东大会的结果(比如重组当事企业的一方持有另一方的90%以上的表决权的情形),且完全没有召集股东大会的意义时,不需要经过股东大会的同意就可进行重组的情形就是所谓的"略式企业重组"模式(见《日本公司法典》第784条第1款、第796条第1款)。

得行使该请求权的若干情形,防止因该类请求权的绝对化所导致的其他负面影响(详见修改后法第759条第4、5、7款等的规定)。

5. 其他修改

除了以上几个主要方面的重要修改外,股东名册查阅部分拒绝理由的删除,募集股份属于转让受限股份时的认购总数合同的处理,对有关监事监查范围登记规定的修改,有关可发行股份总数规定的修改等,也是《日本公司法典》2014年修改值得关注的方面。[①]

王作全
2016年7月30日

---

① 参见〔日〕神田秀树:《公司法》(第十六版),日本弘文堂2014年版,第40页;〔日〕笠原武朗:《2014年公司法修改概要》,载《法律时报》第86卷第11号,第58页。

凡　　例

　　日本法律文件的篇章结构、表示法律条文的款、项以及分项的序号等，与我国的表示方法存在一定的差异。并且在翻译介绍日本法律文件时，译者所确定的标准也存在的一定不同。另外，就日本公司法典而言，尽管对其中的众多术语，在我国基本已形成统一的对应术语，比如，日文中的"株主""取締役"等，在我国对应术语体系中，前者就是"股东"，后者就是"董事"。但还有众多术语，在译者间仍存在较大差异。好在日本大量使用汉字，且其含义并非难以理解，故以简化汉字保持原词，可能更为合适（因为日本现代法治建设起步远早于我国，且积累也比我国雄厚，众多术语无法在我国术语体系中找到对应词汇）。凡此种种，为了便以读者理解和把握，本翻译以凡例方式，作如下统一。

　　1. 篇章结构

　　日本公司法日文原文中以"编、章、节、款、目"表示篇章结构，本翻译将其确定为"编、章、节、分节、目"。

　　2. 条文内容序号

　　对于条文下的"款、项以及分项"，日本法律文件汇编多以"①、②、③"等表示"款"，以"一、二、三"等表示"项"，而以日语中的片假名"イ、ロ、ハ"等表示"分项"。对此，鉴于我国部分译者的做法，结合我国法律文件条文内容的表示习惯，本翻译仍以"①、②、③"等表示"款"，而以"（一）（二）（三）"等表示"项"，以"1、2、3"等表示"分项"。

　　3. 部分主要术语

　　1）公司类别名称

日文	本翻译用语
① 株式会社　② 持分会社　③ 合名会社　④ 合資会社　⑤ 合同会社	① 股份公司　② 份额公司　③ 无限公司　④ 两合公司　⑤ 合同公司①

---

　　① 合同公司是2005年新颁布的《日本公司法》所创设的一种新的公司组织形式，来源于美国的"Limited Liability Company"公司制度，故简称为日本版的LLC。对于导入这类公司制度的宗旨等，参见〔日〕前田庸：《公司法入门》，王作全译，第10页。本翻译仍使用原词，特此说明。

2）设置不同机构的公司名称

日文	本翻译用语
① 取締役会設置会社 ② 会計参与設置会社 ③ 監査役設置会社 ④ 監査役会設置会社 ⑤ 会計監査人設置会社 ⑥ 監査等委員会設置会社 ⑦ 指名委員会等設置会社	① 董事会设置公司 ② 会计参与设置公司 ③ 监事设置公司 ④ 监事会设置公司 ⑤ 会计监查人设置公司 ⑥ 监查等委员会设置公司 ⑦ 提名委员会等设置公司

3）其他术语

对于本翻译所使用的其他术语，根据需要，通过在所出现的地方以脚注方式予以说明。

4. 条文中的括弧重叠问题

在日文条款的原文中，为解释某些术语涉及其他法规及其条文等原因，常常出现括弧重叠（甚至三重括弧）使用情况。为清晰辨别括弧的重叠乃至三重现象，本翻译以括弧三重为例，确定如下处理方式："（〈[ ]〉）"。另外，日文原文中，所准用的其他条文的题目以该"〈〉"表示，本翻译相同。

5. 年号

包括公司法，日本法律文件颁布、施行以及修改等的年份均以日本固有年号，如明治32年、昭和25年、平成17年等方式进行表示，为了方便读者明确时间维度，本翻译将日本公司法日文原文中出现的日本固有年号均换算为公历年。

日本公司法[①]

颁布:2005 年 7 月 26 日法律第 86 号

施行:2006 年 5 月 1 日(2006 年政令第 77 号)

修改经历:2006 年法律第 50 号、第 66 号、第 109 号;2007 年法律第 47 号、第 99 号;2008 年法律第 65 号;2009 年法律第 29 号、第 58 号、第 74 号;2011 年法律第 53 号;2012 年法律第 16 号;2013 年法律第 45 号。

最新全面修改:2014 年法律第 42 号、第 90 号

[①] 日文法律文件来源:http://law.e-gov.go.jp/htmldata/H17/H17HO086.html,并参照《ポケット六法》(2015 年版,有斐阁,编辑代表:井上正仁、山下友信)中的公司法部分。

目　　录

第一编　总则　/1
　第1章　通则(1—5条)　/1
　第2章　公司的商号(6—9条)　/5
　第3章　公司的使用人等　/6
　　第1节　公司的使用人(10—15条)　/6
　　第2节　公司的代理商(16—20条)　/7
　第4章　已实施事业转让时的竞业禁止等(21—24条)　/8
第二编　股份公司　/10
　第1章　设立　/10
　　第1节　总则(25条)　/10
　　第2节　章程的制作(26—31条)　/10
　　第3节　出资(32—37条)　/12
　　第4节　设立时公司负责人等的选任与解任(38—45条)　/15
　　第5节　由设立时董事所进行的调查(46条)　/19
　　第6节　设立时代表董事等的选定等(47—48条)　/19
　　第7节　股份公司的成立(49—51条)　/20
　　第8节　发起人等的责任等(52—56条)　/20
　　第9节　募集设立　/22
　　　第1分节　设立时发行股份认购人的募集(57—64条)　/22
　　　第2分节　创立大会等(65—86条)　/25
　　　第3分节　有关设立事项的报告(87条)　/31
　　　第4分节　设立时董事等的选任及解任(88—92条)　/32
　　　第5分节　由设立时董事等所进行的调查(93—94条)　/33
　　　第6分节　章程变更(95—101条)　/34

第7分节　有关设立程序等的特别规则等(102—103条)　/36
第2章　股份　/37
　第1节　总则(104—120条)　/37
　第2节　股东名册(121—126条)　/47
　第3节　股份转让等　/49
　　第1分节　股份转让(127—135条)　/49
　　第2分节　有关股份转让的同意程序(136—145条)　/51
　　第3分节　股份质押(146—154条)　/55
　　第4分节　属于信托财产股份的对抗要件等(154条之2)　/58
　第4节　股份公司对自己股份的取得　/58
　　第1分节　总则(155条)　/58
　　第2分节　通过与股东间的合意所为的取得　/59
　　　第1目　总则(156—159条)　/59
　　　第2目　从特定股东取得(160—164条)　/60
　　　第3目　通过市场交易等的股份取得(165条)　/61
　　第3分节　附取得请求权股份及附取得条件股份的取得　/62
　　　第1目　附取得请求权股份取得的请求(166—167条)　/62
　　　第2目　附取得条件股份的取得(168—170条)　/63
　　第4分节　附全部取得条件种类股份的取得(171—173条之2)　/64
　　第5分节　对继承人等的出售请求(174—177条)　/67
　　第6分节　股份注销(178条)　/68
　第4节之2　特别控制股东的股份等出售请求(179—179条之10)　/68
　第5节　股份合并等　/73
　　第1分节　股份合并(180—182条之6)　/73
　　第2分节　股份分割(183—184条)　/76
　　第3分节　无偿配股(185—187条)　/77
　第6节　单元股份数　/78
　　第1分节　总则(188—191条)　/78
　　第2分节　单元未满股东的回购请求(192—193条)　/79
　　第3分节　单元未满股东的出售请求(194条)　/80
　　第4分节　单元股份数的变更等(195条)　/80
　第7节　对股东通知的省略等(196—198条)　/81
　第8节　募集股份的发行等　/82

第1分节　募集事项的决定等(199—202条)　/82

第2分节　募集股份的分配(203—206条之2)　/85

第3分节　现金外的财产出资(207条)　/87

第4分节　出资的履行等(208—209条)　/89

第5分节　停止募集股份发行等的请求(210条)　/89

第6分节　有关募集的责任等(211—213条之3)　/90

第9节　股票　/92

第1分节　总则(214—218条)　/92

第2分节　股票的提交等(219—220条)　/93

第3分节　股票丧失登记(221—233条)　/95

第10节　其他规则(234—235条)　/98

第3章　新股预约权　/99

第1节　总则(236—237条)　/99

第2节　新股预约权的发行　/101

第1分节　募集事项的决定等(238—241条)　/101

第2分节　募集新股预约权的分配(242—245条)　/104

第3分节　有关募集新股预约权的缴纳(246条)　/107

第4分节　停止募集新股预约权发行的请求(247条)　/107

第5分节　其他规则(248条)　/108

第3节　新股预约权存根簿(249—253条)　/108

第4节　新股预约权的转让等　/110

第1分节　新股预约权的转让(254—261条)　/110

第2分节　新股预约权的转让限制(262—266条)　/113

第3分节　新股预约权质押(267—272条)　/114

第4分节　就属于信托财产的新股预约权的对抗要件等
　　　　　(272条之2)　/116

第5节　由股份公司所为的自己新股预约权的取得　/117

第1分节　基于募集事项规定的新股预约权的取得(273—275条)　/117

第2分节　新股预约权的注销(276条)　/118

第6节　新股预约权的无偿分配(277—279条)　/119

第7节　新股预约权的行使　/120

第1分节　总则(280—283条)　/120

第2分节　现金外的财产出资(284条)　/121

第 3 分节　责任(285—286 条之 3)　/123
第 4 分节　其他规则(287 条)　/125
第 8 节　有关新股预约权的证券　/125
第 1 分节　新股预约权证券(288—291 条)　/125
第 2 分节　附新股预约权公司债券证券(292 条)　/126
第 3 分节　新股预约权证券等的提交(293—294 条)　/126

第 4 章　机关　/129
第 1 节　股东大会及种类股东大会　/129
第 1 分节　股东大会(295—320 条)　/129
第 2 分节　种类股东大会(321—325 条)　/138
第 2 节　股东大会以外机关的设置(326—328 条)　/141
第 3 节　公司负责人及会计监查人的选任及解任　/142
第 1 分节　选任(329—338 条)　/142
第 2 分节　解任(339—340 条)　/145
第 3 分节　有关选任及解任程序的特别规则(341—347 条)　/146
第 4 节　董事(348—361 条)　/150
第 5 节　董事会　/154
第 1 分节　权限等(362—365 条)　/154
第 2 分节　运营(366—373 条)　/155
第 6 节　会计参与(374—380 条)　/158
第 7 节　监事(381—389 条)　/161
第 8 节　监事会　/164
第 1 分节　权限等(390 条)　/164
第 2 分节　运营(391—395 条)　/164
第 9 节　会计监查人(396—399 条)　/166
第 9 节之 2　监查等委员会　/167
第 1 分节　权限等(399 条之 2—399 条之 7)　/167
第 2 分节　运营(399 条之 8—399 条之 12)　/170
第 3 分节　监查等委员会设置公司董事会的权限等
　　　　　(399 条之 13—399 条之 14)　/171
第 10 节　提名委员会等以及执行官　/173
第 1 分节　委员的选定、执行官的选任等(400—403 条)　/173
第 2 分节　提名委员会等的权限等(404—409 条)　/175

第 3 分节　提名委员会等的运营(410—414 条)　/178
　　第 4 分节　提名委员会等设置公司董事的权限等(415—417 条)　/179
　　第 5 分节　执行官的权限等(418—422 条)　/181
　第 11 节　公司负责人等的损害赔偿责任(423—430 条)　/183

第 5 章　财务会计等　/187
　第 1 节　会计原则(431 条)　/187
　第 2 节　会计账簿等　/188
　　第 1 分节　会计账簿(432—434 条)　/188
　　第 2 分节　财务会计报表等(435—443 条)　/189
　　第 3 分节　集团财务会计报表(444 条)　/192
　第 3 节　资本金额等　/193
　　第 1 分节　总则(445—446 条)　/193
　　第 2 分节　资本金额的减少等　/195
　　　第 1 目　资本金额的减少等(447—449 条)　/195
　　　第 2 目　资本金额的增加等(450—451 条)　/196
　　　第 3 目　对盈余金的其他处分(452 条)　/197
　第 4 节　盈余金分配(453—458 条)　/197
　第 5 节　有关决定盈余金分配等机关的特别规则(459—460 条)　/199
　第 6 节　有关盈余金分配等的责任(461—465 条)　/200

第 6 章　章程变更(466 条)　/205
第 7 章　事业转让等(467—470 条)　/205
第 8 章　解散(471—474 条)　/208
第 9 章　清算　/209
　第 1 节　总则　/209
　　第 1 分节　清算的开始(475—476 条)　/209
　　第 2 分节　清算股份公司的机关　/209
　　　第 1 目　股东大会外的机关设置(477 条)　/209
　　　第 2 目　清算人的就任、解任及监事的离任(478—480 条)　/210
　　　第 3 目　清算人的职务等(481—488 条)　/212
　　　第 4 目　清算人会(489—490 条)　/214
　　　第 5 目　有关董事等规定的适用(491 条)　/216
　　第 3 分节　财产目录等(492—498 条)　/217
　　第 4 分节　债务的清偿等(499—503 条)　/219

第5分节　剩余财产的分配(504—506条)　/220
　　　第6分节　清算事务的结束等(507条)　/221
　　　第7分节　账簿资料的保存(508条)　/221
　　　第8分节　适用排除等(509条)　/222
　　第2节　特别清算　/222
　　　第1分节　特别清算的开始(510—518条之2)　/222
　　　第2分节　法院的监督及调查(519—522条)　/225
　　　第3分节　清算人(523—526条)　/227
　　　第4分节　监督委员(527—532条)　/227
　　　第5分节　调查委员(533—534条)　/228
　　　第6分节　对清算股份公司行为的限制等(535—539条)　/228
　　　第7分节　清算监督中所必要的处分等(540—545条)　/230
　　　第8分节　债权人会议(546—562条)　/232
　　　第9分节　协定(563—572条)　/236
　　　第10分节　特别清算的结束(573—574条)　/238

第三编　份额公司　/239

第1章　设立(575—579条)　/239
第2章　股东　/240
　　第1节　股东的责任等(580—584条)　/240
　　第2节　出资份额的转让等(585—587条)　/241
　　第3节　误认行为的责任(588—589条)　/242
第3章　管理　/243
　　第1节　总则(590—592条)　/243
　　第2节　执行业务的股东(593—602条)　/244
　　第3节　业务执行股东的职务代行者(603条)　/246
第4章　股东的加入以及退出　/246
　　第1节　股东的加入(604—605条)　/246
　　第2节　股东的退出(606—613条)　/246
第5章　财务会计等　/249
　　第1节　会计原则(614条)　/249
　　第2节　会计账簿(615—616条)　/249
　　第3节　财务会计报表(617—619条)　/249
　　第4节　资本金额的减少(620条)　/250

第 5 节　利润分配(621—623 条)　/250
第 6 节　出资返还(624 条)　/251
第 7 节　有关合同公司财务会计等的特别规则　/251
  第 1 分节　有关财务会计报表查阅等的特别规则(625 条)　/251
  第 2 分节　有关资本金额减少的特别规则(626—627 条)　/251
  第 3 分节　有关利润分配的特别规则(628—631 条)　/252
  第 4 分节　有关出资返还的特别规则(632—634 条)　/253
  第 5 分节　有关伴随退出公司的出资份额返还的特别规则
　　　　　　(635—636 条)　/254

第 6 章　章程变更(637—640 条)　/255
第 7 章　解散(641—643 条)　/256
第 8 章　清算　/257
  第 1 节　清算的开始(644—645 条)　/257
  第 2 节　清算人(646—657 条)　/257
  第 3 节　财产目录等(658—659 条)　/260
  第 4 节　债务的清偿等(660—665 条)　/260
  第 5 节　剩余财产的分配(666 条)　/261
  第 6 节　清算事务的结束等(667 条)　/262
  第 7 节　任意清算(668—671 条)　/262
  第 8 节　账簿资料的保存(672 条)　/263
  第 9 节　股东责任的消灭时效(673 条)　/264
  第 10 节　适用排除等(674—675 条)　/264

第四编　公司债券　/265

第 1 章　总则(676—701 条)　/265
第 2 章　公司债券管理人(702—714 条)　/272
第 3 章　公司债券持有人会议(715—742 条)　/276

第五编　组织形式变更、合并、公司分立、股份交换及股份转移
　　　　　/284

第 1 章　组织形式变更　/284
  第 1 节　通则(743 条)　/284
  第 2 节　股份公司的组织形式变更(744—745 条)　/284
  第 3 节　份额公司的组织形式变更(746—747 条)　/286

第2章 合并 /288

第1节 通则(748条) /288

第2节 吸收合并 /288

第1分节 股份公司存续的吸收合并(749—750条) /288

第2分节 份额公司存续的吸收合并(751—752条) /290

第3节 新设合并 /292

第1分节 设立股份公司的新设合并(753—754条) /292

第2分节 设立份额公司的新设合并(755—756条) /295

第3章 公司分立 /297

第1节 吸收分立 /297

第1分节 通则(757条) /297

第2分节 让股份公司承继权利义务的吸收分立(758—759条) /297

第3分节 让份额公司承继权利义务的吸收分立(760—761条) /300

第2节 新设分立 /302

第1分节 通则(762条) /302

第2分节 设立股份公司的新设分立(763—764条) /303

第3分节 设立份额公司的新设分立(765—766条) /306

第4章 股份交换及股份转移 /308

第1节 股份交换 /308

第1分节 通则(767条) /308

第2分节 让股份公司取得已发行股份的股份交换(768—769条) /309

第3分节 让合同公司取得已发行股份的股份交换(770—771条) /311

第2节 股份转移(772—774条) /313

第5章 组织形式变更、合并、公司分立、股份交换及股份转移的程序 /316

第1节 组织形式变更的程序 /316

第1分节 股份公司的程序(775—780条) /316

第2分节 份额公司的程序(781条) /319

第2节 吸收合并等的程序 /320

第1分节 吸收合并消灭公司、吸收分立公司及股份交换全资子公司的程序 /320

第1目 股份公司的程序(782—792条) /320

第2目 份额公司的程序(793条) /329

第 2 分节　有关吸收合并存续公司、吸收分立承继公司以及股份交换全资母公司的程序　/329
  第 1 目　股份公司的程序(794—801条)　/329
  第 2 目　份额公司的程序(802条)　/336
第 3 节　新设合并等的程序　/336
第 1 分节　新设合并消灭公司、新设分立公司以及股份转移全资子公司的程序　/336
  第 1 目　股份公司的程序(803—812条)　/336
  第 2 目　份额公司的程序(813条)　/344
第 2 分节　新设合并设立公司、新设分立设立公司以及股份转移设立全资母公司的程序　/345
  第 1 目　股份公司的程序(814—815条)　/345
  第 2 目　份额公司的程序(816条)　/346

第六编　外国公司(817—823条)　/347

第七编　其他规则　/350

第 1 章　公司的解散命令等　/350
第 1 节　公司的解散命令(824—826条)　/350
第 2 节　禁止外国公司的连续交易或者关闭营业所的命令(827条)　/351

第 2 章　诉讼　/352
第 1 节　有关公司组织的诉讼(828—846条)　/352
第 1 节之 2　出售股份等的取得无效之诉(846条之2—846条之9)　/360
第 2 节　股份公司的责任追究等之诉(847—853条)　/361
第 3 节　股份公司的公司负责人解任之诉(854—856条)　/369
第 4 节　有关特别清算的诉讼(857—858条)　/370
第 5 节　份额公司股东的除名之诉等(859—862条)　/370
第 6 节　清算份额公司的财产处分撤销之诉(863—864条)　/371
第 7 节　公司债券发行公司清偿等撤销之诉(865—867条)　/372

第 3 章　非诉　/373
第 1 节　总则(868—876条)　/373
第 2 节　有关新股发行无效判决后返还金增减程序的特别规则(877—878条)　/377

第 3 节　有关特别清算程序的特别规则　/378

 第 1 分节　通则(879—887 条)　/378

 第 2 分节　有关特别清算开始程序的特别规则(888—891 条)　/380

 第 3 分节　有关特别清算实行程序的特别规则(892—901 条)　/382

 第 4 分节　有关特别清算结束程序的特别规则(902 条)　/384

第 4 节　有关外国公司清算程序的特别规则(903 条)　/384

第 5 节　有关公司解散命令等程序的特别规则(904—906 条)　/384

第 4 章　登记　/385

第 1 节　总则(907—910 条)　/385

第 2 节　公司登记　/386

 第 1 分节　在总公司所在地的登记(911—929 条)　/386

 第 2 分节　在分公司所在地的登记(930—932 条)　/396

第 3 节　外国公司的登记(933—936 条)　/397

第 4 节　登记的委托(937—938 条)　/399

第 5 章　公告　/402

第 1 节　总则(939—940 条)　/402

第 2 节　电子公告调查机关(941—959 条)　/403

第八编　罚则(960—979 条)　/410

附则(2005 年 7 月 26 日法律第 86 号)　/420

附则(2014 年 5 月 30 日法律第 42 号)　/422

附则(2014 年 6 月 27 日法律第 90 号)　/423

第一编 总 则

第1章 通 则

第1条 （宗旨）

公司的设立、组织、运营及管理，其他法律另有特别规定的除外，适用本法的规定。

第2条 （定义）

在本法中，下列各项所列用语的含义，依其该各项的规定：

（一）公司，指股份公司、无限公司、两合公司或合同公司。

（二）外国公司，指根据外国法令设立的法人及其他与公司同类或类似的外国团体。

（三）子公司，指公司持有其全体股东过半数的表决权的股份公司，以及法务省令规定的其经营被该公司所控制的其他法人。

（三）之（二）子公司等，指下列情形者之一：

1. 子公司；

2. 法务省令所规定的由公司以外者控制其经营的法人。

（四）母公司，指将股份公司作为子公司的公司，以及其他法务省令规定的控制该股份公司经营的法人。

（四）之（二）母公司等，指下列情形者之一：

1. 母公司；

2. 法务省令所规定的控制股份公司经营者（法人除外）。

（五）公开公司，指作为其所发行的全部或部分股份的内容，章程对通过转让取得该股份需要该股份公司的同意未作规定的股份公司。

（六）大型公司，指符合下列要件之一的股份公司：

1. 在与最终事业年度相关的资产负债表（属于第439条前段所规定情形时，指根据该条规定在年度股东大会上所报告的资产负债表，属于从股份公司成立后至最初的年度股东大会为止的期间时，指第435条第1款所规定的资产负债表，在2中也相同）上所计入的资本金额为5亿日元以上的股份公司。

2. 在与最终事业年度相关的资产负债表的负债部中所计入的负债总额为200亿日元以上的股份公司。

（七）董事会设置公司，指设置董事会的股份公司或者根据本法规定须设置董事会的股份公司。

（八）会计参与设置公司，指设置会计参与的股份公司。

（九）监事设置公司，指设置监事的股份公司（将该监事的监查范围限定于财务会计方面之意章程有规定的情形除外）或者根据本法规定须设置监事的股份公司。

（十）监事会设置公司，指设置监事会的股份公司或者根据本法规定须设置监事会的股份公司。

（十一）会计监查人设置公司，指设置会计监查人的股份公司或者根据本法规定须设置会计监查人的股份公司。

（十一）之二监查等委员会设置公司，指设置监查等委员会的股份公司。

（十二）提名委员会等设置公司，指设置提名委员会、监查委员会以及报酬委员会（以下称为"提名委员会等"）的股份公司。

（十三）种类股份发行公司，指就盈余金分配及其他第108条第1款各项所列事项，发行内容不同的2种以上种类股份的股份公司。

（十四）种类股东大会，指种类股东（指种类股份发行公司的某种类股份的股东，下同）的大会。

（十五）独立董事，指符合下列各项所列所有要件的股份公司的董事：

1. 不是该股份公司或者其子公司的业务执行董事（指有关股份公司的第363条第1款各项所列董事以及曾执行该股份公司业务的其他董事，下同）或执行官或者经理人及其他使用人（以下称为"业务执行董事等"），且在就任前10年间未曾担任过该股份公司或者其子公司的业务执行董事等。

2. 对于在就任前10年内的某时曾担任过该股份公司或者其子公司的董事、会计参与（会计参与属于法人时，指履行其职务的成员）或者监事者（曾担任过业务执行董事等者除外),在就任该董事、会计参与或者监事前的10年间未曾担任过该股份公司或者其子公司的业务执行董事等。

3. 不是该股份公司的母公司等(仅限于自然人)或者母公司等的董事或执行官或经理人及其他使用人。

4. 不是该股份公司的母公司等的子公司等(该股份公司及其子公司除外)的业务执行董事等。

5. 不是该股份公司的董事或执行官或经理人及其他重要使用人或者母公司等(仅限于自然人)的配偶或者两代内的直系亲属。

(十六)独立监事,指符合下列各项所列所有要件的股份公司的监事:

1. 其就任前10年间未曾担任过该股份公司或者其子公司的董事、会计参与(会计参与属于法人时,指执行其职务的成员,在2中相同),或执行官或者经理人及其他使用人。

2. 对于在就任前10年内的某时曾担任过该股份公司或者其子公司的监事者,在就任该监事前的10年间未曾担任过该股份公司或者其子公司的董事、会计参与或执行官或者经理人及其他使用人。

3. 不是该股份公司的母公司等(仅限于自然人)或者母公司等的董事、监事或执行官或者经理人及其他使用人。

4. 不是该股份公司的母公司等的子公司等(该股份公司及其子公司除外)的业务执行董事等。

5. 不是该股份公司的董事或经理人及其他重要使用人或者母公司等(仅限于自然人)的配偶或者两代内的直系亲属等。

(十七)转让受限股份,指股份公司作为其所发行的全部或部分股份的内容,规定以转让方式取得该全部或部分股份时须取得该股份公司同意之意的该股份。

(十八)附取得请求权股份,指股份公司作为其所发行的全部或部分股份的内容,规定股东可对该股份公司请求取得该股份之意的该股份。

(十九)附取得条件股份,指股份公司作为其所发行的全部或部分股份的内容,规定股份公司可以一定事由的发生为条件取得该股份之意的该股份。

(二十)单元股份数,指股份公司就其所发行的股份,章程规定持有一定数量股份的股东可在股东大会或种类股东大会上行使一个表决权时的该一定数量的股份为一个单元股份的该一定数量。

(二十一)新股预约权,指通过对股份公司行使就可接受该股份公司所交付股份的权利。

（二十二）附新股预约权公司债券，指附有新股预约权的公司债券。

（二十三）公司债券，指根据本法规定，通过公司的发行分配所发生的以该公司为债务人，并按照第676条各项所列事项的规定偿还的金钱债权。

（二十四）最终事业年度，指就有关各事业年度的第435条第2款所规定的财务会计报表，取得第438条第2款所规定的同意（属于第439条前段规定的情形时，指第436条第3款所规定的同意）时的各事业年度中最后的事业年度。

（二十五）分红财产，指股份公司进行盈余金分配时所分配的财产。

（二十六）组织形式变更，指通过下列1或2所列公司变更其组织形式而成为该1或2所规定公司的行为：

1. 股份公司变更为无限公司、两合公司或合同公司
2. 无限公司、两合公司或合同公司变更为股份公司

（二十七）吸收合并，指公司与其他公司所进行的合并，且让合并后所存续的公司承继因合并而消灭的公司的全部权利义务的合并。

（二十八）新设合并，指2个以上的公司所进行的合并，且让因合并所设立的公司承继因合并而消灭的公司的全部权利义务的合并。

（二十九）吸收分立，指股份公司或合同公司就其事业所具有的全部或部分权利义务进行分割后让其他公司承继的行为。

（三十）新设分立，指1个或2个以上的股份公司或合同公司就其事业所具有的全部或部分权利义务让其因该分割而设立的公司承继的行为。

（三十一）股份交换，指股份公司让其他股份公司或合同公司取得其已发行全部股份（指股份公司所发行的股份，下同）的行为。

（三十二）股份移转，指1个或2个以上的股份公司让新设立的股份公司取得其已发行全部股份的行为。

（三十三）公告方法，指公司（含外国公司）进行公告（根据本法或其他法律的规定须在《官报》上刊载的除外）的方法。

（三十四）电子公告，指在公告方法中，属于以电子方法（指电子信息处理系统，以及其他法务省令规定的利用信息通信技术的方法，下同）使不特定的多数人处于能接受作为公告内容的信息状态的措施，并采用了法务省令所规定措施的方法。

第3条 （法人格）

公司，属于法人。

第 4 条 （住所）

公司，以其总公司所在地为其住所。

第 5 条 （商行为）

公司（含外国公司，在下条第 1 款、第 8 条及第 9 条中相同）作为其事业[①]所实施的行为以及为其事业所实施的行为，均为商行为。

第 2 章 公司的商号

第 6 条 （商号）

① 公司，以其名称为商号。

② 公司，应按照股份公司、无限公司、两合公司或合同公司的种类，须在其商号中分别使用股份公司、无限公司、两合公司或合同公司的字样。

③ 公司，不得在其商号中使用可能被误认为其他种类公司的字样。

第 7 条 （禁止使用被误认为公司的名称等）

非公司者，不得在其名称或商号中使用可能被误认为公司的字样。

第 8 条

① 任何人均不得以不正当目的使用可能被误认为其他公司的名称或商号。

② 因使用违反前款规定的名称或商号，营业利益受到侵害或可能受到侵害的公司，可请求该侵害营业利益者或可能的侵害者停止或预防其侵害。

第 9 条 （公司允许他人使用自己商号的责任）

允许他人使用自己的商号开展事业或营业的公司，对误认为就是该公司所开展的事业，其结果与该他人进行了交易者，与该他人连带承担清偿因该交易所产生债务的责任。

[①] 2005 年修改前的《日本商法典》多用"营业"一词，而 2005 年新制定的《日本公司法典》基本改为"事业"一词。据日本公司法学者介绍，主要考虑到只能使用一个商号的公司往往经营若干个"营业"，这与商个人就不同的"营业"可使用不同的商号是有区别的。所以，为了考虑公司业务的整体性，与具体的"营业"相区别使用了"事业"一词。参见〔日〕前田庸：《公司法入门》（第 12 版），王作全译，北京大学出版社 2012 年版，第 7 页；〔日〕神田秀树：《会社法》（第十六版），日本弘文堂 2014 年版，第 20，337 页。

第3章　公司的使用人等

第1节　公司的使用人

第10条　（经理人）

公司（含外国公司，以下在本编中相同），可选任经理人让其在总公司或分公司开展事业。

第11条　（经理人的代理权）

① 经理人享有代理公司实施有关其事业的一切诉讼上和诉讼外行为的权限。

② 经理人可选任或解任其他使用人。

③ 对经理人的代理权所加限制，不得以此对抗善意的第三人。

第12条　（经理人的竞业禁止）

① 经理人，未经公司许可不得实施下列行为：

（一）自己独立从事营业；

（二）为自己或第三人从事属于公司事业类的交易；

（三）成为其他公司或商人（公司除外，在第24条中相同）的使用人；

（四）成为其他公司的董事、执行官或业务执行股东[①]。

② 经理人违反前款规定已实施同款第2项所列行为时，经理人或第三人因该行为所获得的利益额将被推定为公司所遭受的损害额。

第13条　（表见经理人）

被赋予表示其总公司或分公司事业主管者的名称的使用人，就该总公司或分公司的事业，将被视为享有实施一切诉讼外行为的权限。但相对人存在恶意时，不在此限。

第14条　（已接受某类或特定事项委托的使用人）

① 已接受与事业相关的某类或特定事项委托的使用人，享有实施有关该事项的一切诉讼外行为的权限。

[①] 日文条文原文使用的是"社员"一词，即日本公司法为了与股份公司的"股东"加以区别，将无限公司、两合公司、合同公司，以及母公司（因为并非就是股份公司）的出资人统称为"社员"，但考虑到我国用语习惯，本翻译原则上将"社员"一词均译为"股东"，只有"股东"一词出现并列现象时，将"社员"译为"出资人"，特此说明。

② 对前款所规定使用人的代理权所加限制,不得以此对抗善意的第三人。

第 15 条 (以销售物品等为目的的店铺使用人)

以销售物品等(指销售、租赁及其他类似行为,以下在本条中相同)为目的的店铺使用人,被视为享有销售该店铺内物品等的权限。但相对人存在恶意时,不在此限。

第 2 节 公司的代理商

第 16 条 (通知义务)

代理商(指为公司实施属于该公司日常事业类交易的代理或中介行为者,而并不是该公司使用人者,以下在本节中相同),已实施交易的代理或中介行为时,须及时向公司发出该意思的通知。

第 17 条 (代理商的竞业禁止)

① 代理商,非经公司许可不得实施下列行为:

(一) 为自己或第三人从事属于公司事业类的交易;

(二) 成为经营与公司事业同类事业的其他公司的董事、执行官或业务执行股东。

② 代理商违反前款规定已实施同款第 1 项所列行为时,通过该行为代理商或第三人所获得的利益额将被推定为公司所遭受的损害额。

第 18 条 (接受通知的权限)

已接受物品销售或其中介委托的代理商,享有接受商法(1899 年法律第 48 号)第 526 条第 2 款所规定的通知及其他有关买卖的通知的权限。

第 19 条 (合同的解除)

① 公司及代理商,未规定合同的期间时,可在 2 个月前进行预告的基础上解除该合同。

② 虽有前款规定,但存在不得已的事由时,公司及代理商均可随时解除合同。

第 20 条 (代理商的留置权)

代理商,因实施交易的代理或中介行为所形成的债权的清偿期届满时,该代理商在接受该清偿之前,可留置为公司由该代理商所占有的物品或有价证券。但当事人已作出另外的意思表示时,不在此限。

第 4 章　已实施事业转让时的竞业禁止等

第 21 条　（转让公司的竞业禁止）

① 转让事业的公司（以下在本章中称为"转让公司"），只要当事人无另外意思表示的，在同一个市町村（含特别区，属于地方自治法［1947 年第 67 号法律］第 252 条之 19 第 1 款所指定都市时，指区或者综合区，以下在本款中相同）的区域内及相邻的市町村区域内，自转让事业之日起 20 年内不得从事相同事业。

② 在转让公司作出不从事相同事业的特别约定时，该特别约定自转让事业之日起 30 年内有效。

③ 虽有以上 2 款的规定，转让公司不得以不正当竞争的目的从事相同事业。

第 22 条　（已使用转让公司商号的受让公司的责任等）

① 已受让事业的公司（以下在本章中称为"受让公司"）继续使用转让公司的商号时，该受让公司也承担清偿因转让公司的事业所产生债务的责任。

② 已受让事业后，受让公司及时在其总公司所在地对不承担清偿转让公司债务之意进行了登记时，不适用前款的规定。已受让事业后，受让公司与转让公司及时向第三人已通知该意思时，对已接受该通知的第三人，亦同。

③ 受让公司根据第 1 款的规定承担清偿转让公司债务的责任时，转让公司的责任，对在事业转让日后 2 年内未请求或未进行请求预告的债权人，在该期间经过之时消灭。

④ 第 1 款有规定，且对因转让公司的事业所形成的债权已向受让公司进行的清偿，只要清偿人属于善意且无重大过失时，有效。

第 23 条　（由受让公司接受债务）

① 受让公司即便不继续使用转让公司的商号，但对愿意承担因转让公司的事业所产生债务之意进行了广告时，转让公司的债权人可对该受让公司请求清偿。

② 受让公司根据前款规定承担清偿转让公司债务的责任时，转让公司的责任，对在该广告日后 2 年内未请求或未进行请求预告的债权人，在该期间经过之时消灭。

第 23 条之 2　（对欺诈事业转让中受让公司履行债务的请求）

① 转让公司明知该转让对受让公司未承继债务的债权人（以下在本条

中称为"残留债权人")不利而为时,该残留债权人对该受让公司以其所承继财产的价额为限可请求履行该债务。但该受让公司在事业转让生效时的确不知会侵害残留债权人的事实时,不在此限。

② 受让公司根据前款规定承担履行该款所规定债务的责任时,该责任自知道转让公司明知侵害残留债权人而实施了转让之时起 2 年内,对未请求或未进行请求预告的残留债权人,在该期间经过之时消灭。且自事业转让生效之日起经过 20 年时,亦同。

③ 对转让公司已做出破产程序开始的决定、再生程序或者更生程序开始的决定时,残留债权人,不得对转让公司行使提出第 1 款所规定请求的权利

第 24 条 (与商人间的事业转让或受让)

① 公司对商人已转让其事业时,将该公司视为商法第 16 条第 1 款所规定的转让人,适用该法第 17 条至第 18 条之 2 的规定。此时,将同条第 3 款中的"或者再生程序开始的决定"改为"再生程序开始的决定或者更生程序开始的决定"。

② 公司已受让商人的营业时,将该商人视为转让公司,适用以上 3 条的规定。此时,将前条第 3 款中的"再生程序开始的决定或者更生程序开始的决定"改为"或者再生程序开始的决定"。

第二编 股份公司

第1章 设　　立

第1节 总　　则

第 25 条

① 股份公司,可按下列方法之一设立:

(一) 根据从下节至第 8 节的规定,由发起人认购全部设立时发行股份(指股份公司设立时所发行的股份,以下相同)的方法;

(二) 根据下节、第 3 节、第 39 条以及从第 6 节至第 9 节的规定,除发起人认购设立时发行股份外,募集设立时发行股份的认购者的方法。

② 各发起人,在股份公司设立时须认购 1 股以上的设立时发行股份。

第2节 章程的制作

第 26 条 (章程的制作)

① 设立股份公司时,须由发起人制作章程,并由其全体发起人在章程上署名或签名盖章。

② 前款所规定的章程,可以电子记录(指由法务省令所规定的以电子方式、磁气方式及其他以人的知觉无法感知的方式所制作,且可作为供电子计算机处理信息之用的记录,以下相同)方式制作。此时,对该电子记录所记录

的信息,须采取代替法务省令所规定的署名或签名盖章的措施。

第 27 条 （章程的记载或记录事项）

股份公司的章程,须记载或记录下列事项：

（一）经营范围；

（二）商号；

（三）总公司的所在地；

（四）设立时所出资财产的价额或其最低额；

（五）发起人的姓名或名称及住所。

第 28 条

设立股份公司时,下列事项,若不记载或记录于第 26 条第 1 款所规定的章程中,则不发生效力：

（一）以现金外财产出资者的姓名或名称,该财产及其价额以及对该出资人所分配的设立时发行股份的数量（拟设立的股份公司属于种类股份发行公司时,指设立时所发行股份的种类、各种类的股份数量,在第 32 条第 1 款第 1 项中相同）；

（二）已约定股份公司成立后进行受让的财产价额以及其转让人的姓名或名称；

（三）因股份公司的成立发起人所得到的报酬及其他特别利益以及该发起人的姓名或名称；

（四）需由股份公司承担的有关设立的费用（章程的公证费及其他法务省令所规定的不会给股份公司造成损害的费用除外）。

第 29 条

除第 27 条各项以及前条各项所列事项外,在股份公司的章程中,还可记载或者记录根据本法规定若章程未作规定则不发生效力的事项以及不违反本法规定的其他事项。

第 30 条 （章程的公证）

① 第 26 条第 1 款所规定的章程,未经公证人的公证,则不发生效力。

② 已取得前款公证人公证的章程,在股份公司成立前,第 33 条第 7 款或第 9 款或者第 37 条第 1 款或第 2 款所规定的情形除外,不得变更之。

第 31 条 （章程的置备及查阅等）

① 发起人（股份公司成立后,该股份公司）,须将章程置备于发起人所规定的场所（股份公司成立后,其总公司及分公司）。

② 发起人（股份公司成立后,其股东及债权人）,在发起人所规定的时间

(股份公司成立后,其营业时间)内,可随时提出下列请求。但提出第 2 项或第 4 项所列请求时,须支付发起人(股份公司成立后,该股份公司)所规定的费用:

(一) 章程以书面形式所制作时,查阅该书面文件的请求;

(二) 交付前项书面文件的誊本或抄本的请求;

(三) 章程以电子记录形式所制作时,查阅以法务省令规定的方法所表示的已记录于该电子记录中的事项的请求;

(四) 以发起人(股份公司成立后,该股份公司)所规定的电子方法提供已记录于前项所规定电子记录中的事项的请求,或交付已记载该事项的书面文件的请求。

③ 股份公司成立后,且该股份公司的母公司股东(指母公司的股东及其他成员,以下相同)为行使其权利有必要时,该母公司股东在取得法院许可的前提下,就该股份公司的章程,可提出前款各项所列的请求。但提出同款第 2 项或者第 4 项所列请求时,须支付该股份公司所规定的费用。

④ 章程以电子记录形式所制作,且已采取法务省令所规定的能够满足在分公司提出第 2 款第 3 项及第 4 项所列请求的措施的股份公司,就适用第 1 款的规定,将同款中的"总公司及分公司"改为"总公司"。

第 3 节 出 资

第 32 条 (有关设立时发行股份事项的决定)

① 发起人,在股份公司设立之际拟决定下列事项(章程有规定的事项除外)时,须取得全体发起人的同意:

(一) 发起人接受分配的设立时发行股份的数量;

(二) 作为前项所规定的设立时发行股份的对价所要交付的现金额;

(三) 有关成立后股份公司资本金以及资本公积金额的事项。

② 拟设立的股份公司属于种类股份发行公司,且前款第 1 项所规定的设立时发行股份属于章程根据第 108 条第 3 款前段的规定已作出规定的股份时,发起人须在取得全体发起人同意的前提下,决定该设立时发行股份的内容。

第 33 条 (有关章程记载或记录事项的检查官选任)

① 发起人,章程就第 28 条各项所列事项有记载或记录时,在第 30 条第 1 款所规定的公证人公证后,为调查该事项须及时请求法院选任检查官。

② 已提出前款所规定的请求时,法院,除以其不合法为由驳回外须选任检查官。

③ 法院,已选任前款的检查官时,可决定成立后的股份公司支付给该检查官的报酬额。

④ 第 2 款所规定的检查官须进行必要调查,并向法院以提供已记载或记录该调查结果的书面报告或者电子记录报告(限于法务省令所规定的报告)的方式进行报告。

⑤ 法院,就前款所规定的报告认为有必要明确其内容或确认其根据时,可再次对第 2 款所规定的检查请求前款所规定的报告。

⑥ 第 2 款所规定的检查官在已进行第 4 款所规定的报告时,须向发起人交付同款所规定书面报告的副本,或者根据法务省令规定的方法提供电子记录报告所记录的事项。

⑦ 法院,在已接受第 4 款所规定的报告后,认为第 28 条各项所列事项(未经第 2 款所规定检查官调查的除外)不当时,须作出变更决定。

⑧ 根据前款所规定的决定已变更第 28 条各项所列全部或部分事项时,发起人,限于该决定确定后的 1 周内,可撤销与认购设立时发行股份相关的意思表示。

⑨ 前款有规定时,发起人,在取得全体发起人同意的前提下,限于第 7 款所规定的决定确定后的 1 周内,为废止有关因该决定所变更事项的规定,可进行章程变更。

⑩ 以上各款的规定,不适用于在下列各项中对该各项所规定的事项:

(一) 就第 28 条第 1 项及第 2 项所规定的财产(以下在本章中称为"实物出资财产等"),章程所记载或记录的价格总额不超过 500 万日元时,指同条第 1 项及第 2 项所列事项;

(二) 就实物出资财产等中有市场价格的有价证券(指金融商品交易法〔1948 年法律第 25 号〕第 2 条第 1 款所规定的有价证券,含根据同条第 2 款规定被视为有价证券的权利,下同),章程所记载或纪录的价格作为该有价证券的市场价格不超过根据法务省令规定的方法所计算的该有价证券价格时,指有关该有价证券的第 28 条第 1 项及第 2 项所列事项;

(三) 对章程所记载或记录的实物出资财产等价额的合理性,取得律师、律师法人、注册会计师(含外国注册会计师〈指由注册会计师法〔1948 年法律第 103 号〕第 16 条之 2 第 5 款所规定的外国注册会计师〉,下同)、监查法人、税务师或税务师法人所出具的证明(实物出资财产等为不动产时,指该证明以及不动产鉴定师的鉴定评估,在本项中相同)时,指第28条第1项或者第2项所列事项(限于与已取得该证明的实物出资财产等相关的事项)。

⑪ 下列人员,不得出具前款第3项所规定的证明:

(一)发起人;

(二)第28条第2项所规定的财产转让人;

(三)设立时董事(指第38条第1款所规定的设立时董事)或者设立时监事(指同条第3款第2项所规定的设立时监事);

(四)受到业务停止处分,且其停止期间未届满者;

(五)属于律师法人、监查法人或者税理师法人,且其成员的半数以上为第1项至第3项所列者之一的。

第34条 (出资的履行)

① 发起人,认购设立时所发行股份后,就其所认购的设立时发行股份须及时全额缴纳与该出资相关的现金或交付全部与该出资相关的现金外财产。但取得全体发起人同意时,并不妨碍股份公司在成立后为了对抗第三人实施所必要的登记、登录及其他设定或转移权利的行为。

② 前款所规定的缴款,须在由发起人所规定的银行等(指银行〈指银行法[1981年法律第59号]第2条第1款所规定的银行,在第703条第1项中相同〉、信托公司〈指信托业法[2004年法律第154号]第2条第2款所规定的信托公司,以下相同〉及其他作为与此相类似的机构由法务省令所规定的机构,以下相同)缴款办理场所进行。

第35条 (成为设立时发行股份股东权利的转让)

因履行前条第1款所规定的缴纳或交付(以下在本章中称为"出资履行")而成为设立时发行股份股东的权利的转让,不得对抗成立后的股份公司。

第36条 (成为设立时发行股份股东权利的丧失)

① 发起人中存在未履行出资者时,发起人,须对该未履行出资的发起人确定日期,并通知在该日期前必须履行该出资之意。

② 前款所规定的通知,须在同款所规定的日期的2周前进行。

③ 已受到第1款所规定通知的发起人,在同款所规定的日期前不履行出资时,将失去通过履行该出资成为设立时发行股份股东的权利。

第37条 (可发行股份总数的规定等)

① 发起人,在章程对股份公司可发行股份的总数(以下称为"可发行股份总数")未作出规定时,须在股份公司成立前,通过以全体发起人同意变更

章程的方式,在章程中对可发行股份总数作出规定。

② 发起人,章程对股份公司可发行股份总数有规定时,在股份公司成立前,通过全体发起人的同意,可变更章程有关可发行股份总数的规定。

③ 设立时所发行股份的总数,不得低于可发行股份总数的 1/4。但拟设立的股份公司属于非公开公司时,不在此限。

第 4 节 设立时公司负责人等①的选任与解任

第 38 条 (设立时公司负责人等的选任)

① 发起人在完成出资后,须及时选任设立时董事(指股份公司设立时成为董事者,下同)。

② 拟设立的股份公司属于监查等委员会设置公司时,根据前款规定所进行的设立时董事的选任,须分别选任作为设立时监查等委员(指在股份公司设立时成为监查等委员〈即监查等委员会的委员〉者,下同)的设立时董事以及之外的设立时董事。

③ 属于以下各项所列情形时,发起人在完成出资后须及时选任该各项所规定者:

(一) 拟设立的股份公司属于会计参与设置公司时,设立时的会计参与(指股份公司设立时成为会计参与者,下同)。

(二) 拟设立的股份公司属于监事设置公司(含通过章程规定将监事的监查范围限定于财务会计事务方面的股份公司)时,设立时的监事(指股份公司设立时成为监事者,下同)。

(三) 拟设立的股份公司属于会计监查人设置公司时,设立时的会计监查人(指股份公司设立时成为会计监查人,下同)。

④ 在章程中被规定为设立时董事(拟设立的股份公司属于监查等委员会设置公司时,指作为监查等委员的设立董事以及之外的设立时董事,以下在本款中相同)、作为设立时会计参与、设立时监事或设立时会计监查人被规定者,在完成出资时,视为已被分别选任为设立时董事、设立时会计参与、设立时监事或设立时会计监查人。

---

① 日文条文原文为"役员等",主要指公司的董事、监事、以及执行官等,与我国公司法上所规定的公司高级管理人员有所不同,故本翻译均译为"公司负责人等",特此说明。

第 39 条

① 拟设立的股份公司属于董事会设置公司时,设立时董事须 3 人以上。

② 拟设立的股份公司属于监事会设置公司时,设立时监事须 3 人以上。

③ 拟设立的股份公司属于监查等委员会设置公司时,作为设立时监查等委员的设立时董事须 3 人以上。

④ 根据第 331 条第 1 款(含在第 335 条第 1 款中所准用的情形),第 333 条第 1 款或第 3 款或者第 337 条第 1 款或者第 3 款的规定,不得成为成立后的股份公司的董事(拟设立的股份公司属于监查等委员会设置公司时,指作为监查等委员的设立董事以及之外的设立时董事)、会计参与、监事或会计监查人者,不得分别成为设立时董事(拟设立的股份公司属于监查等委员会设置公司时,指作为监查等委员的设立董事以及之外的设立时董事)、设立时会计参与、设立时监事或设立时会计监查人(以下在本节中称为"设立时公司负责人等")。

第 40 条 (设立时公司负责人等的选任方法)

① 设立时公司负责人等的选任,以发起人表决权的过半数作出决定。

② 在前款的情形下,发起人就已履行出资的设立时所发行股份每 1 股享有 1 个表决权。但章程已规定单元股份数时,就 1 单元的设立时发行股份享有 1 个表决权。

③ 虽有前款的规定,但拟设立的股份公司属于种类股份发行公司,且规定就全体或部分董事的选任发行不得行使表决权的设立时种类股份时,对该种类的设立时所发行股份,发起人就成为该董事的设立时董事的选任不得行使表决权。

④ 拟设立的股份公司属于监查等委员会设置公司时,就适用前款的规定,将该前款中的"董事"改为"作为监查等委员的董事以及之外的董事",将前款中的"该董事"改为"这些董事"。

⑤ 对设立时会计参与、设立时监事及设立时会计监查人的选任,准用第 3 款的规定。

第 41 条 (有关设立时公司负责人等选任方法的特别规则)

① 虽有前条第 1 款的规定,但在股份公司设立之际,规定就第 108 条第 1 款第 9 项所列事项(限于有关董事〈属于监查等委员会设置公司时,指作为监查等委员的董事以及之外的董事〉的事项)发行种类股份时,设立时董事(拟设立的股份公司属于监查等委员会设置公司时,指作为监查等委员的设立董事以及之外的设立时董事)的选任,按照就同条第 2 款第 9 项所规定事

项的章程所规定之例,通过已认购该种类设立时发行股份的发起人表决权的过半数(限于就该种类设立时发行股份的表决权)作出决定。

② 在前款的情形下,发起人,就已履行出资种类的设立时发行股份每1股享有1个表决权。但章程已规定单元股份数时,就1单元的设立时发行的种类股份享有1个表决权。

③ 在股份公司设立之际,规定就第108条第1款第9项所列事项(限于有关监事的事项)发行种类股份时,准用以上2款的规定。

第42条 (设立时公司负责人等的解任)

发起人,在股份公司成立之前可解任其所选任的设立时公司负责人等(含根据第38条第4款的规定视为已被选任为公司负责人等者)。

第43条 (设立时公司负责人等的解任方法)

① 设立时公司负责人等的解任,以发起人表决权的过半数(对于作为监查等委员的设立时董事或者设立时监事,以2/3以上的多数)作出决定。

② 在前款的情形下,发起人,就已履行出资的设立时发行股份每1股享有1个表决权。但章程已规定单元股份数时,就1个单元的设立时发行股份享有1个表决权。

③ 虽有前款的规定,但拟设立的股份公司属于种类股份发行公司,且规定就全体或部分董事的解任发行不得行使表决权的设立时种类股份时,对该种类的设立时发行股份,发起人就成为该董事的设立时董事的解任不得行使表决权。

④ 拟设立的股份公司属于监查等委员会设置公司时,就适用前款的规定,将该款中的"董事"改为"作为监查等委员的董事或者之外的董事",将"该董事"改为"这些董事"。

⑤ 有关设立时会计参与、设立时监事及设立时会计监查人的解任,准用第3款的规定。

第44条 (有关设立时董事等解任方法的特别规则)

① 虽有前条第1款的规定,但根据第41条第1款的规定所选任的设立时董事(作为设立时监查等委员的设立时董事除外,在下款及第4款中相同)的解任,以参与了选任的发起人表决权的过半数作出决定。

② 虽有前款的规定,但对根据第41条第1款的规定或者在种类创立大会(指第84条规定的种类创立大会)或种类股东大会上所选任的董事(作为监查等委员的董事除外,在第4款相同)章程有可通过股东大会解任之意的规定时,根据第41条第1款所选任的设立时董事的解任,以发起人表决权的

过半数作出决定。

③ 在以上2款的情形下,发起人就已履行出资的每1个设立时发行种类股份享有1个表决权。但章程已规定单元股份数时,就每1个单元的设立时发行种类股份享有1个表决权。

④ 虽有前款的规定,但根据第2款的规定解任设立时董事,且规定就全体或部分董事的解任发行不得行使表决权的设立时种类股份时,对该种类的设立时所发行股份,发起人就成为该董事的设立时董事的解任不得行使表决权。

⑤ 根据第41条第1款的规定所选任的作为设立时监查等委员的设立董事,以及根据在同条第3款中所准用的同条第1款的规定所选任的设立时监事的解任,准用以上各款的规定。此时,将第1款及第2款中的"过半数"替换为"相当于2/3以上的多数"。

第45条　（有关设立时公司负责人等选任或者解任效力的特别规则）

① 在股份公司设立之际,发行就第108条第1款第8项所列事项有规定的种类股份,且作为该种类股份的内容就以下各项所列事项章程规定需要取得种类股东大会的决议时,就该各项所规定的事项,根据章程规定在第40条第1款或者第43条第1款所规定的决定外,若未取得已认购该种类设立时发行股份的发起人表决权的过半数的决定,则不发生其效力:

（一）全体或部分董事（监查等委员会设置公司的董事除外）的选任或解任,指成为该董事的设立时董事的选任或解任；

（二）全体或部分作为监查等委员的董事或者之外的董事的选任或解任,指成为这些董事的设立时董事的选任或解任；

（三）全体或部分会计参与的选任或解任,指成为该会计参与的设立时会计参与的选任或解任；

（四）全体或部分监事的选任或解任,指成为该监事的设立时监事的选任或解任；

（五）全体或部分会计监查人的选任或解任,指成为该会计监查人的设立时会计监查人的选任或解任。

② 在前款的情形下,发起人就已履行出资的设立时发行股份每1股享有1个表决权。但章程已规定单元股份数时,对每1个单元的设立时发行股份享有1个表决权。

第 5 节　由设立时董事所进行的调查

第 46 条

① 设立时董事(拟设立的股份公司属于监事设置公司时,指设立时董事及设立时监事,以下在本条中相同),在其选任后须及时调查下列事项:

(一) 就第 33 条第 10 款第 1 项或者第 2 项所列情形时的实物出资财产等(在同项所列情形时,限于同项所规定的有价证券),章程已记载或记录的价额的合理性;

(二) 就第 33 条第 10 款第 3 项所规定证明的合理性;

(三) 出资履行的完成情况;

(四) 以上 3 项所列事项外,股份公司的设立程序未违反法令或章程的情况。

② 设立时董事,通过前款所规定的调查,就同款各项所列事项认为违反法令或章程,或者存在不当事项时,须向发起人通知该意旨。

③ 拟设立的股份公司属于提名委员会等设置公司时,设立时董事,在完成根据第 1 款规定的调查后,须向设立时代表执行官(指第 48 条第 1 款第 3 项所规定的设立时代表执行官)通知该意旨,在已进行前款所规定的通知时,须通知该意旨以及该内容。

第 6 节　设立时代表董事等的选定等

第 47 条　(设立时代表董事的选定等)

① 拟设立的股份公司属于董事会设置公司(提名委员会等设置公司除外)时,在股份公司设立之际须从设立时董事(拟设立的股份公司属于监查等委员会设置公司时,作为设立时监查等委员的设立时董事除外)中选定成为代表董事(指代表股份公司的董事,下同)者(以下称"设立时代表董事")。

② 设立时董事,在股份公司成立前可解除设立时代表董事的职务。

③ 以上 2 款所规定的设立时代表董事的选定及解职,以设立时董事的过半数作出决定。

第 48 条　(设立时委员的选定等)

① 拟设立的股份公司属于提名委员会等设置公司时,设立时董事须采取下列措施:

（一）从设立时董事中选定下列人员（在下款中称为"设立时委员"）：
1. 在股份公司设立之际成为提名委员会的委员者；
2. 在股份公司设立之际成为监查委员会的委员者；
3. 在股份公司设立之际成为报酬委员会的委员者。
（二）选任在股份公司设立之际成为执行官者（以下称为"设立时执行官"）；
（三）从设立时执行官中选定在股份公司设立之际成为代表执行官者（以下称为"设立时代表执行官"）。但设立时执行官只有1人时，就可认定该执行官被选定为设立时代表执行官。

② 设立时董事，在股份公司成立前，可解除设立时委员或设立时代表执行官的职务，或者可解任设立时执行官。

③ 以上2款所规定的措施，以设立时董事的过半数作出决定。

第7节 股份公司的成立

第49条 （股份公司的成立）
股份公司，通过在其总公司所在地的设立登记而成立。

第50条 （股份认购人的权利）
① 发起人，在股份公司成立时将成为已履行出资的设立时发行股份的股东。

② 对根据前款规定成为股东的权利的转让，不得对抗成立后的股份公司。

第51条 （对认购无效或撤销的限制）
① 对有关设立时发行股份认购的意思表示，不适用民法（1896年法律第89号）第93条但书以及第94条第1款的规定。

② 发起人，在股份公司成立后不得以错误为理由主张设立时发行股份的认购无效，或者以欺诈或胁迫为理由撤销设立时发行股份的认购。

第8节 发起人等的责任等

第52条 （出资财产价额不足时的责任）
① 股份公司成立时的实物出资财产等的价额明显低于已记载或记录于章程上的该实物出资财产等的价额（已进行章程变更时，指变更后的价额）

时,发起人及设立时董事对该股份公司负有连带支付该不足额的义务。

② 虽有前款的规定,但在下列情形下,发起人(第 28 条第 1 项所规定财产的已交付者或同条第 2 项所规定财产的转让人除外,在第 2 项中相同)及设立时董事对实物出资财产等不承担同款所规定的义务:

(一)对第 28 条第 1 项或第 2 项所列事项,已经过第 33 条第 2 款所规定的检查官的调查的情形;

(二)该发起人或者设立时董事已证明对其履行职务未懈怠注意的情形。

③ 在第 1 款规定的情形下,已出具第 33 条第 10 款第 3 项所规定证明者(以下在本款中称为"证明人"),与负有第 1 款所规定义务者连带承担支付该不足额的义务。但该证明人已证明就出具该证明未懈怠注意时,不在此限。

第 52 条之 2　(虚假出资履行时的责任等)

① 发起人,在以下各项所列情形时对股份公司负有实施该各项所规定行为的义务:

(一)第 34 条第 1 款规定的缴纳属于虚假缴纳时,支付与该虚假缴纳出资相关的全部现金;

(二)第 34 条第 1 款规定的交付属于虚假交付时,交付与该虚假交付出资相关的现金外全部财产(股份公司代替该交付,对支付相当于该交付财产的现金已提出请求时,该现金的全额支付)。

② 在前款各项所列情形时,法务省令所规定的已参与该虚假出资履行的发起人或设立时董事,对股份公司负有进行该各项所规定支付的义务。但是,该义务人(该虚假出资履行者除外)已证明就其职务履行未懈怠注意时,不在此限。

③ 发起人负有第 1 款各项所规定的支付义务,且前款所规定者负有同款所规定义务时,这些义务人为连带债务人。

④ 发起人,在第 1 款各项所列情形下,非在已完成该各项所规定的支付或交付,或者已完成第 2 款所规定的支付之后时,就虚假出资履行的设立时发行股份,不得行使设立时股东(指第 65 条第 1 款所规定的设立时股东,在下款中相同)及股东的权利。

⑤ 已受让前款规定的设立时发行股份或者成为该股东的权利者,可行使该设立时股东及股东的权利。但该受让者存在恶意或者重大过失时,不在此限。

第 53 条 （发起人等的损害赔偿责任）

① 发起人、设立时董事或者设立时监事，就股份公司的设立已懈怠其任务时，对该股份公司承担赔偿由此所产生损害的责任。

② 发起人、设立时董事或者设立时监事就其职务履行存在恶意或者重大过失时，该发起人、设立时董事或者设立时监事对第三人承担赔偿由此所产生损害的责任。

第 54 条 （发起人等的连带责任）

发起人、设立时董事或者设立时监事对股份公司或第三人所产生损害承担赔偿责任，且其他发起人、设立时董事或者设立时监事也承担赔偿该损害的责任时，这些义务人为连带债务人。

第 55 条 （责任免除）

根据第 52 条第 1 款规定由发起人或者设立时董事所负的义务，根据第 52 条之 2 第 1 款规定由发起人所负的义务，根据同条第 2 款规定由发起人或者设立时董事所负的义务，以及根据第 53 条第 1 款规定由发起人、设立时董事或者设立时监事所承担的责任，非经全体股东同意，不得免除。

第 56 条 （股份公司不成立时的责任）

股份公司未能成立时，发起人对股份公司设立所实施行为承担连带责任，并承担就股份公司的设立所支出的费用。

第 9 节　募　集　设　立

第 1 分节　设立时发行股份认购人的募集

第 57 条 （设立时发行股份认购人的募集）

① 发起人，可根据本分节的规定作出募集认购设立时发行股份者之意的规定。

② 发起人，拟作出前款所规定的募集之意时，须取得全体发起人的同意。

第 58 条 （与设立时募集股份相关事项的决定）

① 发起人，拟进行前条第 1 款所规定的募集时，每次就设立时募集股份（指对按照同款所规定的募集已申请认购设立时发行股份者所分配的设立时发行股份，以下在本节中相同）须规定下列事项：

（一）设立时募集股份的数量（拟设立的股份公司属于种类股份发行公

司时,指该种类及各种类之数,以下在本分节中相同);

(二)设立时募集股份的缴纳金额(指作为设立时募集股份1股的对价所要缴纳的现金额,以下在本分节中相同);

(三)作为设立时募集股份对价的现金缴纳日期或者其缴纳期间;

(四)在一定日期前未进行登记,且决定可撤销设立时募集股份的认购时,该意旨以及该一定日期。

② 发起人拟规定前款各项所列事项时,须取得全体发起人的同意。

③ 对设立时募集股份的缴纳金额及其他前条第1款所规定的募集条件,须在每次募集(拟设立的股份公司属于种类股份发行公司时,指种类及该种类的募集)时作出均等规定。

第59条 (设立时募集股份的申请)

① 发起人,须对按照第57条第1款所规定的募集拟申请认购设立时募集股份者,通知下列事项:

(一)章程公证的年月日以及已进行该公证的公证人的姓名;

(二)第27条各项、第28条各项、第32条第1款各项以及前条第1款各项所列事项;

(三)发起人出资财产的价额;

(四)根据第63条第1款的规定所确定的缴纳办理场所;

(五)以上各项所列事项外,法务省令规定的其他事项。

② 发起人中存在未履行出资者时,发起人在第36条第1款所规定的日期前,不得进行前款所规定的通知。

③ 按照第57条第1款所规定的募集拟申请认购设立时募集股份者,须向发起人交付已记载下列事项的书面文件:

(一)申请人的姓名或者名称及住所;

(二)拟认购的设立时募集股份的数量。

④ 前款所规定的申请人,代替同款所规定书面文件的交付,根据政令的规定,在取得发起人同意后,以电子记录方法可提供应记载于同款所规定书面文件中的事项。在这种情形下,已提出该申请者被视为已交付同款所规定书面文件者。

⑤ 发起人,就第1款各项所列事项已发生变更时,须及时将该意旨以及已进行变更的事项通知给已提出第3款所规定申请者(以下在本分节中称为"申请人")。

⑥ 发起人对申请人所为的通知或催告,按第3款第1项所规定住所(该

申请人另外向发起人已通知其他接收通知或催告的场所或者地址时,从其该场所或者地址)发出即可。

⑦ 前款所规定的通知或催告,视为在该通知或者催告通常应到达的时间已到达。

第 60 条 (设立时募集股份的分配)

① 发起人,须从申请人中确定接受设立时募集股份分配者,并规定向其分配设立时募集股份的数量。此时,发起人分配给该申请人的设立时募集股份数,可少于前条第 3 款第 2 项所规定的数量。

② 发起人,须在第 58 条第 1 款第 3 项所规定的日期(已规定同项所说的期间时,指该期间的开始日)的前 1 日之前,向申请人通知为其所分配的设立时募集股份数。

第 61 条 (有关设立时募集股份的申请及分配的特别规则)

拟认购设立时募集股份者,若已缔结认购该全部股份的合同时,不适用以上 2 条的规定。

第 62 条 (设立时募集股份的认购)

以下各项所列者,就该各项所规定的设立时募集股份数,成为设立时募集股份的认购人:

(一) 申请人,指就发起人所分配的设立时募集股份数;

(二) 根据前条所规定的合同认购全部设立时募集股份者,指就其所认购的设立时募集股份数。

第 63 条 (设立时募集股份股款的缴纳)

① 设立时募集股份的认购人,须在第 58 条第 1 款第 3 项所规定的日期或者期间内,在发起人所规定的银行等的缴纳办理场所全额缴纳各自所认购的设立时募集股份的股款。

② 通过进行前款规定的缴纳而成为设立时发行股份股东的权利的转让,不得对抗成立后的股份公司。

③ 设立时募集股份的认购人,不履行第 1 款所规定的缴纳时,将失去通过该缴纳而成为设立时募集股份股东的权利。

第 64 条 (股款的保管证明)

① 已进行第 57 条第 1 款所规定的募集时,发起人可对办理第 34 条第 1 款及前条第 1 款所规定的缴纳业务的银行等请求交付相当于根据这些规定所缴纳股款的现金的保管证明。

② 已交付前款所规定证明的银行等,不得以该证明的记载与事实不符

或者以根据第 34 条第 1 款或前条第 1 款的规定所缴纳现金存在返还限制为由，对抗成立后的股份公司。

第 2 分节　创立大会等

第 65 条　（创立大会的召集）

① 进行第 57 条第 1 款所规定的募集时，发起人须在第 58 条第 1 款第 3 项所规定的日期或者同项所规定期间的结束日中较迟之日后，及时召集设立时股东（指根据第 50 条第 1 款或者第 102 条第 2 款的规定成为股份公司股东者）的大会（以下称为"创立大会"）。

② 发起人，在前款有规定且认为有必要时，可随时召集创立大会。

第 66 条　（创立大会的权限）

创立大会，限于本节所规定的事项以及股份公司设立的废止、创立大会的结束及其他有关股份公司设立的事项，可作出决议。

第 67 条　（创立大会的召集决定）

① 发起人，召集创立大会时须对下列事项作出规定：

（一）创立大会的时日以及场所；

（二）作为创立大会议题的事项；

（三）决定不出席创立大会的设立时股东可以书面形式行使表决权时，该意旨；

（四）决定不出席创立大会的设立时股东可以电子方法行使表决权时，该意旨；

（五）上述各项所列事项外，法务省令规定的其他事项。

② 发起人，设立时股东（在创立大会上不得就可表决的全部事项行使表决权的设立时股东除外，在下条至第 71 条中相同）人数在 1000 人以上时，须对前款第 3 项所列事项作出规定。

第 68 条　（创立大会的召集通知）

① 召集创立大会时，发起人须在创立大会会日的 2 周（已规定前条第 1 款第 3 项或者第 4 项所列事项的除外，拟设立的股份公司属于非公开公司时，在 1 周〈该拟设立的股份公司属于董事会设置公司外的股份公司，且章程已规定低于该标准的期间时，从其该期间〉）前，向设立时股东发出该召集通知。

② 属于下列情形时，前款所规定通知须以书面形式发出：

（一）已规定前条第 1 款第 3 项或者第 4 项所列事项的情形；

（二）拟设立的股份公司属于董事会设置公司的情形

③ 发起人，代替前款所规定的书面通知，可根据政令的规定，且在取得设立时股东同意的前提下，以电子方法发出通知。此时，视为该发起人已发出同款所规定的书面通知。

④ 在以上 2 款所规定的通知中，须记载或记录前条第 1 款各项所列事项。

⑤ 发起人对设立时股东所为的通知或催告，按照第 27 条第 5 项或者第 59 条第 3 款第 1 项所规定的住所（当该设立时股东另外向发起人已通知接收通知或催告的其他场所或者地址时，从其该场所或者地址）发出即可。

⑥ 前款所规定的通知或催告，视为在该通知或催告通常应到达的时间已到达。

⑦ 对进行第 1 款所规定的通知时，向设立时股东交付书面文件或者以电子方法提供该书面文件应记载事项的情形，准用以上 2 款的规定。此时，将前款中的"到达"替换为"已交付该书面文件或者以电子方法已提供该事项"。

第 69 条 （召集程序的省略）

虽有前条的规定，但全体设立时股东同意时，创立大会可不经过召集程序而召开。但已规定第 67 条第 1 款第 3 项或者第 4 项所列事项的情形除外。

第 70 条 （创立大会参考资料及表决行使票的交付）

① 发起人，在已规定第 67 条第 1 款第 3 项所列事项时，在发出第 68 条第 1 款所规定通知之际，须根据法务省令的规定向设立时股东交付已记载就表决权行使有参考价值事项的书面资料（以下在本分节中称为"创立大会参考资料"），以及为设立时股东行使表决权的行使票（以下在本分节中称为"表决权行使票"）。

② 发起人，对已表达第 68 条第 3 款所规定同意的设立时股东，以同款所规定的电子方法发出通知时，代替根据前款规定的创立大会参考资料及表决权行使票的交付，可通过电子方法提供应记载于这些书面资料中的事项。但设立时股东已提出请求时，须向设立时股东交付这些书面资料。

第 71 条

① 发起人，已规定第 67 条第 1 款第 4 项所列事项时，在发出第 68 条第 1 款的通知之际，须根据法务省令的规定向设立时股东交付创立大会参考资料。

② 发起人,向已表达第 68 条第 3 款所规定同意的设立时股东以同款所规定的电子方法发出通知时,代替前款所规定的创立大会参考资料的交付,可以电子方法提供应记载于该创立大会参考资料中的事项。但设立时股东已提出请求时,须向该设立时股东交付创立大会参考资料。

③ 发起人,第 1 款有规定时,在向已表达第 68 条第 3 款所规定同意的设立时股东以同款所规定的电子方法发出通知时,须根据法务省令的规定以电子方法向设立时股东提供应记载于表决权行使票中的事项。

④ 发起人,第 1 款有规定,且未表达第 68 条第 3 款所规定同意的设立时股东在创立大会会日的 1 周前已提出提供应记载于表决权行使票中的事项的请求时,须根据法务省令的规定,及时向该股东以电子方法提供该事项。

第 72 条 （表决权数）

① 设立时股东（法务省令所规定的处在通过成立后的股份公司持有其全体股东表决权的 1/4 以上及其他事由,使成立后的股份公司实质上控制其经营成为可能的关系中的设立时股东除外）,在创立大会上,就其所认购的设立时发行股份的 1 股享有 1 个表决权。但章程已规定单元股份数时,就 1 单元的设立时发行股份享有 1 个表决权。

② 拟设立的股份公司属于种类股份发行公司,且就股东大会上可行使表决权的事项发行受限制的设立时种类股份时,在创立大会上,设立时股东限于相当于在股东大会可行使表决权事项的事项,就该设立时发行股份可行使表决权。

③ 虽有前款的规定,但对股份公司设立的废止,设立时股东可根据其所认购的设立时发行股份行使表决权。

第 73 条 （创立大会的决议）

① 创立大会的决议,以在该创立大会上可行使表决权的设立时股东表决权的过半数,且以相当于已出席的该设立时股东表决权的 2/3 以上的多数作出。

② 虽有前款的规定,但作为其所发行的全部股份的内容,为在章程上设置就通过转让取得该股份须取得该股份公司同意之意的规定而变更章程时（拟设立的股份公司属于种类股份发行公司的除外）,就该章程变更的创立大会的决议,须以在该创立大会上可行使表决权的设立时股东的半数以上,且以相当于设立时股东表决权的 2/3 以上的多数作出。

③ 通过变更章程作为其所发行的全部股份的内容,就第 107 条第 1 款第 3 项所列事项设置章程上的规定,或者拟进行就该事项的章程变更（废止就

该事项的章程规定的变更除外)时(拟设立的股份公司属于种类股份发行公司的除外),须取得全体设立时股东的同意。

④ 创立大会,不得对第67条第1款第2项所列事项外的事项作出决议。但章程变更或者股份公司设立的废止,不在此限。

第74条 (表决权的代理行使)

① 设立时股东,可通过代理人行使其表决权。此时,该设立时股东或者代理人须向发起人提交证明代理权的书面文件。

② 前款所规定的代理权的授与,须分别按各创立大会进行。

③ 第1款所规定的设立时股东或者代理人,代替证明代理权的书面文件的提交,可根据政令的规定,并在取得发起人同意的前提下,以电子方法提供应记载于该书面文件中的事项。此时,视为该设立时股东或者代理人已提交该书面文件。

④ 设立时股东属于已表达第68条第3款所规定的同意者时,发起人无正当理由的,不得拒绝前款所规定的同意。

⑤ 发起人,可限制出席创立大会的代理人数。

⑥ 发起人(股份公司成立后,指该股份公司,在下条第3款及第76条第4款中相同),自创立大会会日起的3个月间,须将证明代理权的书面文件以及已记录通过第3款所规定的电子方法所提供事项的电子记录置备于发起人所规定的场所(股份公司成立后,指其总公司,在本条第3款及第76条第4款中相同)。

⑦ 设立时股东(股份公司成立后,指其股东,在下条第4款及第76条第5款中相同),在发起人规定的时间(股份公司成立后,指营业时间,在下条第4款及第76条第5款中相同)内,可随时提出下列请求:

(一)查阅或者誊写证明代理权的书面文件的请求;

(二)查阅或誊写记录于前款所规定的电子记录中且根据法务省令规定的方法所表示事项的请求。

第75条 (以书面方式行使表决权)

① 书面方式的表决权行使,以在表决权行使票中记载必要事项,并在法务省令所规定的时间前将该表决权行使票提交给发起人的方式进行。

② 根据前款规定通过书面方式所行使的表决权数,计入已出席设立时股东的表决权数中。

③ 发起人,自创立大会会日起的3个月间,须将根据第1款规定所提交的表决行使票置备于发起人所规定的场所。

④ 设立时股东,在发起人规定的时间内可随时提出查阅或者誊写根据第 1 款的规定所提交的表决行使票的请求。

第 76 条 （以电子方法行使表决权）

① 以电子方法的表决权行使,根据政令的规定,在取得发起人同意的前提下,以在法务省令所规定的时间前,通过电子方法向该发起人提供应记载于表决行使票中的事项的方式进行。

② 设立时股东属于已表达第 68 条第 3 款所规定同意者时,发起人,无正当理由不得拒绝前款所规定的同意。

③ 根据第 1 款的规定,以电子方法所行使的表决权数计入已出席设立时股东的表决权数中。

④ 发起人,自创立大会会日起的 3 个月间,须将已记录根据第 1 款规定所提供事项的电子记录置备于发起人所规定的场所。

⑤ 设立时股东,在发起人规定的时间内,可随时提出查阅或者誊写已记录于前款所规定的电子记录中且通过法务省令规定的方法所表示事项的请求。

第 77 条 （表决权的不统一行使）

① 设立时股东,可不统一行使其所持有的表决权。此时,须在创立大会会日的 3 日之前向发起人通知该意旨及其理由。

② 发起人,前款所规定的设立时股东属于并非为他人而认购了设立时发行股份者时,可拒绝该设立时股东根据同款规定不统一行使其所持有表决权的做法。

第 78 条 （发起人的说明义务）

发起人,在创立大会上,设立时股东就特定事项要求给于说明时,须对该事项进行必要的说明。但该事项不属于创立大会的议题事项,且若进行该说明会严重损害设立时股东的共同利益以及存在法务省令规定的其他正当理由时,不在此限。

第 79 条 （会议主席[①]的权限）

① 创立大会的会议主席,维持该创立大会的秩序,掌管会议议事。

② 创立大会的会议主席,可让不服从其命令及其他扰乱该创立大会秩序者退出会场。

---

① 日文条文原文为"議長",但考虑到与国会"议长"的区别,本翻译将其译为"会议主席",特此说明。

第 80 条 （延期或延长的决议）

创立大会已作出会议延期或延长的决议时，不适用第 67 条以及第 68 条的规定。

第 81 条 （会议记录）

① 对创立大会的议事，须根据法务省令的规定制作会议记录。

② 发起人（股份公司成立后，指该股份公司，在下条第 2 款中相同），自创立大会会日起的 10 年间，须将前款所规定的会议记录置备于发起人所规定的场所（股份公司成立后，指其总公司，在同条第 2 款中相同）。

③ 设立时股东（股东公司成立后，指其股东及债权人，在下条第 3 款中相同），在发起人规定的时间（股份公司成立后，指其营业时间，在同款中相同）内可随时提出下列请求：

（一）第 1 款所规定的会议记录以书面形式所制作时，查阅或者誊写该书面文件的请求；

（二）第 1 款所规定的会议记录以电子记录形式所制作时，查阅或者誊写已记录于该电子记录中且以法务省令规定的方法所表示事项的请求。

④ 股份公司成立后，且该股份公司的母公司股东，为行使其权利有必要时，在取得法院许可的前提下可就第 1 款所规定的会议记录提出前款各项所列的请求。

第 82 条 （创立大会决议的省略）

① 发起人就创立大会的议题事项已提出提案，且全体设立时股东（限于对该提案可行使表决权者）对该提案以书面或者电子记录的方式已表示同意时，视为创立大会已作出通过该提案的决议。

② 发起人，自根据前款规定视为已作出创立大会决议之日起的 10 年间，须将同款所规定的书面文件或者电子记录置备于发起人所规定场所。

③ 设立时股东，在发起人所规定的时间内可随时提出下列请求：

（一）查阅或者誊写前款所规定的书面文件的请求；

（二）查阅或者誊写已记录于电子记录中且以法务省令规定的方法所表示事项的请求。

④ 股份公司成立后，且该股份公司的母公司股东为行使其权利有必要时，可在取得法院许可的前提下，就第 2 款所规定的书面文件或者电子记录提出前款各项所列的请求。

第 83 条 （向创立大会报告的省略）

发起人对全体设立时股东已通知应向创立大会报告的事项，且对该事项不要求向创立大会进行报告之事，全体设立时股东以书面或者电子记录的方式已作出同意的意思表示时，视为已向创立大会报告了该事项。

第 84 条　（存在需要种类股东大会决议之意的规定的情形）

拟设立的股份公司属于种类股份发行公司，且作为设立时所发行的某种类股份的内容，就股东大会应决议事项，存在除该决议外还需要由该种类股份的种类股东组成的种类股东大会决议之意的规定时，该事项，按照该章程规定之例，在创立大会的决议外，若未作出由该种类的设立时发行股份的设立时种类股东（指某类设立时发行股份的设立时股东，以下在本节中相同）组成的种类创立大会（指某种类设立时发行股份的设立时种类股东的大会，下同）的决议时，则不发生其效力。但没有在该种类创立大会上可行使表决权的设立时种类股东时，不在此限。

第 85 条　（种类创立大会的召集及决议）

① 根据前条、第 90 条第 1 款（含在同条第 2 款中所准用的情形）、第 92 条第 1 款（含在同条第 4 款中所准用的情形）、第 100 条第 1 款或者第 101 条第 1 款的规定作出种类创立大会的决议时，发起人须召集种类创立大会。

② 种类创立大会的决议，以该种类创立大会上可行使表决权的设立时种类股东过半数的表决权，且以相当于已出席的该设立时种类股东表决权的 2/3 以上的多数作出。

③ 虽有前款规定，但第 100 条第 1 款所规定的决议，须以在同款规定的种类创立大会上可行使表决权的设立时种类股东的半数以上，且以相当于该设立时种类股东表决权的 2/3 以上的多数作出。

第 86 条　（有关创立大会规定的准用）

对种类创立大会，准用第 67 条至第 71 条〈创立大会的召集等〉、第 72 条第 1 款〈表决权数〉以及第 74 条至第 82 条〈表决权的行使、决议等〉的规定。此时，将第 67 条第 1 款第 3 项及第 4 项以及第 2 款，第 68 条第 1 款及第 3 款，第 69 条至第 71 条，第 72 条第 1 款，第 74 条第 1 款、第 3 款及第 4 款，第 75 条第 2 款，第 76 条第 2 款及第 3 款，第 77 条，第 78 条本文以及第 82 条第 1 款中的"设立时股东"替换为"设立时种类股东（指某种类的设立时发行股份的设立时股东）"。

第 3 分节　有关设立事项的报告

第 87 条

① 发起人，须向创立大会报告有关股份公司设立的事项。

② 发起人，以下各项所列时须向创立大会提交或提供已记载或记录了该各项所规定事项的书面文件或者电子记录：

（一）章程对第 28 条各项所列事项（第 33 条第 10 款各项所列且由该各项所规定的事项除外）有规定时，指第 33 条第 2 款所规定的检查官有关同条第 4 款所规定报告的内容；

（二）属于第 33 条第 10 款第 3 项所列情形时，指同项所规定证明的内容。

第 4 分节　设立时董事等的选任及解任

第 88 条　（设立时董事等的选任）

① 在进行第 57 条第 1 款的募集时，须通过创立大会的决议选任设立时董事、设立时会计参与、设立时监事或设立时会计监查人。

② 拟设立的股份公司属于监查等委员会设置公司时，根据前款规定的设立时董事的选任，须区分为作为监查等委员的设立时董事与之外的董事进行。

第 89 条　（通过累积投票的设立时董事的选任）

① 创立大会的议题事项为 2 人以上的设立董事（拟设立的股份公司属于监查等委员会设置公司时，指作为设立时监查等委员的董事以及之外的董事，以下在本条中相同）的选任时，章程若无另外规定，设立时股东（限于就设立时董事选任可行使表决权的设立时股东）可对发起人请求应当根据第 3 款至第 5 款的规定选任设立时董事。

② 根据前款所规定的请求，须在同款所规定的创立大会会日的 5 日前提出。

③ 虽有第 72 条第 1 款的规定，但已提出第 1 款所规定的请求时，就选任设立时董事的决议，设立时股东按其所认购的每 1 个设立时发行股份（章程已规定单元股份数时，就每 1 个单元的设立时发行股份），享有与该创立大会上选任的设立时董事人数相等的表决权。此时，设立时股东可以仅对 1 人投票，或者对 2 人以上投票的方式行使其表决权。

④ 在前款规定的情形下，认定按得票最多者以此被选任为设立时董事。

⑤ 除以上 2 款所规定的事项外，对已提出第 1 款所规定请求时的设立时董事选任所必要的事项，由法务省令规定。

第 90 条　（根据种类创立大会决议的设立时董事等的选任）

① 虽有第 88 条的规定，但在股份公司设立之际发行就第 108 条第 1 款

第 9 项所列事项（限于有关董事（拟设立的股份公司属于监查等委员会设置公司时，指作为监查等委员的董事及之外的董事）的事项）有规定的种类股份时，须按照就同条第 2 款第 9 项所列事项章程所规定之例，通过以该种类设立时股份的设立时种类股东所组成的种类创立大会的决议选任设立时董事（拟设立的股份公司属于监查等委员会设置公司时，指作为设立时监查等委员的设立时董事或者之外的设立时董事）。

② 在股份公司设立之际发行就第 108 条第 1 款第 9 项所列事项（限于有关监事的事项）有规定的种类股份时，准用前款的规定。

第 91 条 （设立时董事等的解任）
根据第 88 条的规定所选任的设立时董事、设立时会计参与、设立时监事或设立时会计监查人，在股份公司成立之时前，可通过创立大会的决议解任。

第 92 条
① 根据第 90 条第 1 款的规定所选任的设立时董事，在股份公司成立之时前，可通过与该选任有关的设立时发行种类股份的设立时种类股东所组成的种类创立大会的决议解任。

② 虽有前款的规定，但根据第 41 条第 1 款的规定或者对在种类创立大会或种类股东大会所选任的董事可通过股东大会的决议解任之意章程有规定时，根据第 90 条第 1 款的规定所选任的设立时董事，在股份公司成立之时前，可通过创立大会的决议解任。

③ 拟设立的股份公司属于监查等委员会设置公司时，就适用前款的规定，将同款中的"董事"改为"作为监查等委员的董事或者之外的董事"，将"设立时董事"改为"作为监查等委员的设立时董事或者之外的设立时董事"。

④ 对根据在第 90 条第 2 款中所准用的同条第 1 款的规定所选任的设立时监事，准用第 1 款及第 2 款的规定。

第 5 分节 由设立时董事等所进行的调查

第 93 条 （由设立时董事等进行的调查）
① 设立时董事（拟设立的股份公司属于监事设置公司时，指设立时董事及设立时监事，以下在本条中相同），在其选任后须及时调查下列事项：

（一）就第 33 条第 10 款第 1 项或者第 2 项所列情形时的实物出资财产等（在同项所列情形时，限于同项所规定的有价证券）章程已记载或记录的价额是否合理；

（二）第 33 条第 10 款第 3 项所规定的证明是否属实；

（三）发起人出资的履行以及根据第 63 条第 1 款规定的缴款是否完成；

（四）除以上 3 项所列事项外，股份公司的设立程序是否违反法令或章程。

② 设立时董事，须向创立大会报告根据前款规定所为调查的结果。

③ 设立时董事，在创立大会上设立时股东就第 1 款所规定调查的有关事项要求给于说明时，须对该事项作出必要的说明。

第 94 条 （设立时董事等属于发起人时的特别规则）

① 全体或部分设立时董事（拟设立的股份公司属于监事设置公司时，指设立时董事及设立时监事）属于发起人时，可在创立大会上通过其决议选任调查前条第 1 款各项所列事项者。

② 根据前款规定已被选任者，须进行必要调查，并向创立大会报告该调查结果。

第 6 分节　章　程　变　更

第 95 条 （发起人变更章程的禁止）

进行第 57 条第 1 款所规定的募集时，发起人，在 58 条第 1 款第 3 项所规定的日期或者期间的开始日中较早日以后，与第 33 条第 9 款以及第 37 条第 1 款及第 2 款的规定无关，发起人不得进行章程变更。

第 96 条 （创立大会上的章程变更）

虽有第 30 条第 2 款的规定，但在创立大会上可通过其决议变更章程。

第 97 条 （设立时发行股份认购的撤销）

在创立大会上，就为变更第 28 条各项所列事项已作出变更章程的决议时，在该创立大会上反对了该变更的设立时股东，可在该决议后的 2 周内，撤销有关认购该设立时发行股份的意思表示。

第 98 条 （创立大会的决议对可发行股份总数的规定）

在进行第 57 条第 1 款所规定的募集，且章程未规定可发行股份总数时，须在股份公司成立之前，通过创立大会的决议以变更章程的方式设置有关可发行股份总数的规定。

第 99 条 （有关章程变更程序的特别规则）

拟设立的公司属于种类股份发行公司，且属于以下各项所列情形时，须取得该各项所规定的种类的设立时发行股份的全体设立时种类股东的同意：

（一）作为某种类股份的内容，拟就第 108 条第 1 款第 6 项所列事项设置章程的规定或者变更章程（废止章程有关该事项规定的变更除外）有关该事项的规定时；

（二）就某种类股份拟设置基于第 322 条第 2 款规定的章程规定时。

第 100 条

① 拟设立的股份公司属于种类股份发行公司，且通过变更章程的方式，作为某种类股份的内容就第 108 条第 1 款第 4 项或者第 7 项所列事项设置章程规定时，该章程变更，若未作出由下列设立时种类股东所组成的种类创立大会（与该设立时种类股东相关的设立时发行股份的种类在 2 种以上时，指由各种类的设立时种类股东所组成的各种类创立大会，以下在本条中相同）的决议时，则不发生其效力。但没有在该种类创立大会上可行使表决权的设立时种类股东时，不在此限：

（一）该种类的设立时发行股份的设立时种类股东；

（二）对将第 108 条第 2 款第 5 项 2 所列其他股份作为该种类股份有规定的附取得请求权股份的设立时种类股东；

（三）对将第 108 条第 2 款 6 项 2 所列其他股份作为该种类股份有规定的附取得条件股份的设立时种类股东。

② 在前款规定的种类创立大会上反对了该章程变更的设立时种类股东，可在该种类创立大会决议后的 2 周内，撤销有关该设立时发行股份认购的意思表示。

第 101 条

① 拟设立的股份公司属于种类股份发行公司，且就下列事项的章程变更有可能对某种类的设立时发行股份的设立时种类股东造成损害时，就该章程变更，若未作出由该种类的设立时发行股份的设立时种类股东所组成的种类创立大会（与该设立时种类股东相关的设立时发行股份的种类有 2 种以上时，指由各种类的设立时种类股东所组成的各种类创立大会）的决议，则不发生其效力。但没有在该种类创立大会上可行使表决权的设立时种类股东时，不在此限：

（一）股份种类的追加；

（二）股份内容的变更；

（三）可发行股份总数或者可发行种类股份总数（指股份公司可发行的（一）所说的种类股份的总数，以下相同）的增加。

② 对属于单元股份数的章程变更，且就该章程变更根据第 322 条第 2 款的规定章程有规定时的由该种类的设立发行股份的设立时种类股东所组成的种类创立大会，不适用前款的规定。

第 7 分节　有关设立程序等的特别规则等

第 102 条　（设立程序等的特别规则）

① 设立时募集股份的认购人,在发起人所规定的时间内,可随时提出第 31 条第 2 款各项所列请求。但提出同款第 2 项或者第 4 项所列请求时,须支付发起人所规定的费用。

② 设立时募集股份的认购人,在股份公司成立时将成为已履行第 63 条第 1 款规定的缴纳的设立时发行股份的股东。

③ 出现第 63 条第 1 款规定的虚假缴纳时,设立时募集股份的认购人,非在已履行下条第 1 款或者第 103 条第 2 款所规定的支付后,就虚假缴纳的设立时发行股份不得行使设立时股东以及股东的权利。

④ 已受让前款所规定的设立时发行股份或者已受让成为其股东的权利者,可行使有关该设立时发行股份的设立时股东以及股东的权利。但该受让人存在恶意或者重大过失时,不在此限。

⑤ 设立时募集股份的认购申请、分配以及与第 61 条所规定合同相关的意思表示,不适用民法第 93 条但书以及第 94 条第 1 款的规定。

⑥ 设立时募集股份的认购人,在股份公司成立后或者在创立大会或种类创立大会上已行使表决权后,不得以错误为由主张设立时发行股份认购无效,或者不得以欺诈或胁迫为由撤销设立时发行股份的认购。

第 102 条之 2　（虚假缴纳的设立时募集股份认购人的责任）

① 设立时募集股份的认购人,发生前条第 3 款所规定的虚假缴纳时,对股份公司负有支付该虚假缴纳全部金额的义务。

② 根据前款规定设立时募集股份的认购人所负义务,非经全体股东同意,不得免除。

第 103 条　（发起人的责任等）

① 已进行第 57 条第 1 款所规定的募集时,就适用第 52 条第 2 款的规定,将同款中的"其次"改为"第 1 项"。

② 第 102 条第 3 款有规定时,法务省令所规定的参与了虚假缴纳的发起人或者设立时董事,对股份公司与前条第 1 款所规定的认购人负有同款所规定的连带支付义务。但该法务省令所规定者（该虚假缴纳行为者除外）已证明履行其职务未懈怠注意时,不在此限。

③ 根据前款规定发起人或者设立时董事所负义务,非经全体股东同意,不得免除。

④ 在已进行第 57 条第 1 款所规定的募集,且对在有关募集的广告及其他有关该募集的书面文件或者电子记录中记载或者记录自己的姓名或者名称以及赞助股份公司设立之意已表示同意者(发起人除外),被视为发起人,适用上节及以上 3 款的规定。

第 2 章 股　　份

第 1 节 总　　则

第 104 条　（股东的责任）
股东的责任,以其所持有股份的认购价额为限。

第 105 条　（股东的权利）
① 股东,就其所持有的股份享有下列权利及其他由本法规定所认可的权利:
（一）接受盈余金分配的权利;
（二）接受剩余财产分配的权利;
（三）股东大会上的表决权。
② 不赋予股东前款第 1 项以及第 2 项所列全部权利之意的章程规定,无效。

第 106 条　（共有人的权利行使）
股份属于 2 人以上共有时,共有人若不将其中的 1 人确定为有关该股份的权利行使人,并将其的姓名或者名称通知给股份公司,就不得行使有关该股份的权利。但股份公司对行使该权利已表示同意时,不在此限。

第 107 条　（有关股份内容的特别规定）
① 股份公司,作为其所发行的全部股份的内容,可规定下列事项:
（一）就通过转让取得相关股份须取得该股份公司的同意;
（二）就相关股份,股东可请求该股份公司取得该股份;
（三）就相关股份,该股份公司可以一定事由的发生为条件取得该股份。
② 股份公司,作为全部股份的内容规定以下各项所列事项时,须由章程对该各项所列事项作出规定:
（一）就通过转让取得相关股份须取得该股份公司的同意时,指下列事项:

1. 就通过转让取得该股份须取得该股份公司同意之意；

2. 在一定条件下视为股份公司已表达第136条或者第137条第1款所规定的同意时，该意旨及该一定条件。

（二）就相关股份，股东可请求该股份公司取得该股份时，指下列事项：

1. 股东可请求该股份公司取得该股东所持有股份之意；

2. 作为取得1所规定股份1股的对价，向该股东交付该股份公司的公司债券（有关附新股预约权公司债券中的公司债券除外）时，该公司债券的种类（指第681条第1项所规定的种类，以下在本编中相同）以及各种类的各公司债券金额的合计额或者其计算方法；

3. 作为取得1所规定股份1股的对价，向该股东交付该股份公司的新股预约权（附新股预约权公司债券中的新股预约权除外）时，该新股预约权的内容以及数量或者其计算方法；

4. 作为取得1所规定股份1股的对价，向该股东交付该股份公司的附新股预约权公司债券时，有关该附新股预约权公司债券的2所规定的事项以及有关该附新股预约权公司债券中的新股预约权的3所规定的事项；

5. 作为取得1所规定股份1股的对价，向该股东交付该股份公司的股份等（指股份、公司债券以及新股预约权，下同）以外的财产时，该财产的内容以及数量或价额或者有关这些的计算方法；

6. 股东可请求该股份公司取得该股份的期间。

（三）就相关股份，该股份公司以一定事由的发生为条件可取得该股份时，指下列事项：

1. 在一定事由发生日该股份公司取得该股份之意及其该事由；

2. 该股份公司决定将另行所规定之日的到来作为1所规定的事由时，该意旨；

3. 决定在1所规定事由已发生日取得1所规定的部分股份时，该意旨以及所取得部分股份的决定方法；

4. 作为取得1所规定股份1股的对价，向该股东交付该股份公司的公司债券（附新股预约权公司债券中的公司债券除外）时，该公司债券的种类以及各种类的各公司债券金额的合计额或者其计算方法；

5. 作为取得1所规定股份1股的对价，向该股东交付该股份公司的新股预约权（附新股预约权公司债券中的新股预约权除外）时，该新股预约权的内容以及数量或者其计算方法；

6. 作为取得1所规定股份1股的对价，向该股东交付该股份公司的附新股预约权公司债券时,有关该附新股预约权公司债券的 4 所规定的事项以及有关附新股预约权公司债券中的新股预约权的 5 所规定的事项;

7. 作为取得 1 所规定股份 1 股的对价,向该股东交付该股份公司的股份等以外的财产时,该财产的内容以及数量或金额或者有关这些的计算方法。

第 108 条 （不同种类的股份）

① 股份公司,可发行就下列事项作了不同规定的内容各异的 2 种以上的种类股份。但提名委员会等设置公司以及公开公司不得发行就第 9 项所列事项有规定的种类股份:

（一）盈余金分配;

（二）剩余财产分配;

（三）在股东大会上可行使表决权的事项;

（四）就通过转让取得相关种类股份须取得该股份公司同意的;

（五）就相关种类股份股东可请求该股份公司取得该种类股份的;

（六）就相关种类股份该股份公司以一定事由发生为条件可取得该种类股份的;

（七）就相关种类股份该股份公司通过股东大会决议全部取得该种类股份的;

（八）在应由股东大会（属于董事会设置公司时应由股东大会或者董事会,属于清算人会设置公司〈指第 478 条第 8 款规定的清算人会设置公司,以下在本条中相同〉时应由股东大会或者清算人会）决议的事项中,除该决议外,还需要相关种类股份的种类股东所组成的种类股东大会决议的事项;

（九）在由相关种类股份的种类股东所组成的种类股东大会上选任董事（属于监查等委员会设置公司时,指作为监查等委员的董事或者之外的董事,在下款第 9 项以及第 112 条第 1 项中相同）或者监事的。

② 股份公司就下列事项发行内容不同的 2 种以上的种类股份时,须在章程中就该各项所规定的事项以及可发行种类股份总数作出规定:

（一）盈余金分配,指给相关种类股东交付的分红财产价额的决定方法、盈余金分配的条件及其他有关盈余金分配的处理方法;

（二）剩余财产分配,指给该种类股东交付的剩余财产价额的决定方法、该剩余财产的种类及其他有关剩余财产分配的处理方法;

（三）可在股东大会上行使表决权的下列事项等:

1. 可在股东大会上行使表决权的事项;

2. 就相关种类股份已规定表决权行使条件的,该条件。

（四）就通过转让取得相关种类股份须取得该股份公司同意的，指有关该种类股份的前条第2款第1项所规定的事项；

（五）就相关种类股份，股东可请求该股份公司取得该种类股份的，指下列事项：

1. 有关该种类股份的前条第2款第2项所规定的事项；

2. 作为取得相关种类股份1股的对价向该股东交付该股份公司其他股份的，该其他股份的种类以及各种类股份数或者其计算方法。

（六）就相关种类股份，该股份公司以一定事由的发生为条件可取得该种类股份的，指下列事项：

1. 有关该种类股份的前条第2款第3项所规定的事项；

2. 作为取得相关种类股份1股的对价向该股东交付该股份公司的其他股份的，该其他股份的种类以及各种类股份数或者其计算方法。

（七）就相关种类股份，该股份公司通过股东大会决议全部取得该种类股份的，指下列事项：

1. 第171条第1款第1项规定的取得对价价额的决定方法；

2. 就该股东大会可否作出决议规定条件的，该条件。

（八）在应由股东大会（属于董事会设置公司时应由股东大会或者董事会，属于清算人会设置公司时应由股东大会或者清算人会）决议的事项中，除该决议外，还需要相关种类股份的种类股东所组成的种类股东大会决议的，指下列事项：

1. 需要该种类股东大会决议的事项；

2. 规定需要该种类股东大会决议条件的，该条件。

（九）由相关种类股份的种类股东所组成的种类股东大会选任董事或者监事的，指下列事项：

1. 由相关种类股东所组成的种类股东大会选任董事或者监事以及所选任董事或者监事人数；

2. 将根据1的规定可选任的全部或部分董事或者监事，与其他种类股东共同选任时，该其他种类股东所持有股份的种类以及共同选任的董事或者监事人数；

3. 存在变更1或者2所列事项的条件时，该条件以及该条件成就时变更后的1或者2所列事项；

4. 除1至3所列事项外，法务省令所规定的其他事项。

③虽有前款的规定，但在初次发行相关种类股份前，就同款各项所规定

的全部或部分事项(限于就盈余金分配内容不同的种类的种类股东可接受的分配额及其他法务省令规定的事项),章程可规定通过股东大会(属于董事会设置公司时指股东大会或者董事会,属于清算人会设置公司时指股东大会或者清算人会)的决议作出规定之意。此时,章程须规定该内容的纲要。

第 109 条 （股东的平等）

① 股份公司,须根据股东所持有股份的内容及数量,平等对待股东。

② 虽有前款的规定,作为非公开公司的股份公司,就有关第 105 条第 1 款各项所列权利的事项,可在章程上规定因股东而给于不同待遇之意。

③ 存在根据前款规定的章程规定时,将同款的股东所持有股份视为就有关同款所规定权利的事项其内容不同的种类股份,由此适用本编及第 5 编的规定。

第 110 条 （章程变更程序的特别规则）

以变更章程的方式作为其所发行的全部股份的内容,设置章程有关第 107 条第 1 款第 3 项所列事项的规定,或者拟变更有关该事项的章程(废止章程有关该事项规定的情形除外)时(股份公司属于种类股份发行公司的除外),须取得全体股东的同意。

第 111 条

① 种类股份发行公司在某种类股份发行后,通过章程变更作为该种类股份的内容,设置章程有关第 108 条第 1 款第 6 项所列事项的规定,或拟变更有关该事项的章程(废止章程有关该事项规定的情形除外)时,须取得持有该种类股份的全体股东的同意。

② 种类股份发行公司作为某种类股份的内容,设置章程有关第 108 条第 1 款第 4 项或者第 7 项所列事项的规定时,该章程变更,若未作出由下列种类股东所组成的种类股东大会(有关该种类股东的股份种类有 2 种以上时,指由各种类股份的种类股东所组成的各种类股东大会,以下在本条中相同)的决议,则不发生其效力。但没有在该种类股东大会上可行使表决权的种类股东时,不在此限:

(一) 相关种类股份的种类股东;

(二) 存在将第 108 条第 2 款第 5 项 2 所规定的其他股份作为该种类股份的规定的附取得请求权股份的种类股东;

(三) 就将第 108 条第 2 款第 6 项 2 所说的其他股份作为该种类股份有规定时的附取得条件股份的种类股东。

第 112 条 （废止有关董事等选任的种类股份的章程规定的特别规则）

① 有关第 108 条第 2 款第 9 项所列事项的章程规定,当本法或者章程所规定的董事人数出现空缺,且又不能为此选任达到该人数的董事时,视为已被废止的规定。

② 对章程有关第 108 条第 2 款第 9 项所列事项(限于有关监事的事项)的规定,准用前款的规定。

第 113 条 （可发行股份总数）

① 股份公司,不得以变更章程的方式废止有关可发行股份总数的规定。

② 通过变更章程减少可发行股份总数时,变更后的可发行股份总数不得少于该章程变更生效时已发行股份的总数。

③ 有下列情形时,该章程变更后的发行股份总数不得超过该章程变更生效时已发行股份总数的 4 倍：

（一）公开公司通过章程变更增加可发行股份总数的；

（二）作为非公开公司的股份公司通过章程变更成为公开公司的。

④ 新股预约权(未至第 236 条第 1 款第 4 项所规定期间的开始日的新股预约权除外)的新股预约权人,根据第 282 条第 1 款的规定所取得的股份数不得超过从可发行股份总数中减去已发行股份(自己股份〈指股份公司所持有的自己的股份,下同〉除外)总数的得数。

第 114 条 （可发行种类股份总数）

① 通过变更章程减少某种类股份的可发行种类股份总数时,变更后的该种类股份的可发行种类股份总数不得少于该章程变更生效时已发行该种类股份的总数。

② 就某种类股份的下列各数的合计数,不得超过从该种类股份的可发行种类股份总数中减去已发行该种类股份(自己股份除外)总数的得数：

（一）附取得请求权股份(未至第 107 条第 2 款第 2 项 6 所规定期间的开始日的除外)的股东(该股份公司除外),根据第 167 条第 2 款规定所取得的属于同款第 4 项规定的其他股份数；

（二）附取得条件股份的股东(该股份公司除外),根据第 170 条第 2 款规定所取得的属于同款第 4 项规定的其他股份数；

（三）新股预约权(未至第 236 条第 1 款第 4 项所规定期间的开始日的除外)的新股预约权人,根据第 282 条第 1 款的规定所取得的股份数。

第 115 条 （表决权受限股份的发行数）

种类股份发行公司属于公开公司,且在股东大会上就可行使表决权的事项设有限制的种类的股份(以下在本条中称为"表决权受限股份")数超过已发行股份总数的1/2时,股份公司须及时采取为将表决权受限股份数降到已发行股份总数的1/2以下所必要的措施。

第 116 条　（反对股东的股份回购请求）

① 在以下各项所列情形时,反对股东可对股份公司请求以公正价格回购自己持有的该各项所规定的股份:

（一）作为其所发行的全部股份的内容,就第107条第1款第1项所列事项设置规定而变更章程时,指全部股份;

（二）作为某种类股份的内容,就第108条第1款第4项或者第7项所列事项设置规定而变更章程时,指第111条第2款各项所规定的股份;

（三）实施下列行为,且有可能对持有某种类股份(限于根据第322条第2款的规定章程有规定的股份)的种类股东造成损害时,指该种类股份:

1. 股份合并或者股份分割;

2. 第185条规定的无偿配股;

3. 有关单元股份数的章程变更;

4. 认购该股份公司股份者的募集(限于对第202条第1款各项所列事项有规定的募集);

5. 认购该股份公司新股预约权者的募集(限于对第241条第1款各项所列事项有规定的募集);

6. 第277条规定的新股预约权的无偿分配。

② 前款规定的所谓"反对股东",指下列各项所列情形时的该各项所规定的股东:

（一）为实施前款各项所规定行为需要股东大会(含种类股东大会)决议时,指下列股东:

1. 先于该股东大会向该股份公司已通知反对该行为的意思,且在该股东大会上反对了该行为的股东(限于在该股东大会上可行使表决权的股东);

2. 在该股东大会上不得行使表决权的股东。

（二）前项所规定情形外时,指所有股东。

③ 拟实施第1款各项所规定行为的股份公司,须在该行为生效之日(以下在本条及下条中称为"生效日")的20日前,向同款各项所规定股份的股东通知实施该行为之意。

④ 前款所规定的通知,可以公告代替之。

⑤ 第1款所规定的请求(以下在本节中称为"股份回购请求"),须在生

效日的20日前至生效日的前1日之间,明确与该股份回购请求相关的股份数(种类股份发行公司时,须明确股份种类及各种类的股份数)的基础上提出。

⑥ 就已发行股票的股份拟进行股份回购请求时,该股份的股东须向股份公司提交该股份的股票。但对就该股票已提出第223条所规定请求者,不在此限。

⑦ 已提出股份回购请求的股东,限于已取得股份公司同意的情形,可撤回该股份回购请求。

⑧ 股份公司中止第1款各项所规定行为时,股份回购请求丧失其效力。

⑨ 对于与股份回购请求相关的股份,不适用第133条的规定。

第117条 （股份价格的决定等）

① 已提出股份回购请求,且股东与股份公司间就股份价格的决定已达成协议时,股份公司须在自生效日起的60日内进行支付。

② 就股份价格决定自生效日起30日内未达成协议时,股东或者股份公司在该期间届满日后的30日内可请求法院决定该价格。

③ 虽有前条第7款的规定,但前款有规定,且自生效日起的60日内未提出同款所规定的请求时,在该期间届满后股东可随时撤回股份回购请求。

④ 股份公司,还须支付根据有关法院已决定价格的第1款所规定期间届满日后的6％年利率所计算的利息。

⑤ 股份公司,在股份价格决定前对股东可支付该股份公司认为公正价格的价款。

⑥ 与股份回购请求相关股份的回购,在生效日发生其效力。

⑦ 股票发行公司(指章程对发行该股份〈属于种类股份发行公司时,指全部种类股份〉相关的股票已作规定的股份公司,下同),就已发行股票的股份已提出股份回购请求时,以交付股票为条件须支付与其股份回购请求相关股份的价款。

第118条 （新股预约权回购请求）

① 在进行下列各项所列章程的变更时,该各项所规定的新股预约权的新股预约权人可对股份公司请求以公正价格回购自己所持有的新股预约权：

（一）作为所发行全部股份的内容,为设置有关第107条第1款第1项所列事项的规定而变更章程时,指全部新股预约权；

（二）作为某种类股份的内容,为设置有关第108条第1款第4项或者第7项所列事项的规定而变更章程时,指以该种类股份为目的的新股预约权。

② 附新股预约权公司债券中的新股预约权的新股预约权人,提出前款所规定的请求(以下在本节中称为"新股预约权回购请求")时,须同时请求回购附新股预约权公司债券中的公司债券。但就该附新股预约权公司债券中的新股预约权另有规定时,不在此限。

③ 拟进行第1款各项所列章程变更的股份公司,在该章程变更生效日(以下在本条及下条中称为"章程变更日")的20日前,须向同款各项所规定的新股预约权的新股预约权人通知进行该章程变更之意。

④ 前款所规定的通知,可以公告代替之。

⑤ 新股预约权回购请求,在章程变更日的20日之前至章程变更日的前1日之间,须在明确与该新股预约权回购请求相关的新股预约权的内容以及数量的基础上提出。

⑥ 就已发行新股预约权证券的新股预约权拟提出新股预约权回购请求时,该新股预约权的新股预约权人,须向股份公司提交该新股预约权证券。但对就新股预约权证券已提出非诉事件程序法(2011年法律第51号)第114条所规定的公示催告的申请者,不在此限。

⑦ 就已发行附新股预约权公司债券证券(指第249条第2项所规定的附新股预约权公司债券证券,以下在本款及下条第8款中相同)的附新股预约权公司债券中的新股预约权,拟提出新股预约权回购请求时,该新股预约权的新股预约权人,须向股份公司提交该附新股预约权公司债券证券。但对就该附新股预约权公司债券证券已提出非诉事件程序法第114条所规定的公示催告的申请者,不在此限。

⑧ 已提出新股预约权回购请求的新股预约权人,在取得股份公司同意的前提下可撤回该新股预约权回购请求。

⑨ 股份公司已中止第1款各项所列的章程变更时,新股预约权回购请求丧失其效力。

⑩ 对与新股预约权回购请求相关的新股预约权,不适用第260条的规定。

第119条 (新股预约权的价格决定等)

① 已提出新股预约权回购请求,且在新股预约权人与股份公司间就新股预约权(该新股预约权属于附新股预约权公司债券中的新股预约权时,就该附新股预约权公司债券中的公司债券已提出回购请求时,含该公司债券,以下在本条中相同)的价格决定已达成协议时,股份公司须在自章程变更日起的60日内进行支付。

② 就新股预约权的价格决定,自章程变更日起的 30 日内未达成协议时,新股预约权人或者股份公司在该期间届满之日后的 30 日内,可请求法院决定该价格。

③ 虽有前条第 8 款的规定,但前款有规定,且自章程变更日起的 60 日内未提出同款所规定的请求时,在该期间届满后,新股预约权人可随时撤回新股预约权回购请求。

④ 股份公司,还须支付根据有关法院已决定价格的第 1 款所规定期间届满日后的 6% 年利率所计算的利息。

⑤ 股份公司,在新股预约权价格决定前,可对新股预约权人支付该股份公司认为公正价格的价款。

⑥ 与新股预约权回购请求相关的新股预约权的回购,在章程变更日发生其效力。

⑦ 就已发行新股预约权证券的新股预约权已提出新股预约权回购请求时,股份公司须与新股预约权证券交换为条件支付与该新股预约权回购请求相关的新股预约权的价款。

⑧ 就已发行附新股预约权公司债券证券的附新股预约权公司债券中的新股预约权已提出新股预约权回购请求时,股份公司须与该附新股预约权公司债券证券交换为条件支付与该新股预约权回购请求相关的新股预约权的价款。

第 120 条 （与股东等的权利行使有关的利益提供）

① 股份公司,无论对何人,就股东的权利、与该股份公司相关的资格符合旧股东(指第 847 条之 2 第 9 款所规定的资格符合旧股东)的权利,或者就该股份公司的最终全资母公司等(指第 847 条之 3 第 1 款所规定的最终全资母公司等)的股东权利的行使,不得提供财产上的利益(限于以该股份公司或者其子公司的利益风险所处理的利益,以下在本条中相同)。

② 股份公司已向特定股东无偿提供财产上的利益时,将推定为该股份公司就股东权利的行使提供了财产上的利益。股份公司已向特定股东有偿提供财产上的利益,且该股份公司或者其子公司所得到的利益明显少于该财产上的利益时,亦同。

③ 股份公司违反第 1 款的规定已提供财产上的利益时,已接受该利益提供者须向该股份公司或者其子公司返还该利益。此时,已接受该利益提供者,已向该股份公司或者其子公司作为所接受利益的对价已交付相应财产时,可接受该财产的返还。

④ 股份公司违反第1款的规定已提供财产上的利益时，法务省令所规定的参与了该利益提供的董事（属于提名委员会等设置公司时，包括执行官，以下在本款中相同），对该股份公司承担连带支付相当于所提供利益价额的义务。但其（提供了该利益的董事除外）已证明就其职务履行未懈怠注意时，不在此限。

⑤ 前款所规定的义务，非经全体股东同意，不得免除。

第2节 股东名册

第121条 （股东名册）

股份公司，须制作股东名册，并在其上须记载或记录下列事项（以下称为"股东名册记载事项"）：

（一）股东的姓名或者名称及住所；

（二）前项所规定的股东所持有的股份数（种类股份发行公司时，指股份的种类以及各种类之数）；

（三）第1项所规定股东的股份取得日；

（四）股份公司属于股票发行公司时，第2项所规定股份（限于已发行股票的情形）的股票编号。

第122条 （已记载股东名册记载事项的书面文件的交付等）

① 前条第1项所规定的股东，可请求股份公司交付就该股东已记载或记录股东名册记载事项的书面文件，或者提供就该股东已记录该股东名册记载事项的电子记录。

② 在前款所规定的书面文件上，股份公司的代表董事（属于提名委员会等设置公司时，指代表执行官，下款中相同）须署名或者签名盖章。

③ 在第1款所规定的电子记录上，股份公司的代表董事须采取代替法务省令所规定的署名或者签名盖章的措施。

④ 对股票发行公司，不适用以上3款的规定。

第123条 （股东名册管理人）

股份公司，可在章程上规定设置股东名册管理人（指代替股份公司制作、置备股东名册以及处理其他与股东名册相关事务者），并可委托其处理该事务。

第124条 （基准日）

① 股份公司，可规定一定日（以下在本章中称为"基准日"），并可将在基

准日记载或记录于股东名册的股东(以下在本条中称为"基准日股东")规定为可行使其权利者。

② 在规定基准日时,股份公司须规定基准日股东可行使权利(限于自基准日起 3 个月内行使的权利)的内容。

③ 股份公司,在已规定基准日时,须在该基准日的 2 周前,公告该基准日以及根据前款规定所规定的事项。但章程对该基准日以及该事项有规定时,不在此限。

④ 基准日股东可行使的权利属于股东大会或者种类股东大会上的表决权时,股份公司可将在该基准日后取得股份的全部或部分取得者规定为可行使该权利者。但不得侵害该股份的基准日股东的权利。

⑤ 对第 149 条第 1 款所规定的登记股份质权人,准用第 1 款至第 3 款的规定。

第 125 条 (股东名册的置备及查阅等)

① 股份公司,须将股东名册置备于其总公司(若设有股东名册管理人时,在其营业所)。

② 股东以及债权人,在股份公司的营业时间内,可随时提出下列请求。此时,须在明确该请求理由的基础上提出:

(一) 股东名册以书面形式所制作时,查阅或者誊写该书面文件的请求;

(二) 股东名册以电子记录形式所制作时,查阅或者誊写已记录于该电子记录中并根据法务省令规定的方法所表示事项的请求。

③ 已提出前款所规定的请求时,股份公司,下列情形之一者除外,不得拒绝该请求:

(一) 提出该请求的股东或者债权人(以下在本款中称为"请求人"),与确保或者行使其权利相关调查外的目的已提出请求时;

(二) 请求人以妨碍该公司的业务进程或者损害股东共同利益为目的已提出请求时;

(三) 请求人以为了获得利益向第三人通报通过股东名册的查阅或者誊写所得知的事实为目的已提出请求时;

(四) 请求人属于在过去 2 年内曾经为了获得利益向第三人通报过通过股东名册的查阅或者誊写所得知的事实者时。

④ 股份公司的母公司股东,为行使其权利有必要时,可在取得法院许可的前提下就该股份公司的股东名册提出第 2 款各项所列的请求。此时,须在明确该请求理由的基础上提出请求。

⑤ 前款所规定的母公司股东,若存在第3款各项规定的事由之一时,法院不得作出前款所规定的许可。

第126条 (对股东的通知等)

① 股份公司需对股东进行的通知或者催告,按照已记载或者记录于股东名册上的该股东的住所(该股东另外向该股份公司已通知该股东接收通知或者催告的其他场所或者地址时,从其该场所或者地址)发出即可。

② 前款所规定的通知或者催告,视为在该通知或者催告通常应到达的时间已到达。

③ 股份属于2人以上共有时,共有人须从中确定1人为接受股份公司发给股东的通知或者催告者,并须向该股份公司通知其的姓名或者名称。此时,将其视为股东,适用以上2款的规定。

④ 没有前款所规定的共有人的通知时,股份公司对股份共有人所为的通知或者催告,对其中1人发出即可。

⑤ 在第299条第1款(含在第325条中所准用的情形)所规定的通知之际,对向股东交付书面文件,或者通过电子方法提供应记载于该书面文件中的事项的情形,准用以上各款的规定。此时,将第2款中的"已到达"替换为"已交付该书面文件或者通过电子方法已提供该事项"。

第3节 股份转让等

第1分节 股份转让

第127条 (股份转让)

股东,可转让其所持有的股份。

第128条 (股票发行公司的股份转让)

① 股票发行公司的股份转让,不交付该股份的股票时,不发生其效力。但通过自己股份的处分所进行的股份转让,不在此限。

② 在股票发行前所进行的转让,对股票发行公司,不发生其效力。

第129条 (有关自己股份处分的特别规则)

① 股票发行公司,在已处分自己股份之日后,须及时向取得该自己股份者交付股票。

② 虽有前款的规定,作为非公开公司的股票发行公司,在同款所规定者提出请求前,可不交付同款所规定的股票。

第 130 条 （股份转让的对抗要件）

① 股份的转让，若未将已取得该股份者的姓名或者名称及住所记载或者记录于股东名册，就不得对抗股份公司及其他第三人。

② 就股票发行公司适用前款的规定，将同款中的"股份公司及其他第三人"改为"股份公司"。

第 131 条 （权利的推定等）

① 股票的占有人，被推定为合法享有与该股票相关股份的权利者。

② 已接受股票交付者，将取得与该股票相关股份的权利。但其存在恶意或者重大过失时，不在此限。

第 132 条 （非依股东请求的股东名册记载事项的记载或记录）

① 股份公司，在以下各项所列情形时，须将与该各项所规定股份的股东相关的股东名册记载事项记载或记录于股东名册：

（一）已发行股份时；

（二）已取得该股份公司的股份时；

（三）已处分自己股份时。

② 股份公司，已进行股份合并时，对已合并的股份，须将与该股份的股东相关的股东名册记载事项记载或记录于股东名册。

③ 股份公司已进行股份分割时，对已分割的股份，须将与该股份的股东相关的股东名册记载事项记载或记录于股东名册。

第 133 条 （依股东请求的股东名册记载事项的记载或记录）

① 从发行该股份的股份公司外已取得股份者（该股份公司除外，以下在本节中称为"股份取得人"），可请求该股份公司将有关该股份的股东名册记载事项记载或记录于股东名册。

② 前款所规定的请求，法务省令所规定的不会损害利害关系人利益的请求除外，须与作为已取得股份的股东被记载或记录于股东名册者，或者与其继承人及其他一般承继人共同提出。

第 134 条

股份取得人已取得的股份属于转让受限股份时，不适用前条的规定。但符合下列情形之一时，不在此限：

（一）该股份取得人就取得该转让受限股份，已取得第 136 条所规定的同意时；

（二）该股份取得人就取得该转让受限股份，已取得第 137 条第 1 款所规定的同意时；

(三) 该股份取得人属于第 140 条第 4 款所规定的指定购买人时；

(四) 该股份取得人属于通过继承及其他一般承继而取得转让受限股份者时。

第 135 条 （母公司股份的取得禁止）

① 子公司,不得取得作为其母公司的股份公司的股份(以下在本条中称为"母公司股份"）。

② 对下列情形,不适用前款的规定：

(一) 受让其他公司(含外国公司)的全部事业,且受让该其他公司所持有的母公司股份的情形；

(二) 从合并后消灭公司承继母公司股份的情形；

(三) 通过吸收分立从其他公司承继母公司股份的情形；

(四) 通过新设分立从其他公司承继母公司股份的情形；

(五) 除以上各项所列情形外,由法务省令所规定的其他情形。

③ 子公司,须在适当时期处分其所持有的母公司股份。

第 2 分节 有关股份转让的同意程序

第 136 条 （股东对同意的请求）

转让受限股份的股东,拟向他人(已发行该转让受限股份的股份公司除外)转让其所持有的转让受限股份时,可请求该股份公司对是否同意该他人取得该转让受限股份作出决定。

第 137 条 （股份取得人对同意的请求）

① 已取得转让受限股份的股份取得人,可请求股份公司对该转让受限股份的取得是否同意作出决定。

② 前款所规定的请求,法务省令所规定的不会侵害利害关系人利益的请求除外,须与作为已取得该股份的股东被记载或记录于股东名册者,或者与其继承人及其他一般承继人共同提出。

第 138 条 （转让等同意请求的方法）

以下各项所列的请求(以下在本分节中称为"转让等同意请求"),须在明确该各项所规定事项的基础上提出：

(一) 第 136 条所规定的请求,指下列事项：

1. 提出该请求的股东拟转让的转让受限股份数(种类股份发行公司时,指转让受限股份的种类及各种类之数)；

2. 受让 1 所规定的转让受限股份者的姓名或者名称；

3. 股份公司对第 136 条的同意作出否定之意的决定,且该股份公司或者第 140 条第 4 款所规定的指定购买人请求购买 1 所规定的转让受限股份时,指该意旨。

（二）前条第 1 款所规定的请求,指下列事项：

1. 提出该请求的股份取得人所取得的转让受限股份数（种类股份发行公司时,指转让受限股份的种类及各种类之数）；

2. 上述 1 所规定的股份取得人的姓名或者名称；

3. 股份公司对前条第 1 款所规定的同意作出否定之意的决定,且该股份公司或者第 140 条第 4 款规定的指定购买人请求购买 1 所规定的转让受限股份时,指该意旨。

第 139 条 （对转让等同意的决定等）

① 股份公司对第 136 条或者第 137 条第 1 款所规定的同意作出决定时,须通过股东大会（董事会设置公司时,指董事会）的决议。但章程另有规定时,不在此限。

② 股份公司,已作出前款所规定的决定时,须向已提出对转让等是否同意的请求者（以下在本分节中称为"转让等同意请求人"）通知该决定的内容。

第 140 条 （由股份公司或者指定购买人进行的购买）

① 股份公司已受到第 138 条第 1 项 3 或者第 2 项 3 所规定的请求,且对第 136 条或者第 137 条第 1 款所规定的同意已作出否定之意的决定时,须购买与该转让等同意请求相关的转让受限股份（以下在本分节中称为"对象股份"）。此时,须规定下列事项：

（一）购买对象股份的意旨；

（二）股份公司所购买对象股份数（种类股份发行公司时,指对象股份的种类及各种类股份之数）。

② 前款各项所列事项的决定,须以股东大会的决议作出。

③ 转让等同意请求人,不得在前款所规定的股东大会上行使表决权。但该转让等同意请求人以外的全体股东都不能在同款所规定的股东大会上行使表决权时,不在此限。

④ 虽有第 1 款的规定,但同款所规定的情形下,股份公司可指定购买全部或部分对象股份者（以下在本分节中称为"指定购买人"）。

⑤ 前款所规定的指定,须以股东大会（董事会设置公司时,指董事会）的决议作出。但章程另有规定时,不在此限。

第 141 条 （股份公司的购买通知）

① 股份公司,对前条第 1 款各项所列事项已作出决定时,须向转让等同意请求人通知这些事项。

② 股份公司拟进行前款所规定的通知时,须将 1 股的平均净资产额（指作为 1 股的平均净资产以法务省令规定的方法所计算的金额,以下相同）,乘上前条第 1 款第 2 项的对象股份数后的得数额提存于其总公司所在地的提存所,并须向转让等同意请求人交付证明该提存的书面文件。

③ 对象股份属于股票发行公司的股份时,已收到前款书面文件交付的转让等同意请求人,须在自收到该交付之日起的 1 周以内,将前条第 1 款第 2 项所规定对象股份的股票提存于该股票发行公司总部所在地的提存所。此时,该转让等同意请求人,须及时向该股票发行公司通知已进行该提存之意。

④ 前款所规定的转让等同意请求人,在同款所规定期间内未进行同款所规定的提存时,股票发行公司可解除前条第 1 款第 2 项所规定对象股份的买卖合同。

第 142 条 （指定购买人的购买通知）

① 指定购买人已接受第 140 条第 4 款所规定的指定时,须向转让等同意请求人通知下列事项:

（一）作为指定购买人已接受指定的意旨;

（二）指定购买人所要购买的对象股份数（种类股份发行公司时,指对象股份的种类及各种类股份之数）。

② 指定购买人拟进行前款所规定的通知时,须将 1 股的平均净资产额乘上前条第 1 款第 2 项所规定对象股份数后的得数额提存于其总公司所在地的提存所,并须向转让等同意请求人交付证明该提存的书面文件。

③ 对象股份属于股票发行公司的股份时,已收到前款所规定书面文件交付的转让等同意请求人,须在自收到该交付之日起的 1 周以内,将前条第 1 款第 2 项所规定对象股份的股票提存于该股票发行公司总部所在地的提存所。此时,该转让等同意请求人,须及时向指定购买人通知已进行该提存之意。

④ 前款所规定的转让等同意请求人,在同款所规定期间内未进行同款所规定的提存时,指定购买人可解除前条第 1 款第 2 项所规定对象股份的买卖合同。

第 143 条 （转让等同意请求的撤回）

① 已提出第 138 条第 1 项 3 或者第 2 项 3 所规定请求的转让等同意请

求人,在已接受第 141 条第 1 款所规定的通知后,仅限于股份公司同意的情形,可撤回该请求。

② 已提出第 138 条第 1 项 3 或者第 2 项 3 所规定请求的转让等同意请求人,在已接受前条第 1 款所规定的通知后,仅限于指定购买人同意的情形,可撤回该请求。

第 144 条 （买卖价格的决定）

① 已进行第 141 条第 1 款所规定的通知时,第 140 条第 1 款第 2 项所规定对象股份的买卖价格,由股份公司与转让等同意请求人协商决定。

② 股份公司或者转让等同意请求人,可在已进行第 141 条第 1 款所规定通知之日起的 20 日内,提出法院决定买卖价格的申请。

③ 法院作出前款所规定的决定时,须综合考量提出转让等同意请求时的股份公司的资产状况及其他所有情况。

④ 虽有第 1 款的规定,但在第 2 款所规定期间内已提出同款所规定的申请时,将法院根据该申请已决定的价额作为第 140 条第 1 款第 2 项所规定对象股份的买卖价格。

⑤ 虽有第 1 款的规定,但在第 2 款所规定期间内未提出同款所规定的申请(在该期间内已达成第 1 款所规定协议的情形除外)时,将 1 股的平均净资产额乘上第 140 条第 1 款第 2 项所规定对象股份数的得数价额作为该对象股份的买卖价格。

⑥ 已进行第 141 条第 2 款所规定的提存,且第 140 条第 1 款第 2 项所规定对象股份的买卖价格已确定时,视为股份公司以相当于所提存现金的价额为限已支付全部或部分买卖价款。

⑦ 对已进行第 142 条第 1 款所规定通知的情形,准用以上各款的规定。此时,将第 1 款中的"第 140 条第 1 款第 2 项"替换为"第 142 条第 1 款第 2 项",将"股份公司"替换为"指定购买人",将第 2 款中的"股份公司"替换为"指定购买人",将第 4 款及第 5 款中的"第 140 条第 1 款第 2 项"替换为"第 142 条第 1 款第 2 项",将前款中的"第 141 条第 2 款"替换为"第 142 条第 2 款",将"第 140 条第 1 款第 2 项"替换为"同条第 1 款第 2 项",将"股份公司"替换为"指定购买人"。

第 145 条 （视为股份公司已同意的情形）

在下列情形下,视为股份公司已作出第 136 条或者第 137 条第 1 款所规定同意的决定。但股份公司与转让等同意请求人通过其合意另有规定时,不在此限：

（一）股份公司在第 136 条或者第 137 条第 1 款所规定的请求之日起的 2 周（章程已规定低于该标准的期间时，从其该期间）内，未进行第 139 条第 2 款所规定的通知时；

（二）股份公司在第 139 条第 2 款所规定的通知之日起的 40 日（章程已规定低于该标准的期间时，从其该期间）内，未进行第 141 条第 1 款所规定的通知时（指定购买人在第 139 条第 2 款所规定的通知之日起的 10 日〈章程已规定低于该标准的期间时，从其该期间〉内，已进行第 142 条第 1 款所规定通知的情形除外）；

（三）以上 2 项所列情形外，法务省令所规定的其他情形。

第 3 分节　股 份 质 押

第 146 条　（股份质押）

① 股东，可在其所持有股份上设定质权。

② 股票发行公司的股份质押，若不交付该股份的股票，不发生其效力。

第 147 条　（股份质押的对抗要件）

① 股份质押，若不将该质权人的姓名或者名称及住所记载或者记录于股东名册，就不得对抗股份公司及其他第三人。

② 虽有前款的规定，但股票发行公司的股份质权人若不持续占有该股份的股票时，不得以该质权对抗股票发行公司及其他第三人。

③ 对股份，不适用民法第 364 条的规定。

第 148 条　（股东名册的记载等）

在股份上已设定质权者，可请求股份公司将下列事项记载或记录于股东名册：

（一）质权人的姓名或者名称及住所；

（二）作为质权标的的股份。

第 149 条　（已记载股东名册记载事项的书面文件的交付等）

① 将前条各项所列事项已记载或者记录于股东名册的质权人（以下称为"登记股份质权人"），可向股份公司请求交付就该登记股份质权人已记载或记录同条各项所列事项的书面文件，或者提供已记录该事项的电子记录。

② 在前款所规定的书面文件上，股份公司的代表董事（属于提名委员会等设置公司时，指代表执行官，在下款中相同）须署名或者签名盖章。

③ 在第 1 款所规定的电子记录上，股份公司的代表董事须采取代替法务省令规定的署名或者签名盖章的措施。

④ 对于股票发行公司，不适用以上3款的规定。

第150条 （对登记股份质权人的通知等）

① 股份公司对登记股份质权人所为的通知或者催告，按已记载或者记录于股东名册的该登记股份质权人的住所（该登记股份质权人向该股份公司已另外通知接收通知或者催告的场所或者地址时，从其该场所或者地址）发出即可。

② 前款所规定的通知或催告，视为在该通知或者催告通常应到达的时间已到达。

第151条 （股份质押的效果）

① 股份公司已实施下列行为时，以股份为标的物的质权，就该股份的股东通过该行为可接受的现金等（指现金及其他财产，下同）而存在：

（一）第167条第1款规定的附取得请求权股份的取得；

（二）第170条第1款规定的附取得条件股份的取得；

（三）根据第173条第1款的规定由第171条第1款所规定的附全部取得条件种类股份的取得；

（四）股份合并；

（五）股份分割；

（六）第185条规定的无偿配股；

（七）第277条规定的新股预约权无偿分配；

（八）盈余金分配；

（九）剩余财产分配；

（十）组织形式变更；

（十一）合并（限于因合并该股份公司消灭的情形）；

（十二）股份交换；

（十三）股份移转；

（十四）股份的取得（第1项至第3项所列的行为除外）。

② 特别控制股东（指第179条第1款所规定的股东，在第154条第3款中相同）通过股份出售请求（指第179条第2款所规定的股份出售请求）已取得出售股份（指第179条之2第1款第2项所规定的出售股份，以下在本款中相同）时，以出售股份为标的物的质权，就该出售股份的股东通过该取得可接受的现金而存在。

第152条

① 股份公司（股票发行公司除外，以下在本条中相同）已实施前条第1

款第 1 项至第 3 项所列行为(限于对这些行为该股份公司交付股份的情形),或者已实施同款第 6 项所列行为,且同款所规定质权的质权人属于登记股份质权人(通过第 218 条第 5 款规定的请求将第 148 条各项所列事项已记载或者记录于股东名册的除外,以下在本款中相同)时,就前条第 1 款所规定股东可接受的股份,须在股东名册上记载或者记录该质权人的姓名或者名称及住所。

② 股份公司已进行股份合并,且前条第 1 款所规定质权的质权人属于登记股份质权人时,就已进行合并的股份,须在股东名册上记载或者记录该质权人的姓名或者名称及住所。

③ 股份公司已进行股份分割,且前条第 1 款所规定质权的质权人属于登记股份质权人时,就已进行分割的股份,须在股东名册上记载或者记录该质权人的姓名或者名称及住所。

第 153 条

① 在前条第 1 款规定的情形下,股票发行公司须向登记股份质权人交付第 151 条第 1 款规定的股东所接受股份的股票。

② 股票发行公司,在前条第 2 款规定的情形下,须向登记股份质权人交付已合并股份的股票。

③ 股票发行公司,在前条第 3 款规定的情形下,须向登记股份质权人交付就已分割股份新发行的股票。

第 154 条

① 登记股份质权人,可受领第 151 条第 1 款所规定的现金等(限于现金)或者同条第 2 款所规定的现金等,并先于其他债权人清偿自己的债权。

② 股份公司已实施以下各项所列行为,且前款所规定债权的清偿期未届满时,登记股份质权人可让该各项规定者提存相当于同款所规定的现金等的金额。此时,质权依该提存金额而存在:

(一)第 151 条第 1 款第 1 项至第 6 项、第 8 项、第 9 项或者第 14 项所列行为,指该股份公司;

(二)组织形式变更,指第 744 条第 1 款第 1 项规定的组织形式变更后的份额公司;

(三)合并(限于该股份公司因合并而消灭的情形),指第 749 条第 1 款规定的吸收合并存续公司或者第 753 条第 1 款规定的新设合并设立公司;

(四)股份交换,指第 767 条规定的股份交换全资母公司;

(五)股份移转,指第 773 条第 1 款第 1 项规定的股份移转设立全资母公司。

③ 第151条第2款所规定的情形,且第1款所规定的债权的清偿期未届满时,登记股份质权人可让该特别控制股东提存相当于同条第2款所规定的现金等的金额。此时,债权依该所提存金额而存在。

第4分节 属于信托财产股份的对抗要件等

第154条之2

① 股份,若不在股东名册中记载或者记录该股份属于信托财产之意,该股份不得以属于信托财产而对抗股份公司及其他第三人。

② 第121条第1项所规定的股东,其所持有股份属于信托财产时,可向股份公司请求将该意旨记载或者记录于股东名册。

③ 在股东名册中已进行前款所规定的记载或者记录时,就适用第122条第1款及第132条的规定,将第122条第1款中的"所记录的股东名册记载事项"改为"所记录的股东名册记载事项(含该股东所持有股份属于信托财产之意)",将第132条中的"股东名册记载事项"改为"股东名册记载事项(含该股东所持有股份属于信托财产之意)"。

④ 对于股票发行公司,不适用以上3款的规定。

第4节 股份公司对自己股份的取得

第1分节 总　　则

第155条

股份公司,限于下列情形可取得该股份公司的股份:

(一) 已发生第107条第2款第3项1所规定事由的情形;

(二) 已提出第138条第1项3或者第2项3所规定请求的情形;

(三) 已作出下条第1款所规定决议的情形;

(四) 已提出第166条第1款所规定请求的情形;

(五) 已作出第171条第1款所规定决议的情形;

(六) 已提出第176条第1款所规定请求的情形;

(七) 已提出第192条第1款所规定请求的情形;

(八) 已规定第197条第3款各项所列事项的情形;

(九) 已规定第234条第4款各项(含在第235条第2款中所准用的情

形)所列事项的情形;

(十)受让其他公司(含外国公司)的全部事业且取得该其他公司所持有的该股份公司股份的情形;

(十一)从合并后消灭公司承继该股份公司股份的情形;

(十二)从进行吸收分立的公司承继该股份公司股份的情形;

(十三)以上各项所列情形外,法务省令规定的其他情形。

第2分节 通过与股东间的合意所为的取得

第1目 总 则

第156条 (有关股份取得事项的决定)

① 股份公司通过与股东间的合意有偿取得该股份公司的股份时,须事先通过股东大会的决议对下列事项作出决定。但第3项所规定的期间不得超过1年:

(一)所取得股份数(种类股份发行公司时,指股份的种类及各种类股份之数);

(二)作为所取得股份的对价所交付现金等(该股份公司的股份等除外,以下在本分节中相同)的内容及其总额;

(三)可取得股份的期间。

② 属于前条第1项及第2项以及第4项至第13项所列情形时,不适用前款的规定。

第157条 (取得价格等的决定)

① 股份公司,按照基于前条第1款规定的决定取得股份时,每次都须规定下列事项:

(一)所取得股份数(种类股份发行公司时,股份的种类及数量);

(二)作为取得1股股份的对价所要交付的现金等的内容及数量或价额或者有关这些的计算方法;

(三)作为取得股份的对价所要交付的现金等的总额;

(四)申请转让股份的日期。

② 董事会设置公司时,前款各项所列事项的决定,须通过董事会的决议作出。

③ 第1款所规定的股份的取得条件,须按每次同款所规定的决定,作出均等规定。

第 158 条 （对股东的通知等）

① 股份公司，须对股东（种类股份发行公司时，指所取得股份的种类的种类股东）通知前条第 1 款各项所列事项。

② 公开公司时，前款所规定的通知，可以公告代替之。

第 159 条 （转让的申请）

① 已接到前条第 1 款所规定通知的股东，拟申请转让其持有的股份时，须对股份公司明确与该申请相关股份的数量（种类股份发行公司时，指股份的种类及数量）。

② 股份公司，被视为在第 157 条第 1 款第 4 项所规定的日期已同意前款所规定股东所申请股份的受让。但同款股东所申请股份的总数（以下在本款中称为"申请总数"）超过同条第 1 款第 1 项所规定之数（以下在本款中称为"取得总数"）时，视为已同意以取得总数除去申请总数的得数再乘以前款股东所申请的股份数后得数（该数出现不足 1 的零头数时，舍去该零头数）的股份转让。

第 2 目　从特定股东取得

第 160 条 （从特定股东取得）

① 股份公司，在作出有关第 156 条第 1 款各项所列事项的决定的同时，可通过同款所规定股东大会的决议规定向特定股东进行第 158 条第 1 款所规定通知之意。

② 股份公司，拟作出前款所规定的决定时，须在法务省令规定的时间前对股东（种类股份发行公司时，指所取得股份的种类的种类股东）进行可提出下款所规定请求之意的通知。

③ 前款所规定的股东，可在法务省令所规定时间前，请求将自己也列入第 1 款所规定特定股东的想法作为同款股东大会的议案。

④ 第 1 款所规定的特定股东，不得在第 156 条第 1 款所规定的股东大会上行使表决权。但第 1 款所规定的特定股东外的全体股东均不能在该股东大会行使表决权时，不在此限。

⑤ 已规定第 1 款的特定股东时，就适用第 158 条第 1 款的规定，将同款中的"股东（种类股份发行公司时，指所取得股份的种类的种类股东）"改为"第 160 条第 1 款的特定股东"。

第 161 条 （有市场价格的股份取得的特别规则）

所取得股份属于有市场价格的股份，且作为取得 1 股该股份的对价所交付的现金等的价额不超过作为该股份1股的价格根据法务省令规定的方法所计算的价额时,不适用前条第2款及第3款的规定。

第 162 条 （从继承人等取得的特别规则）

股份公司从股东的继承人及其他一般承继人那里取得通过该继承及其他一般承继已取得的该股份公司的股份时,不适用第160条第2款及第3款的规定。但符合下列情形之一时,不在此限:

(一) 股份公司属于公开公司时;

(二) 该继承人及其他一般承继人在股东大会或者种类股东大会上就该股份已行使表决权时。

第 163 条 （从子公司取得股份）

股份公司取得其子公司所持有的该股份公司的股份时,就适用第156条第1款的规定,将同款中的"股东大会"改为"股东大会(董事会设置公司时,指董事会)"。此时,不适用第157条至第160条的规定。

第 164 条 （有关从特定股东取得股份的章程规定）

① 股份公司,就股份的取得作出第160条第1款所规定的决定时,可在章程中规定不适用同条第2款及第3款规定之意。

② 在股份发行后拟通过章程变更就该股份设置根据前款规定的章程规定,或者拟变更有关该规定的章程(废除同款所说章程规定的变更除外)时,须取得持有该股份的全体股东的同意。

第 3 目　通过市场交易等的股份取得

第 165 条

① 股份公司通过市场交易,或者通过金融商品交易法第27条之2第6款所规定的公开收购的方法(以下在本条中称为"市场交易等")取得该股份公司的股份时,不适用第157条至第160条的规定。

② 董事会设置公司,可在章程上规定可以董事会的决议决定通过市场交易等取得该股份公司股份之意。

③ 已设置基于前款规定的章程规定时,就适用第156条第1款的规定,将同款中的"股东大会"改为"股东大会(属于第156条第1款所规定的情形时,指股东大会或者董事会)"。

第 3 分节　附取得请求权股份及附取得条件股份的取得

第 1 目　附取得请求权股份取得的请求

第 166 条　（取得请求）

① 附取得请求权股份的股东,可请求股份公司取得该股东所持有的附取得请求权股份。但作为取得该附取得请求权股份的对价要交付第 107 条第 2 款第 2 项 2 至 5 所规定的财产,且这些财产的账面价额超过该请求日的第 461 条第 2 款所规定的可分配额时,不在此限。

② 根据前款规定的请求,须在明确与该请求相关的附取得请求权股份数(种类股份发行公司时,指附取得请求权股份的种类及各种类股份之数)的基础上提出。

③ 股票发行公司的股东就其所持有的附取得请求权股份拟提出第 1 款所规定的请求时,须向股票发行公司提交该附取得请求权股份的股票。但未发行该附取得请求权股份的股票时,不在此限。

第 167 条　（生效）

① 股份公司,在前条第 1 款所规定的请求日,取得与该请求相关的附取得请求权股份。

② 在下列情形时,已提出前条第 1 款所规定请求的股东,在该请求日,将按照有关第 107 条第 1 款第 2 项(种类股份发行公司时,指第 108 条第 2 款第 5 项)所规定事项的规定,成为该各项所规定者:

(一) 就第 107 条第 2 款第 2 项 2 所列事项有规定时,成为同项 2 所规定的公司债券持有人;

(二) 就第 107 条第 2 款第 2 项 3 所列事项有规定时,成为同项 3 所规定的新股预约权的新股预约权人;

(三) 就第 107 条第 2 款第 2 项 4 所列事项有规定时,成为同项 4 所规定的附新股预约权公司债券持有人以及该附新股预约权公司债券中的新股预约权的新股预约权人;

(四) 就第 108 条第 2 款第 5 项 2 所列事项有规定时,成为同项 2 所规定的其他股份的股东。

③ 属于前款第 4 项所列情形,且在同项所规定的其他股份数中出现不足 1 股的零头数时,将舍去该零头数。此时,股份公司,章程另有规定的除外,须按照以下各项所列情形的区分,将相当于以该各项所规定价额乘上该

零头数后得数价额的现金交付给已提出前条第 1 款所规定请求的股东：

（一）该股份属于有市场价格的股份时，指作为该股份 1 股的市场价格根据法务省令规定的方法所计算的价额；

（二）前项所列情形外的情形时，指 1 股的平均净资产额。

④ 对该股份公司的公司债券以及新股预约权出现零头数的情形，准用前款的规定。此时，将同款第 2 项中的"1 股的平均净资产额"替换为"法务省令规定的价额"。

第 2 目　附取得条件股份的取得

第 168 条　（取得之日的决定）

① 就第 107 条第 2 款第 3 项 2 所列事项有规定时，股份公司须通过股东大会（董事会设置公司时，指董事会）的决议决定同项 2 所规定之日。但章程另有规定时，不在此限。

② 对在第 107 条第 2 款第 3 项 2 所规定之日已作出规定时，股份公司，须在该日之 2 周前对附取得条件股份的股东（对同项 3 所列事项有规定时，指根据下条第 1 款的规定已决定的附取得条件股份的股东）及其登记股份质权人通知该日。

③ 前款所规定的通知，可以公告代替之。

第 169 条　（所取得股份的决定等）

① 股份公司，就第 107 条第 2 款第 3 项 3 所列事项有规定，且拟取得附取得条件股份时，须对该所取得的附取得条件股份作出决定。

② 前款所规定的附取得条件股份，须通过股东大会（董事会设置公司时，指董事会）的决议作出规定。但章程另有规定时，不在此限。

③ 已作出基于第 1 款规定的决定时，股份公司须对根据同款规定已决定的附取得条件股份的股东及其登记股份质权人，及时通知取得该附取得条件股份之意。

④ 前款规定的通知，可以公告代替之。

第 170 条　（生效等）

① 股份公司，在第 107 条第 2 款第 3 项 1 所规定事由发生之日（就同项 3 所列事项有规定时，指第 1 项所列之日或者第 2 项所列之日中较晚之日，在下款及第 5 款中相同），取得附取得条件股份（就同条第 2 款第 3 项 3 所列事项有规定时，指根据前条第 1 款的规定所决定的股份，在下款中相同）：

（一）第 107 条第 2 款第 3 项 1 所规定事由发生之日；

（二）前条第3款所规定的通知日,或者自同条第4款所规定的公告之日起经过2周之日。

② 在以下各项所列情形时,附取得条件股份的股东(该股份公司除外),在第107条第2款第3项1所规定事由发生之日,按照就同项(种类股份发行公司时,指第108条第2款第6项)所规定事项的规定成为该各项所定者:

（一）就第107条第2款第3项4所列事项有规定时,指同项4所规定的公司债券持有人;

（二）就第107条第2款第3项5所列事项有规定时,指同项5所规定的新股预约权的新股预约权人;

（三）就第107条第2款第3项6所列事项有规定时,指同项6所规定的附新股预约权公司债券持有人以及该附新股预约权公司债券中的新股预约权的新股预约权人;

（四）就第108条第2款第6项2所列事项有规定时,指同项2所规定的其他股份的股东。

③ 股份公司,在第107条第2款第3项1所规定事由发生后,须及时向附取得条件股份的股东及其登记股份质权人(在就同项3所列的事项有规定时,指根据前条第1款的规定已作出决定的附取得条件股份的股东及其登记股份质权人)通知该事由发生之意。但已进行第168条第2款所规定的通知或者同条第3款所规定的公告时,不在此限。

④ 前款本文所规定的通知,可以公告代替之。

⑤ 作为取得附取得条件股份的对价交付第107条第2款第3项4至7所规定的财产,且这些财产的账面价额超过同项1所规定事由发生之日的第461条第2款所规定的可分配额时,不适用以上各款的规定。

第4分节　附全部取得条件种类股份的取得

第171条　（有关附全部取得条件种类股份取得的决定）

① 已发行附全部取得条件种类股份(指就第108条第1款第7项所列事项有规定的种类股份,以下在本分节中相同)的种类股份发行公司,可通过股东大会的决议取得所有附全部取得条件种类股份。此时,须通过该股东大会的决议对下列事项作出规定:

（一）作为取得附全部取得条件种类股份的对价交付现金等时,指有关该现金等(以下在本条中称为"取得对价")的下列事项:

1. 该取得对价属于该股份公司的股份时,指该股份的种类及各种类股

份数或者该数的计算方法;

2. 该取得对价属于该股份公司的公司债券(有关附新股预约权公司债券中的公司债券除外)时,指该公司债券的种类及各种类公司债券金额的合计额或者其计算方法;

3. 该取得对价属于该股份公司的新股预约权(附新股预约权公司债券中的新股预约权除外)时,指该新股预约权的内容及数量或者其计算方法;

4. 该取得对价属于该股份公司的附新股预约权公司债券时,指就该附新股预约权公司债券的 2 所规定事项以及就该附新股预约权公司债券中的新股预约权的 3 所规定事项;

5. 该取得对价属于该股份公司的股份等以外的财产时,指该财产的内容及数量或价额或者有关这些的计算方法。

(二) 在前项规定的情形下,有关对附全部取得条件种类股份股东的取得对价的事项;

(三) 股份公司取得附全部取得条件种类股份之日(以下在本分节称为"取得日")。

② 有关前款第 2 项所列事项的规定,必须是以按照股东(该股份公司除外)所持有的附全部取得条件种类股份数确定取得对价为内容的规定。

③ 董事,须在第 1 款所规定的股东大会上说明有必要取得所有附全部取得条件种类股份的理由。

第 171 条之 2 (有关附全部取得条件种类股份取得对价等的书面文件的置备及查阅等)

① 取得附全部取得条件种类股份的股份公司,在下列日期中自较早之日起至取得日后经过 6 个月之日期间,须将已记载或者记录前条第 1 款各项所列事项及其他法务省令所规定事项的书面文件或者电子记录置备于其总公司:

(一) 前条第 1 款所规定的股东大会会日的两周前之日(属于第 319 条第 1 款所规定情形时,已提出同款所规定提案之日);

(二) 基于第 172 条第 2 款规定的通知日或者同条第 3 款所规定的公告日中较早之日。

② 取得附全部取得条件种类股份的股份公司的股东,对该股份公司在其营业时间内,可随时提出下列请求。但提出第 2 项或者第 4 项所列请求时,须支付该股份公司所规定的费用:

(一) 查阅前款所规定的书面文件的请求;

（二）交付前款所规定书面文件的誊本或者抄本的请求；

（三）查阅前款所规定的电子记录所记录并以法务省令规定的方法所表示事项的请求；

（四）以股份公司所规定的电子方法提供前款所规定的电子记录所记录事项的请求，或者交付已记载该事项的书面文件的请求。

第 171 条之 3 （停止取得附全部取得条件种类股份的请求）

基于第 171 条第 1 款规定的附全部取得条件种类股份的取得，违反法令或者章程，且股东有可能遭受损害时，股东对股份公司可请求停止该附全部取得条件种类股份的取得。

第 172 条 （请求法院决定价格）

① 已规定第 171 条第 1 款各项所列事项时，下列股东在取得日的 20 日前之日起至取得日的前 1 日的期间，可请求法院决定由股份公司取得的附全部取得条件种类股份的价格：

（一）先于该股东大会已将反对该股份公司取得附全部取得条件种类股份之意通知给该股份公司，且在该股东大会上反对了该取得的股东（限于在该股东大会上可行使表决权的股东）；

（二）在该股东大会上不能行使表决权的股东。

② 股份公司，须在取得日的 20 日前向附全部取得条件种类股份的股东通知取得该附全部取得条件种类股份之意。

③ 前款所规定的通知，可以公告代替之。

④ 股份公司，还须支付根据有关法院已决定价格取得日后的 6％年利率所计算的利息。

⑤ 股份公司，在附全部取得条件种类股份的取得价格决定前，可向股东支付该股份公司认为属于公正价格的价款。

第 173 条 （生效）

① 股份公司，在取得日取得所有附全部取得条件的种类股份。

② 在下列各项所列情形下，该股份公司以外的附全部取得条件种类股份的股东（已提出前条第 1 款所规定请求的股东除外），按照第 171 条第 1 款所规定的股东大会决议的规定，在取得日成为该各项所规定者：

（一）就第 171 条第 1 款第 1 项所列事项有规定时，指该项 1 所规定的股份的股东；

（二）就第 171 条第 1 款第 1 项 2 所列事项有规定时，指该项 2 所规定的公司债券持有人；

（三）就第 171 条第 1 款第 1 项 3 所列事项有规定时，指该项 3 所规定的新股预约权的新股预约权人；

（四）就第 171 条第 1 款第 1 项 4 所列事项有规定时，指该项 4 所规定的附新股预约权公司债券持有人以及该附新股预约权公司债券中的新股预约权的新股预约权人。

第 173 条之 2 （有关附全部取得条件种类股份取得的书面文件等的置备及查阅等）

① 股份公司，在取得日后须及时制作已记载或者记录了股份公司所取得的附全部取得条件股份数及其他法务省令所规定的有关附全部取得条件股份事项的书面文件或者电子记录。

② 股份公司，自取得日起的 6 个月期间，须将前款所规定的书面文件或者电子记录置备于其总公司。

③ 取得附全部取得条件股份的股东或者在取得日已是附全部取得条件股份的股东者，对该股份公司在其营业时间内可随时提出下列请求。但提出第 2 项或者第 4 项所规定的请求时，须支付该股份公司所规定的费用：

（一）查阅前款所规定书面文件的请求；

（二）交付前款所规定书面文件的誊本或者抄本的请求；

（三）查阅前款规定的电子记录所记录并以法务省令规定的方法所表示事项的请求；

（四）以股份公司所规定的电子方法提供前款所规定的电子记录所记录事项的请求，或者交付已记载该事项的书面文件的请求。

第 5 分节　对继承人等的出售请求

第 174 条 （有关对继承人等出售请求的章程规定）

股份公司，可在章程中规定对通过继承及其他一般承继取得该股份公司股份（限于转让受限股份）者，请求将该股份出售给该股份公司之意。

第 175 条 （出售请求的决定）

① 股份公司，基于前条规定章程有规定，且拟提出下条所规定的请求时，每次都须通过股东大会的决议对下列事项作出规定：

（一）提出下条第 1 款所规定请求的股份数（种类股份发行公司时，指股份的种类以及各种类股份数）；

（二）持有前项所规定股份者的姓名或者名称。

② 前款第 2 项所规定者，不得在同款所规定的股东大会上行使表决权。

但同项所规定者外的全体股东都不能在该股东大会上行使表决权时,不在此限。

第 176 条 （出售请求）

① 股份公司,已规定前条第 1 款各项所列事项时,可请求同款第 2 项所规定的股东向该股份公司出售同款第 1 项所规定的股份。但自该股份公司知道已发生继承及其他一般承继之日起已经过 1 年时,不在此限。

② 前款所规定的请求,须在明确与该请求相关股份数（种类股份发行公司时,指股份的种类以及各种类股份数）的基础上提出。

③ 股份公司,可随时撤回第 1 款所规定的请求。

第 177 条 （买卖价格的决定）

① 已提出前条第 1 款所规定的请求时,第 175 条第 1 款第 1 项所规定的股份买卖价格,通过股份公司与同款第 2 项所规定者间的协议作出决定。

② 股份公司或者第 175 条第 1 款第 2 项所规定者,从已提出前条第 1 款所规定的请求之日起的 20 日内,可向法院申请买卖价格的决定。

③ 法院作出前款所规定的决定时,须综合考量前条第 1 款所规定请求时的股份公司的资产状况及其他所有情况。

④ 虽有第 1 款的规定,但在第 2 款所规定期间内已提出同款所规定的申请时,将法院根据该申请所决定的价额作为第 175 条第 1 款第 1 项所规定股份的买卖价格。

⑤ 在第 2 款所规定期间内未提出同款所规定的请求时（在该期间内已达成第 1 款所规定协议的情形除外）,前条第 1 款所规定的请求失去其效力。

第 6 分节　股份注销

第 178 条

① 股份公司,可注销自己股份。此时,须规定所注销自己股份数（种类股份发行公司时,指股份的种类及各种类股份数）。

② 董事会设置公司时,前款后段所规定的决定,须通过董事会的决议作出。

第 4 节之 2　特别控制股东的股份等出售请求

第 179 条 （股份等出售请求）

① 股份公司的特别控制股东（指将股份公司全体股东表决权的 10 分之

9〈该股份公司章程已规定超过该标准的比例时,该比例〉以上由该股份公司以外者,以及持有该以外者已发行全部股份的股份公司及其他由法务省令规定的与此相类似的法人〈以下在本条及下条第1款中称为"特别控制股东全资子法人"〉持有时的该持有人),可对该股份公司的全体股东请求将其所持有的该股份公司的全部股份出售给该特别控制股东。但可对特别控制股东全资子法人不提出该请求。

② 特别控制股东提出前款规定的请求时,可同时对发行与该股份出售请求相关股份的股份公司(以下称为"对象公司")的新股预约权的全体新股预约权人(对象公司及该特别控制股东除外),请求将其所持有的对象公司的全部新股预约权出售给该特别控制股东。但可对特别控制股东全资子法人不提出该请求。

③ 特别控制股东就附新股预约权公司债券中的新股预约权提出前款规定的请求(以下称为"新股预约权出售请求")时,须同时请求将附新股预约权公司债券中的全部公司债券出售给该特别控制股东。但就该附新股预约权公司债券中的新股预约权另有外规定时,不在此限。

第179条之2 (股份等出售请求的方法)

① 请求出售股份时须对下列事项作出规定:

(一) 决定对特别控制股东全资子法人不进行股份出售请求时,该意旨及该特别控制股东全资子法人的名称;

(二) 对因股份出售请求而出售所持有对象公司股份的股东(以下称为"出售股东"),作为该股份(以下在本章中称为"出售股份")的对价交付的现金额或者其计算方法;

(三) 对出售股东分配前项所规定的现金有关的事项;

(四) 与股份出售请求同时提出新股预约权出售请求时,该意旨及下列事项:

1. 决定对特别控制股东全资子法人不进行新股预约权出售请求时,该意旨及该特别控制股东全资子法人的名称;

2. 对因新股预约权出售请求而出售所持有的对象公司新股预约权的新股预约权人(以下称为"出售新股预约权人"),作为该新股预约权(该新股预约权属于附新股预约权公司债券中的新股预约权,且提出前条第3款规定的请求时,含该附新股预约权公司债券中的公司债券,以下在本编中称为"出售新股预约权")的对价交付的现金额或者其计算方法;

3. 对出售新股预约权人分配2所规定现金有关的事项;

（五）特别控制股东取得出售股份（与股份出售请求同时提出新股预约权出售请求时，指出售股份及出售新股预约权，以下称为"出售股份等"）之日（以下在本节中称为"取得日"）。

（六）以上各项所列事项外，法务省令规定的其他事项。

② 对象公司属于种类股份发行公司时，特别控制股东可根据对象公司所发行的种类股份的内容，作为前款第3项所列事项，就同款第2项所规定的现金分配按出售股份的种类采取不同处理之意及该不同处理的内容作出规定。

③ 有关第1款第3项所列事项的规定，必须是以按照出售股东所持有的出售股份数（属于前款规定的情形时，指各种类出售股份之数）交付现金为其内容的规定。

第179条之3 （对象公司的同意）

① 特别控制股东拟进行股份出售请求（与股份出售请求同时提出新股预约权出售请求时，指股份出售请求以及新股预约权出售请求，以下称为"股份等出售请求"）时，应向对象公司通知该意旨，并须取得其同意。

② 当特别控制股东拟与股份出售请求同时提出新股预约权出售请求时，对象公司不得只对新股预约权出售请求表示同意。

③ 董事会设置公司对第1款所规定的同意作出表态的决定时，须通过董事会的决议作出。

④ 对象公司对第1款的是否同意已作出决定时，须向特别控制股东通知该决定的内容。

第179条之4 （对出售股东等的通知等）

① 对象公司已表示前条第1款的同意时，在取得日的20日前，对以下各项所列者须通知该各项所规定的事项：

（一）出售股东（特别控制股东在请求股份出售的同时提出新股预约权出售请求时，指出售股东及出售新股预约权人，以下在本节中称为"出售股东等"），指该同意之意、特别控制股东的姓名或者名称及住所、第179条之2第1款第1项至第5项所列事项及其他法务省令规定的事项；

（二）出售股份的登记股份质权人（特别控制股东在请求股份出售的同时提出新股预约权出售请求时，指出售股份的登记股份质权人以及出售新股预约权的登记新股预约权质权人〈指第270条第1款规定的登记新股预约权质权人〉），指该同意之意。

② 前款规定的通知（对出售股东进行的通知除外），可以公告代替之。

③ 对象公司已进行第 1 款规定的通知或者前款规定的公告时,视为特别控制股东对出售股东等已提出股份等出售请求。

④ 有关第 1 款规定的通知或者第 2 款规定的公告的费用,由特别控制股东承担。

第 179 条之 5 (有关股份等出售请求的书面文件等的置备及查阅等)

① 对象公司在前条第 1 款第 1 项规定的通知之日或者同条第 2 款规定的公告之日中自较早日起至经过取得日后 6 个月(对象公司属于非公开公司时,取得日后 1 年)之日期间,须将已记载或者记录下列事项的书面文件或者电子记录置备于其总公司:

(一) 特别控制股东的姓名或者名称及住所;

(二) 第 179 条之 2 第 1 款各项所列事项;

(三) 已表示第 179 条之 3 第 1 款的同意之意;

(四) 除以上 3 项所列事项外,法务省令所规定的其他事项。

② 出售股东等,向对象公司在其营业时间内可随时提出下列请求。但提出第 2 项或者第 4 项所规定的请求时,须支付该对象公司所规定的费用:

(一) 查阅前款规定的书面文件的请求;

(二) 交付前款所规定的书面文件的誊本或者抄本的请求;

(三) 查阅已记录于前款所规定的电子记录并通过法务省令规定的方法所表示事项的请求;

(四) 通过对象公司规定的电子方法提供已记录于前款所规定的电子记录中的事项的请求,或者交付已记载该事项的书面文件的请求。

第 179 条之 6 (股份等出售请求的撤回)

① 特别控制股东在取得第 179 条之 3 第 1 款规定的同意之后,在取得日之前限于取得对象公司同意的情形,就全部出售股份等可撤回股份等出售请求。

② 董事会设置公司对前款所规定的同意作出表态决定时,须通过董事会的决议作出。

③ 对象公司对第 1 款所规定的同意已作出决定时,须对特别控制股东通知该决定的内容。

④ 对象公司已表达第 1 款所规定的同意时,须及时对特别控制股东通知已表达该同意之意。

⑤ 前款所规定的通知,可以公告代替之。

⑥ 对象公司已进行第 4 款规定的通知或者前款规定的公告时,股份等

出售请求被视为就全部出售股份等已撤回的请求。

⑦ 有关第4款规定的通知或者第5款所规定公告的费用,由特别控制股东承担。

⑧ 对于仅撤回新股预约权出售请求的情形,准用以上各款的规定。此时,将第4款中的"出售股东等"替换为"出售新股预约权人"。

第179条之7 (停止取得出售股份等的请求)

① 属于下列情形,且出售股东可能遭受损害时,出售股东可请求特别控制股东停止取得与股份等出售请求相关的全部出售股份等:

(一) 股份出售请求违反法令时;

(二) 对象公司已违反第179条之4第1款第1项(限于有关对出售股东通知的相关部分)或者第179条之5的规定时;

(三) 第179条之2第1款第2项或者第3项所列事项,与对象公司的财产状况及其他事项相比明显不当时。

② 属于下列情形,且出售新股预约权人可能遭受损害时,出售新股预约权人可请求特别控制股东停止取得与股份等出售请求相关的全部出售股份等:

(一) 新股预约权出售请求违反法令时;

(二) 对象公司已违反第179条之4第1款第1项(限于有关对出售新股预约权人通知的相关部分)或者第179条之5的规定时;

(三) 第179条之2第1款第4项2或者3所列事项,与对象公司的财产状况及其他事项相比明显不当时。

第179条之8 (决定买卖价格的申请)

① 已提出股份等出售请求时,出售股东等在取得日的20日前之日起至取得日的前1日之间,可请求法院决定其所持有的出售股份等的出售价格。

② 特别控制股东,还须支付根据有关法院所决定买卖价格的取得日后的6%年利率所计算的利息。

③ 特别控制股东在出售股份等的买卖价格决定前,对出售股东等可支付该特别控制股东认为属于公正买卖价格的价款。

第179条之9 (出售股份等的取得)

① 已提出股份等出售请求的特别控制股东,在取得日取得全部出售股份等。

② 根据前款规定特别控制股东所取得的出售股份等属于转让受限股份或者转让受限新股预约权(指第243条第2款第2项所规定的转让受限新股

预约权)时,就该特别控制股东对该出售股份等的取得,视为对象公司已作出第 137 条第 1 款或者第 263 条第 1 款所规定同意的决定。

第 179 条之 10　(有关取得出售股份等的书面文件等的置备及查阅等)

① 对象公司在取得日后,须及时制作已记载或者记录了根据股份等出售请求特别控制股东所取得的出售股份等的数量及其他法务省令所规定的取得与股份等出售请求相关出售股份等的事项的书面文件或者电子记录。

② 对象公司自取得日起的 6 个月期间(对象公司属于非公开公司时,自取得日起 1 年),须将前款所规定的书面文件或者电子记录置备于其总公司。

③ 在取得日曾是出售股东等者,向对象公司在其营业时间内可随时提出下列请求。但提出第 2 项或者第 4 项所列请求时,须支付该对象公司所规定的费用:

(一) 查阅前款规定的书面文件的请求;

(二) 交付前款规定的书面文件的誊本或者抄本的请求;

(三) 查阅已记录于前款所规定的电子记录并通过法务省令规定的方法所表示事项的请求;

(四) 通过对象公司规定的电子方法提供已记录于前款所规定的电子记录中的事项的请求,或者交付已记载该事项的书面文件的请求。

第 5 节　股 份 合 并 等

第 1 分节　股 份 合 并

第 180 条　(股份合并)

① 股份公司,可进行股份合并。

② 股份公司拟进行股份合并时,每次都须通过股东大会的决议对下列事项作出规定:

(一) 合并比例;

(二) 股份合并产生效力之日(以下在本条中称为"生效日");

(三) 股份公司属于种类股份发行公司时,合并股份的种类;

(四) 在生效日可发行股份的总数。

③ 前款第 4 项所规定的可发行股份总数,不得超过生效日已发行股份总数的 4 倍。但股份公司属于非公开公司时,不在此限。

④ 董事,须在第 2 款规定的股东大会上说明有必要进行股份合并的

理由。

第 181 条 （对股东的通知等）

① 股份公司,在生效日的 2 周前,须向股东(属于种类股份发行公司时,指前条第 2 款第 3 项所规定种类的种类股东,以下在本款中相同)以及登记股份质权人通知同款各项所列的事项。

② 前款所规定的通知,可以公告代替之。

第 182 条 （生效）

① 股东在生效日成为在该日的前 1 日所持有股份(属于种类股份发行公司时,指第 180 条第 2 款第 3 项所规定种类的股份,以下在本款中相同)数乘以同条第 2 款第 1 项所规定比例所得数股份的股东。

② 已进行股份合并的股份公司,视为在生效日根据就第 180 条第 2 款第 4 项所列事项的规定,已进行有关该事项的章程变更的公司。

第 182 条之 2 （有关股份合并事项的书面文件等的置备及查阅等）

① 进行股份合并(章程规定有单元股份数〈种类股份发行公司时,指第 180 条第 2 款第 3 项所规定的种类股份的单元股份数,以下在本款中相同〉时,限于该单元股份数乘以同条第 2 款第 1 项规定的比例所得数中出现不足 1 的零头数的股份,以下在本款中相同)的股份公司,自下列日期中较早之日起至生效日后经过 6 个月之日的期间,须将已记载或者记录了同款各项所列事项及其他法务省令所规定事项的书面文件或者电子记录置备于其总公司：

（一）第 180 条第 2 款所规定的股东大会(为进行股份合并需要种类股东大会的决议时,含该种类股东大会,在 182 条之 4 第 2 款中相同)之日的 2 周前之日(属于第 319 条第 1 款规定的情形时,指已提出同款所规定提案之日)。

（二）根据第 182 条之 4 第 3 款的规定所替换适用的第 181 条第 1 款所规定的对股东的通知日或者第 181 条第 2 款所规定的公告之日中较早之日。

② 进行股份合并的股份公司的股东,对该股份公司在其营业时间内,可随时提出下列请求。但提出第 2 项或者第 4 项所列请求时,须支付该股份公司所规定的费用：

（一）查阅前款所规定书面文件的请求；

（二）交付前款所规定书面文件的誊本或者抄本的请求；

（三）查阅已记录于前款所规定的电子记录并通过法务省令规定的方法所表示事项的请求；

（四）通过股份公司规定的电子方法提供已记录于前款所规定的电子记

录中的事项的请求,或者交付已记载该事项的书面文件的请求。

第 182 条之 3 （停止股份合并的请求）

股份合并违反法令或者章程,且可能使股东遭受损害时,股东可对股份公司请求停止该股份合并。

第 182 条之 4 （反对股东的股份回购请求）

① 因股份公司进行股份合并在股份数中出现不足 1 股的零头数时,反对股东可请求该股份公司以公正价格回购自己所持有股份数中所出现的不足 1 股的零头数的全部股份。

② 前款规定的所谓的"反对股东",指下列股东:

(一) 先于第 180 条第 2 款所规定的股东大会向公司已通知反对该股份合并之意,并在该股东大会上反对了该股份合并的股东(限于在该股东大会上可行使表决权的股东);

(二) 在该股东大会上不能行使表决权的股东。

③ 就股份公司进行股份合并时,适用有关股东通知的第 181 条第 1 款的规定,将同款中的"2 周"改为"20 日"。

④ 第 1 款所规定的请求(以下在本款中称为"股份回购请求"),在自生效日的 20 日前之日起至生效日的前 1 日的期间,须在明确与该股份回购请求相关股份数(属于种类股份发行公司时,股份的种类及各种类股份数)的基础上提出。

⑤ 拟就已发行股票的股份提出股份回购请求时,该股份的股东须向股份公司提交该股份的股票。但对于就该股票已提出第 223 条规定的请求者,不在此限。

⑥ 已提出股份回购请求的股东,限于取得股份公司同意的情形,可撤回该股份回购请求。

⑦ 与股份回购请求相关的股份,不适用第 133 条的规定。

第 182 条之 5 （股份价格的决定等）

① 已提出股份回购请求时,就股份价格的决定在股东与股份公司间已达成协议时,股份公司,须在自生效日起的 60 日内进行该价额的支付。

② 就股份价格的决定,自生效日起的 30 日内未达成协议时,股东或者股份公司在该期间届满日后的 30 日内,可请求法院决定价格。

③ 虽有前条第 6 款的规定,但前款有规定,且自生效日起的 60 日以内未提出同款所规定请求时,在该期间届满后,股东可随时撤回股份回购请求。

④ 股份公司,还需支付根据有关法院已决定价格的第 1 款所规定期间

届满日后的6％年利率所计算的利息。

⑤ 股份公司在股份价格决定前,可对股东支付该股份公司认为属于公正价格的价款。

⑥ 基于股份回购请求的股份回购,在生效日发生其效力。

⑦ 就已发行股票的股份已提出股份回购请求时,以与该股票进行交换的方式须支付有关该股份回购请求股份的价款。

第182条之6 (有关股份合并的书面文件等的置备及查阅等)

① 已进行股份合并的股份公司,在生效日后须及时制作已记载或者记录了股份合并生效时的已发行股份(属于种类股份发行公司时,指第180条2款第3项规定种类的已发行股份)总数,及其他法务省令所规定的有关股份合并事项的书面文件或者电子记录。

② 股份公司,须在自生效日起的6个月期间,将前款规定的书面文件或者电子记录置备于其总公司。

③ 已进行股份合并的股份公司的股东或者在生效日属于该股份公司的股东者,对该股份公司在其营业时间内可随时提出下列请求。但提出第2项或者第4项所列请求时,须支付该股份公司所规定的费用:

(一) 查阅前款所规定书面文件的请求;

(二) 交付前款所规定书面文件的誊本或者抄本的请求;

(三) 查阅已记录于前款规定的电子记录中并通过法务省令规定的方法所表示事项的请求;

(四) 通过股份公司规定的电子方法提供已记录于前款规定的电子记录中的事项的请求,或者交付已记载该事项的书面文件的请求。

第2分节 股份分割

第183条 (股份分割)

① 股份公司,可进行股份分割。

② 股份公司,拟进行股份分割时,每次都须通过股东大会(董事会设置公司时,指董事会)的决议对下列事项作出规定:

(一) 通过股份分割所增加的股份总数对股份分割前已发行股份(种类股份发行公司时,指第3项所规定的已发行种类股份)总数的比例以及该股份分割的基准日;

(二) 股份分割生效日;

(三) 股份公司属于种类股份发行公司时,指所要分割股份的种类。

第二编 股份公司

第 184 条 （生效等）

① 在基准日已记载或者记录于股东名册的股东（种类股份发行公司时，指在基准日已记载或者记录于股东名册的前条第 2 款第 3 项所规定种类的种类股东），在同款第 2 项所规定之日，取得在基准日所持有股份（种类股份发行公司时，指同款第 3 项所规定的种类股份，以下在本款中相同）数乘以同条第 2 款第 1 项所规定比例后得数的股份数。

② 股份公司（实际已发行 2 种以上种类股份的股份公司除外），虽有第 466 条的规定，但可不通过股东大会的决议，在前条第 2 款第 2 项规定之日的前 1 日的可发行股份总数乘上同款第 1 项所规定比例后得数的范围内，进行为增加该日的可发行股份总数的章程变更。

第 3 分节 无 偿 配 股

第 185 条 （无偿配股）

股份公司，可以不再让股东（种类股份发行公司时，指某种类的种类股东）缴纳股款的方式对其分配该股份公司的股份（以下在本分节中称为"无偿配股"）。

第 186 条 （有关无偿配股事项的决定）

① 股份公司，拟进行无偿配股时，每次都须对下列事项作出规定：

（一）分配给股东的股份数（种类股份发行公司时，指股份的种类及各种类股份数）或者该数的计算方法；

（二）该无偿配股发生效力之日；

（三）股份公司属于种类股份发行公司时，接受该无偿配股的股东所持有股份的种类。

② 有关前款第 1 项所列事项的规定，必须是以按照该股份公司以外的股东（种类股份发行公司时，指同款第 3 项所规定种类的种类股东）所持有股份（种类股份发行公司时，指同款第 3 项所规定种类的股份）数进行同款第 1 项所规定股份的分配为内容的规定。

③ 第 1 款各项所列事项的决定，须通过股东大会（董事会设置公司时，指董事会）的决议作出。但章程另有规定时，不在此限。

第 187 条 （无偿配股效力的发生等）

① 已接受前条第 1 款第 1 项所规定股份分配的股东，将在同款第 2 项之日成为同款第 1 项所规定股份的股东。

② 股份公司，须在前条第 1 款第 2 项规定之日后，及时向股东（种类股

份发行公司时,指同款第3项所规定种类的种类股东)及其登记股份质权人通知该股东已接受分配的股份数(种类股份发行公司时,指股份的种类及各种类股份数)。

第6节 单元股份数

第1分节 总 则

第188条 (单元股份数)

① 股份公司,就其所发行的股份可在章程上规定以一定数的股份作为股东在股东大会或者种类股东大会上可行使1个表决权的1单元股份之意。

② 前款所规定的一定数,不得超过法务省令所规定之数。

③ 种类股份发行公司时,须按股份的种类规定单元股份数。

第189条 (对单元未满股份权利的限制等)

① 持有未满单元股份数股份(以下称为"单元未满股份")的股东(以下称为"单元未满股东"),就其所持有的单元未满股份不得在股东大会及种类股东大会上行使表决权。

② 股份公司,可在章程上规定单元未满股东就该单元未满股份不得行使下列权利以外的全部或部分权利之意:

(一) 接受第171条第1款第1项所规定的取得对价交付的权利;

(二) 接受股份公司作为取得附取得条件股份的对价交付现金等的权利;

(三) 接受第185条所规定的无偿配股的权利;

(四) 根据第192条第1款的规定请求回购单元未满股份的权利;

(五) 接受剩余财产分配的权利;

(六) 以上各项所列权利外,法务省令所规定的其他权利。

③ 股票发行公司,可在章程上规定可不发行单元未满股份的股票之意。

第190条 (理由的公开)

规定单元股份数时,董事须在以变更有关该单元股份数的章程规定为议题的股东大会上对有必要规定该单元股份数的理由作出说明。

第191条 (有关章程变更程序的特别规则)

股份公司,符合下列所有情形时,虽有第466条的规定但可在不经过股东大会决议的情况下增加单元股份数(种类股份发行公司时,指各种类股份

的单元股份数,以下在本条中相同),或者为设置有关单元股份数的章程规定而变更章程:

（一）在股份分割的同时增加单元股份数,或者设置章程有关单元股份数的规定;

（二）下列 1 所列数不少于下列 2 所列数。

1. 在该章程变更后,各股东分别所持有股份数除以单元股份数的得数;

2. 在该章程变更前,各股东分别所持有的股份数(已规定单元股份数时,指该股份数除以单元股份数的得数)。

第 2 分节　单元未满股东的回购请求

第 192 条　（单元未满股份的回购请求）

① 单元未满股东,可请求股份公司回购自己所持有的单元未满股份。

② 前款所规定的请求,须在明确与该请求相关的单元未满股份数(种类股份发行公司时,指单元未满股份的种类及各种类股份数)的基础上提出。

③ 已提出第 1 款所规定请求的单元未满股东,限于股份公司同意的情形,可撤回该请求。

第 193 条　（单元未满股份的价格决定）

① 已提出前条第 1 款所规定的请求时,按照下列各项所列情形的区分,将该各项所规定价额作为与该请求相关单元未满股份的价格:

（一）该单元未满股份属于有市场价格的股份时,指作为该单元未满股份的市场价格,通过法务省令规定的方法所计算的价额;

（二）前项所列情形外时,指通过股份公司与已提出前条第 1 款所规定请求的单元未满股东间的协议所规定的价额。

② 属于前款第 2 项所列情形时,已提出前条第 1 款所规定请求的单元未满股东或者股份公司,可在提出该请求之日起的 20 日内向法院申请价格的决定。

③ 法院作出前款决定时,须综合考量在前条第 1 款所规定请求时的股份公司的资产状况及其他所有情况。

④ 虽有第 1 款的规定,但在第 2 款所规定期间内已提出同款所规定的申请时,将法院根据该申请所规定的价额作为该单元未满股份的价格。

⑤ 虽有第 1 款的规定,但属于同款第 2 项所规定的情形,且在第 2 款所规定的期间内未提出同款所规定的申请时(在该期间内已达成第 1 款第 2 项所规定协议的情形除外),将 1 股的平均净资产额乘上前条第 1 款所规定请

求的单元未满股份数的得数额作为该单元未满股份的价格。

⑥ 与前条第 1 款所规定请求相关股份的回购,在支付该股份的价款时,发生其效力。

⑦ 股票发行公司,就已发行股票的股份已提出前条第 1 款所规定的请求时,与股票交换的方式,须支付该请求股份的价款。

第 3 分节　单元未满股东的出售请求

第 194 条

① 股份公司,可在章程规定单元未满股东可请求该股份公司出售(指单元未满股东请求向其出售与自己所持单元未满股份数合成单元股份数之数的股份的请求,以下在本条中相同)单元未满股份。

② 单元未满股份出售请求,须在明确向该单元未满股东所出售单元未满股份数(种类股份发行公司时,指单元未满股份的种类以及各种类股份数)的基础上提出。

③ 已接受单元未满股份出售请求的股份公司,在已接受该单元未满股份出售请求时不持有相当于前款所规定的单元未满股份数之数的股份的情形除外,须向该单元未满股东出售自己股份。

④ 对单元未满股份出售请求,准用第 192 条第 3 款〈请求的撤回〉及前条第 1 款至第 6 款的规定。

第 4 分节　单元股份数的变更等

第 195 条

① 股份公司,虽有第 466 条的规定,但可通过董事的决定(董事会设置公司时,董事会决议)以变更章程的方式减少单元股份数,或者废止章程有关单元股份数的规定。

② 通过前款规定已变更章程时,股份公司须在该章程变更生效日后及时向该股东(种类股份发行公司时,指根据同款规定已变更单元股份数的种类的种类股东)通知已进行该章程变更之意。

③ 前款所规定的通知,可以公告代替之。

第 7 节　对股东通知的省略等

第 196 条　（对股东通知的省略）

① 股份公司给股东的通知或者催告连续 5 年以上未到达时，不再要求股份公司给该股东进行通知或者催告。

② 在前款规定的情形下，股份公司对同款所规定股东履行义务的场所，为股份公司的住所地。

③ 对登记股份质权人，准用以上 2 款的规定。

第 197 条　（股份的拍卖）

① 股份公司，可拍卖符合下列所有情形的股份，并将该拍卖价款交付给该股份的股东：

（一）不再要求对该股份的股东根据前条第 1 款或者第 294 条第 2 款的规定进行通知或者催告的；

（二）该股份的股东连续 5 年未受领盈余金分配的。

② 股份公司，代替前款所规定的拍卖，可对有市场价格的同款所规定的股份，以作为市场价格根据法务省令规定的方法所计算的价额出售，而对没有市场价格的同款所规定的股份，可在取得法院许可的前提下通过拍卖以外的方法出售该股份。此时，对该许可的申请，董事有 2 人以上时，须经其全体董事同意后提出。

③ 股份公司，可全部或者部分回购前款所规定的出售股份。此时，须对下列事项作出规定：

（一）所回购的股份数（种类股份发行公司时，指股份的种类及各种类股份数）；

（二）作为回购前项所规定股份的对价所要交付的现金总额。

④ 董事会设置公司时，前款各项所列事项的决定，须通过董事会的决议作出。

⑤ 虽有第 1 款及第 2 款的规定，但存在登记股份质权人，且限于该登记股份质权人属于符合下列所有情形者时，股份公司，可进行第 1 款所规定的拍卖或者第 2 款所规定的出售：

（一）根据在前条第 3 款中所准用的同条第 1 款的规定不再要求进行通知或者催告者；

（二）连续 5 年根据第 154 条第 1 款的规定可受领盈余金分配但未受

领者。

第 198 条 （利害关系人的异议）

① 在进行前条第 1 款所规定的拍卖或者同条第 2 款所规定的出售时,股份公司,须公告同条第 1 款所规定股份的股东及其他利害关系人可在一定期间内陈述异议之意及其他法务省令所规定的事项,且须对此分别向该股份的股东及其登记股份质权人进行催告。但该期间不得低于 3 个月。

② 虽有第 126 条第 1 款及第 150 条第 1 款的规定,但前款所规定的催告,须按照已记载或者记录于股东名册的股东以及登记股份质权人的住所（该股东或者登记股份质权人另外向该股份公司已通知接受通知或者催告的其他场所或者地址时,从其该场所或者地址）发出。

③ 虽有第 126 条第 3 款及第 4 款的规定,但股份属于 2 人以上共有时,第 1 款所规定的催告须对共有人按已记载或者记录于股东名册记的住所（该共有人另外向该股份公司已通知接收通知或者催告的其他场所或者地址时,从其该场所或者地址）发出。

④ 对第 1 款所规定的催告,不适用第 196 条第 1 款（含在同条第 3 款中所准用的情形）的规定。

⑤ 已进行第 1 款所规定的公告（限于已发行与前条第 1 款所规定股份相关股票的情形）,且在第 1 款所规定期间内利害关系人未陈述异议时,该股份的股票在该期间的结束日失去效力。

第 8 节　募集股份的发行等

第 1 分节　募集事项的决定等

第 199 条 （募集事项的决定）

① 股份公司,拟募集其所发行股份或者所处分自己股份的认购人时,每次都须对有关募集股份（指按照该募集已提出认购这些股份的申请者所分配的股份,以下在本节中相同）的下列事项作出规定：

（一）募集股份数（种类股份发行公司时,指募集股份的种类及数量,以下在本节中相同）；

（二）募集股份的股款（指作为募集股份 1 股的对价所要缴纳的现金或者所要支付的现金外财产的价额,以下在本节中相同）或者其计算方法；

（三）以现金外财产为出资标的时,该意旨及该财产的内容与价额；

（四）作为募集股份对价的现金缴纳或者前项所规定财产交付的日期或者期间；

（五）发行股份时，与所增加的资本金以及资本公积金相关的事项。

② 前款各项所列事项（以下在本节中称为"募集事项"）的决定，须通过股东大会的决议作出。

③ 第 1 款第 2 项所规定的股款属于对认购募集股份者特别有利的价额时，董事须在前款所规定的股东大会上对以该股款有必要募集该认购人的理由作出说明。

④ 属于种类股份发行公司，且第 1 款第 1 项所规定募集股份的种类属于转让受限股份时，有关该种类股份募集事项的决定，章程对该种类股份认购人的募集不需要由该种类股份的种类股东所组成的种类股东大会决议之意有规定的情形除外，若未作出该种类股东大会的决议，则不发生其效力。但没有在该种类股东大会上可行使表决权的种类股东时，不在此限。

⑤ 募集事项，须按第 1 款所规定的每次募集作出均等规定。

第 200 条　（募集事项决定的委托）

① 虽有前条第 2 款及第 4 款的规定，但在股东大会上可通过其决议将募集事项的决定委托给董事（董事会设置公司时，指董事会）。此时，须对根据其委托可决定募集事项的募集股份数的上限及股款的下限作出规定。

② 前款所规定股款的下限属于对募集股份认购人特别有利的价额时，董事须在同款所规定的股东大会上对以该股款有必要募集该认购人的理由作出说明。

③ 第 1 款所规定的决议，仅对前条第 1 款第 4 项所规定日期（已规定同项所规定的期间的，指该期间的结束日）属于自该决议日起的 1 年内之日的同款所规定的募集，发生其效力。

④ 属于种类股份发行公司，且第 1 款所规定的募集股份的种类属于转让受限股份时，有关该种类股份募集事项决定的委托，就该种类的股份存在前条第 4 款所规定的章程规定的情形除外，若未作出由该种类股份的种类股东所组成的种类股东大会的决议，则不发生其效力。但没有在该种类股东大会上可行使表决权的种类股东时，不在此限。

第 201 条　（有关公开公司的募集事项决定的特别规则）

① 第 199 条第 3 款规定的情形除外，就公开公司适用同条第 2 款的规定，将同款中的"股东大会"改为"董事会"。此时，不适用前条的规定。

② 根据基于前款规定所替换适用的第 199 条第 2 款所规定的董事会的

决议,对募集事项作出规定,且募集有市场价格股份的认购人时,代替同条第1款第2项所列事项,为实现公正价额的缴纳,可规定合理股款的决定方法。

③ 公开公司,通过第1款的规定所替换适用的第199条第2款所规定的董事会的决议,已规定募集事项时,在同条第1款第4项所规定日期(已规定同项的期间的,指该期间的开始日)的2周前,须对股东通知该募集事项(根据前款规定已规定股款的决定方法时,含该方法,以下在本节中相同)。

④ 前款所规定的通知,可以公告代替之。

⑤ 股份公司就募集事项在同款所规定日期的2周前,根据金融商品交易法第4条第1款至第3款的规定已进行备案时,以及作为保护股东的其他措施不存在风险且符合法务省令所规定的情形时,不适用第3款的规定。

第202条 (赋予股东接受配股权利的情形)

① 股份公司,在进行第199条第1款所规定的募集时,可赋予股东接受配股的权利。此时,在募集事项外,还须对下列事项作出规定:

(一) 通过下条第2款所规定的申请,对股东赋予接受该股份公司募集股份(种类股份发行公司时,指与该股东所持有种类的股份同一种类的股份)分配的权利之意;

(二) 认购前项所规定募集股份的申请日期。

② 在前款规定的情形下,同款第1项所规定的股东(该股份公司除外)享有按照其所持有的股份数接受募集股份分配的权利。但在该股东所接受分配的募集股份数中出现不足1股的零头数时,舍去该零头数。

③ 规定第1款各项所列事项时,募集事项以及同款各项所列事项,须按照下列各项所列的区分,通过该各项所规定的方法作出规定:

(一) 章程对该募集事项以及第1款各项所列事项可通过董事的决定作出规定之意有规定时,指董事的决定;

(二) 章程对该募集事项以及第1款各项所列事项可通过董事会的决议作出规定之意有规定时,指董事会的决议;

(三) 股份公司属于公开公司时,指董事会的决议;

(四) 除以上3项所列情形外,指股东大会的决议。

④ 股份公司,已规定第1款各项所列事项时,在同款第2项所规定日期的2周前,须向同款第1项所规定的股东(该股份公司除外)通知下列事项:

(一) 募集事项;

(二) 该股东接受分配的募集股份数;

(三) 第1款第2项所规定日期。

⑤ 根据第 1 款至第 3 款的规定赋予股东接受配股的权利时，不适用第 199 条第 2 款至第 4 款及以上 2 条的规定。

第 2 分节　募集股份的分配

第 203 条　（募集股份的申请）

① 股份公司，须对拟按照第 199 条第 1 款所规定的募集申请认购募集股份者，通知下列事项：

（一）股份公司的商号；

（二）募集事项；

（三）应缴纳现金时，缴纳的办理场所；

（四）以上 3 项所列事项外，法务省令所规定的其他事项。

② 拟按照第 199 条第 1 款所规定的募集申请募集股份认购者，须向股份公司交付已记载下列事项的书面文件：

（一）提出申请者的姓名或者名称及住所；

（二）拟认购的募集股份数。

③ 前款所规定申请的提出者，代替同款所规定的书面文件的交付，可根据政令的规定，在取得股份公司同意的前提下，通过电子方法提供应记载于同款所规定书面文件中的事项。此时，视为提出该申请者已交付同款所规定的书面文件。

④ 股份公司已向拟提出第 1 款的申请者交付了已记载同款各项所列事项的金融商品交易法第 2 条第 10 款所规定的招股说明书时，以及作为保护拟提出募集股份认购申请者的其他措施不存在风险且符合法务省令规定的情形时，不适用第 1 款的规定。

⑤ 股份公司，就第 1 款各项所列事项已作出变更时，须及时向第 2 款所规定申请的提出者（以下在本条中称为"申请人"）通知该意旨以及已作出该变更的事项。

⑥ 股份公司对申请人所为的通知或者催告，按照第 2 款第 1 项所规定的住所（该申请人向该股份公司已另外通知接收通知或者催告的其他场所或者地址时，从其该场所或者地址）发出即可。

⑦ 前款所规定的通知或者催告，视为在该通知或者催告通常应到达的时间已到达。

第 204 条　（募集股份的分配）

① 股份公司，须从申请人中确定接受募集股份的分配者，且须对其所分

配的募集股份数作出规定。此时,股份公司分配给申请人的募集股份数可少于前条第2款第2项所规定之数。

② 募集股份属于转让受限股份时,前款所规定的决定须通过股东大会(董事会设置公司时,指董事会)的决议作出。但章程另有规定时,不在此限。

③ 股份公司,在第199条第1款第4项所规定的日期(已规定同项所规定期间的,指该期间的开始日)的前1日前,须向申请人通知分配给该申请人的募集股份数。

④ 根据第202条的规定赋予股东接受配股的权利,且股东在同条第1款第2项所规定日期前未提出第2款所规定的申请时,该股东失去接受配股的权利。

第205条 (有关募集股份申请及分配的特别规则)

① 拟认购募集股份者在订立认购其总数的合同时,不适用以上2条的规定。

② 前款有规定,且募集股份属于转让受限股份时,股份公司须以股东大会(董事会设置公司时,指董事会)决议的方式取得对同款所规定合同的同意。但章程另有规定时,不在此限。

第206条 (募集股份的认购) 以下各项所列者,就该各项所规定的募集股份数成为募集股份的认购人:

(一) 申请人,就股份公司分配的募集股份数;

(二) 根据前条第1款的合同已认购募集股份总数者,就其所认购的募集股份数。

第206条之2 (有关公开公司的募集股份分配等的特别规则)

① 公开公司,当募集股份的认购人的第1项所列数对第2项所列数的比例超过1/2时,在第199条第1款第4项所规定日期(已规定同项所规定期间的,该期间的开始日)的2周前,须对股东通知该认购人(以下在本款及第4款中称为"特定认购人")的姓名或者名称及住所,以及有关该特定认购人的第1项所列数及其他法务省令所规定的事项。但该特定认购人属于公开公司的母公司,或者根据第202条的规定已赋予股东接受股份分配的权利时,不在此限:

(一) 该认购人(含其的子公司等)成为其所认购募集股份的股东时所持有的表决权数;

(二) 该募集股份的全体认购人已成为其所认购的募集股份的股东时的全体股东的表决权数。

② 前款所规定的通知,可以公告代替之。

③ 虽有第 1 款的规定,但股份公司就同款规定事项在同款规定日期的 2 周前,按照金融商品交易法第 4 条第 1 款至第 3 款规定已进行备案以及作为保护股东的其他措施不存在风险且符合法务省令所规定的情形时,可不要求第 1 款所规定的通知。

④ 持有全体股东(在该款所规定的股东大会上不得行使表决权的股东除外)表决权 1/10(章程已规定低于该标准的比例时,从该比例)以上的股东,自第 1 款规定的通知或者第 2 款规定的公告日(属于前款规定的情形时,指由法务省令所规定之日)起的 2 周以内,已向公开公司通知反对特定认购人(含其的子公司等,以下在本款中相同)认购募集股份之意时,该公开公司在第 1 款所规定日期的前 1 日前,以股东大会决议的方式,须取得对该特定认购人的募集股份分配,或者对第 205 条第 1 款所规定的与该特定认购人之间合同的同意。但该公开公司的财产状况明显恶化,且为继续该公开公司的事业确属紧急需要时,不在此限。

⑤ 虽有第 309 条第 1 款的规定,但前款所规定的股东大会的决议,须由持有可行使表决权股东的表决权的过半数(章程已规定 1/3 以上的比例时,该比例以上)的股东出席,出席股东表决权的过半数(章程已规定高于该标准的比例时,该比例以上)作出。

第 3 分节　现金外的财产出资

第 207 条

① 股份公司,已规定第 199 条第 1 款第 3 项所列事项时,在募集事项决定后为让其调查同项所规定财产(以下在本节中称为"现物出资财产")的价额,须及时向法院提出选任检查官的申请。

② 已提出前款所规定申请时,法院,以该申请不合法为由驳回的除外,须选任检查官。

③ 法院,已选任前款所规定检查官时,可决定股份公司支付给该检查官的报酬额。

④ 第 2 款所规定的检查官,须进行必要的调查,并须以向法院提交已记载或者记录了该调查结果的书面文件或者电子记录(限于法务省令规定的电子记录)的方式进行报告。

⑤ 法院,就前款所规定报告认为有必要明确其内容,或者确认其根据时,可再次要求第 2 款所规定的检查官进行前款所规定的报告。

⑥ 第2款所规定的检查官已进行第4款所规定的报告时,须向股份公司提供同款所规定书面文件的副本,或者通过法务省令规定的方法提供同款所规定电子记录已记录的事项。

⑦ 法院,已接受第4款所规定的报告,且认为就实物出资财产所规定的第199条第1款第3项所规定的价额(未经过第2款所规定检查官调查的除外)不当时,须作出变更该价额的决定。

⑧ 募集股份的认购人(限于实物出资财产交付者,以下在本条中相同),因前款所规定的决定使全部或者部分实物出资财产的价额发生变更时,限于该决定生效后的1周内,可撤销该募集股份的认购申请或与第205条第1款所规定合同有关的意思表示。

⑨ 以下各项所列情形时,对该各项规定的事项,不适用以上各款的规定:

(一)分配给募集股份认购人的股份总数未超过已发行股份总数的1/10时,就该募集股份认购人所交付的实物出资财产的价额;

(二)就实物出资财产第199条第1款第3项所规定的总价额未超过500万日元时,就该实物出资财产的价额;

(三)在实物出资财产中,对有市场价格的有价证券第199条第1款第3项所规定的价额未超过作为该有价证券的市场价额根据法务省令规定的方法所计算的价额时,就该有价证券的实物出资财产的价额;

(四)就实物出资财产第199条第1款第3项所规定价额的合理性,已取得律师、律师法人、注册会计师、监查法人、税务师或者税务师法人的证明(实物出资财产属于不动产时,指相关证明以及不动产鉴定师的鉴定评价,以下在本项中相同)时,就已取得该证明的实物出资财产的价额;

(五)实物出资财产属于对股份公司的现金债权(限于清偿期已届满的债权),且就该现金债权第199条第1款第3项所规定的价额未超过与该现金债权相关负债的账面价额时,就该现金债权的实物出资财产的价额。

⑩ 下列人员,不得出具前款第4项所规定的证明:

(一)董事、会计参与、监事或执行官或者经理人及其他使用人;

(二)募集股份的认购人;

(三)受到业务停止处分,且该停止期间未经过者;

(四)其半数以上成员属于第1项或者第2项所列人员之一的律师法人、监查法人或者税务师律法人。

第 4 分节　出资的履行等

第 208 条　（出资的履行）

① 募集股份的认购人（交付实物出资财产者除外），在第 199 条第 1 款第 4 项所规定的日期或者同项所规定的期间内，并在股份公司所规定的银行等的缴纳办理场所，须全额缴纳各自的募集股份的股款。

② 募集股份的认购人（限于交付现物出资财产者），在第 199 条第 1 款第 4 项所规定的日期或者同项所规定的期间内，须交付相当于募集股份全部股款额的实物出资财产。

③ 募集股份的认购人，不得以进行第 1 款的缴纳或者前款的交付（以下在本分节中称为"出资的履行"）的债务，抵消自己对股份公司的债权。

④ 对通过履行出资成为募集股份股东权利的转让，不得对抗股份公司。

⑤ 募集股份的认购人，不履行出资时，失去通过该出资履行而成为股东的权利。

第 209 条　（成为股东的时期等）

① 募集股份的认购人，有以下各项所列情形时，在该各项规定之日成为已履行出资的募集股份的股东：

（一）已规定第 199 条第 1 款第 4 项的日期时，该日期；

（二）已规定第 199 条第 1 款第 4 项的期间时，已履行出资之日。

② 募集股份的认购人，在第 213 条之 2 第 1 款各项有规定时，如果不是在已履行该各项所规定的支付或交付，或者基于第 213 条之 3 第 1 款规定的支付之后，就所进行的虚假出资履行的募集股份不得行使股东的权利。

③ 已受让前款所规定募集股份者，可行使有关该募集股份的股东权利。但该受让者存在恶意或者重大过失时，不在此限。

第 5 分节　停止募集股份发行等的请求

第 210 条

属于下列情形，且股东可能遭受损失时，股东可请求股份公司停止与第 199 条第 1 款所规定的募集相关股份的发行或者自己股份的处分：

（一）该股份的发行或者自己股份的处分违反法令或者章程时；

（二）该股份的发行或者自己股份的处分以严重不公正的方法进行时。

第 6 分节　有关募集的责任等

第 211 条　（对认购无效或撤销的限制）

① 对募集股份认购的申请、分配以及有关第 205 条第 1 款所规定合同的意思表示，不适用民法第 93 条但书及第 94 条第 1 款的规定。

② 募集股份的认购人，自根据第 209 条第 1 款规定成为股东之日起经过 1 年后，或者就其股份已行使权利后，不得以错误为由主张募集股份认购无效，或者以欺诈、胁迫为由撤销募集股份的认购。

第 212 条　（以不公正的缴纳金额已认购股份者等的责任）

① 募集股份的认购人，有以下各项所列情形时，对股份公司承担支付该各项规定价额的义务：

（一）与董事（提名委员会等设置公司时，指董事或者执行官）串通以明显不公正的缴纳金额已认购募集股份时，指相当于该缴纳金额与该募集股份的公正价额间差额的金额；

（二）根据第 209 条第 1 款的规定已成为募集股份的股东时其所交付的实物出资财产的价额明显少于第 199 条第 1 款第 3 项对此所规定的价额时，指该不足金额。

② 属于前款第 2 项所列情形，且已交付实物出资财产的募集股份的认购人，对该实物出资财产的价额明显少于第 199 条第 1 款第 3 项对此所规定价额之事，属于善意且无重大过失时，可撤销募集股份的认购申请或者与第 205 条第 1 款所规定合同有关的意思表示。

第 213 条　（出资财产等价额不足时的董事等的责任）

① 在前条第 1 款第 2 项所列情形下，下列人员（以下在本条中称为"董事等"）对股份公司负有支付同项所规定金额的义务：

（一）已执行该募集股份认购人募集职务的业务执行董事（提名委员会等设置公司时，指执行官，以下在本项中相同）及其他法务省令所规定的从履行职务的角度参与了该业务执行董事执行业者；

（二）股东大会对实物出资财产价额的决定已作出决议时，法务省令所规定的向该股东大会提出了议案的董事；

（三）董事会对实物出资财产价额的决定已作出决议时，法务省令所规定的向董事会提出了议案的董事（提名委员会等设置公司时，指董事或者执行官）。

② 虽有前款的规定，但在下列情形下，董事等对实物出资财产不承担同

款所规定的义务：

（一）第 207 条第 2 款所规定的检查官对实物出资财产的价额已进行调查时；

（二）该董事等已证明对其执行职务未懈怠注意时。

③ 在第 1 款规定的情形下，已出具第 207 条第 9 款第 4 项所规定证明者（以下在本条中称为"证明人"），对股份公司负有支付前条第 1 款第 2 项规定金额的义务。但该证明人已证明对出具该证明未懈怠注意时，不在此限。

④ 募集股份的认购人，就其已交付的实物出资财产，承担支付前条第 1 款第 2 项规定金额的义务，且以下各项所列者，就该实物出资财产负有该各项规定的义务时，这些义务人为连带债务人：

（一）董事等，负有第 1 款所规定的义务；

（二）证明人，负有前款本文所规定的义务。

第 213 条之 2　（已进行出资虚假履行时的募集股份认购人的责任）

① 募集股份的认购人，属于以下各项所列情形时，对股份公司负有实施该各项所列行为的义务：

（一）根据第 208 条第 1 款的规定所为的缴纳属于虚假缴纳时，全额支付该虚假缴纳金额；

（二）根据第 208 条第 2 款的规定所为的交付属于虚假交付时，交付该虚假交付的实物出资财产。

② 基于前款规定的募集股份认购人所负的义务，非经全体股东的同意，不得免除。

第 213 条之 3　（已进行出资虚假履行时的董事等的责任）

① 属于前条第 1 款各项所列情形时，法务省令所规定的参与了募集股份认购人的虚假出资履行的董事（提名委员会等设置公司时，含执行官），对股份公司负有进行该各项所列支付的义务。但该董事（已进行该虚假出资履行者除外）已证明对其履行职务未懈怠注意时，不在此限。

② 募集股份的认购人负有进行前条第 1 款各项所列支付的义务，且前款所规定者负有同款所规定的义务时，这些义务人为连带债务人。

第 9 节 股　　票

第 1 分节 总　　则

第 214 条（章程有关发行股票之意的规定）

股份公司,可在章程中规定发行与其股份(种类股份发行公司时,指全部种类的股份)相关股票之意。

第 215 条（股票的发行）

① 股票发行公司,在已发行股份之日后,须及时发行该股份的股票。

② 股票发行公司,已进行股份合并时,在第 180 条第 2 款第 2 项所规定之日后,须及时发行已合并股份的股票。

③ 股票发行公司,已进行股份分割时,在第 183 条第 2 款第 2 项所规定之日后,须及时发行已分割股份的股票(已发行股票除外)。

④ 虽有以上 3 款的规定,但作为非公开公司的股票发行公司,在股东提出请求前,可不发行这些规定所规定的股票。

第 216 条（股票的记载事项）

在股票上,须记载下列事项及股票的编号,并由股票发行公司的代表董事(提名委员会等设置公司时,指代表执行官),在其上署名或者签名盖章：

（一）股票发行公司的商号；

（二）有关该股票的股份数；

（三）就通过转让取得该股票的股份已规定须取得股份公司同意时,其意旨；

（四）种类股份发行公司时,该股票的股份种类及其内容。

第 217 条（不持有股票的申请）

① 股票发行公司的股东,可向该股票发行公司申请不希望持有该股东所持有股份的股票的意旨。

② 前款所规定的申请,须在明确有关该申请的股份数(种类股份发行公司时,指股份的种类及各种类股份数)的基础上进行。此时,若已发行该股份的股票时,该股东须向股票发行公司提交该股票。

③ 已接受第 1 款所规定申请的股票发行公司,须及时将不发行前款前段所规定股份的股票之意记载或者记录于股东名册。

④ 股票发行公司,已进行前款所规定的记载或者记录时,不得发行第 2

款前段所规定股份的股票。

⑤ 根据第 2 款后段规定已提交的股票,在已进行第 3 款所规定的记载或者记录时,失去效力。

⑥ 已提出基于第 1 款规定的申请的股东,可随时请求股票发行公司发行第 2 款前段所规定股份的股票。此时,若存在根据第 2 款后段规定已提交的股票时,股票发行所需费用由该股东承担。

第 218 条 （发行股票之意的章程规定的废止）

① 股票发行公司为废止章程有关发行该股份（种类股份发行公司时,指全部种类的股份）股票之意的规定而拟进行章程变更时,在该章程变更生效日的 2 周前,须公告下列事项,并分别将这些事项通知给股东以及登记股份质权人:

（一）废止有关发行该股份（种类股份发行公司时,为全部种类股份）股票之意的章程规定之意;

（二）章程变更发生其效力之日;

（三）在前项所规定之日该股份公司的股票失效之意。

② 股票发行公司股份的股票,在前款第 2 项所规定之日失效。

③ 虽有第 1 款的规定,但就其全部股份未发行股票的股票发行公司,为废止有关发行该股份（种类股份发行公司时,指全部种类的股份）股票之意的章程规定拟进行章程变更时,在同款第 2 项所规定之日的 2 周前,向股东以及登记股份质权人通知同款第 1 项及第 2 项所规定事项即可。

④ 前款所规定的通知,可以公告代替之。

⑤ 在第 1 款规定的情形下,股份质权人（登记股份质权人除外）,在同款第 2 项所规定之日的前 1 日前,可请求股票发行公司将第 148 条各项所列事项记载或者记录于股东名册。

第 2 分节　股票的提交等

第 219 条 （有关股票提交的公告等）

① 股票发行公司拟实施以下各项所列行为时,须将在该行为生效日（若实施第 4 项之 2 所列行为时,指第 179 条之 2 第 1 款第 5 项所规定的取得日,以下在本条中称为"股票提交日"）前向该股份公司提交该各项所列股份的股票之意进行公告,并须对该股份的股东及其登记股份质权人分别进行通知。但就该全部股份未发行股票时,不在此限。

（一）就第 107 条第 1 款第 1 项所列事项,为设置章程的规定而变更章

程,指全部股份(种类股份发行公司时,就该事项设置章程规定的种类股份);

(二)股份合并,指全部股份(种类股份发行公司时,指第180条第2款第3项所规定的种类股份);

(三)第171条第1款规定的附全部取得条件种类股份的取得,指该附全部取得条件种类股份;

(四)附取得条件股份的取得,指该附取得条件股份;

(四)之(二)第179条之3第1款所规定的同意,指出售股份;

(五)组织形式变更,指全部股份;

(六)合并(限于该股份公司因合并而消灭的情形),指全部股份;

(七)股份交换,指全部股份;

(八)股份转移,指全部股份。

② 股票发行公司实施以下各项所列行为,且在股票提交日前存在对该股票发行公司未提交股票者时,该各项所规定者,在该股票提交前的期间,可拒绝与该股票相关股份的股东可通过该行为(实施第2项所列行为时,指与股份出售请求相关的出售股份的取得)接受的现金等的交付:

(一)前款第1项至第4项所列行为,指该股票发行公司;

(二)第179条之3第1款所规定的同意,指特别控制股东;

(三)组织形式变更,指第744条第1款第1项所规定的组织形式变更后的份额公司;

(四)合并(限于因合并该股份公司消灭的情形),指第749条第1款规定的吸收合并存续公司或者第753条第1款规定的新设合并设立公司;

(五)股份交换,指第767条规定的股份交换全资母公司;

(六)股份移转,指第773条第1款第1项规定的股份移转全资母公司。

③ 有关第1款各项所规定股份的股票,在股票提交日失效。

④ 第1款第4项之2所规定的公告以及通知的费用,由特别控制股东承担。

第 220 条 (不能提交股票的情形)

① 已实施前条第1款各项所列行为,且存在不能提交股票者时,股票发行公司可根据其请求,向利害关系人进行如有异议可在一定期间内提出之意的公告。但该期间不得低于3个月。

② 股票发行公司在根据前款规定已进行公告,且在同款规定的期间内利害关系人未陈述异议时,前条第2款各项所规定者,可对已提出同款请求者交付同条第2款所规定的现金等。

③ 第1款所规定的公告费用,由已提出同款请求者承担。

第3分节　股票丧失登记

第221条　（股票丧失存根簿）

股票发行公司（含股份公司从为废止章程有关发行该股份〈种类股份发行公司时,指全部种类的股份〉的股票之意的规定已进行章程变更之日的次日起计算,未经过1年时的该股份公司,以下在本条〈第223条、第227条以及第228条第2款除外〉中相同）,须制作股票丧失存根簿,并须在其中记载或者记录下列事项（以下在本分节中称为"股票丧失存根簿记载事项"）：

（一）与第223条所规定请求相关股票（含根据第218条第2款或者第219条第3款的规定所失效的股票,以及法院认可与股份发行或者自己股份处分无效之诉相关的请求的判决生效时的该股份的股票,以下在本分节〈第228条除外〉中相同）的编号；

（二）已丧失前项所规定股票者的姓名或者名称及住所；

（三）作为与第1项所规定股票相关股份的股东,或者登记股份质权人在股东名册中已进行记载或者记录者（以下在本分节中称为"名义人"）的姓名或者名称及住所；

（四）就第1项所规定的股票已记载或记录了以上3项所列事项之日（以下在本分节中称为"股票丧失登记日"）。

第222条　（有关股票丧失存根簿事务的委托）

就股票发行公司适用第123条的规定,将同条中的"股东名册的"改为"股东名册及股票丧失存根簿的",将"有关股东名册"改为"有关股东名册及股票丧失存根簿"。

第223条　（股票丧失登记的请求）

已丧失股票者,可根据法务省令的规定,请求股票发行公司将有关该股票的股票丧失存根簿记载事项记载或者记录于股票丧失存根簿（以下称为"股票丧失登记"）。

第224条　（对名义人等的通知）

① 股票发行公司按照前款规定的请求已进行股票丧失登记,且作为已丧失与该请求相关股票者被记载或者记录于股票丧失存根簿上者（以下在本分节中称为"股票丧失登记者"）,不是与该股票相关股份的名义人时,股票发行公司,须及时向该名义人通知该股票已进行股票丧失登记之意,以及第221条第1项、第2项及第4项所列事项。

② 为行使股份的权利已向股票发行公司提交了股票,且就该股票已进行股票丧失登记时,股票发行公司,须及时向已提交该股票者通知就该股票已进行股票丧失登记之意。

第 225 条 （股票持有者的注销请求）

① 持有已进行股票丧失登记的股票者（就该股票的股票丧失登记人除外）,可根据法务省令的规定申请股票发行公司注销该股票丧失登记。但自股票丧失登记日的次日起已经过1年时,不在此限。

② 拟提出前款所规定申请者,须向股票发行公司提交同款所规定的股票。

③ 已接受第1款所规定申请的股票发行公司,须及时向同款所规定的股票丧失登记人通知已提出同款所规定申请者的姓名或者名称及住所以及同款所规定股票的编号。

④ 股票发行公司,在前款所规定通知日起已经过2周之日,须注销与根据第2款规定所提交股票相关的股票丧失登记。此时,股票发行公司,须向已提出第1款所规定申请者返还该股票。

第 226 条 （股票丧失登记人的撤销申请）

① 股票丧失登记人,可根据法务省令的规定申请股票发行公司注销股票丧失登记（为废止章程有关发行该股份〈种类股份发行公司时,指全部种类的股份〉股票之意的规定已变更章程时,与根据前条第2款的规定已提交股票相关的股票丧失登记除外）。

② 已接受前款所规定申请的股票发行公司,在接受该申请之日,须注销与该申请相关的股票丧失登记。

第 227 条 （已废止章程有关发行股票之意规定时的股票丧失登记的注销）

因废止章程有关发行该股份（种类股份发行公司时,指全部种类的股份）股票之意的规定而进行章程变更时,股票发行公司,须在该章程变更生效日注销股票丧失登记（限于与已进行该股票丧失登记的股票相关的股份名义人就是股票丧失登记人的情形,就根据第225条第2款的规定已提交股票的股票丧失登记除外）。

第 228 条 （股票失效）

① 已进行股票丧失登记（已注销股票除外）的股票,自股票丧失登记日的次日起经过1年之日失效。

② 根据前款规定股票已失效时,股票发行公司,须向该股票的股票丧失

登记人重新发行股票。

第 229 条 （与异议催告程序的关系）

① 股票丧失登记人已提出第 220 条第 1 款所规定请求时，股票发行公司，限于同款所规定期间的结束日，在自股票丧失登记日的次日起经过 1 年之日的前 1 日到来时，可进行同款所规定的公告。

② 股票发行公司进行第 220 条第 1 款所规定的公告时，该股票发行公司，须在进行了该公告之日注销与该公告相关股票的股票丧失登记。

第 230 条 （股票丧失登记的效力）

① 股票发行公司，在下列之日中较早日（以下在本条中称为"登记注销日"）以前的期间，不得将已取得与已进行股票丧失登记的股票相关股份者的姓名或者名称及住所记载或者记录于股东名册。

（一）该股票丧失登记已注销日；

（二）自股票丧失登记日的次日起已经过 1 年之日。

② 股票发行公司，不是在登记注销日之后，不得重新发行已进行股票丧失登记的股票。

③ 股票丧失登记人不是与已进行股票丧失登记股票相关股份的名义人时，该股份的股东在登记注销日前的期间，不得在股东大会或者种类股东大会上行使表决权。

④ 对已进行股票丧失登记的股票相关的股份，不得进行由第 197 条第 1 款所规定的拍卖或者同条第 2 款所规定的出售。

第 231 条 （股票丧失存根簿的置备及查阅等）

① 股票发行公司，须在其总公司（有股东名册管理人时，在其营业所）置备股票丧失存根簿。

② 任何人，都可在股票发行公司的营业时间内，可随时就股票丧失存根簿（限于有利害关系的部分）提出下列请求。此时，须在明确该请求理由的基础上提出：

（一）股票丧失存根簿以书面文件形式所制作时，查阅或者抄写该书面文件的请求；

（二）股票丧失存根簿以电子记录形式所制作时，查阅或者抄写已记录于该电子记录并以法务省令规定的方法所表示事项的请求。

第 232 条 （对股票丧失登记人的通知等）

① 股票发行公司对股票丧失登记人所为的通知或者催告，按照已记载或者记录于股票丧失存根簿上的该股票丧失登记人的住所（该股票丧失登

人向股票发行公司已另外通知接收通知或者催告的其他场所或者地址时,从其该场所或者地址)发出即可。

② 前款所规定的通知或者催告,视为在该通知或者催告通常应到达的时间已到达。

第233条 （适用排除）

对于股票,不适用非诉讼案件程序法第4编的规定。

第10节 其他规则

第234条 （不足1的零头数的处理）

① 实施下列各项所列行为之际,向该各项所规定者交付该股份公司的股份,且对其须交付的该股份公司的股份数中出现不足1股的零头数时,须将相当于该零头数总数（在该总数中出现不足1的零头数时,舍去该零头数）之数的股份进行拍卖,且须按照该零头数将通过拍卖所得价款交付给该持有人:

（一）第170条第1款所规定股份的取得,指该股份公司的股东;

（二）第173条第1款所规定股份的取得,指该股份公司的股东;

（三）第185条所规定的无偿配股,指该股份公司的股东;

（四）第275条第1款所规定新股预约权的取得,指第236条第1款第7项1所规定的新股预约权的新股预约权人;

（五）合并（限于因合并该股份公司存续的情形）,指合并后消灭公司的股东或者成员;

（六）基于合并合同的设立时发行股份的发行,指合并后消灭公司的股东或者成员;

（七）通过股份交换对其他股份公司已发行全部股份的取得,指进行股份交换股份公司的股东;

（八）基于股份移转计划的设立时发行股份的发行,指进行股份移转股份公司的股东。

② 股份公司,代替前款所规定的拍卖,就有市场价格的同款所规定的股份,可以作为市场价格根据法务省令规定的方法所计算的价额,而就没有市场价格的同款所规定的股份,可在取得法院许可的前提下,通过拍卖以外的方法进行出售。此时,对该许可的申请,董事有2人以上时,须以全体董事同意的方式提出。

③ 根据前款的规定已出售第 1 款所规定股份时,就适用同款的规定,将同款中的"通过拍卖"改为"通过出售"。

④ 股份公司,可回购根据第 2 款规定所出售的全部或者部分股份。此时,须对下列事项作出规定:

(一) 所要回购的股份数(种类股份发行公司时,指股份的种类及各种类股份数);

(二) 作为回购前项所规定股份的对价所支付现金的总额。

⑤ 董事会设置公司时,前款各项所列事项的决定,须通过董事会的决议作出。

⑥ 对实施第 1 款各项所列行为之际向该各项所规定者交付该股份公司的公司债券或者新股预约权时,准用第 1 款至第 4 款的规定。

第 235 条

① 股份公司因进行股份分割或者股份合并,在股份数中出现不足 1 股的零头数时,须拍卖相当于该零头数总数(该总数中出现不足 1 的零头数时,舍去该零头数)之数的股份,且须按照该零头数将通过该拍卖所得价款交付给股东。

② 对前款所规定的情形,准用前条第 2 款至第 5 款的规定。

第 3 章 新股预约权

第 1 节 总 则

第 236 条 (新股预约权的内容)

① 股份公司发行新股预约权时,须将下列事项作为该新股预约权的内容:

(一) 作为该新股预约权标的的股份之数(种类股份发行公司时,指股份的种类及各种类股份数)或者该数的计算方法;

(二) 行使该新股预约权时所出资财产的价额或者其计算方法;

(三) 将现金外的财产作为行使该新股预约权时的出资标的时,该意旨以及该财产的内容及价额;

(四) 可行使该新股预约权的期间;

(五) 有关因行使该新股预约权而发行股份时所增加的资本金以及资本

公积金的事项；

（六）决定通过转让取得该新股预约权时须取得该股份公司的同意的，该意旨；

（七）就该新股预约权，决定该股份公司以一定事由的发生为条件可取得该新股预约权时，该下列事项：

1. 在一定事由发生之日该股份公司取得该新股预约权之意及其事由；

2. 将该股份公司另外所规定之日的到来作为 1 所规定事由时，其意旨；

3. 决定在 1 所规定事由发生之日取得部分 1 所规定的新股预约权时，该意旨及所要取得的部分新股预约权的决定方法；

4. 作为取得 1 所规定新股预约权的对价，向该新股预约权的新股预约权人交付该股份公司的股份时，该股份数（种类股份发行公司时，指股份的种类及各种类股份数）或者其计算方法；

5. 作为取得 1 所规定的新股预约权的对价，向该新股预约权的新股预约权人交付该股份公司的公司债券（附新股预约权公司债券中的公司债券除外）时，该公司债券的种类及各种类公司债券价额的合计额或者其计算方法；

6. 作为取得 1 所规定的新股预约权的对价，向该新股预约权的新股预约权人交付该股份公司的其他新股预约权（附新股预约权公司债券中的新股预约权除外）时，该其他新股预约权的内容及数量或者其计算方法；

7. 作为取得 1 所规定的新股预约权的对价，向该新股预约权的新股预约权人交付该股份公司的附新股预约权公司债券时，就该附新股预约权公司债券 5 所规定的事项以及就该附新股预约权公司债券 6 所规定的事项；

8. 作为取得 1 所规定的新股预约权的对价，向该新股预约权的新股预约权人交付该股份公司的股份等以外的财产时，该财产的内容及数量或价额或者有关这些的计算方法。

（八）该股份公司实施以下 1 至 5 所列行为，并决定对该新股预约权的新股预约权人交付 1 至 5 所规定的股份公司的新股预约权时，该意旨及其条件：

1. 合并（限于因合并该股份公司消灭的情形），指合并后存续的股份公司或者因合并设立的股份公司；

2. 吸收分立，指承继进行吸收分立的股份公司就其事业所具有的全部或者部分权利义务的股份公司；

3. 新设分立，指因新设分立所设立的股份公司；

4. 股份交换，指取得进行股份交换的股份公司的全部已发行股份的股

份公司;

5. 股份转移,指因股份转移所设立的股份公司。

(九)向已行使新股预约权的新股预约权人所交付的股份数中出现不足1股的零头数,且决定舍去该零头时,该意旨;

(十)决定发行有关该新股预约权(附新股预约权公司债券中的新股预约权除外)的新股预约权证券时,该意旨;

(十一)前款有规定,且决定新股预约权人不得提出第290条所规定的全部或者部分请求时,该意旨。

② 附新股预约权公司债券中的新股预约权数,须按有关该附新股预约权公司债券的公司债券的各价额,作出均等规定。

第237条 (共有人的权利行使)

新股预约权属于2人以上共有时,共有人,若未从中确定1人为该新股预约权的行使者,并将其姓名或者名称通知给股份公司的,不得行使有关该新股预约权的权利。但股份公司已同意行使该权利时,不在此限。

第2节 新股预约权的发行

第1分节 募集事项的决定等

第238条 (募集事项的决定)

① 股份公司,拟募集其所发行的新股预约权的认购人时,每次就募集新股预约权(指对按照该募集已申请认购该新股预约权者所分配的新股预约权,以下在本章中相同),须对下列事项(以下在本节中称为"募集事项")作出规定:

(一)募集新股预约权的内容及数量;

(二)不要求作为募集新股预约权的对价进行现金缴纳时,该意旨;

(三)除前项规定的情形外,募集新股预约权的缴纳金额(指作为1个募集新股预约权的对价需缴纳的现金额,以下在本章中相同)或者其计算方法;

(四)募集新股预约权分配之日(以下在本节中称为"分配日");

(五)作为募集新股预约权的对价规定现金缴纳之日时,该日期;

(六)募集新股预约权属于附新股预约权公司债券中的新股预约权时,指第676条各项所列事项;

(七)前项有规定,且根据就同项所规定的附新股预约权公司债券中的募集新股预约权的第 118 条第 1 款、第 179 条第 2 款、第 777 条第 1 款、第 787 条第 1 款或者第 808 条第 1 款所规定的请求方法另有规定时,该规定。

② 募集事项的决定,须通过股东大会的决议。

③ 在下列情形下,董事须在前款所规定的股东大会上,对以第 1 项所规定的条件或者第 2 项所规定的金额有必要募集新股预约权认购人的理由进行说明:

(一)第 1 款第 2 项有规定,且决定不要求现金缴纳之事成为对该认购人特别有利的条件时;

(二)第 1 款第 3 项有规定,且同项所规定的缴纳金额成为对该认购人特别有利的金额时。

④ 属于种类股份发行公司,且作为募集新股预约权对象的股份的全部或者部分种类属于转让受限股份时,有关该募集新股预约权的募集事项的决定,就以该种类股份为对象的新股预约权认购人的募集,章程规定不要求由该种类股份的种类股东所组成的种类股东大会决议的情形除外,若无该种类股东大会的决议时,该募集不发生其效力。但不存在在该种类股东大会上可行使表决权的种类股东时,不在此限。

⑤ 按照第 1 款所规定的各募集,须均等规定募集事项。

第 239 条 (对募集事项决定的委托)

① 虽有前条第 2 款及第 4 款的规定,但可在股东大会上通过股东大会的决议将募集事项的决定委托给董事(董事会设置公司时,指董事会)。此时,须对下列事项作出规定:

(一)基于该委托可进行募集事项决定的募集新股预约权的内容以及数量的上限;

(二)就前项所规定的募集新股预约权不要求现金缴纳时,该意旨;

(三)前项所规定情形外的情形时,募集新股预约权缴纳金的下限。

② 在下列情形下,董事须在前款所规定的股东大会上,就以第 1 项所规定的条件或者第 2 项所规定的金额有必要募集认购募集新股预约权者的理由作出说明:

(一)前款第 2 项有规定,且不要求现金缴纳的决定属于对其特别有利的条件时;

(二)前款第 3 项有规定,且同项所规定的缴纳金的下限属于对其特别有利的金额时。

③ 第 1 款的决议,仅对分配日属于自该决议之日起 1 年以内之日的前条

第 1 款所规定的募集,有其效力。

④ 属于种类股份发行公司,且作为募集新股预约权标的的全部或者部分股份的种类属于转让受限股份时,有关该募集新股预约权的募集事项决定的委托,存在前条第 4 款所规定的章程规定的情形除外,若未作出该种类股东大会的决议,则不发生其效力。但没有在该种类股东大会上可行使表决权的种类股东时,不在此限。

第 240 条 （有关公开公司募集事项决定的特别规则）

① 第 238 条第 3 款各项所列情形除外,就公开公司适用同条第 2 款的规定,将同款中的"股东大会"改为"董事会"。此时,不适用前条的规定。

② 公开公司,通过根据前款的规定所替换适用的第 238 条第 2 款所规定的董事会的决议已对募集事项作出规定时,在分配日的 2 周前,须向股东通知该募集事项。

③ 前款所规定的通知,可以公告代替之。

④ 股份公司在分配日的 2 周前,根据金融商品交易法第 4 条第 1 款至第 3 款的规定已进行备案时,以及作为保护股东的其他措施不存在风险且符合法务省令所规定的情形时,不适用第 2 款的规定。

第 241 条 （赋予股东接受新股预约权分配的权利的情形）

① 股份公司,在进行第 238 条第 1 款所规定的募集时,可赋予股东接受新股预约权分配的权利。此时,在募集事项外还须对下列事项作出规定:

(一) 对股东赋予通过下条第 2 款所规定申请接受该股份公司的募集新股预约权（种类股份发行公司时,指作为其标的的股份种类与该股东所持有种类的股份属于同一种类的新股预约权）分配的权利之意;

(二) 前项所规定募集新股预约权的认购申请日期。

② 在前款规定的情形下,同款第 1 项所规定的股东（该股份公司除外）,按照其所持有的股份数享有接受募集新股预约权分配的权利。但在该股东接受分配的募集新股预约权数中出现不足 1 的零头数时,舍去该零头数。

③ 规定第 1 款各项所列事项时,募集事项以及同款各项所列事项,按照以下各项所列情形的区分,须通过该各项所规定的方法作出规定:

(一) 章程对该募集事项以及第 1 款各项所列事项可通过董事的决定作出规定之意有规定时（股份公司属于董事会设置公司的除外）,指董事的决定;

(二) 章程对该募集事项以及第 1 款各项所列事项可通过董事会决议作出规定之意有规定时（下项所列情形除外）,指董事会的决议;

（三）股份公司属于公开公司时，指董事会的决议；

（四）除以上 3 项所列情形外的情形时，指股东大会的决议。

④ 股份公司，已规定第 1 款各项所列事项时，在同款第 2 项所规定日期的 2 周前，须向同款第 1 项所规定的股东（该股份公司除外）通知下列事项：

（一）募集事项；

（二）该股东接受分配的募集新股预约权的内容及数量；

（三）第 1 款第 2 项所规定的日期。

⑤ 对根据第 1 款至第 3 款的规定赋予股东接受新股预约权分配的权利的情形，不适用第 238 条第 2 款至第 4 款以及以上 2 条的规定。

第 2 分节　募集新股预约权的分配

第 242 条　（募集新股预约权的申请）

① 股份公司，对按照第 238 条第 1 款所规定的募集拟申请认购募集新股预约权者，须通知下列事项：

（一）股份公司的商号；

（二）募集事项；

（三）在行使新股预约权之际应进行现金缴纳时，缴纳办理场所；

（四）以上 3 项所列事项外，法务省令规定的其他事项。

② 按照第 238 条第 1 款规定的募集，认购募集新股预约权的申请者，须向股份公司交付已记载下列事项的书面文件：

（一）申请者的姓名或者名称及住所；

（二）拟认购的募集新股预约权数。

③ 提出前款所规定的申请者，代替前款所规定书面文件的交付，根据政令的规定，在取得股份公司同意后，可通过电子方法提供应记载于同款所规定书面文件中的事项。此时，视为该申请者已交付同款所规定的书面文件。

④ 股份公司将已记载同款各项所列事项的金融商品交易法第 2 条第 10 款所规定的招股说明书，交付给拟提出第 1 款所规定的申请者时，以及保护拟进行募集新股预约权认购者的其他措施不存在风险且符合法务省令所规定的情形时，不适用第 1 款的规定。

⑤ 股份公司，就第 1 款各项所列事项已进行变更时，须及时向已提出第 2 款所规定申请者（以下在本分节中称为"申请人"）通知该意旨及该所变更事项。

⑥ 募集新股预约权属于附新股预约权公司债券中的募集新股预约权

时,视为申请人(限于仅申请募集新股预约权者)属于已申请与该申请相关的附带了募集新股预约权的附新股预约权公司债券者。

⑦ 股份公司对申请人所为的通知或者催告,按照第 2 款第 1 项所规定的住所(该申请人向该股份公司已另外通知接收通知或者催告的其他场所或者地址时,从其该场所或者地址)发出即可。

⑧ 前款所规定的通知或者催告,视为在该通知或者催告通常应到达的时间已到达。

第 243 条 （募集新股预约权的分配）

① 股份公司,须从申请人中确定接受募集新股预约权的分配者,且须决定对其分配的募集新股预约权数。此时,股份公司分配给申请人的募集新股预约权数可少于前条第 2 款第 2 项所规定数。

② 在下列情形下,前款所规定的决定须通过股东大会(董事会设置公司时,指董事会)的决议作出。但章程另有规定时,不在此限:

（一）作为募集新股预约权标的的全部或者部分股份属于转让受限股份的情形;

（二）募集新股预约权属于转让受限新股预约权(指属于新股预约权,且章程对通过转让取得该新股预约权需要取得股份公司同意有规定的新股预约权,以下在本章中相同)的情形。

③ 股份公司,在分配日的前 1 日前,须向申请人通知分配给该申请人的募集新股预约权数(该募集新股预约权属于附新股预约权公司债券中的募集新股预约权时,含有关该附新股预约权公司债券的公司债券的种类及各公司债券价额的合计额)。

④ 根据第 241 条的规定已赋予股东接受新股预约权分配的权利,且股东在同条第 1 款第 2 项所规定日期前不提出前条第 2 款所规定的申请时,该股东丧失接受新股预约权分配的权利。

第 244 条 （有关募集新股预约权申请及分配的特别规则）

① 当拟认购募集新股预约权者订立认购其总数的合同时,不适用以上 2 条的规定。

② 募集新股预约权属于附新股预约权公司债券中的新股预约权时,就适用前款的规定,将同款中的"之认购"改为"及该全部附募集新股预约权公司债券之认购"。

③ 第 1 款有规定,且属于下列情形时,股份公司,须通过股东大会的决议取得对同款所规定合同的同意。但章程另有规定时,不在此限:

（一）作为募集新股预约权对象的全部或者部分股份属于转让受限股份时；

（二）募集新股预约权属于转让受限新股预约权时。

第 244 条之 2　（有关公开公司的募集新股预约权分配等的特别规则）

① 公开公司,就已接受募集新股预约权分配的认购人,或者根据前条第 1 款的合同已认购募集新股预约权者(以下在本款中统称为"认购人"),当第 1 项所列数对第 2 项所列数的比例超过 1/2 时,须在分配日的 2 周前,对股东通知该认购人(以下在本款及第 5 款中称为"特定认购人")的姓名或者名称及住所,以及有关该特定认购人的第 1 项所列数及其他法务省令所规定的事项。但该特定认购人属于该公开公司的母公司或者根据第 241 条的规定已赋予股东接受新股预约权分配的权利时,不在此限：

（一）该认购人成为与其所认购的募集新股预约权相关的所交付股份的股东时,所持有的最多表决权数；

（二）前项所规定情形下的全体股东的最多表决权数。

② 前款第 1 项规定的所谓"交付股份",是指作为募集新股预约权对象的股份,作为新股预约权的内容就第 236 条第 1 款第 7 项 4 所列事项作出规定时的同项 4 所说股份及其他法务省令所规定的募集新股预约权的新股预约权人接受交付的股份。

③ 基于第 1 款规定的通知,可以公告代替之。

④ 虽有第 1 款的规定,但股份公司就同款所规定事项在分配日的 2 周前,已提出金融商品交易法第 4 条第 1 款至第 3 款所规定的备案的,以及作为保护股东的其他措施不存在风险且符合法务省令所规定的情形时,不要求基于第 1 款规定的通知。

⑤ 持有全体股东(在本款所规定的股东大会上不能行使表决权的股东除外)表决权 1/10 (章程已规定低于该标准的比例时,从其比例)以上表决权的股东,在第 1 款规定的通知或者第 3 款规定的公告日(属于前款所规定情形时,指法务省令所规定之日)起的 2 周以内,向公开公司已通知反对由特定认购人(含其子公司等,以下在本款中相同)认购募集新股预约权之意时,该公开公司,须在分配日的前 1 日之前,以股东大会决议的方式取得对该特定认购人的募集新股预约权分配的同意,或者与该特定认购人间的前条第 1 款所规定合同的同意。但该公开公司的财产状况处于明显恶化状态,并为了该公开公司事业的继续确有紧急必要时,不在此限。

⑥ 虽有第 309 条第 1 款的规定,但前款规定股东大会的决议,须由可行

使表决权股东的表决权过半数（章程已规定 1/3 以上的比例时，该比例以上）的股东出席，已出席股东表决权的过半数（章程已规定高于该标准的比例时，该比例以上）同意作出。

第 245 条 （成为新股预约权人之日）

① 以下各项所列者，在分配日成为该各项所规定的募集新股预约权的新股预约权人：

（一）申请人，就股份公司所分配的募集新股预约权；

（二）根据第 244 条第 1 款所规定的合同已认购募集新股预约权总数者，就其所认购的募集新股预约权。

② 募集新股预约权属于附新股预约权公司债券中的新股预约权时，根据前款规定成为募集新股预约权的新股预约权人者，同时成为该附新股预约权公司债券中的公司债券持有人。

第 3 分节　有关募集新股预约权的缴纳

第 246 条

① 第 238 条第 1 款第 3 项有规定时，新股预约权人，须在有关新股预约权的第 236 条第 1 款第 4 项所规定期间的开始日的前 1 日前（第 238 条第 1 款第 5 项有规定时，指同项所规定的日期，在第 3 款中称为"缴纳日期"），在股份公司所规定的银行等的缴纳办理场所分别全额缴纳募集新股预约权的缴纳金。

② 虽有前款的规定，但新股预约权人在取得股份公司同意的前提下代替同款所规定的缴纳，可交付相当于缴纳金的现金外财产，或者以对该股份公司的债权进行抵销。

③ 第 238 条第 1 款第 3 项有规定时，新股预约权人，在有关募集新股预约权的缴纳日期前不缴纳各募集新股预约权的全额缴纳金（含代替该缴纳所进行的现金外财产的交付，或者以对该股份公司的债权所进行的抵销）时，不得行使该募集新股预约权。

第 4 分节　停止募集新股预约权发行的请求

第 247 条

在下列情形下，且股东可能遭受损失时，股东可请求股份公司停止有关第 238 条第 1 款所规定的募集新股预约权的发行：

（一）该新股预约权的发行违反法令或者章程的情形；

（二）该新股预约权的发行以严重不公正的方法进行的情形。

第 5 分节　其他规则

第 248 条

有关就认购附新股预约权公司债券者的募集，不适用第 676 条至第 680 条的规定。

第 3 节　新股预约权存根簿

第 249 条　（新股预约权存根簿）

股份公司，在新股预约权已发行之日后，须及时制作新股预约权存根簿，并按照以下各项所列新股预约权的区分，记载或者记录该各项规定的事项（以下称为"新股预约权存根簿记载事项"）：

（一）已发行无记名式的新股预约权证券的新股预约权（以下在本章中称为"无记名新股预约权"），指该新股预约权证券的编号以及该无记名新股预约权的内容及数量；

（二）无记名式的附新股预约权公司债券证券（指与证券发行附新股预约权公司债券〈属于附新股预约权公司债券，且就该附新股预约权公司债券中的公司债券存在发行公司债券证券之意规定的附新股预约权公司债券，以下在本章中相同〉相关的公司债券证券，以下相同）已被发行的附新股预约权公司债券（以下在本章中称为"无记名附新股预约权公司债券"）中的新股预约权，指该附新股预约权公司债券证券的编号以及该新股预约权的内容及数量；

（三）以上 2 项所列新股预约权外的新股预约权，指下列事项：

1. 新股预约权人的姓名或者名称及住所；
2. 上述 1 所规定的股预约权人所持有的新股预约权的内容及数量；
3. 上述 1 所规定的新股预约权人已取得新股预约权之日；
4. 上述 2 所规定的新股预约权属于证券发行新股预约权（指新股预约权〈附新股预约权公司债券中的新股预约权除外〉且存在发行与该新股预约权相关的新股预约权证券之意规定的新股预约权，以下在本章中相同）时，与该新股预约权（限于已发行新股预约权证券的新股预约权）相关的新股预约权证券的编号；
5. 上述 2 所规定的新股预约权属于证券发行附新股预约权公司债券中

的新股预约权时,与附带该新股预约权的附新股预约权公司债券相关的附新股预约权公司债券证券的编号。

第 250 条 （已记载新股预约权存根簿记载事项的书面文件的交付）

① 前条第 3 项 1 所规定的新股预约权人,可请求股份公司交付已记载或者记录有关该新股预约权人的新股预约权存根簿记载事项的书面文件,或者提供已记录该新股预约权存根簿记载事项的电子记录。

② 在前款所规定的书面文件上,须由股份公司的代表董事（提名委员会等设置公司时,代表执行官,在下款中相同）署名或者签名盖章。

③ 对第 1 款所规定的电子记录,股份公司的代表董事须采取代替法务省令规定的署名或者签名盖章的措施。

④ 对于证券发行新股预约权以及证券发行附新股预约权公司债券中的新股预约权,不适用以上 3 款的规定。

第 251 条 （新股预约权存根簿的管理）

股份公司就发行新股预约权时适用第 123 条的规定,将同条中的"股东名册的"改为"股东名册及新股预约权存根簿的",将"有关股东名册"改为"有关股东名册及新股预约权存根簿"。

第 252 条 （新股预约权存根簿的置备及查阅等）

① 股份公司,须将新股预约权存根簿置备于其总公司（设有新股预约权存根簿管理人时,其营业所）。

② 新股预约权人以及债权人,在股份公司的营业时间内,可随时提出下列请求。此时,须在明确该请求理由的基础上提出:

（一）新股预约权存根簿以书面形式所制作时,查阅或者誊写该书面文件的请求;

（二）新股预约权存根簿以电子记录形式所制作时,查阅或者誊写已记录于该电子记录并以法务省令规定的方法所表示事项的请求。

③ 已提出前款所规定的请求时,除下列情形之一的,股份公司不得拒绝该请求:

（一）提出该请求的新股预约权人或者债权人（以下在本款中称为"请求人"）,以有关确保或者行使其权利进行调查外的目的提出请求的;

（二）请求人以妨碍该股份公司业务的开展或者损害新股预约权人共同利益为目的提出请求的;

（三）请求人为了以向第三人通报通过查阅或者誊写新股预约权存根簿所得知事实而获取利益为目的提出请求的;

（四）请求人属于在过去的2年内有关为向第三人通报通过查阅或者誊写新股预约权存根簿所得知事实而获取利益的经历者的。

④ 股份公司的母公司股东，为行使其权利有必要时，并经法院许可，就该股份公司的新股预约权存根簿可提出第2款各项所列的请求。此时，须在明确该请求理由的基础上提出。

⑤ 前款所规定的母公司股东，若有第3款各项所规定事由之一时，法院不得作出前款所规定的许可。

第 253 条 （对新股预约权人的通知等）

① 股份公司对新股预约权人所为的通知或者催告，按照已记载或者记录于新股预约权存根簿上的该新股预约权人的住所（该新股预约权人向该股份公司已另外通知接收通知或者催告的其他场所或者地址时，从其该场所或者地址）发出即可。

② 前款所规定的通知或者催告，视为在该通知或者催告通常应到达的时间已到达。

③ 新股预约权属于2人以上共有时，共有人须从中确定1人为股份公司发给新股预约权人的通知或者催告的接受者，并向该股份公司通知该接受者的姓名或者名称。此时，将该接受人视为新股预约权人而适用以上2款的规定。

④ 共有人未进行前款所规定的通知时，股份公司对新股预约权共有人的通知或者催告，对其中1人发出即可。

第 4 节　新股预约权的转让等

第 1 分节　新股预约权的转让

第 254 条 （新股预约权的转让）

① 新股预约权人，可转让其所持有的新股预约权。

② 虽有前款的规定，不得只转让附新股预约权公司债券中的新股预约权。但有关该附新股预约权公司债券中的公司债券已消灭时，不在此限。

③ 不得只转让附新股预约权公司债券中的公司债券。但该附新股预约权公司债券中的新股预约权已消灭时，不在此限。

第 255 条 （证券发行新股预约权的转让）

① 证券发行新股预约权的转让，若不交付有关该证券发行新股预约权

的新股预约权证券,则不发生其效力。但对基于自己新股预约权(指股份公司所持有的自己的新股预约权,以下在本章中相同)处分的证券发行新股预约权的转让,不在此限。

② 证券发行附新股预约权公司债券中的新股预约权的转让,若不交付与该证券发行附新股预约权公司债券相关的附新股预约权公司债券证券,则不发生其效力。但对基于自己附新股预约权公司债券(指股份公司持有的自己的附新股预约权公司债券,在本条以下及下条中相同)处分的该自己附新股预约权公司债券中的新股预约权的转让,不在此限。

第 256 条 (有关自己新股预约权处分的特别规则)

① 股份公司,在已处分自己新股预约权(限于证券发行新股预约权)之日后,须及时向已取得该自己新股预约权者交付新股预约权证券。

② 虽有前款的规定,但股份公司,在同款所规定者提出请求前可不交付同款所规定的新股预约权证券。

③ 股份公司,在已处分自己附新股预约权公司债券(限于证券发行附新股预约权公司债券)之日后,须及时向已取得该自己附新股预约权公司债券者交付附新股预约权公司债券证券。

④ 对基于自己附新股预约权公司债券处分的该附新股预约权公司债券中的公司债券的转让,不适用第 687 条的规定。

第 257 条 (新股预约权转让的对抗要件)

① 新股预约权的转让,若不将已取得该新股预约权者的姓名或者名称及住所记载或者记录于新股预约权存根簿,就不得对抗股份公司及其他第三人。

② 就已发行记名式新股预约权证券的证券发行新股预约权,以及已发行记名式附新股预约权公司债券证券的证券发行附新股预约权公司债券中的新股预约权,适用前款的规定,将同款中的"股份公司及其他第三人"改为"股份公司"。

③ 对无记名式新股预约权以及无记名式附新股预约权公司债券中的新股预约权,不适用第 1 款的规定。

第 258 条 (权利的推定等)

① 新股预约权证券的占有者,推定为其合法享有与该新股预约权证券相关的证券发行新股预约权相关的权利。

② 已接受新股预约权证券交付者,取得与该新股预约权证券相关的证券发行新股预约权有关的权利。但其存在恶意或者重大过失时,不在此限。

③ 附新股预约权公司债券证券的占有者,推定为其合法享有与该附新股预约权公司债券相关的证券发行附新股预约权公司债券中的新股预约权有关的权利。

④ 已接受附新股预约权公司债券证券交付者,取得与该附新股预约权公司债券证券相关的证券发行附新股预约权公司债券中的新股预约权有关的权利。但其存在恶意或者重大过失时,不在此限。

第 259 条 (非依新股预约权人请求的新股预约权存根簿记载事项的记载或记录)

① 股份公司,在以下各项所列情形下,须将与该各项所规定的新股预约权的新股预约权人相关的新股预约权存根簿记载事项记载或者记录于新股预约权存根簿:

(一)已取得该股份公司的新股预约权时;

(二)已处分自己新股预约权时。

② 对无记名式新股预约权以及无记名式附新股预约权公司债券中的新股预约权,不适用前款的规定。

第 260 条 (根据新股预约权人请求的新股预约权存根簿记载事项的记载或记录)

① 从已发行该新股预约权的股份公司以外者已取得新股预约权者(该股份公司除外,以下在本节中称为"新股预约权取得者"),可请求该股份公司将与该新股预约权相关的新股预约权存根簿记载事项记载或者记录于新股预约权存根簿。

② 前款所规定的请求,法务省令所规定的不存在损害利害关系人利益危险的请求除外,须与作为已取得该新股预约权的新股预约权人已被记载或者记录于新股预约权存根簿者或者与其继承人及其他一般承继人共同进行的方式提出。

③ 对无记名式新股预约权以及无记名式附新股预约权公司债券中的新股预约权,不适用以上 2 款的规定。

第 261 条

新股预约权取得者已取得的新股预约权属于转让受限新股预约权时,不适用前条的规定。但符合下列情形之一时,不在此限:

(一)该新股预约权取得人取得该转让受限新股预约权时已取得下条所规定的同意时;

(二)就该新股预约权取得人已取得该转让受限新股预约权之事,已取得第 263 条第 1 款所规定的同意时；

（三）该新股预约权取得人属于通过继承及其他一般承继已取得转让受限新股预约权者时。

第 2 分节　新股预约权的转让限制

第 262 条　（由新股预约权人请求同意）

转让受限新股预约权的新股预约权人，拟将自己所持有的转让受限新股预约权转让给他人（已发行该转让受限新股预约权的股份公司除外）时，可请求该股份公司对该他人取得该转让受限新股预约权是否同意作出决定。

第 263 条　（由新股预约权取得人请求同意）

① 已取得转让受限新股预约权的新股预约权取得人，可请求股份公司对已取得该转让受限新股预约权是否同意作出决定。

② 前款所规定的请求，法务省令所规定的不存在损害利害关系人利益危险的请求除外，须与作为已取得该新股预约权的新股预约权人已被记载或者记录于新股预约权存根簿者，或者与其继承人及其他一般承继人共同进行的方式提出。

第 264 条　（转让等同意请求的方法）

以下各项所列的请求（以下在本分节中称为"转让等同意请求"），须在明确该各项规定事项的基础上提出：

（一）第 262 条所规定的请求，指下列事项：

1. 提出该请求的新股预约权人拟转让的转让受限新股预约权的内容及数量；

2. 受让 1 所规定的转让受限新股预约权者的姓名或者名称。

（二）前条第 1 款所规定的请求，指下列事项：

1. 提出该请求的新股预约权取得人已取得的转让受限新股预约权的内容及数量；

2. 上述 1 所规定的新股预约权取得人的姓名或者名称。

第 265 条　（转让等同意的决定等）

① 股份公司对第 262 条或者第 263 条第 1 款所规定的同意作出表态的决定时，须通过股东大会（董事会设置公司时，指董事会）的决议作出。但作为新股预约权的内容另有规定时，不在此限。

② 股份公司已作出前款所规定的决定时，须向已提出转让等同意的请求者通知该决定的内容。

第 266 条 （视为股份公司已同意的情形）

股份公司在转让等同意请求之日起的 2 周（章程已规定低于该标准的期间时,从其该期间）以内,未进行前条第 2 款所规定的通知时,将视为对第 262 条或者第 263 条第 1 款所规定的同意已表达赞同意见。但该股份公司与已提出该转让同意请求者间通过合意已作出另外规定时,不在此限。

第 3 分节　新股预约权质押

第 267 条 （新股预约权质押）

① 新股预约权人,可在其所持有新股预约权上设定质权。

② 虽有前款的规定,不得仅在附新股预约权公司债券中的新股预约权上设定质权。但该附新股预约权公司债券中的公司债券已消灭时,不在此限。

③ 不得仅在附新股预约权公司债券中的公司债券上设定质权。但该附新股预约权公司债券中的新股预约权已消灭时,不在此限。

④ 证券发行新股预约权的质押,若不交付与该证券发行新股预约权相关的新股预约证券,则不发生其效力。

⑤ 证券发行附新股预约权公司债券中的新股预约权的质押,若不交付与该证券发行附新股预约权公司债券相关的附新股预约权公司债券证券,则不发生其效力。

第 268 条 （新股预约权质押的对抗要件）

① 新股预约权的质押,若不将该质权人的姓名或者名称及住所记载或者记录于新股预约权存根簿,就不得对抗股份公司及其他第三人。

② 虽有前款的规定,但证券发行新股预约权的质权人,若不连续占有该证券发行新股预约权的新股预约权证券,就不得以该质权对抗股份公司及其他第三人。

③ 虽有第 1 款的规定,但证券发行附新股预约权公司债券中的新股预约权的质权人,不连续占有与该证券发行附新股预约权公司债券相关的附新股预约权公司债券证券,就不得以该质权对抗股份公司及其他第三人。

第 269 条 （新股预约权存根簿的记载等）

① 在新股预约权上已设定质权者,可请求股份公司将下列事项记载或者记录于新股预约权存根簿:

（一）质权人的姓名或者名称及住所；

（二）作为质权标的物的新股预约权。

② 对无记名式新股预约权以及无记名式附新股预约权公司债券中的新股预约权,不适用前款的规定。

第 270 条 (记载有新股预约权存根簿记载事项的书面文件的交付等)

① 将前条第 1 款各项所列事项已记载或者记录于新股预约权存根簿的质权人(以下称为"登记新股预约权质权人"),可请求股份公司交付就该登记新股预约权质权人在新股预约权存根簿上已记载或者记录同款各项所列事项的书面文件,或者可请求提供已记录该事项的电子记录。

② 在前款所规定的书面文件上,须由股份公司的代表董事(提名委员会等设置公司时,指代表执行官,在下款中相同)署名或者签名盖章。

③ 对第 1 款所规定的电子记录,股份公司的代表董事须采取代替法务省令规定的署名或者签名盖章的措施。

④ 对证券发行新股预约权以及证券发行附新股预约权公司债券中的新股预约权,不适用以上 3 款的规定。

第 271 条 (对登记新股预约权质权人的通知等)

① 股份公司对登记新股预约权质权人的通知或者催告,按照已记载或者记录于新股预约权存根簿上的该登记新股预约权质权人的住所(该登记新股预约权质权人向该股份公司已另外通知接收通知或者催告的其他场所或者地址时,从其该场所或者地址)发出即可。

② 前款所规定的通知或者催告,视为在该通知或者催告通常应到达的时间已到达。

第 272 条 (新股预约权的质押效果)

① 股份公司已实施下列行为时,以新股预约权为标的物的质权,依该新股预约权的新股预约权人通过该行为可接受的现金等而存在:

(一) 新股预约权的取得;

(二) 组织形式变更;

(三) 合并(限于因合并该股份公司消灭的情形);

(四) 吸收分立;

(五) 新设分立;

(六) 股份交换;

(七) 股份移转。

② 登记新股预约权质权人,可接受前款所规定的现金等(限于现金),并先于其他债权人用来清偿自己的债权。

③ 股份公司已实施以下各项所列行为,且前款所规定债权的清偿期未

届满时，登记新股预约权质权人，可让该各项规定者提存相当于同款所规定的现金等的金额。此时，债权依该提存金而存在：

（一）新股预约权的取得，指该股份公司；

（二）组织形式变更，指第744条第1款第1项所规定的组织形式变更后的份额公司；

（三）合并（限于因合并该股份公司消灭的情形），指第749条第1款所规定的吸收合并续公司或者第753条第1款所规定的新设合并设立公司。

④ 对于特别控制股东通过新股预约权出售请求已取得出售新股预约权的情形，准用以上3款的规定。此时，将前款中的"该各项所规定者"替换为"该特别控制股东"。

⑤ 以附新股预约权公司债券中的新股预约权（限于第236条第1款第3项所规定财产属于有关该附新股预约权公司债券中的公司债券，且该公司债券的清偿额大于有关该新股预约权的同款第2项所规定价额的新股预约权）为标的物的质权，依该新股预约权的新股预约权人通过行使该新股预约权可接受交付的股份而存在。

第4分节　就属于信托财产的新股预约权的对抗要件等

第272条之2

① 对于新股预约权，若将该新股预约权属于信托财产之意不记载或者记录于新股预约权存根簿时，不得以该新股预约权属于信托财产而对抗股份公司及其他第三人。

② 第249条第3项1所规定的新股预约权人，其持有的新股预约权属于信托财产时，可对股份公司请求将该意思记载或者记录于新股预约权存根簿。

③ 在新股预约权存根簿中已进行前款所规定的记载或者记录时，就适用第250条第1款及第259条第1款的规定，将第250条第1款中的"已记录的新股预约权存根簿记载事项"改为"已记录的新股预约权存根簿记载事项（含该新股预约权人所持有的新股预约权属于信托财产之意）"，将第259条第1款中的"新股预约权存根簿记载事项"改为"新股预约权存根簿记载事项（含该新股预约权人所持有的新股预约权属于信托财产之意）"。

④ 对证券发行新股预约权以及证券发行附新股预约权公司债券中的新股预约权，不适用以上3款的规定。

第5节　由股份公司所为的自己新股预约权的取得

第1分节　基于募集事项规定的新股预约权的取得

第 273 条　（取得日的决定）

① 作为附取得条件新股预约权（指就第236条第1款第7项1所列事项有规定的新股预约权，以下在本章中相同）的内容就同项2所列事项有规定时，股份公司，须通过股东大会（董事会设置公司时，指董事会）的决议对同项2所规定的日期作出规定。但作为该附取得条件新股预约权的内容另有规定时，不在此限。

② 已规定第236条第1款第7项2所规定之日时，股份公司，须对附取得条件新股预约权的新股预约权人（对同项3所列事项有规定时，指根据下条第1款的规定已决定的附取得条件新股预约权的新股预约权人）以及其登记新股预约权质权人，在该日的2周前通知该日。

③ 前款所规定的通知，可以公告代替之。

第 274 条　（取得新股预约权的决定等）

① 股份公司，作为新股预约权的内容就第236条第1款第7项2所列事项有规定，且拟取得附取得条件新股预约权时，须决定该所要取得的附取得条件新股预约权。

② 前款所规定的附取得条件新股预约权，须通过股东大会（董事会设置公司时，指董事会）的决议作出决定。但作为该附取得条件新股预约权的内容另有规定时，不在此限。

③ 已作出第1款所规定的决定时，股份公司，须对根据同款的规定已决定的附取得条件新股预约权的新股预约权人以及其登记新股预约权质权人，及时通知取得该附取得条件新股预约权之意。

④ 前款所规定的通知，可以公告代替之。

第 275 条　（生效等）

① 股份公司，在第236条第1款第7项1所规定的事由发生之日（对同项3所列事项有规定时，指第1项所列之日或者第2项所列之日中较晚之日，在下款及第3款中相同）取得附取得条件新股预约权（对同条第1款第7项3所列事项有规定时，指根据前条第1款的规定已决定的新股预约权，在下款及第3款中相同）：

（一）第 236 条第 1 款第 7 项 1 所规定事由发生之日；

（二）前条第 3 款所规定的通知之日或者同条第 4 款所规定的公告之日起经过 2 周之日。

② 根据前款规定股份公司所取得的附取得条件新股预约权属于附新股预约权公司债券中的附取得条件新股预约权时，股份公司，在第 236 条第 1 款第 7 项 1 所规定事由发生之日，取得该附新股预约权公司债券中的公司债券。

③ 属于以下各项所列情形时，附取得条件新股预约权的新股预约权人（该股份公司除外），在第 236 条第 1 款第 7 项 1 所规定事由发生之日，按照有关同款所规定事项的规定，成为该各项所规定者：

（一）就第 236 条第 1 款第 7 项 4 所列事项有规定时，指同项 4 所规定股份的股东；

（二）就第 236 条第 1 款第 7 项 5 所列事项有规定时，指同项 5 所规定公司债券持有人；

（三）就第 236 条第 1 款第 7 项 6 所列事项有规定时，指同项 6 所规定的其他新股预约权的新股预约权人；

（四）就第 236 条第 1 款第 7 项 7 所列事项有规定时，指同项 7 所规定的附新股预约权公司债券有关的公司债券持有人以及该附新股预约权公司债券中的新股预约权的新股预约权人。

④ 股份公司，在第 236 条第 1 款第 7 项 1 所规定事由发生后，须及时对附取得条件新股预约权的新股预约权人以及其登记新股预约权质权人（对同项 3 所列事项有规定时，指根据前条第 1 款的规定已决定的附取得条件新股预约权的新股预约权人以及其登记新股预约权质权人）通知该事由已发生之意。但已进行第 273 条第 2 款所规定的通知或者同条第 3 款所规定的公告时，不在此限。

⑤ 前款本文所规定的通知，可以公告代替之。

第 2 分节 新股预约权的注销

第 276 条

① 股份公司，可注销自己新股预约权。此时，须对所要注销的自己新股预约权的内容及数量作出规定。

② 董事会设置公司时，前款后段所规定的决定，须通过董事会的决议。

第6节 新股预约权的无偿分配

第277条 （新股预约权的无偿分配）

股份公司,可以不让股东(种类股份发行公司时,指某种类的种类股东)再缴款的方式对股东分配该股份公司的新股预约权(以下在本节中称为"新股预约权无偿分配")。

第278条 （有关新股预约权无偿分配事项的决定）

① 股份公司,拟进行新股预约权无偿分配时,每次都须对下列事项作出规定：

（一）分配给股东的新股预约权的内容及数量或者其计算方法；

（二）前项所规定的新股预约权属于附新股预约权公司债券中的新股预约权时,该附新股预约权公司债券中的公司债券的种类以及各公司债券价额的合计额或者其计算方法；

（三）该新股预约权无偿分配发生效力之日；

（四）股份公司属于种类股份发行公司时,接受该新股预约权无偿分配的股东所持有股份的种类。

② 有关前款第1项及第2项所列事项的规定,必须是以按照该股份公司以外的股东(种类股份发行公司时,指同款第4项所规定种类的种类股东)所持有股份数分配同款第1项所规定的新股预约权以及同款第2项所规定的公司债券为内容的规定。

③ 第1款各项所列事项的决定,须通过股东大会(董事会设置公司时,指董事会)的决议作出。但章程另有规定时,不在此限。

第279条 （新股预约权无偿分配的生效等）

① 已接受前条第1款第1项规定的新股预约权分配的股东,在同款第3项之日,成为同款第1项所规定新股预约权的新股预约权人(同款第2项作出规定时,指同款第1项所规定新股预约权的新股预约权人及同款第2项所规定公司债券持有人)。

② 股份公司,在前条第1款第3项所规定之日后,须及时向股东(属于种类股份发行公司时,指同款第4项所规定种类的种类股东)及其登记股份质权人通知该股东接受分配的新股预约权的内容及数量(同款第2项作出规定时,含该股东接受分配的公司债券的种类及各类公司债券金额的合计额)。

③ 已进行前款所规定的通知,且就前条第1款第1项所规定的新股预约

权的第 236 条第 1 款第 4 项所规定期间的结束日,在自该通知日起经过 2 周之日前到来时,将同项所规定的期间视为自该通知日起延长至经过 2 周之日的期间。

第 7 节 新股预约权的行使

第 1 分节 总 则

第 280 条 (新股预约权的行使)

① 新股预约权的行使,须在明确下列事项的基础上进行:

(一) 与该行使相关的新股预约权的内容及数量;

(二) 行使新股预约权之日。

② 拟行使证券发行新股预约权时,该证券发行新股预约权的新股预约权人,须向股份公司提交该证券发行新股预约权的新股预约权证券。但未发行该新股预约权证券时,不在此限。

③ 拟行使证券发行附新股预约权公司债券中的新股预约权时,该新股预约权的新股预约权人,须向股份公司提交附带了该新股预约权的附新股预约权公司债券证券。此时,该股份公司,须在该附新股预约权公司债券证券上记载该证券发行附新股预约权公司债券中的新股预约权已消灭之意。

④ 虽有前款的规定,但拟行使证券发行附新股预约权公司债券中的新股预约权,且因该新股预约权的行使该证券发行附新股预约权公司债券中的公司债券消灭时,该新股预约权的新股预约权人,须向股份公司提交附带了该新股预约权的附新股预约权公司债券证券。

⑤ 虽有第 3 款的规定,但在证券发行附新股预约权公司债券中的公司债券偿还后,拟行使该证券发行附新股预约权公司债券中的新股预约权时,该新股预约权的新股预约权人须向股份公司提交附带了该新股预约权的附新股预约权公司债券证券。

⑥ 股份公司,不得行使自己新股预约权。

第 281 条 (新股预约权行使时的缴纳)

① 在新股预约权行使之际以现金作为出资标的时,新股预约权人,须在前条第 1 款第 2 项所规定之日,在股份公司所规定的银行等的缴纳办理场所,全额缴纳就与该行使相关的新股预约权的第 236 条第 1 款第 2 项所规定的价额。

② 在新股预约权行使之际以现金外的财产作为出资标的时,新股预约权人,须在前条第1款第2项所规定之日,交付就与该行使相关的该新股预约权的第236条第1款第3项所规定的财产。此时,该财产的价额少于同款第2项所规定价额时,须在前款所规定的缴纳办理场所缴纳相当于该差额的现金。

③ 新股预约权人,不得以对股份公司的债权,抵消因第1款所规定的缴纳或者前款所规定的交付所产生的债务。

第282条 （成为股东的时期等）

① 已行使新股预约权的新股预约权人,在已行使该新股预约权之日,成为作为该新股预约权对象股份的股东。

② 已行使新股预约权的新股预约权人且属于第286条之2第1款各项所列者的新股预约权人,非在已进行该各项所规定的支付或交付,或者已进行第286条之3第1款所规定的支付之后,就第286条之2第1款各项所规定的缴纳或者交付已被虚假缴纳或交付的作为新股预约权对象的股份,不得行使股东权利。

③ 前款所规定股份的受让人,可行使有关该股份的股东权利。但其存在恶意或者重大过失时,不在此限。

第283条 （不足1的零头数的处理）

已行使新股预约权且向该新股预约权的新股预约权人所交付股份数中出现不足1股的零头数时,股份公司,须按照以下各项所列情形的区分,向该新股预约权人交付相当于该各项所规定价额乘以该零头数所得数的现金。但对第236条第1款第9项所列事项有规定时,不在此限:

（一）该股份属于有市场价格的股份时,指作为股份1股的市场价格通过法务省令规定的方法所计算的价额;

（二）前项所列情形外时,指1股的平均净资产额。

第2分节 现金外的财产出资

第284条

① 股份公司,就第236条第1款第3项所列事项有规定的新股预约权已被行使时,在已进行第281条第2款所规定的交付后,为及时调查同项所规定财产的价额,须向法院申请检查官的选任。

② 已提出前款所规定的申请时,法院,以不合法为由驳回该申请的情形除外,须选任检查官。

③ 法院,已选任前款所规定的检查官时,可决定股份公司支付给该检查官的报酬额。

④ 第 2 款所规定的检查官,须进行必要的调查,并以向法院提供已记载或者记录调查结果的书面文件或者电子记录(限于法务省令所规定的电子记录)的方式进行报告。

⑤ 法院,就前款所规定的报告,认为有明确其内容或确认其根据的必要时,可对第 2 款所规定的检查官再次要求前款所规定的报告。

⑥ 第 2 款所规定的检查官,已进行第 4 款所规定的报告时,须向股份公司提交同款所规定的书面文件的副本,或者根据法务省令规定的方法提供同款所规定电子记录中所记录的事项。

⑦ 法院,已接受第 4 款所规定的报告,且认为就实物出资财产第 236 条第 1 款第 3 项所规定的价额(未接受第 2 款所规定检查官调查的除外)不合理时,须作出变更该价额的决定。

⑧ 第 1 款所规定的新股预约权的新股预约权人,根据前款的决定使全部或者部分实物出资的价额发生变更时,限于该决定生效后的 1 周以内,可撤销有关该新股预约权行使的意思表示。

⑨ 存在以下各项所列情形时,对该各项规定的事项,不适用以上各款的规定:

(一) 已行使新股预约权的新股预约权人所接受交付的股份总数未超过已发行股份总数的 1/10 时,指该新股预约权人所要交付的实物出资财产的价额;

(二) 就实物出资财产第 236 条第 1 款第 3 项所规定的价额总额未超过 500 万日元时,指该实物出资财产的价额;

(三) 在实物出资财产中,就有市场价格的有价证券第 236 条第 1 款第 3 项所规定的价额未超过作为该有价证券的市场价格根据法务省令规定的方法所计算的价额时,指有关该有价证券的实物出资财产的价额;

(四) 就实物出资财产第 236 条第 1 款第 3 项所规定价额的合理性,已接受律师、律师法人、注册会计师、监查法人、税务师或者税务师法人的证明(实物出资财产属于不动产时,指该证明以及不动产鉴定师的鉴定评价,以下在本项中相同)时,指已接受该证明的实物出资财产的价额;

(五) 实物出资财产属于对股份公司的现金债权(限于清偿期已届满的债权),且就该现金债权第 236 条第 1 款第 3 项所规定的价额,未超过与该现金债权相关的负债的账面价额时,指有关该现金债权的实物出资财产的价额。

⑩ 下列人员,不得出具前款第4项所规定的证明:
(一) 董事、会计参与、监事或执行官或者经理人及其他使用人;
(二) 新股预约权人;
(三) 受到业务停止处分,且该停止期间未届满者;
(四) 属于律师法人、监查法人或者税务师法人,且其成员的半数以上属于第1项或者第2项所列者之一的律师法人、监查法人或者税务师法人。

第3分节 责　　任

第285条　(以不公正的缴纳金额已认购新股预约权者的责任)

① 已行使新股预约权的新股预约权人,在以下各项所列情形下,对股份公司负有支付该各项所规定金额的义务:

(一) 第238条第1款第2项有规定,且就募集新股预约权决定不要求缴纳现金之事成了明显不公正的条件时(限于与董事〈提名委员会等设置公司时,指董事或者执行官,在下项中相同〉串通已认购新股预约权的情形),指该新股预约权的公正价额;

(二) 第238条第1款第3项有规定,且与董事串通以明显不公正的缴纳金额已认购新股预约权时,指相当于该缴纳金额与该新股预约权的公正价额间差额的金额;

(三) 根据第282条第1款的规定成为股东时所交付的实物出资财产的价额,显著少于对其由第236条第1款第3项所规定的价额时,指该不足金额。

② 属于前款第3项所列情形,且已交付实物出资财产的新股预约权人,就该实物出资财产的价额显著少于对其由第236条第1款第3项所规定的价额之事属于善意且无重大过失时,可撤销与行使新股预约权相关的意思表示。

第286条　(已出资财产等的价额不足时的董事等的责任)

① 在前条第1款第3项所列情形下,下列人员(以下在本条中称为"董事等")对股份公司负有支付同项所规定金额的义务:

(一) 已执行有关募集该新股预约权人职务的业务执行董事(提名委员会等设置公司时,指执行官,以下在本项中相同)及其他法务省令所规定的在职务上参与了该业务执行董事所执行的业务者;

(二) 对实物出资财产价额的决定股东大会已作出决议时,法务省令所规定的向股东大会已提出议案的董事；

（三）对实物出资财产价额的决定董事会已作出决议时，法务省令所规定的向董事会已提出议案的董事（提名委员会等设置公司时，指董事或者执行官）。

② 虽有前款的规定，但在下列情形下，董事等对实物出资财产不负有同款所规定的义务：

（一）就实物出资财产价额，已经过第284条第2款规定的检查官调查的情形；

（二）该董事等已证明其履行职务未懈怠注意的情形。

③ 在第1款规定的情形下，已出具第284条第9款第4项所规定证明者（以下在本条中称为"证明人"），对股份公司负有支付前条第1款第3项所规定金额的义务。但该证明人已证明出具该证明未懈怠注意时，不在此限。

④ 在新股预约权人就其已交付的实物出资财产负有支付前条第1款第3项所规定金额的义务，且以下各项所列者就该实物出资财产负有该各项规定的义务时，这些义务人为连带债务人：

（一）董事等，第1款所规定的义务；

（二）证明人，前款本文所规定的义务。

第286条之2 （已进行虚假新股预约权缴纳的新股预约权人等的责任）

① 已行使新股预约权且属于以下各项所列者，对股份公司负有实施该各项所规定行为的义务：

（一）对第246条第1款规定的缴纳已进行虚假缴纳者或者明知该虚假缴纳，或因重大过失在未知情况下已受让募集新股预约权者，支付全部虚假缴纳金额（代替该缴纳所进行的现金外财产被虚假交付时，交付该财产（代替该财产的交付，股份公司请求支付相当于该财产价额的现金时，支付全部该现金额））；

（二）对第281条第1款或者第2款后段所规定的缴纳已进行虚假缴纳者，支付全部虚假缴纳金额；

（三）对第281条第2款前段规定的交付已进行虚假执行者，交付虚假执行的现金外的财产（代替该财产的交付，股份公司请求支付相当于该财产价额的现金时，支付全部该现金额）。

② 根据前款规定，同款所规定的新股预约权人所负义务，非经全体股东的同意，不得免除。

第 286 条之 3 （已进行虚假新股预约权缴纳时的董事等的责任）

① 已行使新股预约权且属于前条第 1 款各项所列者负有实施该各项所规定行为的义务时,法务省令所规定的已参与该各项的虚假缴纳或者虚假交付的董事（提名委员会等设置公司时,含执行官）,对股份公司负有进行该各项所规定支付的义务。但该义务人（已实施该虚假缴纳或者交付者除外）已证明其履行职务未懈怠注意时,不在此限。

② 已行使新股预约权且属于前条第 1 款各项所列者负有进行该各项所规定支付的义务,且前款所规定者负有同款所规定义务时,这些义务人为连带债务人。

第 4 分节 其他规则

第 287 条

第 276 条第 1 款所规定情形外,新股预约权人已不能行使其持有的新股预约权时,该新股预约权消灭。

第 8 节 有关新股预约权的证券

第 1 分节 新股预约权证券

第 288 条 （新股预约权证券的发行）

① 股份公司,在证券发行新股预约权已发行之日后,须及时发行与该证券发行新股预约权相关的新股预约权证券。

② 虽有前款的规定,但股份公司在新股预约权人提出请求前,可不发行同款所规定的新股预约权证券。

第 289 条 （新股预约权证券的记载事项）

新股预约权证券须记载下列事项及其编号,并须由股份公司的代表董事（提名委员会等设置公司,代表执行官）在其上署名或者签名盖章：

（一）股份公司的商号；

（二）与该新股预约权证券相关的证券发行新股预约权的内容及数量。

第 290 条 （记名与无记名间的转换）

证券发行新股预约权的新股预约权人,因有关第 236 条第 1 款第 11 项所列事项的规定而不得为之的情形除外,可随时请求将其记名式新股预约权证券转换为无记名式,或者将无记名式新股预约权证券转换为记名式。

第 291 条 （新股预约权证券的丧失）

① 新股预约权证券,可通过非诉案件程序法第 100 条规定的公示催告程序使其无效。

② 已丧失新股预约权证券者,若非在已取得非诉案件程序法第 106 条第 1 款所规定的除权决定后,就不得请求该证券的重新发行。

第 2 分节 附新股预约权公司债券证券

第 292 条

① 在与证券发行附新股预约权公司债券相关的附新股预约权公司债券证券上,在根据第 697 条第 1 款的规定应记载的事项外,还须记载该证券发行附新股预约权公司债券中的新股预约权的内容及数量。

② 偿还就证券发行附新股预约权公司债券中的公司债券,且该证券发行附新股预约权公司债券中的新股预约权并未消灭时,股份公司,不得以与该证券发行附新股预约权公司债券证券兑换的方式请求偿还公司债券。此时,股份公司作为偿还公司债券之债的条件,可要求出示该附新股预约权公司债券证券,并可在该附新股预约权公司债券证券上记载已偿还公司债券之债的意旨。

第 3 分节 新股预约权证券等的提交

第 293 条 （有关新股预约权证券提交的公告等）

① 股份公司就实施以下各项所列行为,并已发行与该各项规定的新股预约权相关的新股预约权证券(该新股预约权属于附新股预约权公司债券中的附新股预约权时,指与该附新股预约权公司债券相关的附新股预约权公司债券证券,以下在本分节中相同)时,该股份公司须在该新股预约权证券提交日的 1 个月前,公告在该行为生效日(实施第 1 项所列行为时,指第 179 条之 2 第 1 款第 5 项所规定的取得日,以下在本条中称为"新股预约权证券提交日")前务必向该股份公司提交该新股预约权证券之意,并须对该新股预约权的新股预约权人及其登记新股预约权质权人分别通知该意旨:

（一）第 179 条之 3 第 1 款所规定的同意,指出售新股预约权;

（一）之二 附取得条件新股预约权的取得,指该附取得条件新股预约权;

（二）组织形式变更,指全部新股预约权;

（三）合并(限于因合并该股份公司消灭的情形),指全部新股预约权;

（四）吸收分立,指第 758 条第 5 项 1 所规定的吸收分立合同新股预约权；

（五）新设分立，指第763条第1款第10项1所规定的新设分立计划新股预约权；

（六）股份交换，指第768条第1款第4项1所规定的股份交换合同新股预约权；

（七）股份转移，指第773条第1款第9项1所规定的股份移转计划新股预约权。

② 股份公司实施以下各项所列行为，且在新股预约权证券提交日前，仍存在未向该股份公司提交新股预约权证券者时，该各项所规定者，在该新股预约权证券提交前，可拒绝与该新股预约权证券相关的新股预约权的新股预约权人通过该行为(实施第1项所列行为时，指与新股预约权出售请求相关的出售新股预约权的取得)可接受其交付的现金等的交付：

（一）第179条之3第1款所规定的同意，指特别控制股东；

（二）附取得条件新股预约权的取得，指该股份公司；

（三）组织形式变更，指第744条第1款第1项所规定的组织形式变更后的份额公司；

（四）合并(限于因合并该股份公司消灭的情形)，指第749条第1款所规定的吸收合并存续公司或者第753条第1款所规定的新设合并设立公司；

（五）吸收分立，指第758条第1项所规定的吸收分立承继股份公司；

（六）新设分立，指第763条第1款第1项所规定的新设分立设立股份公司；

（七）股份交换，指第768条第1款第1项所规定的股份交换全资母公司；

（八）股份移转，指第773条第1款第1项所规定的股份移转设立全资母公司。

③ 与第1款各项规定的新股预约权相关的新股预约权证券，在新股预约权证券提交日失效。

④ 第1款第1项所规定的公告以及通知的费用，由特别控制股东承担。

⑤ 在已实施第1款各项所列行为时，对于存在不能提交新股预约权证券者的情形，准用第220条的规定。此时，将同条第2款中的"前条第2款各项"替换为"第293条第2款各项"。

第294条 （不提交无记名新股预约权证券等的情形）

① 虽有第132条的规定，但实施前条第1款第1项之2所列行为(限于

股份公司作为取得新股预约权的对价向该新股预约权的新股预约权人交付该股份公司股份的情形），且未根据同款的规定提交新股预约权证券（限于无记名式新股预约权证券，以下在本条中相同）时，股份公司不需要将有关该新股预约权证券持有人可接受交付的与股份相关的第121条第1项所列事项记载或者记录于股东名册。

② 在前款规定的情形下，股份公司不需要向持有根据前条第1款的规定须提交的新股预约权证券者可接受交付的股份的股东发出通知或者催告。

③ 虽有第249条及第259条第1款的规定，但实施前条第1款第1项之2所列行为（限于股份公司作为取得新股预约权的对价向该新股预约权的新股预约权人交付该股份公司的其他新股预约权〈附新股预约权公司债券中的新股预约权除外〉的情形），且未根据同款的规定提交新股预约权证券时，股份公司不需要将该新股预约权证券持有人可接受交付的有关该其他新股预约权（无记名式附新股预约权公司债券除外）的第249条第3项1所列事项记载或者记录于新股预约权存根簿。

④ 在前款规定的情形下，股份公司不需要向持有根据前条第1款规定须提交的新股预约权证券者可接受交付的新股预约权的新股预约权人发出通知或者催告。

⑤ 虽有第249条及第259条第1款的规定，但在实施前条第1款第1项之2所列行为（限于股份公司向新股预约权的新股预约权人交付与取得该新股预约权相应的该股份公司的附新股预约权公司债券的情形），且未根据同款的规定提交新股预约权证券时，股份公司不需要将该新股预约权证券持有人可接受交付的附新股预约权公司债券（无记名式附新股预约权公司债券除外）中的与新股预约权有关的第249条第3项1所列事项记载或者记录于新股预约权存根簿。

⑥ 在前款规定的情形下，股份公司不需要向持有根据前条第1款规定须提交的新股预约权证券者可接受交付的附新股预约权公司债券中的新股预约权的新股预约权人发出通知或者催告。

第 4 章 机　　关

第 1 节　股东大会及种类股东大会

第 1 分节　股东大会

第 295 条　（股东大会的权限）

① 股东大会,可就本法所规定事项以及股份公司的组织、运营、管理及其他有关股份公司的所有事项作出决议。

② 虽有前款的规定,但属于董事会设置公司时,股东大会限于本法所规定事项以及章程已规定事项可作出决议。

③ 对本法规定需要股东大会决议的事项,以董事、执行官、董事会及其他股东大会外的机关可作出决定为内容的章程规定,不具有效力。

第 296 条　（股东大会的召集）

① 年度股东大会,须在每个事业年度结束后的一定时期召集。

② 股东大会,有必要时可随时召集。

③ 股东大会,根据下条第 4 款的规定所召集的情形除外,由董事负责召集。

第 297 条　（由股东召集的请求）

① 自 6 个月（章程已规定低于该标准的期间时,从其该期间）前连续持有全体股东表决权的 3%（章程已规定低于该标准的比例时,从其该比例）以上表决权的股东,在明示作为股东大会议题事项（限于该股东可行使表决权的事项）以及召集理由的前提下,可请求董事召集股东大会。

② 就作为非公开公司的股份公司适用前款的规定,将同款中的"自 6 个月（章程已规定低于该标准的期间时,从其该期间）前连续持有"改为"持有"。

③ 就第 1 款所规定的股东大会的议题事项不得行使表决权的股东所持有的表决权数,不计入同款所规定的全体股东的表决权数。

④ 下列情形时,已提出第 1 款所规定请求的股东,在取得法院许可后可召集股东大会：

（一）在提出第 1 款所规定请求后,未及时履行召集程序时；

（二）未发出将已提出第 1 款所规定请求之日起 8 周（章程已规定低于该标准的期间时,从其该期间）内之日作为股东大会会日的股东大会召集通知时。

第298条 （股东大会召集的决定）

① 董事（根据前条第4款的规定由股东召集股东大会时，指该股东，在下款以及从下条至第302条中相同）召集股东大会时，须对下列事项作出规定：

（一）股东大会的会日及场所；

（二）有作为股东大会议题的事项时，该事项；

（三）决定不出席股东大会的股东可以书面行使表决权时，该意旨；

（四）决定不出席股东大会的股东可以电子方法行使表决权时，该意旨；

（五）以上各项所列事项外，法务省令所规定的其他事项。

② 董事，当股东（对在股东大会上可决议的全部事项不得行使表决权的股东除外，在下条至第302条中相同）人数在1000人以上时，须对前款第3项所列事项作出规定。但该股份公司属于法务省令所规定的已发行在金融商品交易法第2条第16款所规定的金融商品交易所上市交易股份的股份公司时，不在此限。

③ 就董事会设置公司适用前款的规定，将同款中的"在股东大会上可决议事项"改为"前款第2项所列事项"。

④ 董事会设置公司时，根据前条第4款的规定由股东召集股东大会的情形除外，第1款各项所列事项的决定，须通过董事会的决议作出。

第299条 （股东大会的召集通知）

① 召集股东大会时，董事须在股东大会会日的2周（已规定前条第1款第3项或者第4项所列事项的除外，股份公司属于非公开公司时，1周〈该股份公司属于董事会设置公司以外的股份公司，且章程已规定低于该标准的期间时，从其该期间〉）前，向股东发出该通知。

② 在下列情形下，前款所规定的通知须以书面形式进行：

（一）已规定前条第1款第3项或者第4项所列事项时；

（二）股份公司属于董事会设置公司时。

③ 董事，可代替前款所规定的书面形式通知的发送，根据政令的规定，取得股东同意后以电子方法发出通知。此时，视为该董事已发出同款所规定的书面通知。

④ 在以上2款所规定的通知中，须记载或者记录前条第1款各项所列事项。

第 300 条 （召集程序的省略）

虽有前条的规定,但股东大会,有全体股东的同意时可不经过召集程序而召开。但已规定第 298 条第 1 款第 3 项或者第 4 项所列事项时,不在此限。

第 301 条 （股东大会参考文件以及表决权行使票的交付）

① 董事,对第 298 条第 1 款第 3 项所列事项已作出规定时,在发出第 299 条第 1 款所规定的通知之际,须根据法务省令的规定向股东交付已记载就行使表决权有参考价值的事项的书面文件(以下在本分节中称为"股东大会参考文件"),以及为股东行使表决权的书面格式(以下在本分节中称为"表决权行使票")。

② 董事,对已表达第 299 条第 3 款所规定同意的股东,以同款所规定的电子方法发出通知时,代替前款所规定的股东大会参考文件以及表决权行使票的交付,可通过电子方法提供应记载于这些文件中的事项。但股东已提出请求时,须将这些文件交付给该股东。

第 302 条

① 董事,已规定第 298 条第 1 款第 4 项所列事项时,在发出第 299 条第 1 款所规定通知之际,须根据法务省令的规定向股东交付股东大会参考文件。

② 董事,对已表达第 299 条第 3 款所规定同意的股东,以同款所规定的电子方法发出通知时,代替前款所规定的股东大会参考文件的交付,可以电子方法提供应记载于该股东大会参考文件的事项。但股东已提出请求时,须向该股东交付股东大会参考文件。

③ 董事,在第 1 款规定的情形下,对已表达第 299 条第 3 款所规定同意的股东,以同款所规定的电子方法发出通知时,须根据法务省令的规定以该电子方法向股东提供应记载于表决权行使票的事项。

④ 董事,第 1 款有规定,且未表达第 299 条第 3 款所规定同意的股东在股东大会会日的 1 周前,已提出以电子方法提供表决权行使票中应记载事项的请求时,须根据法务省令的规定,及时以电子方法向该股东提供该事项。

第 303 条 （股东的提案权）

① 股东,可请求董事将一定事项(限于该股东可行使表决权的事项,在下款中相同)作为股东大会的议题。

② 虽有前款的规定,但董事会设置公司时,限于自 6 个月(章程已规定低于该标准的期间时,从其该期间)前连续持有全体股东表决权的 1%(章程已规定低于该标准的比例时,从其该比例)以上表决权或者 300 个(章程已规

定低于该标准的数量时,从其该数量)以上表决权的股东,可请求董事将一定事项作为股东大会的议题。此时,该请求须在股东大会会日的 8 周(章程已规定低于该标准的期间时,从其该期间)前提出。

③ 就作为非公开公司的董事会设置公司适用前款的规定,将同款中的"自 6 个月(章程已规定低于该标准的期间时,从其该期间)前连续持有"改为"持有"。

④ 就第 2 款所规定的一定事项不得行使表决权的股东所持有的表决权数,不计入同款所规定的全体股东的表决权数。

第 304 条
股东,在股东大会上就股东大会的议题事项(限于该股东可行使表决权的事项,在下条第 1 款中相同)可提出议案。但该议案违反法令或章程,或者就实质上的同一议案在股东大会上未得到全体股东(就该议案不得行使表决权的股东除外)表决权的 1/10 以上(章程已规定低于该标准的比例时,从其该比例)赞成之日起未经过 3 年时,不在此限。

第 305 条
① 股东,在股东大会会日的 8 周(章程已规定低于该标准的期间时,从其该期间)前,可请求董事就股东大会的议题事项将该股东拟提出的议案要点通知(在进行第 299 条第 2 款或者第 3 款所规定通知时,应记载或者记录于该通知)给股东。但在董事会设置公司时,限于自 6 个月(章程已规定低于该标准的期间时,从其该期间)前连续持有全体股东表决权的 1‰(章程已规定低于该标准的比例时,从其该比例)以上表决权或者 300 个(章程已规定低于该标准的数量时,从其该数量)以上表决权的股东,可提出该请求。

② 就作为非公开公司的董事会设置公司适用前款但书的规定,将同款但书中的"自 6 个月(章程已规定低于该标准的期间时,从其该期间)前连续持有"改为"持有"。

③ 就第 1 款所规定的股东大会的议题事项不得行使表决权的股东所持有的表决权数,不计入同款但书所规定的全体股东的表决权数。

④ 第 1 款所规定的议案违反法令或章程,或者就实质上的同一议案在股东大会上未得到全体股东(就该议案不得行使表决权的股东除外)表决权的 1/10 以上(章程已规定低于该标准的比例时,从其该比例)赞成之日起未经过 3 年时,不适用以上 3 款的规定。

第 306 条 (有关股东大会召集程序等的检查官的选任)
① 持有股份公司或者全体股东(在股东大会上就全部可决议事项不得

行使表决权的股东除外）表决权的1％（章程已规定低于该标准的比例时，从其该比例）以上表决权的股东，为调查股东大会的召集程序以及决议方法，可在该股东大会之前向法院提出选任检查官的申请。

② 就作为公开公司的董事会设置公司适用前款的规定，将同款中的"在股东大会上就全部可决议事项"改为"第298条第1款第2项所列事项"，将"持有"改为"自6个月（章程已规定低于该标准的期间时，从其该期间）前连续持有"。就作为非公开公司的董事会设置公司适用同款的规定，将同款中的"在股东大会上就全部可决议事项"改为"第298条第1款第2项所列事项"。

③ 已提出以上2款所规定的检查官选任的申请时，法院，以不合法为由驳回该请求的除外，须选任检查官。

④ 法院，已选任前款所规定的检查官时，可规定股份公司支付给该检查官的报酬额。

⑤ 第3款所规定的检查官，须进行必要的调查，并须以向法院提供已记载或者记录该调查结果的书面文件或者电子记录（限于法务省令所规定的电子记录）的方式进行报告。

⑥ 法院，就前款所规定的报告认为有明确其内容或者确认其根据的必要时，可对第3款所规定的检查官再次请求前款所规定的报告。

⑦ 第3款所规定的检查官，已进行第5款所规定的报告时，须向股份公司（已提出检查官选任申请者不是该股份公司时，指该股份公司及该申请者）交付同款所规定的书面文件的副本，或者根据法务省令规定的方法提供已记录于同款所规定的电子记录中的事项。

第307条 （由法院决定股东大会的召集等）

① 法院，在已进行前条第5款所规定的报告，且认为有必要时，须向董事命令采取下列的全部或者部分措施：

（一）在一定期间内召集股东大会；

（二）向股东通知前条第5款所规定的调查结果。

② 法院已命令前款第1项所列的措施时，董事须在同项所规定的股东大会上公开前条第5款所规定的报告内容。

③ 在前款规定的情形下，董事（监事设置公司时，指董事及监事）须调查前条第5款所规定的报告内容，并向第1款第1项所规定的股东大会报告该结果。

第 308 条 （表决权数）

① 股东（法务省令所规定的处在股份公司通过持有全体股东表决权的 1/4 以上及其他法务省令规定的事由，使股份公司实际上控制其经营成为可能的关系中的股东除外），在股东大会上就所持有股份 1 股享有 1 个表决权。但章程已规定单元股份数时，1 单元股份享有 1 个表决权。

② 虽有前款的规定，但股份公司就自己股份不享有表决权。

第 309 条 （股东大会的决议）

① 股东大会的决议，章程另有规定的除外，以持有可行使表决权股东的过半数表决权的股东出席，以该出席股东的过半数表决权作出。

② 虽有前款的规定，但下列股东大会的决议，须以持有在该股东大会上可行使表决权股东的过半数表决权（章程已规定高于 1/3 以上的比例时，该比例以上）的股东出席，以相当于该出席股东表决权的 2/3（章程已规定高于该标准的比例时，从其该比例）以上的多数作出。此时，并不妨碍在该要件之上章程可规定须有一定数量以上股东的赞成及其他要件：

（一）第 140 条第 2 款及第 5 款所规定的股东大会；

（二）第 156 条第 1 款所规定的股东大会（限于对第 160 条第 1 款所规定的特定股东有规定的情形）；

（三）第 171 条第 1 款及第 175 条第 1 款所规定的股东大会；

（四）第 180 条第 2 款所规定的股东大会；

（五）第 199 条第 2 款、第 200 条第 1 款、第 202 条第 3 款第 4 项、第 204 条第 2 款及第 205 条第 2 款所规定的股东大会；

（六）第 238 条第 2 款、第 239 条第 1 款、第 241 条第 3 款第 4 项、第 243 条第 2 款及第 244 条第 3 款所规定的股东大会；

（七）第 339 条第 1 款所规定的股东大会（限于解任根据第 342 条第 3 款至第 5 款的规定所选任的董事〈作为监查等委员的董事除外〉或者解任作为监查等委员的董事或监事的情形）；

（八）第 425 条第 1 款所规定的股东大会；

（九）第 447 条第 1 款所规定的股东大会（符合以下所有情形的除外）：

1. 在年度股东大会上规定第 447 条第 1 款各项所列事项的；

2. 第 447 条第 1 款第 1 项所规定的金额，作为上述 1 所规定的年度股东大会会日（属于第 439 条前段所规定情形时，指表示了第 436 条第 3 款所规定同意之日）时的亏损额，不超过根据法务省令规定的方法所计算的亏损金额的。

（十）第454条第4款所规定的股东大会（限于分红财产属于现金外财产，且决定不赋予股东同款第1项所规定的现金分配请求权的情形）；

（十一）根据第6章至第8章的规定，需要股东大会决议时的该股东大会；

（十二）根据第5编的规定，需要股东大会决议时的该股东大会。

③ 虽有以上2款的规定，但下列股东大会（种类股份发行公司的股东大会除外）的决议，须以在该股东大会上可行使表决权的股东的半数以上（章程已规定高于该标准的比例时，该比例以上），并以相当于股东表决权的2/3（章程已规定高于该标准的比例时，从其该比例）以上的多数作出：

（一）作为其所发行的全部股份的内容，为设置通过转让取得该股份须取得该股份公司同意之意的章程规定而变更章程的股东大会；

（二）第783条第1款所规定的股东大会（限于因合并而消灭的股份公司，或者进行股份交换的股份公司属于公开公司，且向该股份公司的股东所交付的全部或者部分现金等属于转让受限股份等〈指同条第3款所规定的转让受限股份，在下项中相同〉时的该股东大会）；

（三）第804条第1款所规定的股东大会（限于进行合并或者股份移转的股份公司属于公开公司，且向该股份公司股东所交付的全部或部分现金等属于转让受限股份等时的该股东大会）。

④ 虽有以上的规定，但就第109条第2款所规定的章程内容而变更章程（废止该章程内容的除外）的股东大会的决议，须以全体股东的半数以上（章程已规定高于该标准的比例时，该比例以上），并以相当于全体股东表决权的3/4（章程已规定高该标准的比例时，从其该比例）以上的多数作出。

⑤ 董事会设置公司时，股东大会不得就第298条第1款第2项所列事项外的事项作出决议。但第316条第1款或第2款所规定者的选任，或者要求第398条第2款的会计监查人出席时，不在此限。

第310条 （表决权的代理行使）

① 股东，可通过代理人行使其表决权。此时，该股东或者代理人须向股份公司提交证明代理权的书面文件。

② 前款所规定的代理权的授与，须按每次股东大会分别进行。

③ 第1款所规定的股东或者代理人，代替证明代理权的书面文件的提交，根据政令的规定在取得股份公司同意后可通过电子方法提供应记载于该书面文件中的事项。此时，视为该股东或者代理人已提交该书面文件。

④ 股东属于已表达第299条第3款所规定同意者时，股份公司无正当理

由的,不得拒绝前款所规定的同意。

⑤ 股份公司,可限制出席股东大会的代理人数。

⑥ 股份公司,自股东大会会日起的3个月间,须将证明代理权的书面文件以及已记录通过第3款所规定的电子方法已提供的事项的电子记录置备于其总公司。

⑦ 股东(就前款所规定的股东大会已作决议的全部事项不得行使表决权的股东除外,在下条第4款及第312条第5款中相同),在股份公司的营业时间内可随时提出下列请求:

(一)查阅或者誊写证明代理权的书面文件的请求;

(二)查阅或者誊写根据法务省令规定的方法所表示的前款所规定电子记录中已记录事项的请求。

第311条 (书面方式的表决权行使)

① 通过书面方式的表决权行使,须在表决权行使票中记载必要事项,并在法务省令所规定的时间前,将已作该记载的表决权行使票提交给股份公司。

② 根据前款规定通过书面方式所行使的表决权数,计入已出席股东的表决权数。

③ 股份公司,自股东大会会日起的3个月间,须将根据第1款的规定已提交的表决权行使票置备于其总公司。

④ 股东,在股份公司的营业时间内,可随时提出查阅或者誊写根据第1款的规定所提交的表决权行使票的请求。

第312条 (通过电子方法的表决权行使)

① 通过电子方法的表决权行使,根据政令的规定在取得股份公司同意后,在法务省令所规定的时间前,通过电子方法以向股份公司提供应记载于表决权行使票中的事项的方式进行。

② 股东属于已表达第299条第3款所规定同意者时,股份公司无正当理由的,不得拒绝前款所规定的同意。

③ 根据第1款的规定通过电子方法已行使的表决权数,计入已出席股东的表决权数。

④ 股份公司,自股东大会会日起的3个月间,须将已记录根据第1款的规定所提供事项的电子记录置备于其总公司。

⑤ 股东,在股份公司的营业时间内,可随时提出查阅或者誊写已记录于前款所规定的电子记录中且通过法务省令规定的方法所表示事项的请求。

第 313 条 （表决权的不统一行使）

① 股东,可不统一行使其所持有的表决权。

② 董事会设置公司时,前款所规定的股东,须在股东大会会日的 3 日前,向董事会设置公司通知不统一行使其所持有表决权的意旨及其理由。

③ 股份公司,第 1 款所规定的股东并不是为他人而持有股份者时,可拒绝该股东根据同款的规定不统一行使其所持有表决权的做法。

第 314 条 （董事等的说明义务）

董事、会计参与、监事及执行官,在股东大会上股东要求就特定事项给予说明时,须就该事项作出必要的说明。但该事项属于与股东大会议题无关的事项,且通过该说明会严重损害股东的共同利益时,以及法务省令所规定的有其他正当理的情形时,不在此限。

第 315 条 （会议主席的权限）

① 股东大会的会议主席,维持该股东大会的秩序,掌管议事。

② 股东大会的会议主席,可让不服从其命令及其他扰乱该股东大会秩序者退场。

第 316 条 （已提交给股东大会资料等的调查）

① 股东大会,可通过其决议选任对董事、会计参与、监事、监事会及会计监查人已提交给该股东大会的资料进行调查者。

② 根据第 297 条的规定所召集的股东大会,可通过其决议选任对股份公司的业务及财产状况进行调查者。

第 317 条 （延期或延长的决议）

在股东大会上已作出有关会议延期或者延长的决议时,不适用第 298 条及第 299 条的规定。

第 318 条 （会议记录）

① 对股东大会的议事,须根据法务省令的规定制作会议记录。

② 股份公司,自股东大会会日起的 10 年间,须将前款所规定的会议记录置备于其总公司。

③ 股份公司,自股东大会会日起的 5 年间,须将第 1 款所规定的会议记录的副本置备于其分公司。但该会议记录以电子记录形式所制作,且已采取法务省令所规定的能够满足在分公司提出下款第 2 项所列请求的措施时,不在此限。

④ 股东以及债权人,在股份公司的营业时间内可随时提出下列请求:

(一) 第 1 款所规定的会议记录以书面形式所制作时,查阅或者誊写该书面文件或者该书面文件副本的请求；

（二）第1款所规定的会议记录以电子记录形式所制作时，查阅或者誊写记录于该电子记录中且通过法务省令规定的方法所表示事项的请求。

⑤ 股份公司的母公司股东，为行使其权利有必要时，取得法院许可后就第1款所规定的会议记录，可提出前款各项所列的请求。

第319条 （股东大会决议的省略）

① 董事或者股东就股东大会的议题事项已提出提案，且对该提案全体股东（限于对该事项可行使表决权者）以书面或者电子记录已作出同意的意思表示时，视为已作出赞成该提案的股东大会的决议。

② 股份公司，根据前款规定已被视为作出了股东大会决议之日起的10年间，须将同款所规定的书面文件或者电子记录置备于其总公司。

③ 股东以及债权人，在股份公司的营业时间内，可随时提出下列请求：

（一）查阅或者誊写前款所规定书面文件的请求；

（二）查阅或者誊写已记录于前款所规定的电子记录中并通过法务省令规定的方法所表示事项的请求。

④ 股份公司的母公司股东，为行使其权利有必要时，取得法院许可后就第2款所规定的书面文件或者电子记录，可提出前款各项所列的请求。

⑤ 根据第1款的规定，已被视为就年度股东大会的全部议题事项已作出赞成之意的股东大会的决议时，该年度股东大会将被视为就在此时已结束的大会。

第320条 （向股东大会报告的省略）

董事对全体股东已通知应向股东大会报告的事项，且就不要求将该事项向股东大会进行报告之事，全体股东通过书面或者电子记录已表达同意的意思表示时，就该事项向该股东大会的报告将被视为已完成的报告。

第2分节　种类股东大会

第321条 （种类股东大会的权限）

种类股东大会，限于本法所规定的事项以及章程所规定的事项，可作出决议。

第322条 （可能给某类种类股东造成损害时的种类股东大会）

① 种类股份发行公司实施下列行为，且有可能给某种类股份的种类股东造成损害时，该行为若未取得由该种类股份的种类股东所组成的种类股东大会（有关该种类股东的股份有2种以上时，指按该2种以上股份所区分的

由种类股东所组成的各种类股东大会,以下在本条中相同)的决议时,则不发生其效力。但没有在该种类股东大会上可行使表决权的种类股东时,不在此限:

(一)有关下列事项的章程变更(第 111 条第 1 款或者第 2 款规定的事项除外);

1. 股份种类的追加;
2. 股份内容的变更;
3. 可发行股份总数或者可发行种类股份总数的增加。

(一)之二第 179 条之 3 第 1 款所规定的同意;
(二)股份合并或者股份分割;
(三)第 185 条所规定的无偿配股;
(四)该股份公司股份认购人的募集(限于对第 202 条第 1 款各项所列事项有规定的募集);
(五)该股份公司新股预约权认购人的募集(限于对第 241 条第 1 款各项所列事项有规定的募集);
(六)第 277 条规定的新股预约权的无偿分配;
(七)合并;
(八)吸收分立;
(九)因吸收分立其他公司承继有关其事业的全部或者部分权利义务;
(十)新设分立;
(十一)股份交换;
(十二)因股份交换取得其他股份公司已发行的全部股份;
(十三)股份移转。

② 种类股份发行公司,作为某种类股份的内容,可在章程规定不需要前款所规定的种类股东大会决议之意。

③ 对存在前款所规定的章程规定的由种类股份的种类股东所组成的种类股东大会,不适用第 1 款的规定。但进行第 1 款第 1 项所规定的章程变更(有关单元股份数的章程变更除外)时,不在此限。

④ 在某种类股份发行后通过章程变更就该种类股份拟设置第 2 款规定的章程规定时,须取得该种类的全体种类股东的同意。

第 323 条 (存在需要种类股东大会决议之意的章程规定的情形)

属于种类股份发行公司,且作为某种类股份的内容,就股东大会(董事会设置公司时,指股东大会或者董事会,第 478 条第 8 款所规定的清算人会设置公司时,指股东大会或者清算人会)应决议的事项,规定在该决议外还需要由该种类股份的种类股东所组成的种类股东大会的决议时,若未按章程的该规定在股东大会、董事会或者清算人会的决议外取得由该种类股份的种类股东所组成的种类股东大会的决议时,则不发生其效力。但没有在该种类股东大会上可行使表决权的种类股东时,不在此限。

第 324 条 （种类股东大会的决议）

① 种类股东大会的决议,章程另有规定的除外,以持有该种类股份的全体股东表决权的过半数的股东出席,并以已出席股东的表决权的过半数作出。

② 虽有前款的规定,但下列种类股东大会的决议,须以持有在该股东大会上可行使表决权的股东表决权的过半数（章程已规定 1/3 以上比例时,该比例以上）的股东出席,并以相当于已出席股东表决权的 2/3（章程已规定高于该标准的该比例时,从其该比例）以上的多数作出。此时,并不妨碍章程在该要件之上对要求一定数量以上的股东的赞成及其他要件作出规定：

（一）第 111 条第 2 款所规定的种类股东大会（限于作为某种类股份的内容,就第 108 条第 1 款第 7 项所列事项设置章程规定的情形）；

（二）第 199 条第 4 款及第 200 条第 4 款所规定的种类股东大会；

（三）第 238 条第 4 款及第 239 条第 4 款所规定的种类股东大会；

（四）第 322 条第 1 款所规定的种类股东大会；

（五）根据第 347 条第 2 款的规定所替换适用的第 339 条第 1 款所规定的种类股东大会；

（六）第 795 条第 4 款所规定的种类股东大会。

③ 虽有以上 2 款的规定,但下列种类股东大会的决议,须以在该股东大会上可行使表决权的股东的半数以上（章程已规定高于该标准的比例时,该比例以上）,并以相当于该股东表决权的 2/3（章程已规定高于该标准的比例时,从其该比例）以上的多数作出：

（一）第 111 条第 2 款所规定的种类股东大会（限于作为某种类股份的内容,就第 108 条第 1 款第 4 项所列事项设置章程规定的情形）；

（二）第 783 条第 3 款及第 804 条第 3 款所规定的种类股东大会。

第 325 条 （有关股东大会规定的准用）

对种类股东大会,准用前分节（295 条第 1 款及第 2 款、296 条第 1 款及第 2 款以及第 309 条除外）（股东大会）的规定。此时,将第 297 条第 1 款中的"全体股东"替换为"全体股东（限于某种类股份的股东,以下在本分节〈第 308 条第 1 款除外〉中相同)",将"股东"替换为"股东(限于某种类股份的股东,以下在本分节(第 318 条第 4 款及第 319 条第 3 款除外)中相同)"。

第 2 节　股东大会以外机关的设置

第 326 条　(股东大会以外机关的设置)
① 股份公司,须设 1 人或者 2 人以上的董事。
② 股份公司,可通过章程规定设董事会、会计参与、监事、监事会、会计监查人,以及监查等委员会或者提名委员会等。

第 327 条　(董事会等的设置义务等)
① 下列股份公司须设董事会:
(一) 公开公司;
(二) 监事会设置公司;
(三) 监查等委员会设置公司;
(四) 提名委员会等设置公司
② 董事会设置公司(监查等委员会设置公司以及提名委员会等设置公司除外),须设监事。但属于非公开公司的会计参与设置公司,不在此限。
③ 会计监查人设置公司(监查等委员会设置公司以及提名委员会等设置公司除外),须设监事。
④ 监查等委员会以及提名委员会等设置公司,不得设监事。
⑤ 监查等委员会设置公司以及提名委员会等设置公司,须设会计监查人。
⑥ 提名委员会等设置公司,不得设监查等委员会

第 327 条之 2　(未设独立董事理由的公开)
在事业年度的结束日属于监事会设置公司(限于公开公司且属于大公司的公司),且根据金融商品交易法第 24 条第 1 款的规定对其所发行股份须向内阁总理大臣提交有价证券报告书的公司未设独立董事时,董事须在有关该事业年度的年度股东大会上对不宜设独立董事的理由作出说明。

第 328 条　(大公司的监事会等设置义务)
① 大公司(非公开公司的公司、监查等委员会设置公司以及提名委员会等设置公司除外),须设监事会以及会计监查人。
② 非公开公司的大公司,须设会计监查人。

第3节　公司负责人及会计监查人的选任及解任

第1分节　选　　任

第329条　(选任)

① 公司负责人(指董事、会计参与及监事,以下在本节、第371条第4款及第394条第3款中相同)以及会计监查人,须通过股东大会的决议选任。

② 监查等委员会设置公司时,根据前款规定的董事的选任,须区分为作为监查等委员的董事与之外的董事分别进行。

③ 作出第1款的决议时,根据法务省令的规定,为防止公司负责人的空缺或者本法或章程所规定的公司负责人人数出现不足,可选任补缺的公司负责人。

第330条　(股份公司与公司负责人等的关系)

股份公司与公司负责人以及会计监查人的关系,服从有关委托的规定。

第331条　(董事的资格等)

① 下列人员,不得成为董事:

(一) 法人;

(二) 成年被监护人、被保佐人[①]或者在外国法令上受到与此相同对待者;

(三) 违反本法或一般社团法人以及一般财团法人法(2006年法律第48号)的规定,或者犯有金融商品交易法第197条、第197条之2第1项至第10项之3或第13项至第15项、第198条第8项、第199条、第200条第1项至第12项之2、第20项或第21项、第203条第3款或第205条第1项至第6项、第19项或第20项的罪行,民事再生法(1999年法律第225号)第255条、第256条、第258条至第260条或第262条的罪行,外国倒产处理程序认可援助法(2000年法律第129号)第65条、第66条、第68条或第69条的罪行,公司更生法(2002年法律第154号)第266条、第267条、第269条至第271条或第273条的罪行,或破产法(2004年法律第75号)第265条、第266条、

[①] "被保佐人"是日本民法上的概念,指对"因精神上的障碍而辨识事理能力明显不足者",家庭法院可按法定程序作出保佐开始的裁定。受到保佐开始之裁定者,就是被保佐人(见《日本民法》第11、12条的规定)。因无法与我国民法上的相应概念划等号,故本翻译保留原词,特此说明。

第 268 条至第 272 条或第 274 条的罪行,并被处以刑罚,其执行结束或者自刑罚不再执行之日起未经过 2 年者;

(四)违反前项所规定法律规定外的法令的规定,被处以监禁以上刑罚,直其该执行结束或者直至不再接受该执行者(刑罚缓期执行者除外)。

② 股份公司,不得在章程上规定董事须为股东之意思。但作为非公开公司的股份公司时,不在此限。

③ 作为监查等委员的董事,不得兼任监查等委员会设置公司或其子公司的业务执行董事或经理人及其他使用人,或者该子公司的会计参与(会计参与属于法人时,指应履行其职务的成员)或执行官。

④ 提名委员会等设置公司的董事,不得兼任该提名委员会等设置公司的经理人及其他使用人。

⑤ 董事会设置公司时,须有 3 人以上的董事。

⑥ 监查等委员会设置公司时,须有 3 人以上的作为监查等委员的董事,且其过半数须为独立董事。

第 332 条 (董事的任期)

① 董事的任期,至选任后 2 年内结束的事业年度中有关最终事业年度的年度股东大会闭会时为止。但不妨碍通过章程规定或者股东大会决议缩短该任期。

② 属于非公开公司的股份公司(监查等委员会设置公司除外)时,前款的规定并不妨碍通过章程将同款所规定的任期延长至选任后 10 年内结束的事业年度中有关最终事业年度的年度股东大会闭会时为止。

③ 就监查等委员会设置公司的董事(作为监查等委员的董事除外)适用第 1 款的规定,将同款中的"2 年"改为"1 年"。

④ 对作为监查等委员的董事的任期,不适用第 1 款但书的规定。

⑤ 第 1 款的规定,不妨碍通过章程将作为任期届满前已辞任的监查等委员董事的补缺,所选任的该类董事的任期规定至已辞任的监查等委员董事的任期届满时为止。

⑥ 就提名委员会等设置公司的董事适用第 1 款的规定,将同款中的"2 年"改为"1 年"。

⑦ 虽有以上各款的规定,但已进行下列的章程变更时,董事的任期在该章程变更生效时届满:

(一)为设置监查等委员会或者提名委员会等之意的章程变更;

(二)为废止章程有关设置监查等委员会或者提名委员会等之意的规定

的章程变更；

（三）为废止作为所发行全部股份的内容章程有关通过转让取得该股份时须取得该股份公司同意之意的规定所进行的章程变更（监查等委员会设置公司以及提名委员会等设置公司所为之章程变更除外）。

第 333 条 （会计参与的资格等）

① 会计参与，须为注册会计师或监查法人，或者税务师或税务师法人。

② 已被选任为会计参与的监查法人或者税务师法人，须从成员中选定应履行会计参与职务者，并将其通知给股份公司。此时，不得选定下款各项所列者。

③ 下列者，不得成为会计参与：

（一）股份公司或者其子公司的董事、监事或执行官或者经理人及其他使用人；

（二）受到业务停止处分，且其停止期间未届满者；

（三）根据税务师法（1951 年法律第 237 号）第 43 条的规定不得从事该法第 2 条第 2 款所规定的税务师业务者。

第 334 条 （会计参与的任期）

① 有关会计参与的任期，准用第 332 条（第 4 款及第 5 款除外，在下款中相同）的规定。

② 虽有前款所准用的第 332 条的规定，但会计参与设置公司为废止章程有关设置会计参与之意的规定已进行章程变更时，会计参与的任期在该章程变更生效时届满。

第 335 条 （监事的资格等）

① 对监事，准用第 331 条第 1 款及第 2 款（董事的资格等）的规定。

② 监事，不得兼任股份公司或其子公司的董事或经理人及其他使用人，或者该子公司的会计参与（会计参与属于法人时，指应履行其职务的成员）或执行官。

③ 监事会设置公司时，监事须为 3 人以上，且其中半数以上须为独立监事。

第 336 条 （监事的任期）

① 监事的任期，至选任后 4 年内结束的事业年度中有关最终事业年度的年度股东大会闭会时为止。

② 作为非公开公司的股份公司时，前款的规定并不妨碍通过章程将同款的任期延长至选任后 10 年内结束的事业年度中有关最终事业年度的年度

股东大会闭会时为止。

③ 第 1 款的规定不妨碍通过章程将作为任期届满前已辞任监查的补缺所选任的监事的任期规定至已辞任监事的任期届满时为止。

④ 虽有以上 3 款的规定,但已进行下列的章程变更时,监事的任期在该章程变更生效时届满:

(一) 为废止章程有关设置监事之意的规定所为的章程变更;

(二) 为设置监查等委员会或者提名委员会等之意的章程变更;

(三) 为废止章程有关将监事的监查范围限于财务会计方面之意的规定所为的章程变更;

(四) 为废止作为所发行全部股份的内容章程有关通过转让取得该股份时须取得该股份公司同意之意的规定所为的章程变更。

第 337 条 (会计监查人的资格等)

① 会计监查人,须为注册会计师或者监查法人。

② 已选任为会计监查人的监查法人,须从其成员中选定应履行会计监查人职务者,并将其通知给股份公司。此时,不得选定下款第 2 项所列者。

③ 下列者,不得成为会计监查人:

(一) 根据注册会计师法的规定,不得对第 435 条第 2 款所规定的财务会计报表进行监查者;

(二) 因从事注册会计师或监查法人的业务以外的业务,从股份公司的子公司或其董事、会计参与、监事或执行官持续领取报酬者或者其配偶;

(三) 属于监查法人,且其成员的半数以上属于前项所列者的法人。

第 338 条 (会计监查人的任期)

① 会计监查人的任期,至选任后 1 年内结束的事业年度中有关最终事业年度的年度股东大会闭会时为止。

② 会计监查人,在前款所规定的年度股东大会上未作出另外决议时,视为在该年度股东大会上已获得连任。

③ 虽有以上 2 款的规定,但会计监查人设置公司为废止章程有关设置会计监查人之意的规定已进行章程变更时,会计监查人的任期,在该章程变更生效时届满。

第 2 分节 解 任

第 339 条 (解任)

① 公司负责人以及会计监查人,可随时通过股东大会的决议解任。

② 根据前款的规定已被解任者,就该解任有正当理由的情形除外,可请求股份公司赔偿因解任所遭受的损害。

第 340 条 （监事等对会计监查人的解任）

① 监事,在会计监查人出现下列情形之一时,可解任该会计监查人:

（一）违反职务上的义务或者已懈怠其职务时;

（二）发生作为会计监查人不应有的不良行为时;

（三）因身心疾患有碍职务执行,或者无法执行该职务时。

② 前款所规定的解任,监事有 2 人以上时,须取得全体监事的同意。

③ 根据第 1 款的规定已解任会计监查人时,监事（监事有 2 人以上时,指通过监事互选所确定的监事）须在解任后最初所召集的股东大会上报告其旨意以及解任的理由。

④ 就监事会设置公司适用以上 3 款的规定,将第 1 款中的"监事"改为"监事会",将第 2 款中的"监事有 2 人以上时,指监事"改为"监事",将前款中的"监事（监事有 2 人以上时,指通过监事互选所确定的监事）"改为"监事会所选定的监事"。

⑤ 就监查等委员会设置公司适用第 1 款至第 3 款的规定,将第 1 款中的"监事"改为"监查等委员会",将第 2 款中的"监事有 2 人以上时,指监事"改为"监查等委员",将第 3 款中的"监事（监事有 2 人以上时,指通过监事互选所确定的监事）"改为"监查等委员会所选定的监查等委员"。

⑥ 就提名委员会等设置公司适用第 1 款至第 3 款的规定,将第 1 款中的"监事"改为"监查委员会",将第 2 款中的"监事有 2 人以上时,指监事"改为"监查委员会的委员",将第 3 款中的"监事（监事有 2 人以上时,指通过监事互选所确定的监事）"改为"监查委员会所选定的监查委员会的委员"。

第 3 分节　有关选任及解任程序的特别规则

第 341 条 （选任及解任公司负责人的股东大会的决议）

虽有第 309 条第 1 款的规定,但选任或者解任公司负责人的股东大会的决议,须由持有可行使表决权股东的表决权过半数（章程已规定 1/3 以上的比例时,该比例以上）的股东出席,并以已出席股东表决权的过半数（章程已规定高于该标准的比例时,该比例以上）作出。

第 342 条 （通过累积投票的董事选任）

① 股东大会的议题事项属于选任 2 人以上的董事（监查等委员会设置公司时,指作为监查等委员的董事或者之外的董事,以下在本条中相同）时,

章程另有规定的除外,股东(限于对选任董事可行使表决权的股东,以下在本条中相同)可请求股份公司应根据第 3 款至第 5 款的规定选任董事。

② 前款所规定的请求,须在同款所规定的股东大会会日的 5 日前提出。

③ 虽有第 308 条第 1 款的规定,但已提出第 1 款所规定的请求时,就选任董事的决议,股东就其所持有股份的 1 股(章程已规定单元股份数时,指 1 单元股份)享有与该股东大会上所选任董事人数相等的表决权。此时,股东可以仅对其中 1 人投票,或者对 2 人以上投票的方式行使其表决权。

④ 在前款规定的情形下,应依得票最多者的顺序依次选任董事。

⑤ 以上 2 款所规定的情形外,已提出第 1 款所规定请求时其他有关董事选任所必要事项,由法务省令作出规定。

⑥ 对根据以上 3 款规定所选任董事的解任决议,不适用前条的规定。

第 342 条之 2　(对作为监查等委员董事等的选任等的陈述意见)

① 作为监查等委员的董事,可在股东大会上就作为监查等委员董事的选任或解任或者辞任,陈述意见。

② 已辞任作为监查等委员董事者,可出席其辞任后最初所召集的股东大会,并可陈述其辞任的旨意及其理由。

③ 董事须对前款规定者通知召集同款所规定的股东大会之意,以及第 298 条第 1 款第 1 项所列事项。

④ 监查等委员会所选定的监查等委员,可在股东大会上对作为监查等委员的董事外的董事的选任或解任或者辞任,陈述监查等委员会的意见。

第 343 条　(有关监事选任的监事的同意等)

① 董事,在有监事的情况下,向股东大会提交有关监事选任的议案时,须取得监事(监事有 2 人以上时,指其过半数)的同意。

② 监事,可请求董事将监事选任作为股东大会的议题,或者可请求将有关监事选任的议案提交给股东大会。

③ 就监事会设置公司适用以上 2 款的规定,将第 1 款中的"监事(监事有 2 人以上时,指其过半数)"改为"监事会",将前款中的"监事"改为"监事会"。

④ 对监事的解任决议,不适用第 341 条的规定。

第 344 条　(有关会计监查人选任等议案内容的决定)

① 监事设置公司时,由监事决定提交给股东大会的有关会计监查人的选任及解任以及会计监查人不再连任议案的内容。

② 就监事有 2 人以上时适用前款的规定,将同款中的"由监事"改为"由监事的过半数"。

③ 就监事会设置公司适用第 1 款的规定,将同款中的"由监事"改为"由监事会"。

第 344 条之 2 (监查等委员会对作为监查等委员董事选任的同意等)

① 董事,在设有监查等委员会的情形下,向股东大会提出有关作为监查等委员的董事选任的议案时,须取得监查等委员会的同意。

② 监查等委员会,可请求董事将作为监查等委员的董事选任列为股东大会的议题,或者请求董事向股东大会提出有关作为监查等委员的董事选任议案。

③ 对作为监查等委员的董事解任的决议,不适用第 341 条的规定。

第 345 条 (对选任会计参与等的意见陈述)

① 会计参与,可在股东大会上就会计参与的选任或解任或者辞任,陈述意见。

② 已辞任的会计参与,可出席辞任后最初所召集的股东大会,并陈述已辞任的意旨及其理由。

③ 董事,须对前款所规定者通知召集同款所规定的股东大会之意,以及第 298 条第 1 款第 1 项所列事项。

④ 对监事,准用第 1 款的规定,对已辞任监事者,准用以上 2 款的规定。此时,将第 1 款中的"会计参与的"替换为"监事的"。

⑤ 对会计监查人,准用第 1 款的规定,对已辞任会计监查人者以及根据第 340 条第 1 款的规定已被解任的会计监查人,准用第 2 款以及第 3 款的规定。此时,将第 1 款中的"在股东大会上就会计参与的选任或解任或者辞任"替换为"就会计监查人的选任或解任或不再连任或者辞任,出席股东大会",将第 2 款中的"辞任后"替换为"解任后或者辞任后",将"已辞任的意旨及其理由"替换为"已辞任的意旨及其理由或者有关解任的意见"。

第 346 条 (公司负责人等出现缺员时的措施)

① 公司负责人(监查等委员会设置公司时,指作为监查等委员的董事或之外的董事或者会计参与,以下在本条中相同)空缺,或者本法或章程所规定的公司负责人人数出现不足时,任期届满或者因辞职而离任的公司负责人,直至新选任的公司负责人(含下款所规定的应临时履行公司负责人职务者)就任为止,继续其作为公司负责人的权利义务。

② 前款有规定,且法院认为有必要时,可根据利害关系人的申请选任应临时履行公司负责人职务者。

③ 法院,已选任前款所规定的应临时履行公司负责人职务者时,可决定

股份公司向其支付的报酬额。

④ 会计监查人空缺或者章程所规定的会计监查人人数出现不足又未及时选任会计监查人时,监事须选任应临时履行会计监查人职务者。

⑤ 对前款所规定的应临时履行会计监查人职务者,准用第337条〈会计监查人的资格等〉及第340条〈由监事等解任会计监查人〉的规定。

⑥ 就监事会设置公司适用第4款的规定,将同款中的"监事"改为"监事会"。

⑦ 就监查等委员会设置公司适用第4款的规定,将同款中的"监事"改为"监查等委员会"。

⑧ 就提名委员会等设置公司适用第4款的规定,将同款中的"监事"改为"监查委员会"。

第347条 (种类股东大会选任董事或者监事等)

① 已发行就第108条第1款第9项所列事项(限于有关董事〈监查等委员会设置公司时,指作为监查等委员的董事或者之外的董事〉的事项)有规定的种类股份时,就适用第329条第1款、第332条第1款、第339条第1款、第341条以及344条之2第1款及第2款的规定,将第329条第1款中的"股东大会"改为"股东大会(有关董事〈监查等委员会设置公司时,指作为监查等委员的董事或者之外的董事〉,按照章程对第108条第2款第9项所规定事项的规定,指由各种类股份的种类股东所组成的种类股东大会)",将第332条第1款及第339条第1款中的"股东大会的决议"改为"股东大会(对于根据第41条第1款的规定或者第90条第1款的种类创立大会或根据第347条第1款的规定所替换适用的第329条第1款的种类股东大会上所选任的董事〈监查等委员会设置公司时,指作为监查等委员的董事或者之外的董事,以下在本款中相同〉,指由与该董事的选任相关的种类股份的种类股东所组成的种类股东大会〈章程另有规定或者在该董事任期届满前已不存在在该种类股东大会上可行使表决权的股东时,指股东大会〉)的决议",将第341条中的"第309条第1款"改为"第309条第1款及第324条",将"股东大会"改为"股东大会(含根据第347条第1款的规定所替换适用的第329条第1款及第339条第1款的种类股东大会)",将第344条之2第1款及第2款中的"股东大会"改为"根据第347条第1款的规定所替换适用的第329条第1款的种类股东大会"。

② 已发行就第108条第1款第9项所列事项(限于有关监事的事项)有规定的种类股份时,就适用第329条第1款、第339条第1款、第341条及第

343条第1款及第2款的规定,将第329条第1款中的"股东大会"改为"股东大会(对于监事,按照章程对108条第2款第9项所规定事项的规定,指由各种类股份的种类股东所组成的种类股东大会)",将第339条第1款中的"股东大会"改为"股东大会(对于根据在第41条3款中所准用的同条第1款的规定或者在第90条第2款中所准用的同条第1款的种类创立大会或根据第347条第2款的规定所替换适用的第329条第1款的种类股东大会上所选任的监事,指由与该监事的选任相关的种类股份的种类股东所组成的种类股东大会〈章程另有规定或者在该监事任期届满前已不存在在该种类股东大会上可行使表决权的股东时,指股东大会〉)",将第341条中的"第309条第1款"改为"第309条第1款及第324条",将"股东大会"改为"股东大会(含根据第347条第2款的规定所替换适用的第329条第1款的种类股东大会)",将第343条第1款及第2款中的"股东大会"改为"根据第347条第2款的规定所替换适用的第329条第1款的种类股东大会"。

第4节 董　　事

第348条　(业务执行)

① 董事,章程另有规定的情形除外,执行股份公司(董事会设置公司除外,以下在本条中相同)的业务。

② 董事有2人以上时,章程另有规定的情形除外,股份公司的业务由董事的过半数决定。

③ 在前款规定的情形下,董事不得将下列事项的决定委托给各董事:

（一）经理人的选任及解任;

（二）分公司的设置、迁移及废止;

（三）第298条第1款各项(含在第325条中所准用的情形)所列的事项;

（四）为确保董事的职务履行符合法令及章程的体制,以及法务省令所规定的其他为确保股份公司的业务以及由该股份公司及其子公司所组成的企业集团业务的合理性所必要的体制完善;

（五）根据第426条第1款的规定由章程所规定的第423条第1款所规定责任的免除。

④ 属于大公司时,董事须对前款第4项所列事项作出决定。

第349条　(股份公司的代表)

① 董事,代表股份公司。但另外已规定代表董事及其他代表股份公司

者时,不在此限。

② 前款本文所规定的董事有 2 人以上时,董事各自代表股份公司。

③ 股份公司(董事会设置公司除外),可根据章程、基于章程规定的董事互选或者股东大会的决议从董事中规定代表董事。

④ 代表董事,享有实施有关股份公司业务的一切诉讼上或者诉讼外行为的权限。

⑤ 对前款规定的权限所加的限制,不得对抗善意的第三人。

第 350 条 (有关代表人行为的损害赔偿责任)

股份公司,就代表董事及其他代表人履行其职务对第三人所造成的损害承担赔偿责任。

第 351 条 (代表董事出现缺员时的措施)

① 代表董事空缺或者章程所规定的代表董事人数缺员时,因任期届满或者辞职已离任的代表董事,在新选定的代表董事(含下款应临时执行代表董事职务者)就任之前,仍继续作为代表董事的权利义务。

② 前款有规定,且法院认为有必要时,可根据利害关系人的申请选任应临时履行代表董事职务者。

③ 法院,已选任前款所规定的应临时履行代表董事职务者时,可规定股份公司对其所支付的报酬额。

第 352 条 (董事职务代行者的权限)

① 根据民事保全法(1989 年法律第 91 号)第 56 条所规定的临时处分命令已被选任的董事或者代行代表董事职务者,临时处分命令另有规定的除外,实施不属于股份公司日常事务的行为时,须取得法院的许可。

② 代行董事或者代表董事职务者违反前款规定所实施的行为,无效。但股份公司不得以此对抗善意的第三人。

第 353 条 (股份公司与董事间诉讼中的公司代表)

虽有第 349 条第 4 款的规定,但在股份公司对董事(含曾为董事者,以下在本条中相同),或者董事对股份公司提起诉讼时,股东大会可就该诉讼规定代表股份公司者。

第 354 条 (表见代表董事)

股份公司,对代表董事以外的董事赋予总经理、副总经理及其他被认为享有代表股份公司权限的名称时,就该董事已实施行为对善意的第三人承担其责任。

第 355 条 (忠实义务)

董事,须遵守法令及章程以及股东大会的决议,并为股份公司忠实地履行其职务。

第 356 条 （竞业及利益冲突交易的限制）

① 董事，在下列情形下须在股东大会上就该交易公开重要事实，并须取得其同意：

（一）董事为自己或者第三人拟从事属于股份公司事业类的交易时；

（二）董事为自己或者第三人拟与股份公司进行交易时；

（三）股份公司拟对董事的债务提供保证，及其他与董事以外者进行股份公司与该董事间利益相冲突的交易时。

② 对已取得前款所规定的同意的同款第 2 项所规定的交易，不适用民法第 108 条的规定。

第 357 条 （董事的报告义务）

① 董事已发现可能对股份公司造成严重损害的事实时，须及时向股东（监事设置公司时，指监事）报告该事实。

② 就监事会设置公司适用前款的规定，将同款中的"股东（监事设置公司时，指监事）"改为"监事会"。

③ 就监查等委员会设置公司适用第 1 款的规定，将同款中的"股东（监事设置公司时，指监事）"改为"监查等委员会"。

第 358 条 （有关业务执行检查官的选任）

① 有关股份公司的业务执行，存在不正当行为或者有充足事由怀疑有违反法令或章程的重大事实时，下列股东，为调查该股份公司的业务及财产状况，可向法院提出选任检查官的申请：

（一）持有全体股东（对在股东大会上可决议的全部事项不得行使表决权的股东除外）表决权的 3%（章程已规定低于该标准的比例时，从其该比例）以上表决权的股东；

（二）持有已发行股份（自己股份除外）的 3%（章程已规定低于标准的比例时，从其该比例）以上数股份的股东。

② 已提出前款所规定的申请时，法院，以不合法为由驳回该申请的除外，须选任检查官。

③ 法院，已选任前款所规定的检查官时，可规定股份公司支付给该检查官的报酬额。

④ 第 2 款所规定的检查官，为履行其职务有必要时，可对股份公司的子公司的业务及财产状况进行调查。

⑤ 第 2 款所规定的检查官，须进行必要的调查，并以向法院提供已记载

或者记录了该调查结果的书面文件或者电子记录(限于法务省令所规定的电子记录)的方式须进行报告。

⑥ 法院,就前款所规定的报告,认为有明确其内容或者确认其根据的必要时,可对第 2 款所规定的检查官再次提出进行前款所规定报告的要求。

⑦ 第 2 款所规定的检查官,已进行第 5 款所规定的报告时,须向股份公司以及已提出选任检查官申请的股东,提交同款所规定的书面文件的副本,或者根据法务省令所规定的方法须提供已记录于同款所规定的电子记录中的事项。

第 359 条 (法院对股东大会召集等的决定)

① 法院,已接受前条第 5 款所规定的报告且认为有必要时,须命令董事采取下列全部或者部分措施:

(一) 在一定期间内召集股东大会;

(二) 向股东通知前条第 5 款所规定的调查结果。

② 法院已命令前款第 1 项所列措施时,董事须在同项所规定的股东大会上公开前条第 5 款所规定报告的内容。

③ 在前款规定的情形下,董事(监事设置公司时,指董事及监事)须调查前条第 5 款所规定报告的内容,并向第 1 款第 1 项所规定的股东大会报告该结果。

第 360 条 (股东对董事行为的停止请求)

① 自 6 个月(章程已规定低于该标准的期间时,从其该期间)前连续持有股份的股东,当董事实施股份公司经营范围外的行为及其他违反法令或章程的行为,或者可能实施该类行为且通过该行为给该股份公司造成严重损害时,可请求该董事停止该行为。

② 对作为非公开公司的股份公司适用前款的规定,将同款中的"自 6 个月(章程已规定低于该标准的期间时,从其该期间)前连续持有股份的股东"改为"股东"。

③ 就监事设置公司适用有关监查等委员会设置公司或者提名委员会等设置公司的第 1 款的规定,将同款中的"严重损害"改为"不可挽回的损害"。

第 361 条 (董事的报酬等)

① 有关董事的报酬、奖励及其他作为职务执行对价从股份公司接受的财产利益(以下在本章中称为"报酬等")的下列事项,章程未规定该事项时,由股东大会的决议作出决定:

(一) 就报酬等中,数额确定的,指该数额;

（二）就报酬等中,数额未确定的,指其具体的计算方法；

（三）就报酬等中,现金外的利益,指其具体内容。

② 属于监查等委员会设置公司时,前款各项所列事项,须区分作为监查等委员的董事与之外的董事分别作出规定。

③ 对作为监查等委员的董事的报酬等没有章程的规定或者股东大会的决议时,该报酬等属于第1款所规定的报酬等的范围内的,通过该类董事的协议作出规定。

④ 将已规定第1款第2项或者第3项所列事项,或者修订该事项的议案已提交给股东大会的董事,须在该股东大会上对认为该事项合理的理由作出说明。

⑤ 作为监查等委员的董事,可在股东大会上就该类董事的报酬等陈述意见。

⑥ 由监查等委员会所选定的监查等委员,可在股东大会上就作为监查等委员的董事以外董事的报酬等,陈述监查等委员会的意见。

第5节 董 事 会

第1分节 权 限 等

第362条 （董事会的权限等）

① 董事会,由全体董事组成。

② 董事会,履行下列职务：

（一）决定董事会设置公司的业务执行；

（二）监督董事的职务履行；

（三）选定及解聘代表董事。

③ 董事会,须从董事中选定代表董事。

④ 董事会,不得将下列事项及其他重要业务执行的决定委托给董事：

（一）重要财产的处分及受让；

（二）大额借款；

（三）经理人及其他重要使用人的选任及解任；

（四）分公司及其他重要机构的设置、变更及废止；

（五）第676条第1项所列事项及其他法务省令所规定的募集公司债券认购人的重要事项；

（六）为确保董事的职务履行符合法令及章程的体制，以及法务省令所规定的其他为确保股份公司的业务以及由该股份公司及其子公司所组成的企业集团的业务的合理性所必要的体制完善；

（七）第 426 条第 1 款所规定的基于章程规定的第 423 条第 1 款所规定责任的免除。

⑤ 作为大公司的董事会设置公司时，须由董事会决定前款第 6 项所列事项。

第 363 条 （董事会设置公司董事的权限）

① 下列董事，执行董事会设置公司的业务：

（一）代表董事；

（二）属于代表董事以外的董事，且通过董事会决议作为执行董事会设置公司业务的董事被选定者。

② 前款各项所列董事，须每 3 个月一次以上向董事会报告自己履行职务的情况。

第 364 条 （董事会设置公司与董事间诉讼中的公司代表）

在第 353 条规定的情形下，董事会，同条所规定的股东大会有规定的情形除外，可就同条所规定的诉讼，选定董事会设置公司的代表者。

第 365 条 （对竞业以及与董事会设置公司间交易等的限制）

① 就董事会设置公司适用第 356 条的规定，将同条第 1 款中的"股东大会"改为"董事会"。

② 董事会设置公司时，已实施第 356 条第 1 款各项所列交易的董事，须在该交易后及时向董事会报告有关该交易的重要事实。

第 2 分节 运　　营

第 366 条 （召集权人）

① 董事会，由各董事负责召集。但由章程或者董事会已规定召集董事会的董事时，由该董事负责召集。

② 在前款但书规定的情形下，通过同款但书的规定已被规定的董事（以下在本章中称为"召集权人"）外的董事，可在向召集权人明示董事会议题事项的前提下，请求召集董事会。

③ 从已提出前款所规定请求之日起的 5 日内，若未发出将自该请求之日起 2 周内的日期作为董事会会日的董事会召集通知时，已提出该请求的董事可召集董事会。

第 367 条 （股东的召集请求）

① 董事会设置公司（监事设置公司、监查等委员会以及提名委员会等设置公司除外）的股东,认为董事实施董事会设置公司经营范围外的行为及其他违反法令或章程的行为,或者有可能实施这类行为时,可请求召集董事会。

② 前款所规定的请求,须以向董事（属于前条第 1 款但书规定的情形时,指召集权人）表明属于董事会议题事项的方式进行。

③ 对已提出第 1 款所规定的请求的情形,准用前条第 3 款的规定。

④ 已提出第 1 款所规定请求的股东,可出席根据该请求所召集,或者根据在前款中所准用的前条第 3 款的规定所召集的董事会,并陈述意见。

第 368 条 （召集程序）

① 召集董事会者,须在董事会会日的 1 周（章程已规定低于该标准的期间时,从其该期间）前,须向各董事（监事设置公司时,指各董事及各监事）发出其通知。

② 虽有前款的规定,但董事会,全体董事（设置监事会公司时,指董事及监事）同意时,可不经过召集程序而召开。

第 369 条 （董事会的决议）

① 董事会的决议,以可参加表决的董事的过半数（章程已规定高于该标准的比例时,该比例以上）出席,并以其过半数（章程已规定高于该标准的比例时,该比例以上）作出。

② 对前款所规定决议有特别利害关系的董事,不得参加表决。

③ 对董事会会议,须根据法务省令的规定制作会议记录,会议记录以书面形式所制作时,出席会议的董事及监事须在其上署名或者签名盖章。

④ 前款所规定的会议记录以电子记录形式所制作时,对已记录于该电子记录中的事项,须采取代替法务省令所规定的署名或者签名盖章的措施。

⑤ 已参加董事会决议的董事,且在第 3 款所规定的会议记录中未记载异议时,被推定为赞成该决议者。

第 370 条 （董事会决议的省略）

董事会设置公司,章程可规定如下之意,即当董事就作为董事会决议议题的事项已提出提案,且对该提案全体董事（限于对该事项可参加表决的董事）以书面或者电子记录已作出同意的意思表示时（监事设置公司时,监事就该提案已陈述异议的除外）,视为董事会已作出赞成该提案之意的决议。

第 371 条 （会议记录等）

① 董事会设置公司,自董事会会日（含根据前条规定被视为已作出董事

会决议之日)起的10年间,须将第369条第3款所规定的会议记录或者将已记载或记录了前条所规定的意思表示的书面文件或电子记录(以下在本条中称为"会议记录等")置备于其总公司。

② 股东,为行使其权利有必要时,在股份公司的营业时间内,可随时提出下列请求:

(一)前款所规定的会议记录等以书面文件形式所制作时,查阅或者誊写该书面文件的请求;

(二)前款所规定的会议记录等以电子记录形式所制作时,查阅或者誊写已记录于该电子记录并根据法务省令规定的方法所表示事项的请求。

③ 就监事设置公司适用有关监查等委员会设置公司或者提名委员会等设置公司的前款的规定,将同款中的"股份公司营业时间内随时"改为"取得法院许可"。

④ 董事会设置公司的债权人,为追究公司负责人或者执行官的责任有必要时,在取得法院许可后就该董事会设置的会议记录等,可提出第2款各项所列的请求。

⑤ 就董事会设置公司的母公司股东,为行使其权利必要时,准用前款的规定。

⑥ 法院,认为通过在第3款中所替换适用的第2款各项所列请求或者第4款所规定的请求(含在前款中所准用的情形,以下在本款中相同)相关的查阅或者誊写,有可能给该董事会设置公司或者其母公司或子公司造成严重损害时,不得作出在第3款中所替换适用的第2款或者第4款所规定的许可。

第372条 (向董事会报告的省略)

① 董事、会计参与、监事或者会计监查人向全体董事(监事设置公司时,指董事及监事)已通知应向董事会报告的事项时,不需要再向董事会报告该事项。

② 对第363条第2款所规定的报告,不适用前款的规定。

③ 就提名委员会等设置公司适用以上2款的规定,将第1款中的"监事或者会计监查人"改为"会计监查人或者执行官",将"董事(监事设置公司时指董事及监事)"改为"董事",将前款中的"第363条第2款"改为"第417条第4款"。

第373条 (由特别董事作出的董事会决议)

① 虽有第369条第1款的规定,但只要董事会设置公司(提名委员会等设置公司除外)符合下列全部要件时(监查等委员会设置公司时,第399条之

13第5款所规定的情形或者根据同条第6款的规定章程有规定的情形除外），董事会就第362条第4款第1项及第2项或者第399条之13第4款第1项及第2项所列事项的董事会决议，可规定由事先选定的3人以上董事（以下在本章中称为"特别董事"）中可参加表决的过半数董事（董事会已规定高于该标准的比例时，该比例以上）出席，并以这类董事的过半数（董事会已规定高于该标准的比例时，该比例以上）作出之意：

（一）董事人数为6人以上的；

（二）董事中有1人以上为独立董事的。

② 根据前款规定，对由特别董事作出决议有规定时，不再要求特别董事以外的董事出席决定第362条第4款第1项及第2项或者第399条之13第4款第1项及第2项所列事项的董事会。对这种情形下适用第366条第1款本文及第368条的规定，将第366条第1款本文中的"各董事"改为"各特别董事（指第373条第1款所规定的特别董事，在第368条中相同）"，将第368条第1款中的"章程"改为"董事会"，将"各董事"改为"各特别董事"，将同条第2款中的"董事"改为"特别董事"，将"董事及"改为"特别董事及"。

③ 通过特别董事的互选所选定者，须在前款所规定董事会决议后，及时向特别董事以外的董事报告该决议的内容。

④ 对第2款所规定的董事会，不适用第366条（第1款本文除外）、第367条、第369条第1款、第370条及第399条之14的规定。

第6节 会 计 参 与

第374条 （会计参与的权限）

① 会计参与，与董事共同制作财务会计报表（指第435条第2款所规定的财务会计报表，以下在本章中相同）及其附属明细表、临时财务会计报表（指第441条第1款所规定的临时财务会计报表，以下在本章中相同）以及集团财务会计报表（指第444条第1款所规定的集团财务会计报表，在第396条第1款中相同）。此时，会计参与，须根据法务省令的规定制作会计参与报告。

② 会计参与，可随时查阅以及誊写下列资料，或者要求董事以及经理人及其他使用人就公司财务会计进行报告：

（一）会计账簿或者其相关资料以书面形式所制作时，该书面文件；

（二）会计账簿或者其相关资料以电子记录形式所制作时，已记录于该电子记录中并由法务省令规定的方法所表示的事项。

③ 会计参与，因履行其职务有必要时，可要求会计参与设置公司的子公司就财务会计进行报告，或者可对会计参与设置公司或其子公司的业务及财产状况进行调查。

④ 前款所规定的子公司，有正当理由时，可拒绝同款规定的报告或者调查。

⑤ 会计参与，履行其职务时，不得使用第 333 条第 3 款第 2 项或者第 3 项所列人员。

⑥ 就提名委员会等设置公司适用第 1 款及第 2 款的规定，将第 1 款中的"董事"改为"执行官"，将第 2 款中的"董事及"改为"执行官和董事以及"。

第 375 条 （会计参与的报告义务）

① 会计参与，在履行其职务之际，发现董事就职务执行有不正当行为或者违反法令或章程的重大事实时，须及时将其报告给股东（监事设置公司时，报告给监事）。

② 就监事会设置公司适用前款的规定，将同款中的"股东（监事设置公司时，指监事）"改为"监事会"。

③ 就监查等委员会设置公司适用第 1 款的规定，将同款中的"股东（监事设置公司时，指监事）"改为"监查等委员会"。

④ 就提名委员会等设置公司适用第 1 款的规定，将同款中的"董事"改为"执行官或者董事"，将"股东（监事设置公司时，指监事）"改为"监查委员会"。

第 376 条 （出席董事会）

① 董事会设置公司的会计参与（会计参与属于监查法人或者税务师法人时，指应履行其职务的成员，以下在本条中相同），须出席作出第 436 条第 3 款、第 441 条第 3 款或者第 444 条第 5 款所规定同意的董事会。此时，会计参与，认为有必要时，须陈述意见。

② 在会计参与设置公司时，召集前款所规定的董事会者，须在该董事会会日的 1 周（章程已规定低于该标准的期间时，从其该期间）前，向各会计参与发出其通知。

③ 属于会计参与设置公司，且根据第 368 条第 2 款的规定不需经过第 1 款所规定的董事会召集程序而召开董事会时，须取得全体会计参与的同意。

第 377 条 （股东大会上的意见陈述）

① 就制作第 374 条第 1 款所规定书面文件的有关事项，会计参与与董事

意见不一致时,会计参与(会计参与属于监查法人或者税务师法人时,指应履行其职务的成员),可在股东大会上陈述意见。

② 就提名委员会等设置公司适用前款的规定,将同款中的"董事"改为"执行官"。

第 378 条 (由会计参与置备财务会计报表等)

① 会计参与,须将下列财务会计报表,按以下各项所规定的期间,根据法务省令的规定置备于该会计参与所规定的场所:

(一) 与各事业年度相关的财务会计报表及其附属明细表以及会计参与报告,自年度股东大会会日的1周(董事会设置公司时,2周)前之日(属于第319条第1款所规定的情形时,指已提出同款所规定提案之日)起5年;

(二) 临时财务会计报表以及会计参与报告,从已制作临时财务会计报表之日起5年。

② 会计参与设置公司的股东以及债权人,在会计参与设置公司的营业时间内(法务省令所规定的会计参与应对该请求存在困难的情形除外),可随时向会计参与提出下列请求。但提出第2项或者第4项所列请求时,须支付该会计参与所规定的费用:

(一) 前款各项所列报表以书面形式所制作时,查阅该书面文件的请求;

(二) 交付前项所规定书面文件的誊本或者抄本的请求;

(三) 前款各项所列报表以电子记录形式所制作时,查阅已记录于该电子记录中且通过法务省令规定的方法所表示事项的请求;

(四) 以会计参与所规定的电子方法提供已记录于前项所规定电子记录中的事项的请求,或者交付已记载该事项的书面文件的请求。

③ 会计参与设置公司的母公司股东,为行使其权利有必要时,在取得法院许可后,可就第1款各项所列的该会计参与设置公司的报表,提出前款各项所列的请求。但提出同款第2项或者第4项所列的请求时,须支付该会计参与所规定的费用。

第 379 条 (会计参与的报酬等)

① 会计参与的报酬等,在章程中未规定其数额时,由股东大会的决议作出规定。

② 会计参与有2人以上,且就各会计参与的报酬等无章程的规定或者股东大会的决议时,该报酬等在前款所规定的报酬等的范围内,由会计参与协商决定。

③ 会计参与(会计参与属于监查法人或者税务师法人时,指应履行其职

务的成员),在股东大会上可就会计参与的报酬等,陈述意见。

第 380 条 (费用等的请求)

会计参与就其职务履行已向会计参与设置公司提出下列请求时,该会计参与设置公司已证明与该请求相关的费用或者债务与该会计参与的职务履行无关的情形除外,不得拒绝该请求:

(一)预付费用的请求;

(二)清偿已支出的费用以及支出日后相关利息的请求;

(三)对债权人清偿(该债务清偿期未届满时,提供相应担保)其所已承担债务的请求。

第 7 节 监　　事

第 381 条 (监事的权限)

① 监事,对董事(会计参与设置公司时,指董事及会计参与)职务履行实施监查。此时,监事,须根据法务省令的规定制作监查报告。

② 监事,可随时要求董事及会计参与以及经理人及其他使用人报告事业,或者对监事设置公司的业务及财产状况进行调查。

③ 监事,为履行其职务有必要时,可要求监事设置公司的子公司报告事业,或者对其子公司的业务及财产状况进行调查。

④ 前款所规定的子公司,有正当理由时,可拒绝同款所规定的报告或者调查。

第 382 条 (向董事的报告义务)

监事,认为董事实施不正当行为或有可能实施该行为时,或者认为存在违反法令或章程的事实或存在明显不合理的事实时,须及时向董事(董事会设置公司时,指董事会)报告该意旨。

第 383 条 (出席董事会的义务等)

① 监事,须出席董事会,并认为有必要时,须陈述意见。但监事有 2 人以上,且存在第 373 条第 1 款所规定的有关特别董事决议的规定时,可通过监事互选从监事中确定专门出席同条第 2 款所规定董事会的监事。

② 监事,前条有规定,且认为有必要时,可请求董事(第 366 条第 1 款但书所规定的情形时,指召集权人)召集董事会。

③ 已提出前款所规定的请求之日起的 5 日内,若不发出将已提出该请求之日起 2 周内之日作为董事会会日的董事会召集通知时,已提出该请求的

监事,可召集董事会。

④ 对第 373 条第 2 款所规定的董事会,不适用以上 2 款的规定。

第 384 条 (对股东大会的报告义务)

监事,须对董事拟向股东大会提交的议案、书面文件及其他法务省令规定的文件进行调查。此时,认为违反法令或章程或者存在明显不合理的事项时,须向股东大会报告其调查结果。

第 385 条 (监事对董事行为的制止)

① 监事,董事实施监事设置公司经营范围外的行为及其他违反法令或章程的行为,或者有可能实施这些行为,且该行为有可能对该监事设置公司造成严重损害时,可向该董事请求停止该行为。

② 在前款情形下,法院以临时处分的方式命令同款所规定的董事停止其行为时,不要求其提供担保。

第 386 条 (监事设置公司与董事间诉讼中的公司代表)

① 虽有第 349 条第 4 款、第 353 条及第 364 条的规定,但在以下各项所列情形下,就该各项所列诉讼,由监事代表监事设置公司:

(一) 监事设置公司对董事(含曾是董事者,以下在本款中相同),或者董事对监事设置公司提起诉讼时;

(二) 作为股份交换等全资母公司(指第 849 条第 2 款第 1 项所规定的股份交换等全资母公司,在下款第 3 项中相同)的监事设置公司,提起追究该股份交换等全资子公司(指第 847 条之 2 第 1 款所规定的股份交换等全资子公司,在下款第 3 项中相同)的董事、执行官(含曾是执行官者,以下在本条中相同)或者清算人(含曾是清算人者,以下在本条中相同)责任(限于第 847 条之 2 第 1 款各项所列行为生效时前成为原因的事实已发生的情形)的诉讼时;

(三) 作为最终全资母公司等(指第 847 条之 3 第 1 款所规定的最终全资母公司等,在下款第 4 项中相同)的监事设置公司,对作为其全资子公司等(指同条第 2 款第 2 项所规定的全资子公司等,含根据同条第 3 款的规定被视为该全资子公司等的子公司,在下款第 4 项中相同)的股份公司的董事、执行官或清算人提起特定责任追究诉讼(指同条第 1 款所规定的特别责任追究诉讼)时。

② 虽有第 349 条第 4 款的规定,但在下列情形下,由监事代表监事设置公司:

(一) 监事设置公司接受第 847 条第 1 款、第 847 条之 2 第 1 款或第 3 款(含在同条第 4 款及第 5 款中所准用的情形),或者第 847 条之 3 第 1 款所规定的请求（限于提起追究董事责任之诉的请求）的情形；

（二）监事设置公司接受第849条第4款所规定的诉讼告知（限于与追究董事责任之诉相关的诉讼告知）以及第850条第2款所规定的通知及催告（限于与追究董事责任之诉相关的诉讼中的和解有关的通知及催告）的情形；

（三）作为股份交换等全资母公司的监事设置公司，提出第847条第1款规定的请求（限于提起前款第2项所规定之诉的请求），或者接受第849条第6款所规定通知（限于与其股份交换等全资子公司的董事、执行官或者清算人责任追究之诉相关的通知）的情形；

（四）作为最终全资母公司的监事设置公司，提出第847条第1款所规定的请求（限于提起前款第3项所规定的特定责任追究之诉的请求），或者接受第849条第7款所规定的通知（限于追究与其作为全资子公司等的股份公司的董事、执行官或者清算人责任之诉相关的通知）的情形。

第387条 （监事的报酬等）

① 监事的报酬等，章程未规定其数额时，通过股东大会的决议作出规定。

② 监事有2人以上，且对各监事的报酬等无章程规定或者股东大会的决议时，该报酬等在前款所规定的报酬等的范围内，由监事协商决定。

③ 监事，在股东大会上就监事的报酬等，可陈述意见。

第388条 （费用等的请求）

监事就其职务履行已向监事设置公司（含将监事的监查范围限定在财务会计监查方面之意章程有规定的股份公司）提出下列请求时，该监事设置公司，已证明与该请求相关的费用或者债务与该监事履行职务无关的情形除外，不得拒绝该请求：

（一）预付费用的请求；

（二）清偿已支出的费用及支出日后的相关利息的请求；

（三）对债权人清偿（该债务清偿期未届满时，提供相应担保）其所已承担债务的请求。

第389条 （章程规定对监查范围的限定）

① 作为非公开公司的股份公司（监事会设置公司以及会计监查人设置公司除外），虽有第381条第1款的规定，但章程可作出将该监事的监查范围限定在财务会计方面之意的规定。

② 存在前款所规定的章程规定的股份公司的监事，须根据法务省令的规定制作监查报告。

③ 前款所规定的监事,须对董事拟提交给股东大会的有关财务会计的议案、书面文件及其他法务省令规定的文件进行调查,并须向股东大会报告其调查结果。

④ 第 2 款所规定的监事,可随时查阅及誊写下列文件,或者要求董事及会计参与,以及经理人及其他使用人对财务会计进行报告:

(一)会计账簿或者其相关资料以书面形式所制作时,该书面文件;

(二)会计账簿或者其相关资料以电子记录形式所制作时,将已记录于该电子记录中的事项以法务省令规定的方法所表示的文件资料。

⑤ 第 2 款所规定的监事,为履行其职务有必要时,可要求股份公司的子公司对财务会计进行报告,或者对股份公司或其子公司的业务及财产状况进行调查。

⑥ 前款所规定的子公司,有正当理由时,可拒绝同款所规定的报告或者调查。

⑦ 对根据第 1 款的规定章程有规定的股份公司,不适用第 381 条至第 386 条的规定。

第 8 节 监 事 会

第 1 分节 权 限 等

第 390 条

① 监事会,由全体监事组成。

② 监事会,履行下列职务。但第 3 项的决定不得妨碍监事权限的行使:

(一)监查报告的制作;

(二)专职监事的选任及解职;

(三)监查的方针、监事会设置公司的业务及财产状况的调查方法及其他监事履行职务相关事项的决定。

③ 监事会,须从监事中选定专职监事。

④ 监事会有要求时,监事须随时向监事会报告其职务履行情况。

第 2 分节 运 营

第 391 条 (召集权人)

监事会,由各监事负责召集。

第 392 条 （召集程序）

① 召集监事会时，监事须在监事会会日的 1 周（章程已规定低于该标准的期间时，从其该期间）前，向各监事发出其通知。

② 虽有前款的规定，但监事会取得全体监事同意时，可不经过召集程序召开监事会。

第 393 条 （监事会的决议）

① 监事会的决议，以监事的过半数作出。

② 对于监事会的议事，须根据法务省令的规定制作会议记录，且该会议记录以书面形式所制作时，已出席的监事须在其上署名或者签名盖章。

③ 前款所规定的会议记录以电子记录形式所制作时，对已记录于该电子记录中的事项，须采取代替法务省令所规定的署名或者签名盖章的措施。

④ 已参加监事会决议的监事，未在第 2 款所规定的会议记录中记载异议时，被推定为已赞成该决议者。

第 394 条 （会议记录）

① 监事会设置公司，在监事会会日起的 10 年间，须将前条第 2 款所规定的会议记录置备于其总公司。

② 监事会设置公司的股东，为行使其权利有必要时，取得法院许可后，可提出下列请求：

（一）前款所规定的会议记录以书面形式所制作时，查阅或者誊写该书面文件的请求；

（二）前款所规定的会议记录以电子记录形式所制作时，查阅或者誊写根据法务省令规定的方法所表示的已记录于该电子记录中的事项的请求。

③ 对监事会设置公司的债权人为追究公司负责人的责任有必要的情形，以及母公司股东为行使其权利有必要的情形，准用前款的规定。

④ 法院，在认为通过与第 2 款（含在前款中所准用的情形，以下在本款中相同）请求相关的查阅或者誊写有可能给该监事会设置公司或者其母公司或子公司造成严重损害时，不得作出第 2 款所规定的许可。

第 395 条 （向监事会报告的省略）

董事、会计参与、监事或者会计监查人将应向监事会报告的事项已通知全体监事时，不再要求向监事会报告该事项。

第 9 节　会计监查人

第 396 条　（会计监查人的权限等）

① 会计监查人,根据下章的规定监查股份公司的财务会计报表及其附属明细表、临时财务会计报表及集团财务会计报表。此时,会计监查人,须根据法务省令的规定制作会计监查报告。

② 会计监查人,可随时查阅及誊写下列资料,或者要求董事、会计参与以及经理人及其他使用人对财务会计进行报告:

（一）会计账簿或者其相关资料以书面形式所制作时,该书面文件;

（二）会计账簿或者其相关资料以电子记录形式所制作时,已记录于该电子记录并以法务省令规定的方法所表示的事项。

③ 会计监查人,履行其职务有必要时,可要求会计监查人设置公司的子公司对财务会计进行报告,或者可对会计监查人设置公司或其子公司的业务及财产状况进行调查。

④ 前款所规定的子公司,有正当理由时,可拒绝同款所规定的报告或者调查。

⑤ 会计监查人,履行其职务时,不得使用符合下列情形之一者:

（一）第 337 条第 3 款第 1 项或者第 2 项所列者;

（二）会计监查人设置公司或者其子公司的董事、会计参与、监事或执行官或者经理人及其他使用人;

（三）因从事注册会计师或者监查法人业务外的业务,从会计监查人设置公司或者其子公司连续领取报酬者。

⑥ 就提名委员会等设置公司适用第 2 款的规定,将同款中的"董事"改为"执行官、董事"。

第 397 条　（对监事的报告）

① 会计监查人,在履行其职务之际,发现董事的职务履行存在不正当行为或者存在违反法令或章程的重大事实时,须及时将其报告给监事。

② 监事履行其职务有必要时,可要求会计监查人对其的监查进行报告。

③ 就监事会设置公司适用第 1 款的规定,将同款中的"监事"改为"监事会"。

④ 就监查等委员会设置公司适用第 1 款及第 2 款的规定,将第 1 款中的"董事"改为"监查等委员会",将第 2 款中的"监事"改为"监查等委员会所选

定的监查等委员"。

⑤ 就提名委员会等设置公司适用第 1 款及第 2 款的规定,将第 1 款中的"董事"改为"执行官或者董事",将"监事"改为"监查委员会",将第 2 款中的"监事"改为"监查委员会所选定的监查委员会的委员"。

第 398 条 （会计监查人在年度股东大会上的意见陈述）

① 就第 396 条第 1 款规定的文件是否符合法令或章程,会计监查人与监事的意见不一致时,会计监查人（会计监查人属于监查法人时,指应履行其职权的成员,在下款中相同）,可出席年度股东大会并陈述意见。

② 年度股东大会就要求会计监查人出席作出决议时,会计监查人,须出席年度股东大会并陈述意见。

③ 就监事会设置公司适用第 1 款的规定,将同款中的"监事"改为"监事会或者监事"。

④ 就监查等委员会设置公司适用第 1 款的规定,将同款中的"监事"改为"监查等委员会或者监查等委员"。

⑤ 就提名委员会等设置公司适用第 1 款的规定,将同款中的"监事"改为"监查委员会或者其委员"。

第 399 条 （监事对会计监查人的报酬等决定的参与）

① 董事,决定会计监查人或者应临时履行会计监查人职务者的报酬等时,须取得监事（监事有 2 人以上时,其过半数）的同意。

② 就监事会设置公司适用前款的规定,将同款中的"监事（监事有 2 人以上时,其过半数）"改为"监事会"。

③ 就监查等委员会设置公司适用第 1 款的规定,将同款中的"监事（监事有 2 人以上时,其过半数）"改为"监查等委员会"。

④ 就提名委员会等设置公司适用第 1 款的规定,将同款中的"监事（监事有 2 人以上时,其过半数）"改为"监查委员会"。

第 9 节之 2　监查等委员会

第 1 分节　权　限　等

第 399 条之 2 （监查等委员会的权限等）

① 监查等委员会,由全体监查等委员组成。

② 监查等委员,须为董事。

③ 监查等委员会,履行下列职务:

(一)对董事(会计参与设置公司时,指董事及会计参与)履行职务的监查及监查报告的制作;

(二)提交给股东大会的有关会计监查人的选任及解任以及会计监查人不再连任议案内容的决定;

(三)第342条之2第4款及第361条第6款所规定的监查等委员会意见的决定。

④ 监查等委员就其职务履行对监查等委员会设置公司已提出下列请求时,监查等委员会设置公司,已证明与该请求相关的费用或者债务与该监查等委员的职务履行无关的情形除外,不得拒绝该请求:

(一)提前支付费用的请求;

(二)偿还已支付费用及支付日后其利息的请求;

(三)对债权人清偿(该债务清偿期未届满时,提供相应担保)其所已承担债务的请求。

第399条之3 (监查等委员会所实施的调查)

① 监查等委员会所选定的监查等委员,可随时要求董事及经理人及其使用人报告其有关职务履行的相关事项,或者调查监查等委员会设置公司的业务及财产状况。

② 监查等委员会所选定的监查等委员,为履行监查等委员会的职务有必要时,可要求监查等委员会设置公司的子公司报告事业,或者调查该子公司的业务及财产状况。

③ 前款所规定的子公司,有正当理由时,可拒绝同款所规定的报告或者调查。

④ 第1款及第2款所规定的监查等委员,就该各项所规定报告的征集或者有关调查的事项监查等委员会有决议时,须服从该决议。

第399条之4 (对董事会的报告义务)

监查等委员,认为董事有不正当行为或有可能实施该类行为时,或着认为存在违反法令或章程的事实或存在明显不合理的事实时,须及时向董事会报告该情况。

第399条之5 (对股东大会的报告义务)

监查等委员,认为董事拟提交给股东大会的议案、文件及其他法务省令所规定的文件存在违反法令或章程或明显不合理的事实时,须对股东大会报告该意旨。

第 399 条之 6 （监查等委员对董事行为的制止）

① 当董事实施监查等委员会设置公司经营范围外的行为及其他违反法令或章程的行为，或者有可能实施这类行为，并由此有可能给该监查等委员会设置公司造成严重损害时，监查等委员可请求该董事停止该行为。

② 在前款规定的情形下，法院以临时处分的方式对董事作出停止该行为的命令时，不要求其提供担保。

第 399 条之 7 （监查等委员会设置公司与董事间诉讼中的公司代表等）

① 虽有第 349 条第 4 款、第 353 条及第 364 条的规定，但监查等委员会设置公司对董事（含曾是董事者，以下在本条中相同），或者董事对监查等委员会设置公司提起诉讼时，对该诉讼按照以下各项所列的区分，由该各项所规定者代表监查等委员会设置公司：

（一）监查等委员属于该诉讼的当事人时，董事会所规定者（股东大会就该诉讼已规定监查等委员会设置公司的代表者时，该被规定者）；

（二）前项所列情形之外的情形，监查等委员会所选定的监查等委员。

② 虽有前款的规定，但董事对监查等委员会设置公司提起诉讼时，对监查等委员（提起该诉讼的委员除外）所送达的诉状，对该监查等委员会设置公司有效。

③ 虽有第 349 条第 4 款、第 353 条及第 364 条的规定，但下列各项所列股份公司属于监查等委员会设置公司，且提起该各项所规定诉讼时，对该诉讼，由监查等委员会所选定的监查等委员代表该监查等委员会设置公司：

（一）股份交换等全资母公司（指第 849 条第 2 款第 1 项所规定的股份交换等全资母公司，在下款第 1 项及第 5 款第 3 项中相同），指提起追究其股份交换等全资子公司（指第 847 条之 2 第 1 款所规定的股份交换等全资子公司，在第 5 款第 3 项中相同）的董事、执行官（含曾是执行官者，以下在本条中相同）或者清算人（含曾是清算人者，以下在本条中相同）责任（限于在第 847 条之 2 第 1 款各项所列行为生效前已发生成其为原因的事实的责任）的诉讼；

（二）最终全资母公司等（指第 847 条之 3 第 1 款所规定的最终全资母公司等，在下款第 2 项及第 5 款第 4 项中相同），指提起追究作为其全资子公司等（指同条第 2 款第 2 项所规定的全资子公司等，并含根据同条第 3 款的规定被视为该全资子公司者，在第 5 款第 4 项中相同）的股份公司的董事、执行官或者清算人的特定责任之诉（指同条第 1 款所规定的追究特定责任之诉）。

④ 虽有第 349 条第 4 款的规定，但以下各项所列股份公司属于监查等委

员会设置公司,且提出以下各项所规定的请求时,监查等委员会所选定的监查等委员,代表该监查等委员会设置公司:

(一) 股份交换等全资母公司,指第 847 条第 1 款所规定的请求(限于提起前款第 1 项所规定诉讼的请求);

(二) 最终全资母公司等,指第 847 条第 1 款所规定的请求(限于提起追究前款第 2 项所规定特定责任之诉的请求)。

⑤ 虽有第 349 条第 4 款的规定,但在下列情形下,监查等委员代表监查等委员会设置公司:

(一) 监查等委员会设置公司接受第 847 条第 1 款、第 847 条之 2 第 1 款或第 3 款(含在同条第 4 款及第 5 款中所准用的情形)或者第 847 条之 3 第 1 款所规定的请求(限于提起追究董事责任诉讼的请求)时(该监查等委员成为与该诉讼相关的诉讼相对人的情形除外);

(二) 监查等委员会设置公司接受第 849 条第 4 款的诉讼告知(限于与追究董事责任之诉相关的诉讼告知)以及第 850 条第 2 款所规定的通知及催告(限于与追究董事责任之诉相关诉讼中的和解相关的通知及催告)时(该监查等委员成为与这些诉讼相关诉讼的当事人的除外);

(三) 作为股份交换等全资母公司的监查等委员会设置公司接受第 849 条第 6 款所规定的通知(限于与追究该股份交换等全资子公司的董事、执行官或者清算人责任之诉相关的通知)时;

(四) 作为最终全资母公司等的监查等委员会设置公司接受第 849 条第 7 款所规定的通知(限于与追究作为其全资子公司等的股份公司的董事、执行官或者清算人责任之诉相关的通知)时。

第 2 分节 运 营

第 399 条之 8 (召集权人)

监查等委员会,由各监查等委员负责召集。

第 399 条之 9 (召集程序等)

① 召集监查等委员会时,监查等委员,须在监查等委员会会日之 1 周(章程已规定低于该标准的期间时,从其该期间)前,给各监查等委员发出其通知。

② 虽有前款的规定,但有全体监查等委员的同意时,可不经过召集程序召开监查等委员会。

③ 在监查等委员会已提出要求时,董事须出席监查等委员会并对监查

等委员会所要求事项作出说明。

第 399 条之 10 （监查等委员会的决议）

① 监查等委员会的决议,由可参与决议的监查等委员的过半数出席,出席者的过半数作出。

② 就前款的决议有特别利害关系的监查等委员,不得参加决议。

③ 关于监查等委员会的议事,须根据法务省令的规定制作会议记录,以书面文件形式所制作时,出席的监查等委员须在该会议录上署名或者签名盖章。

④ 前款的会议记录以电子记录形式所制作时,就已记录于该电子记录中的事项,须采取代替法务省令所规定的署名或者签名盖章的措施。

⑤ 已参加监查等委员会决议的监查等委员,且未在第 3 款的会议记录中记载异议者,被推定为已赞成该决议者。

第 399 条之 11 （会议记录）

① 监查等委员会设置公司,自监查等委员会会日起的 10 年间,须将前条第 3 款所规定的会议记录置备于其总公司。

② 监查等委员会设置公司的股东,行使其权利有必要时,可取得法院许可后提出下列请求：

（一）前款的会议记录以书面文件形式所制作时,查阅或者誊写该书面文件的请求；

（二）前款的会议记录以电子记录形式所制作时,查阅或者誊写已记录于该电子记录并以法务省令规定的方法所表示事项的请求。

③ 监查等委员会设置公司的债权人,为追究董事或者会计参与的责任有必要时,以及母公司股东行使其权利有必要时,准用前款的规定。

④ 法院,认为通过与第 2 款（含在前款中所准用的情形,以下在本款中相同）所规定的请求相关的查阅或者誊写有可能给该监查等委员会设置公司或者其母公司或子公司造成严重损害时,不得作出第 2 款所规定的许可。

第 399 条之 12 （对监查等委员会报告的省略）

董事、会计参与或者会计监查人对全体监查等委员已通知应向监查等委员会报告的事项时,不再要求向监查等委员会报告该事项。

第 3 分节　监查等委员会设置公司董事会的权限等

第 399 条之 13 （监查等委员会设置公司董事会的权限）

① 监查等委员会设置公司的董事会,与第 362 条的规定无关,履行下列

职务：

（一）下列事项及其他有关该监查等委员会设置公司业务执行的决定：

1. 经营基本方针；

2. 法务省令所规定的监查等委员会履行其职务所必要的事项；

3. 为确保董事的职务履行符合法令及章程的体制，及其他法务省令所规定的为确保股份公司的业务以及由该股份公司及其子公司所组成的企业集团的业务的合理性所必要的体制完善。

（二）对董事履行职务的监督；

（三）代表董事的选定及解职。

② 监查等委员会设置公司的董事会，须决定前款第 1 项 1 至 3 所列事项。

③ 监查等委员会设置公司的董事会，须从董事（作为监查等委员的董事除外）中选定代表董事。

④ 监查等委员会设置公司的董事会，不得将下列事项及其他重要业务执行的决定委托给董事：

（一）重要财产的处分及受让；

（二）巨额借款；

（三）经理人及其他重要使用人的选任及解任；

（四）分公司及其他重要组织机构的设置、变更及废止；

（五）法务省令所规定的与第 676 条第 1 项所列事项及其他募集认购公司债券者相关的重要事项；

（六）第 426 条第 1 款所规定的基于章程规定的第 423 条第 1 款所规定责任的免除。

⑤ 虽有前款的规定，但监查等委员会设置公司董事的过半数属于独立董事时，监查等委员会设置公司的董事会，通过其决议可将重要业务执行的决定委托给董事。但下列事项，不在此限：

（一）第 136 条或者第 137 条第 1 款所规定的决定及第 140 条第 4 款所规定的指定；

（二）在第 165 条第 3 款中所替换适用的第 156 条第 1 款各项所列事项的决定；

（三）第 262 条或者第 263 条第 1 款所规定的决定；

（四）第 298 条第 1 款各项所列事项的决定；

（五）提交给股东大会的议案（有关会计监查人的选任及解任以及会计

监查人不再连任的议案除外)内容的决定;

（六）在第365条第1款中所替换适用的第356条第1款所规定的同意;

（七）第366条第1款但书所规定的召集董事会董事的决定;

（八）第399条之7第1款第1项所规定的监查等委员会设置公司代表者的决定;

（九）前款第6项所列事项;

（十）第436条第3款、第441条第3款及第444条第5款所规定的同意;

（十一）根据在第454条第5款中所替换适用的同条第1款的规定,被确定为必须规定事项的决定;

（十二）与第467条第1款各项所列行为相关的合同(不要求通过该监查等委员会设置公司的股东大会决议同意的合同除外)内容的决定;

（十三）合并合同(不要求通过该监查等委员会设置公司的股东大会决议同意的合同除外)内容的决定;

（十四）吸收分立合同(不要求通过该监查等委员会设置公司的股东大会决议同意的合同除外)内容的决定;

（十五）新设分立计划(不要求通过该监查等委员会设置公司的股东大会决议同意的计划除外)内容的决定;

（十六）股份交换合同(不要求通过该监查等委员会设置公司的股东大会决议同意的合同除外)内容的决定;

（十七）股份移转计划内容的决定。

⑥ 虽有以上2款的规定,但监查等委员会设置公司,可通过章程规定将由董事会决议决定的全部或者部分重要业务执行(前款各项所列事项除外)的决定可委托给董事之意。

第399条之14　（由监查等委员会所召集的董事会）

属于监查等委员会设置公司时,虽有召集权人的规定,但监查等委员会所选定的监查等委员,可召集董事会。

第10节　提名委员会等以及执行官

第1分节　委员的选定、执行官的选任等

第400条　（委员的选定等）

① 提名委员会、监查委员会或者报酬委员会的各委员会(以下在本条、

下条及第 911 条第 3 款第 23 项 2 中简称为"各委员会"),由 3 人以上的委员组成。

② 各委员会的委员,根据董事会的决议从董事中选定。

③ 各委员会委员的过半数,须为独立董事。

④ 监查委员会的委员(以下称为"监查委员"),不得兼任提名委员会等设置公司或其子公司的执行官或业务执行董事或者提名委员会等设置公司的子公司的会计参与(会计参与属于法人时,指应履行其职务的成员)或经理人及其他使用人。

第 401 条 (委员的解职等)

① 各委员会的委员,可随时根据董事会的决议被解职。

② 前条第 1 款规定的各委员会的委员人数(章程已规定 4 人以上的人数时,从其该人数)不足时,因任期届满或者辞职而离任的委员,直至新选定的委员(含下款所规定的应临时履行委员职务者)就任为止,仍继续作为委员的权利义务。

③ 前款有规定,且法院认为有必要时,可根据利害关系人的申请选任应临时履行委员职务者。

④ 法院已选任前款所规定的应临时履行委员职务者时,可决定提名委员会等设置公司对其所支付的报酬额。

第 402 条 (执行官的选任等)

① 提名委员会等设置公司时,须设 1 人或者 2 人以上的执行官。

② 执行官,通过董事会的决议选任。

③ 提名委员会等设置公司与执行官之间的关系,服从有关委托的规定。

④ 对执行官,准用第 331 条第 1 款〈董事的资格等〉的规定。

⑤ 股份公司,不得在章程中规定执行官须为股东之意。但对作为非公开公司的提名委员会等设置公司,不在此限。

⑥ 执行官,可兼任董事。

⑦ 执行官的任期,至选任后 1 年内结束的事业年度中有关最终事业年度的年度股东大会闭会后最初召集的董事会闭会时为止。但这并不妨碍通过章程缩短该任期。

⑧ 虽有前款的规定,但为了废止章程有关设置提名委员会等之意的规定而已进行章程变更时,执行官的任期,在该章程变更生效时届满。

第 403 条 (执行官的解任等)

① 执行官,可随时通过董事会的决议被解任。

② 通过前款规定被解任的执行官,除就其解任有正当理由的情形外,可请求提名委员会等设置公司赔偿因解任所遭受的损害。

③ 对执行官空缺或者章程规定的执行官人数不足的情形,准用第 401 条第 2 款至第 4 款〈委员空缺的情形〉的规定。

第 2 分节 提名委员会等的权限等

第 404 条　〈委员会的权限等〉

① 提名委员会,决定提交给股东大会的有关董事(会计参与设置公司时,指董事及会计参与)选任及解任议案的内容。

② 监查委员会,履行下列职务：

(一) 对执行官等(指执行官及董事,在会计参与设置公司时,指执行官、董事及会计参与,以下在本节中相同)职务履行的监查及监查报告的制作；

(二) 提交给股东大会的有关会计监查人的选任及解任以及不再连任议案内容的决定。

③ 报酬委员会,与第 361 条第 1 款以及第 379 条第 1 款及第 2 款的规定无关,决定执行官等各自的报酬等的内容。执行官兼任提名委员会等设置公司的经理人及其他使用人时,该经理人及其他使用人的报酬等的内容,亦同。

④ 委员就其职务履行(限于有关该委员所属委员会职务的履行)向提名委员会等设置公司提出下列请求时,该提名委员会等设置公司,已证明与该请求相关的费用或者债务并非是该委员履行其职务所必要的除外,不得拒绝该请求：

(一) 提前支付费用的请求；

(二) 偿还所支出的费用及支出日后利息的请求；

(三) 对债权人清偿(该债务清偿期未届满时,提供相应担保)其所已承担债务的请求。

第 405 条　〈由监查委员会所进行的调查〉

① 监查委员会所选定的监查委员,可随时要求执行官等以及经理人及其他使用人对其职务履行相关事项进行报告,或者对提名委员会等设置公司的业务及财产状况进行调查。

② 监查委员会所选定的监查委员,为履行监查委员的职务有必要时,可要求提名委员会等设置公司的子公司对其事业进行报告,或对其子公司的业务及财产状况进行调查。

③ 前款所规定的子公司,有正当理由时,可拒绝同款所规定的报告或者

调查。

④ 就有关该各项报告的征集或者调查的相关事项监查委员会有决议时，第1款及第2款所规定的监查委员，须服从该决议。

第406条 （向董事会的报告义务）

监查委员，认为执行官或者董事实施不正当行为或有可能实施该类行为时，或者认为存在违反法令或章程的事实或存在明显不合理的事实时，须及时向董事会报告该情况。

第407条 （监查委员对执行官等行为的制止）

① 当执行官或者董事实施提名委员会等设置公司经营范围外的行为及其他违反法令或章程的行为，或者有可能实施这类行为，并由此有可能给该提名委员会等设置公司造成严重损害时，监查委员，可请求该执行官或者董事停止该行为。

② 前款有规定，且法院以临时处分方式命令同款所规定的执行官或者董事停止该行为时，不要求其提供担保。

第408条 （提名委员会等设置公司与执行官或者董事间诉讼中的公司代表等）

① 虽有在第420条第3款中所准用的第349条第4款以及第353条及第364条的规定，但提名委员会等设置公司对执行官（含曾是执行官者，以下在本条中相同）或者董事（含曾是董事者，以下在本条中相同），或者执行官或董事对提名委员会等设置公司提起诉讼时，对该诉讼，按照以下各项所列情形的区分，由该各项所列者代表提名委员会等设置公司：

（一）监查委员属于该诉讼的当事人时，董事会所规定者（股东大会就该诉讼已规定提名委员会等设置公司的代表者时，该被规定者）；

（二）前项所列情形外时，指监查委员会所选定的监查委员。

② 虽有前款的规定，但执行官或者董事对提名委员会等设置公司提起诉讼时，对监查委员（作为该诉讼提起者的监查委员除外）所送达的诉状，对该提名委员会等设置公司有效。

③ 虽有在第420条第3款中所准用的第349条第4款的规定以及第353条及第364条的规定，但以下各项所列的股份公司属于提名委员会等设置公司，且提起该各项所规定的诉讼时，对该诉讼，由监查委员会所选定的监查委员代表该提名委员会等设置公司：

（一）股份交换等全资母公司（指第849条第2款第1项所规定的股份交换等全资母公司，在下款第1项及第5款第3项中相同），指提起追究其股份交换等全资子公司(指第847条之2第1款所规定的股份交换等全资子公司,在第5款第3项中相同)的董事、执行官或者清算人(含曾是清算人者,以下在本条中相同)的责任(限于在第847条之2第1款各项所列行为生效前作为其原因的事实已发生的责任)的诉讼;

(二)最终全资母公司等(指第847条之3第1款所规定的最终全资母公司等,在下款第2项及第5款第4项中相同),指追究其作为全资子公司等(指同条第2款第2项所规定的全资子公司等,含根据同条第3款的规定被视为该全资子公司等的全资子公司,在第5款第4项中相同)的股份公司的董事、执行官或者清算人的特定责任的诉讼(指追究同条第1款所规定的特定责任的诉讼)。

④ 虽有在第420条第3款中所准用的第349条第4款的规定,但以下各项所列股份公司属于提名委员会等设置公司,且提出该各项所规定请求时,由监查委员会所选定的监查委员,代表该提名委员会等设置公司:

(一)股份交换等全资母公司,指第847条第1款所规定的请求(限于提起前款第1项所规定诉讼的请求);

(二)最终全资母公司等,指第847条第1款所规定的请求(限于提起追究前款第2项所规定的特定责任诉讼的请求)。

⑤ 虽有在第420条第3款所准用的第349条第4款的规定,但在下列情形时,由监查委员代表提名委员会等设置公司:

(一)提名委员会等设置公司接受第847条第1款、第847条之2第1款或第3款(含在同条第4款及第5款中所准用的情形),或者第847条之3第1款所规定的请求(限于提起追究执行官或者董事责任诉讼的请求)时(该监查委员成为与该诉讼相关诉讼的相对人的情形除外);

(二)提名委员会等设置公司接受第849条第4款的诉讼告知(限于与追究执行官或者董事责任诉讼相关的诉讼告知)以及第850条第2款所规定的通知及催告(限于与追究执行官或者董事责任诉讼相关诉讼中的和解有关的通知及催告)时(该监查委员作为与这些诉讼相关诉讼的当事人的情形除外);

(三)作为股份交换等全资母公司的提名委员会等设置公司接受第849条第6款所规定的通知(限于与追究其股份交换等全资子公司的董事、执行官或者清算人责任诉讼相关的通知)时;

(四)作为最终全资母公司等的提名委员会等设置公司接受基于第849条第7款规定的通知(限于与追究作为其全资子公司的股份公司的董事、执行官或者清算人责任诉讼相关的通知)时。

第 409 条 （由报酬委员会决定报酬的方法等）

① 报酬委员会,须就决定执行官等个人报酬等内容的方针作出规定。

② 报酬委员会,作出第 404 条第 3 款所规定的决定时,须遵守前款所规定的方针。

③ 报酬委员会,将以下列各项所列内容作为执行官等个人的报酬时,须对该各项所规定的事项作出决定。但会计参与的个人报酬等,须是第 1 项所列的内容：

（一）数额确定时,指个人的数额;

（二）数额未确定时,指对个人的具体计算方法;

（三）非现金的报酬时,指个人报酬的具体内容。

第 3 分节 提名委员会等的运营

第 410 条 （召集权人）

提名委员会等,由该委员会等的各委员负责召集。

第 411 条 （召集程序等）

① 召集提名委员会等时,其委员,须在提名委员会等的会日之 1 周(董事会已规定低于该标准的期间时,从其该期间)前,向该提名委员会等的各委员发出其通知。

② 虽有前款的规定,但只要该提名委员会等的全体委员同意,提名委员会等,可在不经过召集程序的情况下召开。

③ 当提名委员会等已提出要求时,执行官等须出席该提名委员会等,并须对该提名委员会等所要求事项作出说明。

第 412 条 （提名委员会等的决议）

① 提名委员会等的决议,以可参加表决的过半数委员(董事会已规定高于该标准的比例时,该比例以上)出席,并以出席委员的过半数(董事会已规定高于该标准的比例时,该比例以上)作出。

② 就前款所规定的决议有特别利害关系的委员,不得参加表决。

③ 就提名委员会等的会议议事,须根据法务省令的规定制作会议记录,该会议记录以书面形式所制作时,须由出席的委员在其上署名或者签名盖章。

④ 前款所规定的会议记录以电子记录形式所制作时,对已记录于该电子记录中的事项,须采取代替法务省令所规定的署名或者签名盖章的措施。

⑤ 已参加提名委员会等决议的委员,在第 3 款所规定的会议记录中未记载异议时,被推定为赞成该决议者。

第 413 条 （会议记录）

① 提名委员会等设置公司,自提名委员会等的会日起的 10 年间,须将前条第 3 款所规定的会议记录置备于其总公司。

② 提名委员会等设置公司的董事,可查阅及誊写下列文件资料:

(一) 前款所规定的会议记录以书面形式所制作时,该书面文件资料;

(二) 前款的会议记录以电子记录形式所作成时,已记录于该电子记录并以法务省令规定的方法所表示的事项。

③ 提名委员会等设置公司的股东,为行使其权利有必要时,经法院许可后可就第 1 款所规定的会议记录提出查阅或者誊写前款各项所列文件资料的请求。

④ 提名委员会等设置公司的债权人,为追究委员的责任有必要时,以及母公司股东为行使其权利有必要时,准用前款的规定。

⑤ 法院,认为因实施与第 3 款(含在前款中所准用的情形,以下在本款中相同)的请求相关的查阅或者誊写,有可能给提名委员会等设置公司或者其母公司或子公司造成严重损害时,不得作出第 3 款所规定的许可。

第 414 条 （向提名委员会等报告的省略）

当执行官、董事、会计参与或者会计监查人向全体委员已通知应向提名委员会等报告的事项时,不再要求向提名委员会等报告该事项。

第 4 分节　提名委员会等设置公司董事的权限等

第 415 条 （提名委员会等设置公司董事的权限）

提名委员会等设置公司的董事,本法及基于本法的命令另有规定的除外,不得执行提名委员会等设置公司的业务。

第 416 条 （提名委员会等设置公司董事会的权限）

① 提名委员会等设置公司的董事会,虽有第 362 条的规定,但履行下列职务:

(一) 下列事项及其他提名委员会等设置公司业务执行的决定:

1. 经营的基本方针;

2. 法务省令所规定的监查委员履行职务所必要的事项;

3. 执行官有 2 人以上时,有关执行官职务分工及指挥命令关系及其他执行官相互关系的事项;

4. 接受下条第 2 款所规定的董事会召集请求的董事；

5. 为确保执行官的职务履行符合法令及章程的体制，及其他法务省令所规定的为确保股份公司业务以及由该股份公司及其子公司所组成的企业集团业务的合理性所必要的体制完善。

（二）对执行官等职务履行的监督。

② 提名委员会等设置公司的董事会，须决定前款第 1 项 1 至 5 所列事项。

③ 提名委员会等设置公司的董事会，不得将第 1 款各项所列职务的履行委托给董事。

④ 提名委员会等设置公司的董事会，可通过其决议，将提名委员会等设置公司的业务执行的决定委托给执行官。但有关下列事项，不在此限：

（一）第 136 条或者第 137 条第 1 款的决定及第 140 条第 4 款所规定的指定；

（二）在第 165 条第 3 款中所替换适用的第 156 条第 1 款各项所列事项的决定；

（三）第 262 条或者第 263 条第 1 款所规定的决定；

（四）第 298 条第 1 款各项所列事项的决定；

（五）提交给股东大会的议案（有关董事、会计参与及会计监查人的选任及解任以及会计监查人不再连任的议案除外）内容的决定；

（六）在第 365 条第 1 款中所替换适用的第 356 条第 1 款（含在第 419 条第 2 款中所替换准用的情形）所规定的同意；

（七）第 366 条第 1 款但书所规定的召集董事会的董事的决定；

（八）第 400 条第 2 款所规定的委员的选定及第 401 条第 1 款所规定的委员的解职；

（九）第 402 条第 2 款所规定的执行官的选任及第 403 条第 1 款所规定的执行官的解任；

（十）第 408 条第 1 款第 1 项所规定的提名委员会等设置公司代表者的决定；

（十一）第 420 条第 1 款前段所规定的代表执行官的选定及同条第 2 款所规定的代表执行官的解职；

（十二）第 426 条第 1 款所规定的基于章程规定的第 423 条第 1 款所规定责任的免除；

（十三）第 436 条第 3 款、第 441 条第 3 款及第 444 条第 5 款所规定的同意；

（十四）根据在第 454 条第 5 款中所替换适用的同条第 1 款的规定须作出规定事项的决定；

（十五）与第 467 条第 1 款各项所列行为相关的合同（不再要求通过提名委员会等设置公司股东大会决议表达同意的合同除外）内容的决定；

（十六）合并合同（不再要求通过提名委员会等设置公司股东大会决议表达同意的合同除外）内容的决定；

（十七）吸收分立合同（不再要求通过提名委员会等设置公司股东大会决议表达同意的合同除外）内容的决定；

（十八）新设分立计划（不再要求通过提名委员会等设置公司股东大会决议表达同意的计划除外）内容的决定；

（十九）股份交换合同（不再要求通过提名委员会等设置公司股东大会决议表达同意的合同除外）内容的决定；

（二十）股份移转计划内容的决定。

第 417 条 （提名委员会等设置公司董事会的运营）

① 属于提名委员会等设置公司时，虽有召集权人的规定，但由提名委员会等从其委员中所选定的委员，可召集董事会。

② 执行官，可以向前条第 1 款第 1 项 4 所规定的董事表明董事会议题的方式，请求召集董事会。此时，若未在该请求之日起的 5 日内，发出将该请求之日起的 2 周以内之日作为董事会会日的董事会召集通知时，该执行官，可召集董事会。

③ 由提名委员会等从其委员中所选定的委员，须及时向董事会报告该提名委员等履行职务的情况。

④ 执行官，须每 3 个月一次以上向董事会报告自己履行职务的情况。此时，执行官，可通过代理人（限于其他执行官）进行报告。

⑤ 执行官，在董事会已提出要求时，须出席董事会并对董事会所要求事项作出说明。

第 5 分节　执行官的权限等

第 418 条 （执行官的权限）

执行官，履行下列职务：

（一）通过第 416 条第 4 款所规定的董事会决议已接受委托的提名委员会等设置公司业务执行的决定；

(二) 提名委员会等设置公司的业务执行。

第 419 条 （执行官对监查委员的报告义务等）

① 执行官,当发现有可能给提名委员会等设置公司造成严重损害的事实时,须及时向监查委员报告该事实。

② 对执行官,准用第 355 条〈忠实义务〉、第 356 条〈对竞业及利益冲突交易的限制〉及第 365 条第 2 款〈有关竞业等的报告〉的规定。此时,将第 356 条第 1 款中的"股东大会"替换为"董事会",将第 365 条第 2 款中的"董事会设置公司时,指第 356 条第 1 款各项"替换为"第 356 条第 1 款各项"。

③ 对提名委员会等设置公司,不适用第 357 条的规定。

第 420 条 （代表执行官）

① 董事会,须从执行官中选定代表执行官。此时,执行官只有 1 人时,视为其已被选定为代表执行官。

② 代表执行官,可随时通过董事会的决议被解职。

③ 对代表执行官,准用第 349 条第 4 款及第 5 款〈代表董事的权限〉的规定。通过民事保全法第 56 条所规定的临时处分命令已被选任为执行官或者代行代表执行官职务者,准用第 352 条〈代行董事职务者的权限〉的规定。对代表执行官空缺的情形或者章程已规定的代表执行官人数缺额的情形,准用第 401 条第 2 款至第 4 款〈委员空缺的情形〉的规定。

第 421 条 （表见代表执行官）

提名委员会等设置公司,赋予代表执行官外的执行官总经理、副总经理及其他被认为享有代表提名委员会等设置公司权限的名称时,就该执行官所实施的行为,对善意的第三人承担其责任。

第 422 条 （股东对执行官行为的制止）

① 自 6 个月(章程已规定低于该标准的期间时,从其该期间)前连续持有股份的股东,当执行官实施提名委员会等设置公司经营范围外的行为及其他违反法令或章程的行为,或有可能实施这类行为,并由此有可能给提名委员会等设置公司造成无法挽回的损害时,可请求该执行官停止该行为。

② 就作为非公开公司的提名委员会等设置公司适用前款的规定,将同款中的"自 6 个月(章程已规定低于该标准的期间时,从其该期间)前连续持有股份的股东"改为"股东"。

第 11 节　公司负责人等的损害赔偿责任

第 423 条　(公司负责人等对股份公司的损害赔偿责任)
① 董事、会计参与、监事、执行官或者会计监查人(以下在本节中称为"公司负责人等"),懈怠其任务时,对股份公司承担由此所产生损害的赔偿责任。
② 董事或者执行官违反第 356 条第 1 款(含在第 419 条第 2 款中所准用的情形,以下在本款中相同)的规定从事第 356 条第 1 款第 1 项所规定的交易时,通过该交易董事、执行官或者第三人所获得的利润额,被推定为前款所规定的损害额。
③ 通过第 356 条第 1 款第 2 项或者第 3 项(含在第 419 条第 2 款中准用这些规定的情形)所规定的交易给股份公司造成损害时,下列的董事或者执行官,被推定为已懈怠其任务者:
(一) 第 356 条第 1 款(含在第 419 条第 2 款中所准用的情形)所规定的董事或者执行官;
(二) 决定了股份公司实施该交易的董事或者执行官;
(三) 对董事会是否同意该交易的决议表达了赞同的董事(提名委员会等设置公司时,限于该交易属于提名委员会等设置公司与董事之间的交易,或者属于提名委员会等设置公司与董事之间利益冲突交易的情形)。
④ 属于第 356 条第 1 款第 2 项或者第 3 项所列情形,且同款所规定的董事(作为监查等委员的董事除外)就该交易已取得监查等委员会的同意时,不适用前款的规定。

第 424 条　(对股份公司损害赔偿责任的免除)
前条第 1 款所规定的责任,非经全体股东的同意,不得免除。

第 425 条　(责任的部分免除)
① 虽有前条的规定,但第 423 条第 1 款所规定的责任,只要该公司负责人等就履行职务属于善意且无重大过失时,以从承担赔偿责任的数额中减去下列数额的总额(在第 427 条第 1 款中称为"最低责任限额")后所得数额为限,可通过股东大会(股份公司有最终全资母公司等(指第 847 条之 3 第 1 款所规定的最终全资母公司等,以下在本节中相同),且该责任属于特定责任(指第 847 条之 3 第 4 款所规定的特定责任,以下在本节中相同)时,指该股份公司及该最终全资母公司等的股东大会,以下在该条中相同)的决议免除

（一）相当于该公司负责人等在其任职期间作为其履行职务的对价从股份公司接受或者应接受的1年的财产利益额的数额，并以法务省令所规定的方法所计算的数额，按照以下从1至3所列公司负责人等的区分，再乘上该从1至3所规定之数后所得到的数额：

1. 代表董事或者代表执行官：6；
2. 代表董事外的董事（限于属于业务执行董事等者）或者代表执行官外的执行官：4；
3. 独立董事、会计参与、监事或者会计监查人：2。

（二）当该公司负责人等已认购该股份公司的新股预约权时（限于第238条第3款各项所列情形），通过法务省令规定的方法所计算的相当于与该新股预约权相关的财产利益额。

② 在前款规定的情形下，董事（股份公司有最终全资母公司等，且根据同款规定拟免除的责任属于特定责任时，指该股份公司及该最终全资母公司等的董事），须在同款所规定的股东大会上公开下列事项：

（一）成为责任原因的事实及所承担赔偿责任的数额；
（二）根据前款规定可免除的限额及其计算根据；
（三）应免除责任的理由及免除额。

③ 属于监事设置公司、监查等委员会设置公司或者提名委员会等设置公司时，董事（若这些股份公司有最终全资母公司等，且根据第1款的规定拟免除的责任属于特定责任时，指该公司及该最终全资母公司等的董事），向股东大会提交有关第423条第1款所规定责任的免除（限于董事〈作为监查等委员或者监查委员者除外〉及执行官责任的免除）议案，按照以下各项所列股份公司的区分，须取得该各项所规定者的同意：

（一）监事设置公司，指监事（监事有2人以上时，指各监事）；
（二）监查等委员会设置公司，指各监查委员。

④ 已作出第1款所规定的决议，且股份公司在该决议后给同款所规定的公司负责人等提供退休金及其他法务省令所规定的财产利益时，须取得股东大会的同意。该公司负责人等在该决议后行使或者转让同款第2项所规定的新股预约权时，亦同。

⑤ 已作出第1款的决议，且该公司负责人等持有表示前款所规定的新股预约权的新股预约权证券时，该公司负责人等须及时向股份公司寄存该新股预约权证券。在此情形下，该公司负责人等，就同款所规定的转让未取得同款所规定的同意时，不得请求返还该新股预约权证券。

第 426 条 （有关由董事等免责的章程的规定）

① 虽有第 424 条的规定，但监事设置公司（限于董事有 2 人以上的情形）、监查等委员会设置公司或者提名委员会等设置公司，可通过章程规定如下之意：就第 423 条第 1 款所规定的责任，该公司负责人等对其职务履行属于善意且无重大过失，而且综合考虑作为责任原因的事实内容、该公司负责人等的履职情况及其他情况后认为确有必要时，以根据前条第 1 款所规定的可免除数额为限度，可通过董事（负有该责任的董事除外）过半数的同意（董事会设置公司时，以董事会决议）免除该责任。

② 对于向股东大会提交通过变更章程设置前款所规定的章程规定（限于可免除董事〈作为监查等委员或者监查委员的董事除外〉及执行官责任之意的规定）的议案，以及就基于同款所规定的章程之规定的责任免除（限于董事〈作为监查等委员或者监查委员的董事除外〉及执行官的责任免除）取得董事同意及向董事会提交有关该责任免除议案的情形，准用前条第 3 款的规定。此时，将同条第 3 款中的"董事（这些公司有最终全资母公司等，且根据第 1 款的规定拟免除的责任属于特定责任时，指该公司及该最终全资母公司等的董事）"替换为"董事"。

③ 基于第 1 款所规定的章程的规定，已表达免除公司负责人等责任之意的同意（董事会设置公司时，指董事会的决议）时，董事，须及时公告或者向股东通知前条第 2 款各项所列事项以及对免除责任有异议时应在一定期间内陈述该异议之意。但该期间不得低于 1 个月。

④ 就作为非公开公司的股份公司适用前条的规定，将同款中的"公告或者向股东通知"改为"向股东通知"。

⑤ 股份公司有最终全资母公司等，且已进行根据第 3 款规定的公告或通知（限于与特定责任免除相关的公告或通知）时，该最终全资母公司等的董事，须及时公告或向股东通知前条第 2 款各项所列事项以及对免除责任有异议时在一定期间内陈述该异议之意。但该期间不得低于 1 个月。

⑥ 就作为非公开公司的最终全资母公司等适用前款的规定，将前款中的"公告或向股东通知"改为"向股东通知"。

⑦ 持有全体股东（作为负有第 3 款责任的公司负责人等的股东除外）表决权的 3%（章程已规定低于该标准的比例时，从其该比例）以上表决权的股东，在同款所规定期间内已陈述同款所规定的异议时（股份公司有最终全资母公司等，且基于第 1 款所规定的章程的规定拟免除的责任属于特定责任时，持有该股份公司全体股东〈作为负有第 3 款责任的公司负责人等的股东

除外〉表决权的3%〈章程已规定低于该标准的比例时,从其该比例〉以上表决权的股东或者该最终全资母公司等的全体股东〈作为负有第3款责任的公司负责人等的股东除外〉表决权的3%〈章程已规定低于该标准的比例时,从其比例〉以上表决权的股东,在第3款或者第5款所规定期间内已陈述该各项所规定的异议时〉,股份公司不得作出基于第1款所规定的章程规定的免除。

⑧ 对基于第1款所规定的章程的规定已免除责任的情形,准用前条第4款及第5款的规定。

第427条 (责任限定合同)

① 虽有第424条的规定,但股份公司,可通过章程规定如下之意:对董事(作为业务执行董事的董事除外)、会计参与、监事或者会计监查人(以下在本条及第911条第3款第25项中称为"非业务执行董事等")的第423条第1款所规定的责任,该非业务执行董事等就其职务履行属于善意且无重大过失时,股份公司与非业务执行董事等可缔结在章程所规定的数额范围内,以在股份公司预先所规定的数额与最低责任限额中较高数额为限度之意的合同。

② 已缔结前款所规定合同的非业务执行董事等,已就任该股份公司的业务执行董事等时,该合同从此失去其效力。

③ 将通过章程变更方式设置第1款所规定的章程规定的议案提交给股东大会的情形,准用第425条第3款的规定。此时,将同条第3款中的"董事(这类公司有最终全资母公司等,且根据第1款的规定拟免除的责任属于特定责任时,指该公司及该最终全资母公司等的董事)"替换为"董事"。

④ 已缔结第1款所规定合同的股份公司,得知因作为该合同的相对人的非业务执行董事等懈怠任务而已遭受损害时,须在之后最初所召集的股东大会上公开下列事项:

(一) 第425条第2款第1项及第2项所列事项;

(二) 该合同的内容及缔结该合同的理由;

(三) 在第423条第1款所规定的损害中,决定该非业务执行董事等不承担赔偿责任的数额。

⑤ 对非业务执行董事等,通过第1款所规定的合同规定就超过同款所规定额度的部分不承担赔偿责任的情形,准用第425条第4款及第5款〈对新股预约权的处理〉的规定。

第428条 (有关董事为自己所进行交易的特别规则)

① 已实施第356条第1款第2项(含在第419条第2款中所准用的情形)所规定交易(限于为自己所实施的交易)的董事或者执行官的第423条第

1 款所规定的责任,不得以懈怠任务是由不可归责于该董事或者执行官的事由所致为由而加以免除。

② 对前款所规定的责任,不适用以上 3 条的规定。

第 429 条　（公司负责人等对第三人的损害赔偿责任）

① 公司负责人等履行其职务存在恶意或者重大过失时,该公司负责人等,承担由此对第三人所产生损害的赔偿责任。

② 以下各项所列者,已实施该各项规定的行为时,也与前款相同。但其已证明实施该行为并未懈怠注意时,不在此限：

（一）董事及执行官,指下列行为：

1. 在募集股份、新股预约权、公司债券或附新股预约权公司债券的认购人之际,对务必要通知的重要事项的虚假通知,或者对为该募集用来说明有关该股份公司的事业及其他事项的资料的虚假记载或者记录；

2. 对应记载或者记录于财务会计报表及事业报告及其附属明细表以及临时财务会计报表中的重要事项的虚假记载或者记录；

3. 虚假登记；

4. 虚假公告（含第 440 条第 3 款规定的措施）。

（二）会计参与,指对理应记载或者记录于财务会计报表及其附属明细表、临时财务会计报表以及会计参与报告中的重要事项的虚假记载或者记录；

（三）监事、监查等委员及监查委员,指对理应记载或者记录于监查报告中的重要事项的虚假记载或者记录；

（四）会计监查人,指对理应记载或者记录于会计监查人报告中的重要事项的虚假记载或者记录。

第 430 条　（公司负责人等的连带责任）

公司负责人等负有赔偿股份公司或者第三人所遭受损害的责任,且其他的公司负责人等也负有赔偿该损害的责任时,这些人为连带债务人。

第 5 章　财务会计等

第 1 节　会 计 原 则

第 431 条

股份公司的会计,应遵守普遍被认为公正合理的企业会计惯例。

第 2 节　会计账簿等

第 1 分节　会计账簿

第 432 条　（会计账簿的制作及保存）

① 股份公司，须根据法务省令的规定适时制作正确的会计账簿。

② 股份公司，自会计账簿封账时起 10 年间，须保存其会计账簿及有关其事业的重要资料。

第 433 条　（会计账簿查阅等的请求）

① 持有全体股东（在股东大会上就可表决的全部事项不得行使表决权的股东除外）表决权的 3％（章程已规定低于该标准的比例时，从其该比例）以上表决权的股东，或者持有已发行股份（自己股份除外）的 3％（章程已规定低于该标准的比例时，从其该比例）以上数股份的股东，在股份公司的营业时间内，可随时提出下列请求。此时，须在明确该请求理由的基础上提出：

（一）会计账簿或者其相关资料以书面形式所制作时，查阅或者誊写该书面文件的请求；

（二）会计账簿或者其相关资料以电子记录形式所制作时，查阅或者誊写已记录于电子记录中并以法务省令规定的方法所表示事项的请求。

② 已提出前款所规定的请求时，股份公司，被认为符合下列之一的情形除外，不得拒绝该请求：

（一）提出该请求的股东（以下在本款中称为"请求人"）以确保或者行使其权利有关的调查以外的目的已提出请求时；

（二）请求人以妨碍该公司业务进程、损害股东共同利益为目的已提出请求时；

（三）请求人属于经营与该股份公司的业务实质上处于竞争关系中的事业，或者从事该类事业者时；

（四）请求人将通过查阅或者誊写会计账簿或者其相关资料获知的事实，以取得利益的方式通报给第三人为目的已提出请求时；

（五）请求人属于在过去的 2 年内曾将通过查阅或者誊写会计账簿或者其相关资料所获知的事实，以取得利益的方式向第三人进行了通报者。

③ 股份公司的母公司股东，为行使其权利有必要时，取得法院许可后就会计账簿或者其相关资料可提出第 1 款各项所列的请求。此时，须在明确该

请求理由的基础上提出。

④ 就前款所规定的母公司股东出现第 2 款各项所规定事由之一时,法院,不得作出前款所规定的许可。

第 434 条 （会计账簿的提交命令）

法院,可根据其相关申请或者依其职权命令诉讼当事人提交全部或者部分会计账簿。

第 2 分节 财务会计报表等

第 435 条 （财务会计报表等的制作及保存）

① 股份公司,须根据法务省令的规定制作其成立之日的资产负债表。

② 股份公司,须根据法务省令的规定制作各事业年度的财务会计报表（指资产负债表、利润表及其他法务省令所规定的表示股份公司的财产及损益状况所必要且合理的报表资料,以下在本章中相同）及事业报告以及有关这些的附属明细表。

③ 财务会计报表及事业报告以及有关这些的附属明细表,可以电子记录形式制作。

④ 股份公司,从已制作财务会计报表时起的 10 年间,须保存该财务会计报表及其附属明细表。

第 436 条 （对财务会计报表等的监查等）

① 监事设置公司（含章程已规定将监事的监查范围限定在财务会计方面之意的股份公司,但会计监查人设置公司除外）时,前条第 2 款所规定的财务会计报表及事业报告书以及与其相关的附属明细表,根据法务省令的规定,须接受监事的监查。

② 会计监查人设置公司时,以下各项所列报表资料,根据法务省令的规定,须接受该各项所规定者的监查：

（一）前条第 2 款所规定的财务会计报表及其附属明细表,指监事（监查等委员会设置公司时,监查等委员会,提名委员会等设置公司时,监查委员会）及会计监查人；

（二）前条第 2 款所规定的事业报告书及其附属明细表,指监事（监查等委员会设置公司时,监查等委员会,提名委员会等设置公司时,监查委员会）。

③ 董事会设置公司时,前条第 2 款所规定的财务会计报表及事业报告书及其附属明细表（适用第 1 款或者前款的规定时,指已接受第 1 款或者前款所规定监查的报表资料）,须取得董事会的同意。

第 437 条 （向股东提供财务会计报表等）

董事会设置公司时，董事在通知召集年度股东大会之际，须根据法务省令的规定向股东提供已取得前条第 3 款所规定同意的财务会计报表及事业报告（在适用同条第 1 款或者第 2 款的规定时，含监查报告或者会计监查报告）。

第 438 条 （向年度股东大会的财务会计报表等的提交等）

① 属于以下各项所列的股份公司时，董事须向年度股东大会提交或者提供该各项规定的财务会计报表及事业报告：

（一）第 436 条第 1 款所规定的监事设置公司（董事会设置公司除外），指已接受第 436 条第 1 款所规定监查的财务会计报表及事业报告；

（二）会计监查人设置公司（董事会设置公司除外），指已接受第 436 条第 2 款所规定监查的财务会计报表及事业报告；

（三）董事会设置公司，指已取得第 436 条第 3 款所规定同意的财务会计报表及事业报告；

（四）以上 3 项所列公司以外的股份公司，指第 435 条第 2 款所规定的财务会计报表及事业报告。

② 根据前款规定已被提交或者提供的财务会计报表，须取得年度股东大会的同意。

③ 董事，须向年度股东大报告根据第 1 款规定已被提交或者提供的事业报告的内容。

第 439 条 （有关会计监查人设置公司的特别规则）

对会计监查人设置公司，已取得第 436 条第 3 款所规定同意的财务会计报表，作为按照法令及章程正确反映股份公司的财产以及损益状况的资料符合法务省令规定的要件时，不适用前条第 2 款的规定。此时，董事，须向年度股东大会报告该财务会计报表的内容。

第 440 条 （财务会计报表的公告）

① 股份公司，须根据法务省令的规定，在年度股东大会结束后及时公告资产负债表（大公司时，指资产负债表及利润表）。

② 虽有前款的规定，但其公告方法属于第 939 条第 1 款第 1 项或者第 2 项所列方法的股份公司，只公告前款所规定的资产负债表的要点即可。

③ 前款所规定的股份公司，根据法务省令的规定可采取如下措施，即在年度股东大会结束后，及时将第 1 款所规定资产负债表的内容信息，在年度股东大会结束后届满 5 年之日前的期间，置于能使不特定多数人可根据电子

记录方式连续接受状态的措施。此时,不适用以上2款的规定。

④ 对根据金融商品交易法第24条第1款的规定,须向内阁总理大臣提交有价证券报告书的股份公司,不适用以上3款的规定。

第 441 条　（临时财务会计报表）

① 股份公司,为掌握紧接最终事业年度后的事业年度内某日（以下在本款中称为"临时决算日"）的该股份公司的财产状况,可根据法务省令的规定制作下列报表资料（以下称为"临时财务会计报表"）:

（一）临时决算日的资产负债表；

（二）临时决算日所属事业年度的开始日至临时决算日期间的利润表。

② 第436条第1款所规定的监事设置公司或者会计监查人设置公司时,临时财务会计报表,根据法务省令的规定,须接受监事或者会计监查人（监查等委员会设置公司时,监查等委员会及会计监查人,提名委员会等设置公司时,监查委员会及会计监查人）的监查。

③ 董事会设置公司时,临时财务会计报表（已适用前款的规定时,指已接受同款所规定监查的报表）,须取得董事会的同意。

④ 属于以下各项所列的股份公司时,该各项所规定的临时财务会计报表,须取得股东大会的同意。但只要临时财务会计报告作为按照法令及章程已正确表示股份公司的财产及损益状况的报表,且符合法务省令所规定的要件时,不在此限：

（一）第436条第1款所规定的监事设置公司或者会计监查人设置公司（均不包括董事会设置公司）,指已接受第2款所规定监查的临时财务会计报表；

（二）董事会设置公司,指已取得前款所规定同意的临时财务会计报表；

（三）除以上2项所列外的股份公司的第1款所规定的其他临时财务会计报表。

第 442 条　（财务会计报表等的置备及查阅等）

① 股份公司,须将以下各项所列报表（以下在本条中称为"财务会计报表等"）,在该各项规定的期间置备于其总公司:

（一）各事业年度的财务会计报表及事业报告以及有关这些的附属明细表（适用第436条第1款或者第2款规定时,含监查报告或者会计监查报告）,指年度股东大会会日的1周（董事会设置公司时,2周）前之日（在第319条第1款的情形下,指已提出同款所规定议案的日期）起5年；

（二）临时财务会计报表（适用前条第2款的规定时,含监查报告或者会计监查报告),指已制作临时财务会计报表之日起5年。

② 股份公司,须将以下各项所列财务会计报表等的副本,在该各项所规定期间,置备于其分公司。但财务会计报表以电子记录形式所制作,且已采取法务省令所规定的能够满足在分公司提出下款第3项以及第4项所列请求的措施时,不在此限:

(一) 前款第1项所列财务会计报表等,指自年度股东大会会日的1周(董事会设置公司时,2周)前之日(第319条第1款所规定情形时,已提出同款所规定提案之日)起3年;

(二) 前款第2项所列财务会计报表等,指从已制作同款所规定临时财务会计报表之日起3年。

③ 股东以及债权人,在股份公司的营业时间内,可随时提出下列请求。但提出第2项或者第4项所列请求时,须支付该股份公司所规定的费用:

(一) 财务会计报表等以书面形式所制作时,查阅该书面文件或者其副本的请求;

(二) 交付前项所规定书面文件的誊本或者抄本的请求;

(三) 财务会计报表等以电子记录形式所制作时,查阅已记录于该电子记录中并以法务省令规定的方法所表示事项的请求;

(四) 通过股份公司所规定的电子记录方法,提供已记录于前项所规定电子记录中的事项,或者交付已记载该事项的书面文件的请求。

④ 股份公司的母公司股东,为行使其权利有必要时,可在取得法院许可后就该股份公司的财务会计报表等,提出前款各项所列的请求。但提出同款第2项或者第4项所列请求时,须支付该股份公司所规定的费用。

第443条 (财务会计报表等的提交命令)

法院,可根据相关申请或者依其职权,命令诉讼当事人提交全部或者部分财务会计报表及其附属明细表。

第3分节　集团财务会计报表

第444条

① 会计监查人设置公司,可根据法务省令的规定,制作与各事业年度相关的集团财务会计报表(指由法务省令所规定的为正确反映由该会计监查人设置公司及其子公司所组成的企业集团的财产及损益状况所必要且合理的报表)。

② 集团财务会计报表,可以电子记录形式制作。

③ 在事业年度的结束日时属于大公司,且根据金融商品交易法第 24 条第 1 款的规定,已向内阁总理大臣已提交了有价证券报告书的公司,须制作与该事业变动相关的集团财务会计报表。

④ 集团财务会计报表,根据法务省令的规定,须接受监事(监查等委员会设置公司时,指监查等委员会,提名委员会等设置公司时,指监查委员会)以及会计监查人的监查。

⑤ 会计监查人设置公司属于董事会设置公司时,已接受前款所规定监查的集团财务会计报表,还需取得董事会的同意。

⑥ 会计监查人设置公司属于董事会设置公司时,董事发出召集年度股东大会的通知时,须根据法务省令的规定,向股东提供已取得前款所规定同意的集团财务会计报表。

⑦ 属于以下各项所列的会计监查人设置公司时,董事,须向年度股东大会提交或者提供该各项所规定的集团财务会计报表。此时,须向年度股东大会报告该各项所规定的集团财务会计报表的内容,以及第 4 款所规定监查的结果:

(一)董事会设置公司属于会计监查人设置公司时,指已取得第 5 款所规定同意的集团财务会计报表;

(二)前项所列外的会计监查人设置公司时,指已接受第 4 款所规定监查的集团财务会计报表。

第 3 节 资本金额等

第 1 分节 总 则

第 445 条 (资本金额及公积金额)

① 股份公司的资本金额,本法另有规定的除外,指设立或者发行股份时成为股东者,向该股份公司已缴纳或者已交付的财产额。

② 将不超过前款所规定缴纳或者交付金额的 1/2 的金额,可不作为资本金计入。

③ 根据前款规定未作为资本金所计入的金额,须作为资本公积金计入。

④ 进行盈余金分配时,股份公司,须根据法务省令的规定,在因盈余金分配所减少的盈余额上乘以 1/10 后所得金额计入资本公积金或者盈余公积金(以下统称为"公积金")。

⑤ 对合并、吸收分立、新设分立、股份交换或者股份转移时,作为资本金或者公积金应计入的金额,由法务省令作出规定。

第 446 条 （盈余金额）

股份公司的盈余金额,指从第 1 项至第 4 项所列金额的总额中,减去第 5 项至第 7 项所列金额的总额后的所得金额:

（一）从最终事业年度结束日的 1 及 2 所列金额的总额中,减去 3 至 5 所列金额的总额后的所得金额:

1. 资产额；

2. 自己股份账面价额的总额；

3. 负债额；

4. 资本金及公积金的总额；

5. 上述 3 及 4 所列金额外,已计入法务省令所规定的各会计科目的总额。

（二）从最终事业年度结束日所处分的自己股份的对价额中,减去该自己股份的账面价额后的所得金额；

（三）最终事业年度结束日后已减少资本金额时的该所减少额（下条第 1 款第 2 项所规定金额除外）；

（四）最终事业年度结束日后已减少公积金额时的该所减少额（第 448 条第 1 款第 2 项所规定金额除外）；

（五）最终事业年度结束日后根据第 178 条第 1 款的规定已注销自己股份时的该自己股份的账面价额；

（六）最终事业年度结束日后已进行盈余金分配时的下列金额的总额:

1. 第 454 条第 1 款第 1 项所规定的分红财产的账面价额总额（对已行使同条第 4 款第 1 项所规定的现金分配请求权的股东所分配的该分红财产的账面价额除外）；

2. 对已行使第 454 条第 4 款第 1 项所规定的现金分配请求权的股东已支付的现金总额；

3. 对第 456 条所规定的未达基准股份的股东已支付的现金总额。

（七）以上 2 项所列金额外,法务省令所规定的已计入各会计科目金额的总额。

第2分节 资本金额的减少等

第1目 资本金额的减少等

第447条 （资本金额的减少）

① 股份公司,可减少资本金额。此时,须通过股东大会的决议对下列事项作出规定:

（一）所要减少的资本金额;

（二）将全部或者部分所要减少的资本金额转为公积金时,该意旨以及转为公积金的金额;

（三）资本金额减少的生效日。

② 前款第1项所规定的金额,不得超过同款第3项所规定之日的资本金额。

③ 股份公司在发行股份的同时减少资本金额,且就该资本金额减少生效日后的资本金额不少于该日前的资本金额时,适用第1款的规定,将同款中的"股东大会的决议"改为"董事的决定（董事会设置公司时,指董事会的决议）"。

第448条 （公积金的减少）

① 股份公司,可减少公积金。此时,须通过股东大会的决议对下列事项作出规定:

（一）所要减少的公积金额;

（二）将全部或者部分所要减少的公积金转为资本金时,该意旨及转为资本金的金额;

（三）公积金减少的生效日。

② 前款第1项所规定的金额,不得超过同款第3项所规定之日的公积金额。

③ 股份公司在发行股份的同时减少公积金,且就该公积金减少生效日后公积金额不少于该日前的公积金额时,适用第1款的规定,将同款中的"股东大会的决议"改为"董事的决定（董事会设置公司时,指董事会的决议）"。

第449条 （债权人异议）

① 在股份公司减少资本金或者公积金（以下在本条中称为"资本金等"）时（将减少的全部或者部分公积金转为资本金的除外）,该股份公司的债权人,可对该股份公司就资本金等的减少陈述异议。但仅减少公积金,且符合

下列所有情形时,不在此限:

(一)由年度股东大会对前条第1款各项所列事项作出规定;

(二)前条第1款第1项所规定的金额,不超过通过法务省令规定的方法所计算的前项所规定的年度股东大会会日(属于第439条前段所规定的情形时,指已作出第436条第3款所规定同意之日)的亏损额。

② 根据前款规定股份公司的债权人可陈述异议时,该股份公司,须在官报上公告下列事项,且须分别催告已知的债权人。但第3项所规定的期间不得少于1个月:

(一)该资本金等减少的内容;

(二)法务省令所规定的与该股份公司的财务会计报表相关的事项;

(三)债权人可在一定期间内陈述异议之意。

③ 虽有前款的规定,但股份公司在官报以外,将同款所规定的公告按照基于第939条第1款规定的章程规定,通过同款第2项或者第3项所列的公告方法进行时,不再要求前款所规定的分别催告。

④ 债权人在第2款第3项所规定的期间内未陈述异议时,视为该债权人已同意资本金等的减少。

⑤ 债权人在第2款第3项所规定的期间内已陈述异议时,股份公司,须对该债权人进行清偿、或提供相应担保,或者以让该债权人得到清偿为目的,向信托公司等(指信托公司及经营信托业务的金融机关〈指已取得金融机构兼营信托业务法[1953年法律第43号]第1条第1款所规定的认可的金融机构〉,以下相同)信托相应财产。但该资本金等的减少不会损害该债权人时,不在此限。

⑥ 以下各项所列行为,在该各项所规定之日发生其效力。但未完成第2款至前款所规定的程序时,不在此限:

(一)资本金额的减少,指第447条第1款第3项所规定之日;

(二)公积金额的减少,指前条第1款第3项所规定之日。

⑦ 股份公司,在前款各项规定之日前,可随时变更该日期。

第2目 资本金额的增加等

第450条 (资本金额的增加)

① 股份公司,可减少盈余金额,增加资本金额。此时,须对下列事项作出规定:

(一)所要减少的盈余金额;

（二）资本金额增加的生效日。

② 对前款各项所列事项的决定，须通过股东大会的决议。

③ 第1款第1项所规定的金额，不得超过同款第2项所规定之日的盈余金额。

第 451 条 （公积金的增加）

① 股份公司，可减少盈余金额，增加公积金额。此时，须对下列事项作出规定：

（一）所要减少的盈余金额；

（二）公积金增加的生效日。

② 对前款各项所列事项的决定，须通过股东大会的决议。

③ 第1款第1项所规定的金额，不得超过同款第2项所规定之日的盈余金额。

第 3 目　对盈余金的其他处分

第 452 条

股份公司，可通过股东大会的决议处理损失、提取任意公积金及其他对盈余金的处分（上一目所规定的内容以及盈余金分配及其他处分股份公司财产的行为除外）。此时，须对该盈余金处分额及其他法务省令所规定的事项作出规定。

第 4 节　盈余金分配

第 453 条 （对股东的盈余金分配）

股份公司，对其股东（该股份公司除外），可进行盈余金分配。

第 454 条 （有关盈余金分配事项的决定）

① 股份公司，拟进行前条所规定的盈余金分配时，须每次均通过股东大会的决议对下列事项作出规定：

（一）分红财产的种类（该股份公司的股份等除外）以及账面价额的总额；

（二）有关对股东所进行的分红财产的事项；

（三）该盈余金分配的生效日。

② 前款有规定，且就盈余金分配已发行2种以上内容不同的种类股份时，股份公司，可按照该种类股份的内容，作为同款第2项所规定的事项，可

规定下列事项:

(一) 决定对某种类股份的股东不进行分红财产的分配时,该意旨以及该股份的种类;

(二) 除前项所列事项外,决定就分红财产的分配按照股份的种类进行不同对待时,该意旨以及该不同对待的内容。

③ 有关第1款第1项所列事项的规定,必须是以按照股东(该股份公司以及前款第1项所规定的种类股份的股东除外)所持有的股份数(就前款第1项所列事项有规定时,指各种类的股份数)分配其分红财产为内容的规定。

④ 分红财产属于现金外的财产时,股份公司,可通过股东大会的决议规定下列事项。但第1项所规定期间的结束日,须为第1款第3项所规定之日前的日期。

(一) 对股东赋予现金分配请求权(指代替该分红财产,请求股份公司交付现金的权利,以下在本章中相同)时,该意旨以及可行使现金分配请求权的期间;

(二) 决定对持有未满一定数股份的股东不进行分红财产的分配时,该意旨以及该数量。

⑤ 董事会设置公司,可在章程规定在1个事业年度的中途,限于1次,通过董事会的决议进行盈余金分配(限于分红财产属于现金的分配,以下在本款中称为"中期分配")之意。就有关此时的中期分配,适用第1款的规定,将同款中的"股东大会"改为"董事会"。

第 455 条 (现金分配请求权的行使)

① 在前条第4款第1项规定的情形下,股份公司在同项所规定期间结束日的20日前,须向股东通知同项所列事项。

② 股份公司,对已行使现金分配请求权的股东,代替该股东接受分配的分红财产,须支付相当于该分红财产价额的现金。此时,按照以下各项所列情形的区分,将该各项所规定的价额作为该分红财产的价额:

(一) 该分红财产属于有市场价格的财产时,指通过法务省令规定的方法所计算的该分红财产的市场价格;

(二) 前项所列情形外的情形时,指根据股份公司的申请法院所决定的金额。

第 456 条 (已规定基准股份数时的处理)

已规定第454条第4款第2项所规之数(以下在本条中称为"基准股份数")时,股份公司,须对持有基准股份数未满数股份(以下在本条中称为"基准未满股份")的股东支付如下现金,即须支付相当于按照前条第 2 款后段所规定之例持有基准股份数的股东,作为已接受分配的分红财产的价额所规定的价额,乘以该基准未满股份数对基准股份数的比例后所得额的现金。

第 457 条 （分红财产的交付方法等）

① 分红财产(含根据第 455 条第 2 款的规定所支付的现金以及根据前条的规定所支付的现金,以下在本条中相同),须在记载或者记录于股东名册的股东(含登记股份质权人,以下在本条中相同)的住所,或者股东向股份公司已通知的场所(在第 3 款中称为"住所等")交付。

② 交付前款所规定的分红财产所需的费用,由股份公司承担。但该费用因归责于股东的事由已增加时,其增加额由股东承担。

③ 对在日本没有住所等的股东交付分红财产,不适用以上 2 款的规定。

第 458 条 （适用排除）

当股份公司的净资产额少于 300 万日元时,不适用第 453 条至前条的规定。

第 5 节 有关决定盈余金分配等机关的特别规则

第 459 条 （由董事会决定盈余金分配等之意的章程规定）

① 会计监查人设置公司(董事〈监查等委员会设置公司时,指作为监查等委员的董事外的董事〉任期的结束日,属于选任后 1 年内结束的事业年度中最终事业年度的年度股东大会结束日后之日的公司,以及属于监事设置公司但不是监事会设置公司的公司除外),可通过章程规定下列事项可由董事会(就第 2 项所列事项,限于第 436 条第 3 款所规定的董事会)决定之意:

（一）第 160 条第 1 款所规定的决定外的第 156 条第 1 款各项所列事项;

（二）符合第 449 条第 1 款第 2 项所规定情形时的第 448 条第 1 款第 1 项及第 3 项所列事项;

（三）第 452 条后段所规定的事项;

（四）第 454 条第 1 款各项及同条第 4 款各项所列事项。但分红财产属于现金外财产,且决定不赋予股东现金分配请求权的情形除外。

② 前款规定的章程的规定,只有与最终事业年度相关的财务会计报表作为按照法令及章程正确反映股份公司的财产及损益状况的报表,且符合法务省令所规定的要件时,才具有效力。

③ 存在第 1 款所规定的章程的规定时,就适用第 449 条第 1 款第 1 项的

规定,将同项中的"年度股东大会"改为"年度股东大会或者第436条第3款所规定的董事会"。

第460条 （对股东权利的限制）

① 存在前条第1款所规定的章程的规定时,股份公司,可在章程上规定同款各项所列事项不得通过股东大会的决议作出规定之意。

② 前款所规定的章程的规定,限于最终事业年度的财务会计报表作为按照法令及章程的规定正确反映了股份公司的财产及损益状况的报表,符合法务省令所规定要件的情形,具有其效力。

第6节 有关盈余金分配等的责任

第461条 （对盈余金分配等的限制）

① 通过下列行为向股东交付的现金等（该股份公司的股份除外,以下在本节中相同）的账面价额的总额,不得超过该行为生效之日的可分配额：

（一）按照第138条第1项3或者第2项3所规定的请求,所实施的该股份公司股份的回购；

（二）根据第156条第1款规定的决定,该股份公司所进行的股份取得（限于第163条所规定的情形,或者第165条第1款所规定情形时的由该股份公司所进行的股份取得）；

（三）根据第157条第1款规定的决定,该股份公司所进行的股份取得；

（四）第173条第1款所规定的该股份公司所进行的股份取得；

（五）根据第176条第1款规定的请求,该股份公司所进行的股份回购；

（六）第197条第3款所规定的该股份公司所进行的股份回购；

（七）第234条第4款（含在第235条第2款中所准用的情形）所规定的该股份公司所进行的股份回购；

（八）盈余金分配。

② 前款规定的所谓"可分配额",是指从第1项以及第2项所列金额的总额中,减去第3项至第6项所列金额的总额后所得金额（以下在本节中相同）：

（一）盈余金额；

（二）就临时财务会计报表已取得第441条第4款所规定的同意（属于同款但书所规定的情形时,指同条第3款所规定的同意）时的下列金额：

1. 作为第441条第1款第2项所规定期间的利益额,已计入法务省令所规定的会计科目金额的合计额；

2. 在第 441 条第 1 款第 2 项所规定的期间内,已处分自己股份时的该自己股份的对价额。

(三) 自己股份的账面价额；

(四) 在最终事业年度的结束日后,已处分自己股份时的该自己股份的对价额；

(五) 作为第 2 项所规定时的第 441 条第 1 款第 2 项所规定期间的损失额,已计入法务省令所规定的各会计科目金额的合计额；

(六) 以上 3 项所列金额外,已计入法务省令所规定的各会计科目金额的合计额。

第 462 条 (有关盈余金分配等的责任)

① 违反前条第 1 款的规定,股份公司已实施同款各项所列行为时,通过该行为已接受现金等交付者及已履行有关该行为职务的业务执行者(指业务执行董事〈提名委员会等设置公司时,指执行官,以下在本款中相同〉及其他法务省令所规定的对该业务执行董事所进行的业务执行在职务上进行了参与者,以下在本节中相同),以及该行为属于以下各项所列行为时的该各项所规定者,对该股份公司负有连带支付相当于已接受该现金等交付者所接受现金等的账簿价额现金的义务：

(一) 前条第 1 款第 2 项所列行为,指下列人员：

1. 已作出与第 156 条第 1 款所规定的决定相关的股东大会的决议时(限于通过该决议所决定的同款第 2 项的现金等的总额超过该决议日的可分配额的情形),指该股东大会的大会议案提案董事(指法务省令所规定的向该股东大会提交议案的董事,以下在本款中相同)；

2. 已作出与第 156 条第 1 款所规定的决定相关的董事会的决议时(限于通过该决议所决定的同款第 2 项的现金等的总额超过该决议日的可分配额的情形),指该董事会会议的议案提案董事(指作为法务省令所规定的向该董事会提交议案的董事〈提名委员会等设置公司时,指董事或者执行官〉,以下在本款中相同)。

(二) 前条第 1 款第 3 项所列行为,指下列人员：

1. 已作出与第 157 条第 1 款所规定的决定相关的股东大会的决议时(限于通过该决议所决定的同款第 3 项的总额超过该决议日的可分配额的情形),指该股东大会的大会议案提案董事；

2. 已作出与第 157 条第 1 款所规定的决定相关的董事会的决议时(限于

通过该决议所决定的同款第3项的总额超过该决议日的可分配额的情形），指该董事会会议的议案提案董事。

（三）前条第1款第4项所列行为，指第171条第1款所规定股东大会（限于通过该股东大会决议所决定的同款第1项规定的取得对价总额超过该决议日的可分配额时的该股东大会）的大会议案提案董事；

（四）前条第1款第6项所列行为，指下列人员：

1. 已作出与第197条第3款后段所规定的决定相关的股东大会的决议时（限于通过该决议所决定的同款第2项的总额超过该决议日的可分配额的情形），指该股东大会的大会议案提案董事；

2. 已作出与第197条第3款后段所规定的决定相关的董事会的决议时（限于通过该决议所决定的同款第2项的总额超过该决议日的可分配额的情形），指该董事会会议的议案提案董事。

（五）前条第1款第7项所列行为，指下列人员：

1. 已作出与第234条第4款后段（含在第235条第2款中所准用的情形）所规定的决定相关的股东大会的决议时（限于通过该决议所决定的第234条第4款第2项（含在第235条第2款中所准用的情形）的总额超过该决议日的可分配额的情形），指该股东大会的大会议案提案董事；

2. 已作出与第234条第4款后段（含在第235条第2款中所准用的情形）所规定的决定相关的董事会的决议时（限于通过该决议所决定的同款第2项的总额超过该决议之日的可分配额的情形），指该董事会会议的议案提案董事。

（六）前条第1款第8项所列行为，指下列人员：

1. 已作出与第454条第1款所规定的决定相关的股东大会的决议时（限于通过该决议所决定的分红财产的账面价额超过该决议日的可分配额的情形），指该股东大会的大会议案提案董事；

2. 已作出与第454条第1款所规定的决定相关的董事会的决议时（限于通过该决议所决定的分红财产的账面价额超过该决议日的可分配额的情形），指该董事会会议的议案提案董事。

② 虽有前款的规定，但业务执行者及同款各项所规定者，已证明其履行职务未懈怠注意时，不负有同款所规定的义务。

③ 不得免除根据第1款的规定业务执行者及同款各项规定者所负的义务。但以前条第1款各项所列行为时的可分配额为限，对免除该义务全体股东同意时，不在此限。

第 463 条 （对股东所行使求偿权的限制等）

① 前条第 1 款有规定，且股份公司通过第 461 条第 1 款各项所列行为已交付给股东的现金等的账面价额的总额，超过该行为生效日的可分配额，对此处于善意的股东，就该股东已受领的现金等，对已支付前条第 1 款所规定现金的业务执行者以及同款各项所规定者所提出的求偿请求，不负有满足该请求的义务。

② 在前条第 1 款规定的情形下，股份公司的债权人，对根据同款的规定负有义务的股东，可让其支付相当于已接受其支付的现金等的账面价额（当该价额超过该债权人对股份有限的债权额时，指该债权额）的现金。

第 464 条 （按照回购请求已取得股份时的责任）

① 股份公司按照第 116 条第 1 款或者第 182 条之 4 第 1 款规定的请求取得股份，且支付给该请求股东的现金等价额超过该支付日的可分配额时，已履行与该股份取得相关职务的业务执行者，对股份公司负有连带支付该超过额的义务。但其已证明履行其职务未懈怠注意时，不在此限。

② 前款所规定的义务，非经全体股东的同意，不得免除。

第 465 条 （发生亏损时的责任）

① 股份公司已实施以下各项所列行为，且就已实施该行为所属事业年度（该事业年度的前一事业年度不是最终事业年度时，指该事业年度的前一事业年度）的财务会计报表，已接受第 438 条第 2 款所规定的同意（属于第 439 条前段所规定的情形时，指第 436 条第 3 款所规定的同意）时的第 461 条第 2 款第 3 项、第 4 项以及第 6 项所列价额的合计额，超过同款第 1 项所列价额时，已履行与该各项所列行为相关职务的业务执行者，对该股份公司负有连带支付该超过额（该超过额超过该各项所列价额时，指该各项所列价额）的义务。但该业务执行者已证明其履行职务未懈怠注意时，不在此限：

（一）按照第 138 条第 1 项 3 或者第 2 项 3 所规定的请求所实施的该股份公司股份的回购，指根据该股份回购已支付给股东的现金等账面价额的总额；

（二）根据第 156 条第 1 款规定的决定，该股份公司所进行的股份取得（限于第 163 条所规定的情形或者第 165 条第 1 款所规定的情形时的由该股份公司进行的股份取得），指根据该股份取得已支付给股东的现金等账面价额的总额；

（三）根据第 157 条第 1 款规定的决定，该股份公司所进行的股份取得，指根据该股份取得已支付给股东的现金等账面价额的总额；

（四）第167条第1款所规定的该股份公司所进行的股份取得，指根据该股份取得已支付给股东的现金等账面价额的总额；

（五）第170条第1款所规定的该股份公司所进行的股份取得，指根据该股份取得已支付给股东的现金等账面价额的总额；

（六）第173条第1款所规定的该股份公司所进行的股份取得，指根据该股份取得已支付给股东的现金等账面价额的总额；

（七）根据第176条第1款规定的请求，该股份公司所进行的股份回购，指根据该股份回购已支付给股东的现金等账面价额的总额；

（八）第197条第3款所规定的该股份公司所进行的股份回购，指根据该股份回购已支付给股东的现金等账面价额的总额；

（九）以下1或者2所规定的该股份公司所进行股份回购，指根据该股份回购已支付给该1或者2所规定者的现金等账面价额的总额：

1. 第234条第4款，指同条第1款各项所规定者；

2. 在第235条第2款中所准用的第234条第4款，指股东。

（十）盈余金分配（以下1至3所列者除外），指有关该盈余金分配的第446条第6项1至3所列金额的合计额：

1. 在年度股东大会（第439条前段有规定时，指年度股东大会或者第436条第3款所规定的董事会）上规定第454条第1款各项所列事项时的盈余金分配；

2. 在为规定第447条第1款各项所列事项的股东大会上规定第454条第1款各项所列事项时（限于同款第1项所规定的价额〈根据第456条的规定出现给基准未满股份的股东所支付的现金时，指加算了该价额的价额〉，未超过第447条第1款第1项所规定的价额，且对同款第2项所列事项未作规定的情形）的盈余金分配；

3. 在为规定第448条第1款各项所列事项的股东大会上规定第454条第1款各项所列事项时（限于同款第1项所规定价额〈根据第456条的规定出现给基准未满股份的股东所支付的现金时，指加算了该价额的价额〉，未超过第448条第1款第1项所规定价额，且对同款第2项所列事项未作规定的情形）的盈余金分配。

② 前款所规定的义务，非经全体股东的同意，不得免除。

第6章　章程变更

第466条
股份公司,其成立后可通过股东大会的决议变更章程。

第7章　事业转让等

第467条 （对事业转让等的同意等）
① 股份公司,实施下列行为时,须在该行为生效之日(以下在本章中称为"生效日")的前1日前,以股东大会决议的方式取得对与该行为相关合同的同意:
(一) 全部事业的转让;
(二) 部分重要事业的转让(通过该转让所要转让资产的账面价额,不超过根据法务省令规定的方法所计算的该股份公司总资产额的1/5〈章程已规定低于该标准的比例时,从其该比例〉的事业转让除外);
(二)之二其子公司的全部或者部分股份或出资份额的转让(限于符合下列所有情形的转让):
　1. 通过该转让所要转让的股份或者出资份额的账面价额,不超过根据法务省令规定的方法所计算的该股份公司总资产额的1/5(章程已规定低于该标准的比例时,从其该比例)时;
　2. 该股份公司不拥有生效日该子公司表决权总数的过半数表决权时。
(三) 其他公司(含外国公司及其他法人,在下条中相同)的全部事业的受让;
(四) 有关全部事业的租赁、全部事业的委托经营、与他人共担事业盈亏的合同及其他类似合同的缔结、变更或者解约;
(五) 在该股份公司(限于根据第25条第1款各项所列方法设立的股份公司,以下在本项中相同)成立后2年以内,对其成立前业已存在且为其事业继续所使用财产的取得。但1所列价额对2所列价额的比例不超过1/5(该股份公司的章程已规定低于该标准的比例时,从其该比例)的情形除外:
　1. 作为该财产的对价所交付财产的账面价额的总额;
　2. 根据法务省令规定的方法所计算的该股份公司的净资产额。
② 实施前款第3项所列行为,且在实施该行为的股份公司所受让的资

产中包括该股份公司的股份时,董事须在同款所规定的股东大会上说明有关该股份的事项。

第 468 条 （不要求对事业转让等的同意的情形）

① 与前条第 1 款第 1 项至第 4 项所列行为（以下在本章中称为"事业转让等"）相关合同的相对人,属于进行该事业转让等的股份公司的特别控股公司（指某一股份公司全体股东表决权的 9/10〈该股份公司的章程已规定高于该标准的比例时,从其该比例〉以上由其他公司及由该其他公司持有其全部已发行股份的股份公司及其他由法务省令所规定的类似于这种情况的法人持有时的该其他公司,以下相同）时,不适用同条的规定。

② 实施前条第 1 款第 3 项所列行为,且第 1 项所列金额占第 2 项所列金额的比例不超过 1/5（章程已规定低于该标准的比例时,从其该比例）时,不适用同条的规定：

（一）作为该其他公司全部事业的对价所要交付财产的账面价额的合计额；

（二）通过法务省令规定的方法所计算的该股份公司的净资产额。

③ 前款有规定,且持有法务省令所规定数的股份（限于在前条第 1 款所规定的股份大会上可行使表决权者）的股东,自下条第 3 款所规定的通知或者同条第 4 款所规定的公告之日起 2 周以内,将反对前条第 1 款第 3 项所列行为的意思已通知给实施该行为的股份公司时,该股份公司,须在生效日的前 1 日前,通过股东大会的决议取得对有关该行为合同的同意。

第 469 条 （反对股东的股份回购请求）

① 在进行事业转让时（下列情形除外）,反对股东可对进行事业转让等的股份公司请求以合理的价格回购自己所持有的股份：

（一）实施第 467 条第 1 款第 1 项所列行为,且在作出同款所规定的股东大会决议的同时,已作出第 471 条第 3 项所规定的股东大会的决议时；

（二）前条第 2 款所规定的情形（同条第 3 款所规定情形除外）。

② 前款规定的所谓"反对股东",指以下各项所列情形时,该各项所规定的股东：

（一）为进行事业转让等需要股东大会（含种类股东大会）的决议时,指下列股东：

1. 在该股东大会前向该股份公司已通知反对该事业转让等之意,且在该股东大会上反对了该事业转让等的股东（限于在该股东大会上可行使表决权的股东）；

2. 在该股东大会上不得行使表决权的股东。

（二）前项所规定情形外的情形,指所有股东（前条第 1 款所规定情形时的该特别控制公司除外）。

③ 拟进行事业转让等的股份公司,须在生效日的 20 日前,向其股东（前条第 1 款所规定情形时的该特别控制公司除外）通知进行事业转让等之意（第 467 条第 2 款所规定的情形时,指实施同条第 1 款第 3 项所列行为之意及有关同条第 2 款所规定股份的事项）。

④ 下列情形时,前款所规定的通知,可以公告代替之：

（一）进行事业转让等的股份公司属于公开公司时；

（二）进行事业转让等的股份公司,通过第 467 条第 1 款所规定的股东大会的决议已取得对有关事业转让等的合同的同意。

⑤ 第 1 款所规定的请求（以下在本章中称为"股份回购请求"）,在自生效日的 20 日前之日起至生效日之前 1 日的期间,须在明确与该股份回购请求相关的股份数（种类股份发行公司时,指股份的种类及其各种类股份数）的前提下进行。

⑥ 对已发行股票的股份拟提出股份回购请求时,该股份的股东,须向进行事业转让等的股份公司提交该股份的股票。但对就该股票已提出第 223 条所规定的请求者,不在此限。

⑦ 已提出股份回购请求的股东,仅限于取得进行事业转让等的股份公司的同意,才可撤回其股份回购请求。

⑧ 事业转让等中止时,股份回购请求失去其效力。

⑨ 对有关股份回购请求的股份,不适用第 133 条的规定。

第 470 条 （股份价格的决定）

① 已提出股份回购请求,并就股份价格的决定在股东与进行事业转让等的股份公司间已达成协议时,该股份公司,须自生效日起的 60 日内支付该价款。

② 就股份价格的决定,自生效日起的 30 日内未达成协议时,股东或者前款所规定的股份公司,自该期间届满之日后的 30 日内,可向法院提出决定该价格的申请。

③ 虽有前条第 7 款的规定,但前款有规定,且自生效日起的 60 日内未提出同款所规定的申请时,在该期间届满后,股东可随时撤回股份回购请求。

④ 第 1 款所规定的股份公司,还须支付根据有关法院所决定价格的同款所规定期间届满日后的 6% 年利率所计算的利息。

⑤ 第1款所规定的股份公司,在股份价格决定前,可对股东支付自认为合理价格的价款。

⑥ 与股份回购请求相关股份的回购,在生效日,产生其效力。

⑦ 就已发行股票的股份已提出股份回购请求时,股票发行公司,须以与股票交换的方式支付与该股份回购请求相关股份的价款。

第8章 解　　散

第471条　（解散事由）

股份公司,因下列事由解散:

（一）章程规定的存续期间届满;

（二）章程规定的解散事由的发生;

（三）股东大会的决议;

（四）合并（限于因合并该股份公司消灭的情形）;

（五）破产程序开始的决定;

（六）命令第824条第1款或者第833条第1款所规定解散的判决。

第472条　（视为解散的休眠公司）

休眠公司（指股份公司,且已进行有关该股份公司的最后登记之日起已经过12年的公司,以下在本条中相同）,当法务大臣已将对其在2个月以内根据法务省令的规定在管辖其总公司所在地的登记所应进行未废止事业之意备案的意旨进行公告,且未进行该备案时,将在该2个月的期间届满之时,被视为已解散的公司。但在该期间内已进行有关该休眠公司的登记时,不在此限。

第473条　（股份公司的继续）

股份公司,根据第471条第1项至第3项所列事由而解散时（含根据前条第1款的规定被视为解散的情形）,在下章所规定的清算结束之前（根据同款的规定被视为已解散的公司时,被视为已解散后的3年以内）,根据股东大会的决议可继续股份公司。

第474条　（对已解散的股份公司合并等的限制）

股份公司已解散时,该股份公司,不得实施下列行为:

（一）合并（限于因合并该股份公司存续的情形）;

（二）通过吸收分立,承继其他公司就其事业所具有的全部或者部分权利义务。

第 9 章 清　　算

第 1 节　总　　则

第 1 分节　清算的开始

第 475 条　（清算开始的原因）

股份公司，有下列情形时，须根据本章的规定进行清算：

（一）已解散时（因第 471 条第 4 项所列事由而解散以及根据破产程序开始的决定而解散，且该破产程序未结束的情形除外）；

（二）支持有关设立无效之诉请求的法院判决已成立时；

（三）支持有关股份转移无效之诉请求的法院判决已成立时。

第 476 条　（清算股份公司的能力）

根据前条规定进行清算的股份公司（以下称为"清算股份公司"），在清算目的范围内，视为在清算结束前仍存续的公司。

第 2 分节　清算股份公司的机关

第 1 目　股东大会外的机关设置

第 477 条

① 清算股份公司，须设 1 人或者 2 人以上的清算人。

② 清算股份公司，可通过章程规定设清算人会、监事或者监事会。

③ 章程已作出设监事会之意规定的清算股份公司，须设清算人会。

④ 符合第 475 条各项所列情形，且属于公开公司或大公司的清算股份公司，须设监事。

⑤ 符合第 475 条各项所列情形，且曾属于监查等委员会设置公司的清算股份公司，并属于应适用前款规定的公司时，作为监查等委员的董事成为监事。

⑥ 符合第 475 条各项所列情形，且曾属于提名委员会等设置公司的清算股份公司，并属于应适用第 4 款规定的公司时，监查委员成为监事。

⑦ 对清算股份公司，不适用第 4 章第 2 节的规定。

第 2 目 清算人的就任、解任及监事的离任

第 478 条 （清算人的就任）

① 下列人员,成为清算股份公司的清算人：

(一) 董事（存在下项或者第 3 项所列者的情形除外）；

(二) 章程所规定者；

(三) 通过股东大会决议所选任者。

② 若无根据前款规定成为清算人者时,由法院根据利害关系人的申请,选任清算人。

③ 虽有以上 2 款的规定,但对因第 471 条第 6 项所列事由而解散的清算股份公司,由法院根据利害关系人或法务大臣的申请或者依其职权,选任清算人。

④ 虽有第 1 款及第 2 款的规定,但对符合第 475 条第 2 项或者第 3 项所列情形的清算股份公司,由法院根据利害关系人的申请,选任清算人。

⑤ 符合第 475 条各项所列情形,且曾属于监查等委员会设置公司的清算股份公司,就适用第 1 款第 1 项的规定,将同项中的"董事"改为"作为监查等委员的董事外的董事"。

⑥ 符合第 475 条各项所列情形,且曾属于提名委员会等设置公司的清算股份公司,就适用第 1 款第 1 项的规定,将同项中的"董事",改为"监查委员外的董事"。

⑦ 虽有第 335 条第 3 款的规定,但符合第 475 条各项所列情形,且曾是监查等委员会设置公司或者提名委员会等设置公司的清算股份公司又属于监事会设置公司时,监事须 3 人以上,其中半数以上,须是符合下列所有要件者：

(一) 在就任前的 10 年间未担任过该监查等委员会设置公司或提名委员会等设置公司或者其子公司的董事（独立董事除外）、会计参与（会计参与属于法人时,履行其职务的成员,在下项中相同）或执行官或者经理人及其他使用人；

(二) 在就任前的 10 年内的任何时间曾担任过该监查等委员会设置公司或提名委员会等设置公司或者其子公司的独立董事或者监事者,在就任该独立董事或者监事前的 10 年间未担任过该监查等委员会设置公司或提名委员会等设置公司或者其子公司的董事、会计参与或执行官或者经理及其他使用人；

（三）第 2 条第 16 项 3 至 5 所列要件。

⑧ 对清算人，准用第 330 条〈股份公司与公司负责人等的关系〉及第 331 条第 1 款〈董事的资格等〉的规定，对清算人会设置公司（指设置清算人会的清算股份公司或者根据本法的规定必须设置清算人会的清算股份公司，下同），准用同条第 5 款的规定。此时，将同款中的"董事"替换为"清算人"。

第 479 条　（清算人的解任）

① 清算人（根据前条第 2 款至第 4 款的规定，由法院所选任的清算人除外），可随时通过股东大会的决议被解任。

② 有重要事由时，法院，可根据下列股东的申请解任清算人：

（一）自 6 个月（章程已规定低于该标准的期间时，从其该期间）前，连续持有全体股东（下列股东除外）表决权的 3%（章程已规定低于该标准的比例时，从其该比例）以上表决权的股东（下列股东除外）：

1. 就解任清算人之意的议案，不得行使表决权的股东；
2. 作为与该申请相关的清算人的股东。

（二）自 6 个月（章程已规定低于该标准的期间时，从其该期间）前，连续持有已发行股份（下列股东所持有的股份除外）的 3%（章程已规定低于该标准的比例时，从其该比例）以上股份数的股东（下列股东除外）：

1. 该清算股份公司属于股东；
2. 与该申请相关的清算人属于股东。

③ 就作为非公开公司的清算股份公司适用前款各项的规定，将这些规定中的"自 6 个月（章程已规定低于该标准的期间时，从其该期间）前连续持有"改为"持有"。

④ 对清算人，准用第 346 条第 1 款至第 3 款〈公司负责人等出现缺员时的措施〉的规定。

第 480 条　（监事的离任）

① 清算股份公司的监事，当该清算股份公司已进行下列的章程变更时，在该章程变更发生效力时离任：

（一）为废止有关设置监事之意的章程规定的章程变更；

（二）为废止有关将监事的监查范围限定在财务会计方面之意的章程规定的章程变更。

② 对清算股份公司的监事，不适用第 336 条的规定。

第 3 目 清算人的职务等

第 481 条 （清算人的职务）

清算人，履行下列职务：

（一）现有业务的了结；

（二）债权的实现及债务的清偿；

（三）剩余财产的分配。

第 482 条 （业务执行）

① 清算人，执行清算股份公司（清算人会设置公司除外，以下在本条中相同）的业务。

② 清算人有 2 人以上时，章程另有规定的除外，清算股份公司的业务，由清算人的过半数决定。

③ 在前款规定的情形下，清算人，不得将有关下列事项的决定委托给各清算人：

（一）经理的选任及解任；

（二）分公司的设置、迁移及废止；

（三）第 298 条第 1 款各项（含在第 325 条中所准用的情形）所列事项；

（四）为确保清算人的职务履行符合法令及章程的体制，以及其他法务省令所规定的为确保清算股份公司业务的合理性所必要的体制完善。

④ 对清算人（就同条的规定，法院根据第 478 条第 2 款至第 4 款的规定所选任的清算人除外），准用第 353 条至第 357 条〈董事的权限、义务等〉（第 3 款除外）、第 360 条〈股东对董事行为的制止〉以及第 361 条第 1 款及第 4 款〈董事的报酬等〉的规定。此时，将第 353 条中的"第 349 条第 4 款"替换为"在第 483 条第 6 款中所准用的第 349 条第 4 款"，将第 354 条中的"代表董事"替换为"代表清算人（指第 483 条第 1 款规定的代表清算人）"，将第 360 条第 3 款中的"监事设置公司、监查等委员会设置公司或者提名委员会等设置公司"替换为"监事设置公司"。

第 483 条 （清算股份公司的代表）

① 清算人，代表清算股份公司。但已另行规定了代表清算人（指代表清算股份公司的清算人，以下相同）及其他代表清算股份公司者时，不在此限。

② 前款本文所规定的清算人有 2 人以上时，清算人，各自代表清算股份公司。

③ 清算股份公司（清算人会设置公司除外），通过章程、基于章程规定的

清算人(根据第 478 条第 2 款至第 4 款的规定法院所选任的清算人除外,以下在本款中相同)的互选或者股东大会的决议,可从清算人中规定代表清算人。

④ 根据第 478 条第 1 款第 1 项的规定董事成为清算人,且已规定代表董事时,该代表董事成为代表清算人。

⑤ 法院,根据第 478 条第 2 款至第 4 款的规定选任清算人时,可从该清算人中规定代表清算人。

⑥ 对代表清算人,准用第 349 条第 4 款及第 5 款〈代表董事的权限〉以及第 351 条〈代表董事出现缺员时的措施〉的规定,对根据民事保全法第 56 条所规定的临时处分命令所选任的清算人或者代行代表清算人职务者,准用第 352 条〈代行董事职务者的权限〉的规定。

第 484 条 （有关清算股份公司的破产程序的开始）

① 当清算股份公司的财产不足以清偿其债务之事已非常明确时,清算人,须及时提出破产程序开始的申请。

② 清算人,当清算股份公司已受到破产程序开始的决定,且破产管理人已接管其事务时,便成为已结束其任务者。

③ 前款有规定,且清算股份公司已向债权人进行了支付或者已向股东分配了财产时,破产管理人,可收回之。

第 485 条 （法院选任的清算人的报酬）

法院,根据第 478 条第 2 款至第 4 款的规定已选任清算人时,可规定清算股份公司支付给该清算人的报酬额。

第 486 条 （清算人对清算股份公司的损害赔偿责任）

① 清算人,已懈怠其任务时,对清算股份公司承担赔偿由此所产生损害的责任。

② 清算人违反在第 482 条第 4 款中所准用的第 356 条第 1 款的规定已进行同款第 1 项所规定的交易时,通过该交易清算人或者第三人所获得的利益额,被推定为前款所规定的损害额。

③ 通过进行在第 482 条第 4 款中所准用的第 356 条第 1 款第 2 项或者第 3 项所规定的交易致使清算股份公司遭受损害时,下列清算人,被推定为已懈怠其任务者：

（一）在第 482 条第 4 款中所准用的第 356 条第 1 款所规定的清算人；

（二）对清算股份公司实施该交易作出决定的清算人；

（三）对清算人会是否同意该交易的决议已表示赞成的清算人。

④ 对第 1 款所规定的清算人的责任,准用第 424 条〈对股份公司的损害赔偿责任的免除〉及第 428 条第 1 款〈有关董事为自己所进行交易的特别规则〉的规定。此时,将同条第 1 款中的"第 356 条第 1 款第 2 项(含在第 419 条第 2 款中所准用的情形)"替换为"在第 482 条第 4 款中所准用的第 356 条第 1 款第 2 项"。

第 487 条 （清算人对第三人的损害赔偿责任）

① 清算人就履行其职务有恶意或者重大过失时,该清算人,承担赔偿由此给第三人所造成损害的责任。

② 清算人已实施下列行为时,也与前款相同。但该清算人已证明就实施该行为未懈怠注意时,不在此限:

（一）在募集股份、新股预约权、公司债券或附新股预约权公司债券的认购人时,有关务必要通知的重要事项的虚假通知,或有关与该募集相关的该清算股份公司的事业及其他事项的说明中所使用资料的虚假记载或者记录;

（二）有关第 492 条第 1 款所规定的财产目录等以及第 494 条第 1 款所规定的资产负债表及事务报告以及有关这些的附属明细表中,应记载或者记录的重要事项的虚假记载或者记录;

（三）虚假登记;

（四）虚假公告。

第 488 条 （清算人与监事的连带责任）

① 当清算人或者监事承担赔偿清算股份公司或者第三人所遭受损害的责任,且其他清算人或者监事也承担赔偿该损害的责任时,这些义务人为连带债务人。

② 对前款所规定的情形,不适用第 430 条的规定。

第 4 目　清　算　人　会

第 489 条 （清算人会的权限等）

① 清算人会,由全体清算人组成。

② 清算人会,履行下列职务:

（一）清算人会设置公司业务执行的决定;

（二）对清算人履行职务的监督;

（三）代表清算人的选定及解职。

③ 清算人会,须从清算人中选定代表清算人。但另有代表清算人时,不在此限。

④ 清算人会,可解除其所选定的代表清算人以及根据第483条第4款的规定已成为代表清算人的职务。

⑤ 根据第483条第5款的规定法院已规定代表清算人时,清算人会,不得选定代表清算人或者解除代表清算人的职务。

⑥ 清算人会,不得将下列事项及其他重要业务执行的决定委托给清算人:

(一) 重要财产的处分以及受让;

(二) 巨额借款;

(三) 经理人及其他重要使用人的选任及解任;

(四) 分公司及其他重要机构的设置、变更及废止;

(五) 第676条第1项所列事项及其他法务省令所规定的有关募集公司债券认购人的重要事项;

(六) 为确保清算人的职务履行符合法令及章程的体制,及其他法务省令所规定的为确保清算股份公司业务的合理性所必要的体制完善。

⑦ 下列清算人,执行清算人会设置公司的业务:

(一) 代表清算人;

(二) 属于代表清算人外的清算人,且通过清算人会的决议作为执行清算人会设置公司业务的清算人被选定者。

⑧ 对清算人会设置公司,准用第363条第2款〈向董事会的报告〉、第364条〈董事会设置公司与董事间的交易中的公司代表〉及第365条〈对竞业以及与董事会设置公司间的交易的限制〉的规定。此时,将第363条第2款中的"前款各项"替换为"第489条第7款各项",将"董事"替换为"清算人",将"董事会"替换为"清算人会",将第364条中的"第353条"替换为"在第482条第4款中所准用的第353条",将"董事会"替换为"清算人会",将第365条第1款中的"第356条"替换为"在第482条第4款所准用的第356条",将"董事会"替换为"清算人会",将同条第2款中的"第356条第1款各项"替换为"在第482条第4款中所准用的第356条第1款各项",将"董事"替换为"清算人",将"向董事会"替换为"向清算人会"。

第490条 (清算人会的运营)

① 清算人会,由各清算人负责召集。但章程或者清算人会已规定召集清算人会的清算人时,由该清算人负责召集。

② 前款但书作出规定时,根据同款但书规定所确定的清算人(以下在本款中称为"召集权人")以外的清算人,可在向召集权人表明作为清算人会议

题事项的前提下,请求召集清算人会。

③ 从已提出前款所规定的请求之日起的 5 日内,不能发出以该请求之日起 2 周内的日期作为清算人会会日的清算人会召集通知时,已提出该请求的清算人,可召集清算人会。

④ 对清算人会设置公司的清算人会的召集,准用第 367 条〈由股东召集的请求〉及第 368 条〈召集程序〉的规定。此时,将第 367 条第 1 款中的"监事设置公司、监查等委员会设置公司以及提名委员会等设置公司"替换为"监事设置公司",将"董事"替换为"清算人",将同条第 2 款中的"董事(前条第 1 款但书规定的情形时,指召集权人)"替换为"清算人(第 490 条第 1 款但书规定的情形时,指同条第 2 款所规定的召集权人)",将同条第 3 款及第 4 款中的"前条第 3 款"替换为"第 490 条第 3 款",将第 368 条第 1 款中的"各董事"替换为"各清算人",将同条第 2 款中的"董事"替换为"清算人",将"董事及"替换为"清算人及"。

⑤ 对清算人会设置公司的清算人会的决议,准用第 369 条至第 371 条〈董事会的决议、会议记录等〉的规定。此时,将第 369 条第 1 款中的"董事的"替换为"清算人的",将同条第 2 款中的"董事"替换为"清算人",将同条第 3 款中的"董事及"替换为"清算人及",将同条第 5 款中的"是董事"替换为"是清算人",将第 370 条中的"由董事"替换为"由清算人",将"董事"替换为"清算人",将第 371 条第 3 款中的"监事设置公司、监查等委员会设置公司或者提名委员会等设置公司"替换为"监事设置公司",将同条第 4 款中的"公司负责人或者执行官"替换为"清算人或者监事"。

⑥ 对清算人会设置公司的清算人会所进行的报告,准用第 372 条第 1 款及第 2 款〈对董事会所进行报告的省略〉的规定。此时,将同条第 1 款中的"董事、会计参与、监事或会计监查人"替换为"清算人或监事",将"董事"替换为"清算人",将"董事及"替换为"清算人及",将同条第 2 款中的"第 363 条第 2 款"替换为"在第 489 条第 8 款中所准用的第 363 条第 2 款"。

第 5 目　有关董事等规定的适用

第 491 条

对清算股份公司,在第 2 章(第 155 条除外)、第 3 章、第 4 章第 1 节、335 条第 2 款、第 343 条第 1 款及第 2 款、在第 345 条第 4 款中所准用的同条第 3 款、第 359 条、同章第 7 节及第 8 节以及第 7 章的规定中,有关董事、代表董事、董事会或者董事会设置公司的规定,分别作为有关清算人、代表清算人、清算人会或者清算人会设置公司的规定,适用于清算人、代表清算人、清算人会或者清算人会设置公司。

第3分节 财产目录等

第 492 条 （财产目录等的制作等）
① 清算人（清算人会设置公司时,指第 489 条第 7 款各项所列清算人）,其就任后,须及时调查清算股份公司的财产现状,并根据法务省令的规定制作符合第 475 条各项所列情形之日的财产目录以及资产负债表（以下在本条及下条中称为"财产目录等"）。
② 清算人会设置公司时,财产目录等,须取得清算人会的同意。
③ 清算人,须将财产目录等（适用前款的规定时,指已取得同款所规定同意的财产目录等）提交或者提供给股东大会,并取得股东大会的同意。
④ 清算股份公司,从已制作财产目录等时起至在其总公司所在地进行清算结束登记时为止,须保存该财产目录等。

第 493 条 （财产目录等的提交命令）
法院,根据其相关申请或者依其职权,对诉讼当事人,可命令提交全部或者部分财产目录等。

第 494 条 （资产负债表等的制作及保存）
① 清算股份公司,须根据法务省令的规定制作各清算事务年度（指从符合第 475 条各项所列情形之日的次日或者其后每年与该日相对应之日〈无相对应之日时,指其前 1 日〉开始的 1 年的期间）的资产负债表及事务报告,以及有关这些的附属明细表。
② 前款所规定的资产负债表及事务报告以及有关这些的附属明细表,可以电子记录形式制作。
③ 清算股份公司,从已制作第 1 款所规定的资产负债表时起至在其总公司所在地进行清算结束登记时为止的期间,须保存该资产负债表及其附属明细表。

第 495 条 （资产负债表等的监查等）
① 监事设置公司（含章程将监事的监查范围限定在财务会计方面的股份公司）时,前条第 1 款所规定的资产负债表及事务报告以及有关这些的附属明细表,须根据法务省令的规定,接受监事的监查。
② 清算人会设置公司时,前条第 1 款所规定的资产负债表及事务报告以及有关这些的附属明细表（适用前款规定时,指已接受同款所规定监查的

报表),须取得清算人会的同意。

第 496 条 （资产负债表等的置备及查阅等）

① 清算股份公司,从年度股东大会会日的 1 周前之日(属于第 319 条第 1 款所规定的情形时,指已提出同款所规定提案之日)起至在其总公司所在地进行清算结束登记时为止的期间,须将与第 494 条第 1 款所规定的各清算事务年度相关的资产负债表及事务报告以及有关这些的附属明细表(适用前条第 1 款的规定时,含监查报告,以下在本条中称为"资产负债表等"),置备于其总公司。

② 股东以及债权人,在清算股份公司的营业时间内,可随时提出下列请求。但提出第 2 项或者第 4 项所列的请求时,须支付该清算股份公司所规定的费用：

（一）资产负债表等以书面形式所制作时,查阅该书面文件的请求；

（二）交付前项所规定书面文件的誊本或者抄本的请求；

（三）资产负债表等以电子记录形式所制作时,查阅已记录于该电子记录中且通过法务省令规定的方法所表示事项的请求；

（四）通过清算股份公司规定的电子记录方法提供已记录于前项所规定的电子记录中的事项的请求,或者交付已记载该事项的书面文件的请求。

③ 清算股份公司的母公司股东,为行使其权利有必要时,取得法院许可后可就该清算股份公司的资产负债表等提出前款各项所列的请求。但提出同款第 2 项或者第 4 项所列请求时,须支付该清算股份公司所规定的费用。

第 497 条 （资产负债表等的向定期股东大会的提交等）

① 以下各项所列清算股份公司时,清算人,须将该各项所规定的资产负债表及事务报告提交或者提供给年度股东大会：

（一）第 495 条第 1 款所规定的监事设置公司(清算人会设置公司除外),指已接受同款所规定监查的资产负债表及事务报告；

（二）清算人会设置公司,指已取得第 495 条第 2 款所规定同意的资产负债表及事务报告；

（三）以上 2 项所列公司外的清算股份公司,指第 494 条第 1 款所规定的资产负债表及事务报告。

② 根据前款规定已提交或者提供的资产负债表,须取得年度股东大会的同意。

③ 清算人,须向年度股东大会报告根据第 1 款规定已提交或者提供的事务报告的内容。

第 498 条 （对资产负债表等的提交命令）

法院,可根据相关申请或者依其职权,命令诉讼当事人提交第 494 条第 1 款所规定的全部或者部分资产负债表及其附属明细表。

第 4 分节　债务的清偿等

第 499 条 （对债权人的公告等）

① 清算股份公司,当出现符合第 475 条各项所列的情形后,须及时对该清算股份公司的债权人在官报上公告应在一定期间内申报其债权之意,并对已知的债权人分别对此进行催告。但该期间不得少于 2 个月。

② 在前款所规定的公告中,须注明该债权人若在该期间内未提出申报时将被排除于清算外之意。

第 500 条 （对债务清偿的限制）

① 清算股份公司,在前条第 1 款所规定的期间内,不得清偿债务。此时,清算股份公司因不履行其债务所产生的责任,仍然不得免除。

② 虽有前款的规定,但清算股份公司即使在前条第 1 款所规定的期间内,在取得法院许可的前提下,就与小额债权、通过存在于清算股份公司财产上的担保权所获得的担保债权,及其他即使进行清偿也不会损害其他债权人债权相关的债务,可进行清偿。此时,对法院许可的申请,清算人有 2 人以上时,须以全体清算人同意的方式提出。

第 501 条 （与附条件债权等相关债务的清偿）

① 清算股份公司,可清偿与附条件的债权、存续期间不确定的债权,及其他其金额不确定的债权相关的债务。此时,为评估各该债权,须向法院提出选任鉴定人的申请。

② 在前款规定的情形下,清算股份公司,须按照同款所规定鉴定人的评估,清偿有关同款所规定债权的债务。

③ 第 1 款所规定鉴定人选任程序的相关费用,由清算股份公司承担。该鉴定人为评估所支出的传唤以及询问费用,亦同。

第 502 条 （对债务清偿前剩余财产分配的限制）

清算股份公司,不是在已清偿其债务之后,不得向股东分配其财产。但与债权的有无及金额有争议债权相关的债务,已保留认为进行其清偿所必要的财产时,不在此限。

第 503 条 （从清算中的排除）

① 属于清算股份公司的债权人(已知的债权人除外),但在第 499 条第 1

款所规定的期限内未申报其债权者,将被排除在清算之外。

② 根据前款规定被排除在清算之外的债权人,仅限于未分配的剩余财产可请求清偿。

③ 将清算股份公司的剩余财产已分配给部分股东时,按照与该股东所接受分配相同比例,对该股东外的股东进行分配所必需的财产,从前款所规定的剩余财产中扣除。

第5分节 剩余财产的分配

第504条 (有关剩余财产分配事项的决定)

① 清算股份公司,拟分配剩余财产时,须以清算人的决定(清算人会设置公司时,指清算人会的决议),对下列事项作出规定:

(一) 剩余财产的种类;

(二) 有关对股东分配剩余财产的事项。

② 前款有规定,且就剩余财产的分配已发行内容不同的2种以上的股份时,清算股份公司按照该种类的股份的内容,作为同款第2项所列事项,可规定下列事项:

(一) 决定对某种股份的股东不进行剩余财产分配时,该意旨及该股份的种类;

(二) 除前项所列事项外,决定就剩余财产的分配按照股份的种类进行不同对待时,该意旨及该不同对待的内容。

③ 有关第1款第2项所列事项的规定,必须是以按照股东(该清算股份公司以及持有前款第1项所规定种类的股份的股东除外)所持有的股份数(就前款第2项所列事项有规定时,指各种类的股份数)分配剩余财产为内容的规定。

第505条 (剩余财产属于现金外财产的情形)

① 股东,当剩余财产属于现金外财产时,享有现金分配请求权(指请求清算股份公司代替该剩余财产支付现金的权利,以下在本条中相同)。此时,清算股份公司,须以清算人的决定(清算人会设置公司时,指清算人会的决议),对下列事项作出规定:

(一) 可行使现金分配请求权的期间;

(二) 决定对持有不足一定数股份的股东不分配剩余财产时,该意旨及该数。

② 前款有规定时,清算股份公司,须在同款第1项所规定期间的结束日

的 20 日前,向股东通知同项所列事项。

③ 清算股份公司,对已行使现金分配请求权的股东,代替该股东所接受分配的剩余财产,须支付相当于该剩余财产价额的现金。此时,按照下列各项所列情形的区分,将该各项所规定价额作为该剩余财产的价额:

(一) 该剩余财产属于有市场价格的财产时,指通过法务省令规定的方法所计算的该剩余财产的市场价格;

(二) 前项所列情形外的情形时,指根据清算股份公司的申请,由法院所规定的价额。

第 506 条 (已规定基准股份数时的处理)

已规定前条第 1 款第 2 项所规定数(以下在本条中称为"基准股份数")时,清算股份公司,对持有基准数未满股份(以下在本条中称为"基准未满股份")的股东,根据前条第 3 款后段规定之例,须支付相当于作为持有基准股份数股份的股东已接受分配的剩余财产的价额所规定的价额,乘以该基准未满股份数对基准股份数的比例后所得额的现金。

第 6 分节 清算事务的结束等

第 507 条

① 清算股份公司,在清算事务结束后,须及时根据法务省令的规定制作决算报告。

② 清算人会设置公司时,决算报告须取得清算人会的同意。

③ 清算人,须向股东大会提交或者提供决算报告(适用前款的规定时,指已取得同款所规定同意的报告),并取得股东大会的同意。

④ 已取得前款所规定的同意时,清算人因懈怠任务所要承担的损害赔偿责任,视为已免除。但清算人就职务履行存在不正当行为时,不在此限。

第 7 分节 账簿资料的保存

第 508 条

① 清算人(清算人会设置公司时,指第 489 条第 7 款各项所列的清算人),自在清算股份公司的总公司所在地进行清算结束登记时起的 10 年间,须保存清算股份公司的账簿以及有关其事业及清算的重要资料(以下在本条中称为"账簿资料")。

② 法院,可根据利害关系人的申请,代替前款所规定的清算人,选任保存账簿资料者。此时,不适用同款的规定。

③ 根据前款规定已被选任者,自在清算股份公司的总公司所在地进行清算结束登记时起的 10 年间,须保存账簿资料。

④ 第 2 款规定的有关选任程序的费用,由清算股份公司承担。

第 8 分节　适用排除等

第 509 条

① 对清算股份公司,不适用下列规定:

（一）第 155 条;

（二）第 5 章第 2 节第 2 分节(第 435 条第 4 款、第 440 条第 3 款、第 442 条及第 443 条除外)、第 3 分节以及第 3 节至第 5 节;

（三）第五编第 4 章及第 5 章中有关股份交换以及股份转移程序的部分。

② 对象公司属于清算股份公司时,不适用第 2 章第 4 节之 2 的规定。

③ 清算股份公司,仅限于无偿取得,及其他由法务省令规定的情形,可取得该清算股份公司的股份。

第 2 节　特别清算

第 1 分节　特别清算的开始

第 510 条　（特别清算开始的原因）

法院,认为清算股份公司存在下列事由时,基于第 514 条的规定,根据相关申请对清算股份公司命令特别清算的开始:

（一）存在给清算进程带来明显障碍的因素时;

（二）存在资不抵债(指清算股份公司的财产不足以清偿其全部债务的状态,在下条第 2 款中相同)的嫌疑时。

第 511 条　（特别清算开始的请求）

① 债权人、清算人、监事或者股东,可提出特别清算开始的请求。

② 清算股份公司存在资不抵债的嫌疑时,清算人,须提出特别清算开始的申请。

第 512 条　（其他程序中止的命令等）

① 法院,已提出特别清算开始的申请,且认为有必要时,根据债权人、清算人、监事或者股东的申请或者依其职权,就特别清算开始的申请作出决定前,可命令中止下列程序或者处分。但就第 1 项所列的破产程序,限于未作

出破产程序开始的决定的情形,就第 2 项所列的程序或者第 3 项所列的处分,限于对作为该程序申请人的债权人或者进行该处分者不会造成不当损害的情形:

(一)有关清算股份公司的破产程序;

(二)对清算股份公司的财产所进行的强制执行、临时扣押或者临时处分的程序(基于享有一般先取特权及其他一般优先权的债权的程序除外)。

(三)基于对清算股份公司的财产所进行的互助对象国租税(指由关于与租税条约等实施相关的所得税法、法人税法以及地方税法的特例等的法律〈1969 年法律第 46 号,在第 518 条之 2 以及第 571 条第 4 款中称为"租税条约等实施特例法"〉第 11 条第 1 款所规定的互助对象国租税,以下相同)的请求权,根据国税滞纳处分例所进行的处分(在第 515 条第 1 款中称为"外国租税滞纳处分")。

② 对驳回特别清算开始申请的决定已提出第 890 条第 5 款所规定的即时上诉时,与前款相同。

第 513 条 (对特别清算开始申请撤回的限制)

已提出特别清算开始的申请者,限于作出特别清算开始的命令前,可撤回该申请。此时,如果在已作出根据前条规定的中止命令、根据第 540 条第 2 款规定的保全处分或者根据 541 条第 2 款规定的处分之后,须取得法院的许可。

第 514 条 (特别清算开始的命令)

法院,在已提出特别清算开始的申请,且认为成为特别清算开始原因的事由存在时,符合下列之一的情形除外,应作出特别清算开始的命令:

(一)没有预缴特别清算程序费用时;

(二)即使通过特别清算也显然不能完成清算时;

(三)通过特别清算显然违反债权人一般利益时;

(四)以不正当目的申请特别清算的开始,及其他提出不诚实申请时。

第 515 条 (其他程序的中止等)

① 特别清算开始的命令已作出时,不得再提出破产程序开始的申请以及对清算股份公司财产的强制执行、临时扣押、临时处分或外国租税滞纳处分或者财产公开程序(限于根据民事执行法〈1979 年法律第 4 号〉第 197 条第 1 款所规定的申请进行的程序,以下在本款中相同)的申请,且破产程序(限于尚未作出破产程序开始决定的情形)、对清算股份公司的财产已实施的强制执行、临时扣押、临时处分程序以及外国租税滞纳处分及财产公开的程序

中止。但对基于享有一般先取特权及其他一般优先权的债权的强制执行、临时扣押、临时处分或者财产公开的程序，不在此限。

② 特别清算开始的命令已成立时，根据前款规定所中止的程序或者处分，在与特别清算程序的关系中丧失其效力。

③ 已作出特别清算开始的命令时，对清算股份公司债权人的债权（享有一般先取特权及其他一般优先权的债权、为履行特别清算程序对清算股份公司所产生的债权以及有关特别清算程序的对清算股份公司的费用请求权除外，以下在本节中称为"协定债权"），自第 938 条第 1 款第 2 项或者第 3 项中规定的特别清算开始撤销登记或者特别清算结束登记日起经过 2 个月之日的期间，不完成时效。

第 516 条 （担保权实行程序等的中止命令）

法院，已作出特别清算开始的命令，且认为不仅符合债权人的一般利益，而且对担保权实行程序等（指存在于清算股份公司财产上的担保权实行程序、企业担保权实行程序或者对清算股份公司的财产已确定的基于享有一般先取特权及其他一般优先权的债权的强制执行程序，以下在本条中相同）的申请人也不会造成不当损害时，可根据清算人、监事、债权人或者股东的申请或者依其职权，在规定相应期间后，命令担保权实行程序等中止。

第 517 条 （抵销的禁止）

① 协定债权的债权人（以下在本节中称为"协定债权人"），在下列情形下，不得进行抵销：

（一）特别清算开始后已对清算股份公司承担债务时；

（二）已陷入支付不能（指清算股份公司因欠缺支付能力，对其债务中清偿期已届满的债务处于不能一般地且连续进行清偿的状态，以下在本款中相同）后，以专门通过协定债权抵消因合同所形成的债务为目的，与清算股份公司缔结以处分清算股份公司财产为内容的合同，或者因缔结以认购对清算股份公司承担债务者的债务为内容的合同而对清算股份公司已承担债务，且在缔结该合同的当时已知已陷入支付不能时；

（三）已出现支付停止之后已对清算股份公司承担债务，且在该承担的当时已知已出现支付停止时。但出现该支付停止时并未陷入支付不能的，不在此限；

（四）已提出特别清算开始的申请之后已对清算股份公司承担债务，且该承担的当时已知已提出特别清算开始的申请时。

② 这些规定所规定的债务基于下列原因之一时，不适用前款第 2 项至

第 4 项的规定：

（一）法定原因；

（二）在协定债权人已知已陷入支付不能或者已出现支付停止或已提出特别清算开始申请之前所产生的原因；

（三）在已提出特别清算开始申请的 1 年以前所产生的原因。

第 518 条

① 对清算股份公司承担债务者，在下列情形下，不得进行抵销：

（一）在特别清算开始后，已取得他人的协定债权时；

（二）在已陷入支付不能后，已取得协定债权且在该取得的当时已知已陷入支付不能时；

（三）在已出现支付停止后，已取得协定债权且在该取得的当时已知已出现支付停止时。但在已出现该支付停止时并非已陷入支付不能的，不在此限。

（四）在已提出特别清算开始的申请后，已取得协定债权且在该取得的当时已知已提出特别清算开始的申请时。

② 这些规定所规定的债务基于下列原因之一时，不适用前款第 2 项至第 4 项的规定：

（一）法定原因；

（二）在协定债权人已知已陷入支付不能或者已出现支付停止或已提出特别清算开始申请之前所产生的原因；

（三）在已提出特别清算开始申请的 1 年以前所产生的原因。

（四）对清算股份公司承担债务者与清算股份公司间的合同。

第 518 条之 2 （互助对象国租税债权人的程序参加）

协定债权人，以互助对象国租税的请求权参加特别清算程序时，须取得租税条约等实施特例法第 11 条第 1 款所规定的互助实施决定。

第 2 分节　法院的监督及调查

第 519 条 （法院的监督）

① 已作出特别清算开始的命令时，清算股份公司的清算受法院监督。

② 法院，认为有必要时可向监管清算股份公司业务的政府机关要求陈述有关该清算股份公司特别清算程序的意见，或者嘱托其调查。

③ 前款所规定的政府机关，可向法院陈述有关该清算股份公司特别清算程序的意见。

第 520 条 （法院的调查）

法院，可随时命令清算股份公司报告清算事务及财产状况，以及进行其他清算监督所必要的调查。

第 521 条 （向法院提交财产目录等）

已作出特别清算开始的命令时，清算股份公司，在取得第 492 条第 3 款所规定的同意后，须及时向法院提交财产目录等（指同款所规定的财产目录等，以下在本条中相同）。但财产目录等以电子记录形式所制作时，须向法院提交记载了已记录于该电子记录中事项的书面文件。

第 522 条 （调查命令）

① 法院，特别清算开始后且考虑到清算股份公司的财产状况认为有必要时，可根据清算人、监事、已申报债权的债权人及其他其债权占清算股份公司已知债权人债权总额的 1/10 以上的债权人，或者自 6 个月（章程已规定低于该标准的期间时，从其该期间）前，连续持有全体股东（就股东大会可决议的全部事项不得行使表决权的股东除外）表决权的 3％（章程已规定低于该标准的比例时，从其该比例）以上表决权的股东，或自 6 个月（章程已规定低于该标准的期间时，从其该期间）前，连续持有已发行股份（自己股份除外）3％（章程已规定低于该标准的比例时，从其该比例）以上股份的股东的申请，或者依其职权，就下列事项作出命令调查委员进行调查的处分（在第 533 条中称为"调查命令"）：

（一）直至特别清算开始的缘由；

（二）清算股份公司业务及财产的状况；

（三）是否存在作出第 540 条第 1 款所规定的保全处分的必要；

（四）是否存在作出第 542 条第 1 款所规定的保全处分的必要；

（五）是否存在作出第 545 条第 1 款所规定的公司负责人等责任审定决定的必要；

（六）其他由法院所指定的对特别清算有必要的事项。

② 在清算股份公司的财产上享有担保权（限于特别先取特权、质权、抵押权或者由本法或商法所规定的留置权）的债权人，可将通过该担保权的行使所接受清偿的债权额不计入前款所规定的债权额。

③ 就作为非公开公司的清算股份公司适用第 1 款的规定，将同款中的"6 个月（章程已规定低于该标准的期间时，从其该期间）前，连续持有"改为"持有"。

第 3 分节 清 算 人

第 523 条 （清算人的公平诚实义务）

特别清算被决定开始的情形下，清算人，对债权人、清算股份公司及股东负有公平且诚实地办理清算事务的义务。

第 524 条 （清算人的解任）

① 法院，清算人在不正确地办理清算事务时，以及存在其他重要事由时，可根据债权人或股东的申请或者依其职权，解任清算人。

② 清算人空缺时，由法院选任清算人。

③ 即使存在清算人，但法院认为有必要时，还可选任清算人。

第 525 条 （清算人代理）

① 清算人，有必要时可在自己责任范围内选任 1 人或者 2 人以上的清算人代理，让其履行职务。

② 就前款所规定清算人代理的选任，须取得法院的许可。

第 526 条 （清算人的报酬等）

① 清算人，可接受费用预支以及法院所规定的报酬。

② 对清算人代理，准用前款的规定。

第 4 分节 监 督 委 员

第 527 条 （监督委员的选任等）

① 法院，可选任 1 人或者 2 人以上的监督委员，并赋予该监督委员代替第 535 条第 1 款所规定许可的同意的权限。

② 法人，可成为监督委员。

第 528 条 （对监督委员的监督等）

① 监督委员，由法院监督。

② 监督委员未对清算股份公司的业务及财产管理实施正确监督，且存在其他重要事由时，法院，可根据利害关系人的申请或者依其职权，解任监督委员。

第 529 条 （2 人以上监督委员的职务履行）

监督委员有 2 人以上时，应共同履行职务。但在取得法院许可的前提下，可各自单独履行职务，或者分担其职务。

第 530 条 （由监督委员所为的调查等）

① 监督委员，可随时要求清算股份公司的清算人、监事、经理人及其他

使用人进行事业报告,或者对清算股份公司的业务及财产状况进行调查。

② 监督委员,为履行其职务有必要时,可要求清算股份公司的子公司进行事业报告,或者对该子公司的业务及财产状况进行调查。

第 531 条 （监督委员的注意义务）

① 监督委员,须以善良管理人的注意履行其职务。

② 监督委员已懈怠前款所规定的注意时,该监督委员,须对利害关系人承担连带损害赔偿责任。

第 532 条 （监督委员的报酬等）

① 监督委员,可接受费用预支以及法院所规定的报酬。

② 监督委员,在其选任后受让或者转让清算股份公司的债权或者清算股份公司的股份时,须取得法院的许可。

③ 监督委员,在未取得前款所规定的许可而已实施同款所规定的行为时,不得接受费用及报酬的支付。

第 5 分节　调查委员

第 533 条 （调查委员的选任等）

法院,在作出调查命令时,须在该调查命令中选任 1 人或者 2 人以上的调查委员,并须规定调查委员应调查的事项以及向法院报告调查结果的期间。

第 534 条 （有关监督委员规定的准用）

对调查委员,准用前款（第 527 条第 1 款及第 529 条但书除外）的规定。

第 6 分节　对清算股份公司行为的限制等

第 535 条 （对清算股份公司行为的限制）

① 已作出特别清算开始的命令时,清算股份公司实施下列行为,须取得法院的许可。但根据 527 条第 1 款的规定已选任监督委员时,代替法院许可须取得监督委员的同意。

（一）财产的处分（下条第 1 款各项所列行为除外）；

（二）借款；

（三）提起诉讼；

（四）和解或者仲裁合意（指仲裁法〈2003 年法律第 138 号〉第 2 条第 1 款所规定的仲裁合意）；

（五）权利的放弃；

（六）其他由法院所指定的行为。

② 虽有前款的规定，但就同款第1项至第5项所列行为，在下列情形下，不再要求同款所规定的许可：

（一）有关其价额在最高法院规则所规定价额以下的情形；

（二）前项所列之外，有关法院已决定不再要求前款所规定同意的情形；

③ 未取得第1款所规定许可或者代替该许可的监督委员的同意已实施的行为，无效。但不得以此对抗善意的第三人。

第536条　（事业转让的限制等）

① 已作出特别清算开始的命令时，清算股份公司实施下列行为，须取得法院的许可：

（一）全部事业的转让；

（二）部分重要事业的转让（通过该转让所要转让资产的账面价额，不超过通过法务省令规定的方法所计算的该清算股份公司总资产额的1/5〈章程已规定低于该标准的比例时，从其该比例〉的转让除外）；

（三）其子公司的全部或者部分股份或者出资份额的转让（限于符合下列所有情形的转让）：

1. 通过该转让所要转让股份或者出资份额的账面价额，超过通过法务省令规定的方法所计算的该清算股份公司总资产额的1/5（章程已规定低于该标准的比例时，从其该比例）时；

2. 该清算股份公司在该转让生效日不持有该子公司全部表决权的过半数表决权时。

② 未取得前款许可所实施的行为，准用前条第3款的规定。

③ 特别清算时，不适用第7章（第467条第1款第5项除外）的规定。

第537条　（对债务清偿的限制）

① 已作出特别清算开始的命令时，清算股份公司，须对协定债权人按其债权额的比例进行清偿。

② 虽有前款的规定，但清算股份公司在取得法院许可后，对与小额的协定债权、因存在于清算股份公司财产上的担保权被担保的协定债权，以及其他即使对此进行清偿也不会损害其他债权人的协定债权相关的债务，可以超过债权额的比例进行清偿。

第538条　（变现的方法）

① 清算股份公司，可根据民事执行法及其他有关强制执行程序法令的规定，变现其财产。此时，不适用第535条第1款第1项的规定。

② 清算股份公司,可根据民事执行法及其他有关强制执行程序法令的规定,变现作为第522条第2款所规定的担保权(以下在本条及下条中简称为"担保权")标的物的财产。此时,享有该担保权者(以下在本条及下条中称为"担保权人")不得拒绝该变现。

③ 在以上2款所规定的情形下,不适用民事执行法第63条及第129条(含在同法及其他有关强制执行的法令中所准用这些规定的情形)的规定。

④ 在第2款所规定的情形下,担保权人应接受的金额尚未确定时,清算股份公司,须另行寄存价款。此时,担保权依被寄存的价款而存在。

第539条 (担保权人应进行处分期间的指定)

① 担保权人享有不依法律规定的方法处分作为担保权标的物财产的权利时,法院,可根据清算股份公司的申请规定担保权人应进行该处分的期间。

② 担保权人,在前款所规定的期间内未进行处分时,丧失同款所规定的权利。

第7分节 清算监督中所必要的处分等

第540条 (对清算股份公司财产的保全处分)

① 法院,已作出特别清算开始的命令,且认为在清算监督中有必要时,可根据债权人、清算人、监事或股东的申请,或者依其职权,可对清算股份公司的财产作出禁止处分该财产的临时处分及其他必要的保全处分的命令。

② 法院,即便在已提出特别清算开始的申请时起至作出有关该申请的决定为止的期间,认为有必要时,同样可根据债权人、清算人、监事或股东的申请,或者依其职权,作出前款所规定的保全处分。对驳回特别清算开始申请的决定已提起第890条第5款所规定的即时上诉时,亦同。

③ 当法院根据以上2款的规定已命令禁止清算股份公司实施对其债权人进行清偿及其他致使债务消灭行为的保全处分时,债权人,在特别清算关系中不得主张违反该保全处分所进行的清偿及其他致使债务消灭行为的效力。但限于债权人在实施该行为时,已知已作出该保全处分的情形。

第541条 (对股东名册记载等的禁止)

① 法院,已作出特别清算开始的命令,且认为在清算监督中有必要时,可根据债权人、清算人、监事或股东的申请,或者依其职权,禁止清算股份公司在股东名册中记载或者记录股东名册记载事项的行为。

② 法院,即便在已提出特别清算开始的申请时起至作出有关该申请的决定为止的期间,认为有必要时,同样可根据债权人、清算人、监事或股东的

申请,或者依其职权,作出前款所规定的处分。对驳回特别清算开始申请的决定,已提起第 890 条第 5 款所规定的即时上诉时,亦同。

第 542 条 （对公司负责人等的财产的保全处分）

① 法院,已作出特别清算开始的命令,且认为在清算监督中有必要时,可根据清算股份公司的申请或者依其职权,就基于发起人、设立时董事、设立时监事、第 423 条第 1 款所规定的公司负责人等或者清算人(以下在本分节中称为"对象公司负责人等")的责任的损害赔偿请求权,作出对该对象公司负责人等的财产的保全处分。

② 法院,即便在已提出特别清算开始的申请时起至作出有关该申请的决定为止的期间,认为有紧急必要时,同样可根据清算股份公司的申请或者依其职权,作出前款所规定的保全处分。对驳回特别清算开始申请的决定,已提起第 890 条第 5 款所规定的即时上诉时,亦同。

第 543 条 （对公司负责人等的责任免除的禁止）

法院,已作出特别清算开始的命令,且认为在清算监督中有必要时,可根据债权人、清算人、监事或股东的申请或者依其职权,作出禁止免除目标公司负责人等的责任的处分。

第 544 条 （公司负责人等责任免除的撤销）

① 已作出特别清算开始的命令时,清算股份公司,可撤销在已提出特别清算开始的申请后,或者在之前的 1 年内所作出的对象公司负责人等责任的免除。以不正当目的所作出的对象公司负责人等责任的免除,亦同。

② 通过诉讼或者抗辩的方式行使前款所规定的撤销权。

③ 从已作出特别清算开始的命令之日起经过 2 年时,不得行使第 1 款所规定的撤销权。从该对象公司负责人等的责任免除之日起经过 20 年时,亦同。

第 545 条 （公司负责人等责任的审定决定）

① 法院,已作出特别清算开始的命令,且认为在清算监督中有必要时,可根据清算股份公司的申请或者依其职权,作出审定基于对象公司负责人等责任的损害赔偿请求权的裁判(以下在本条中称为"公司负责人等责任审定决定")。

② 法院,依其职权启动公司负责人等责任审定决定的程序时,须作出该意旨的决定。

③ 已提出第 1 款所规定的申请或者已作出前款所规定的决定时,有关时效中断,视为已提出诉讼请求。

④ 公司负责人等责任审定决定的程序（已作出公司负责人等责任审定决定后的程序除外），在特别清算结束时结束。

第 8 分节　债权人会议

第 546 条　（债权人会议的召集）

① 债权人会议，特别清算进行中有必要时，可随时召集。

② 债权人会议，根据下条第 3 款的规定所召集的除外，由清算股份公司负责召集。

第 547 条　（债权人的召集请求）

① 已提出债权申报的协定债权人，及其他占有清算股份公司所知的协定债权者的协定债权总额的 1/10 以上的协定债权的协定债权人，在明确债权人会议议题事项以及召集理由的基础上，可请求清算股份公司召集债权人会议。

② 在清算股份公司的财产上享有第 522 条第 2 款所规定担保权的协定债权人，通过其担保权的行使可接受清偿的协定债权额，不计入前款所规定的协议债权额。

③ 在下列情形下，已提出第 1 款所规定请求的协定债权人，取得法院许可后，可召集债权人会议：

（一）提出第 1 款所规定请求后未能及时履行召集程序的情形；

（二）未能发出将已提出第 1 款所规定请求之日起的 6 周内之日作为债权人会议会日的债权人会议召集通知的情形。

第 548 条　（债权人会议召集等的决定）

① 召集债权人会议者（以下在本分节中称为"召集人"），召集债权人会议时，须对下列事项作出规定：

（一）债权人会议的会日及场所；

（二）债权人会议的议题事项；

（三）决定不出席债权人会议的协定债权人可通过电子方法行使表决权时，其意旨；

（四）以上 3 项所列事项外，法务省令所规定的其他事项。

② 清算股份公司召集债权人会议时，该清算股份公司，须对各协定债权规定可否在债权人会议上行使表决权以及其数额。

③ 清算股份公司以外者召集债权人会议时，该召集人须请求清算股份公司对前款所规定事项作出规定。此时，已提出上述请求时，清算股份公司，

须对同款所规定事项作出规定。

④ 在清算股份公司的财产上享有第522条第2款所规定担保权的协定债权人,对通过该担保权的行使可接受清偿的协定债权额,不享有表决权。

⑤ 协定债权人,对互助对象国租税请求权,不享有表决权。

第549条 (债权人会议的召集通知)

① 召集债权人会议时,召集人,须在债权人会议会日的2周前,向已申报债权的协定债权人及其他清算股份公司已知的协定债权人及清算股份公司发出书面形式的通知。

② 召集人,代替前款所规定的通知发送,可根据政令的规定,在取得应接受同款所规定通知者的同意后,以电子方法发出通知。此时,视为该召集人已发出同款所规定的书面通知。

③ 在以上2款所规定的通知中,须记载或者记录前条第1款各项所列事项。

④ 对已申报债权的债权人以及属于清算股份公司已知的债权人,且属于享有一般先取特权及其他一般优先权的债权,以及因特别清算程序而对清算股份公司产生的债权的债权人,或者对清算股份公司享有与特别清算程序相关的费用请求权者,准用以上3款的规定。

第550条 (债权人会议参考文件及表决权行使票的交付等)

① 召集人,在发出前条第1款所规定的通知时,须根据法务省令的规定,向已申报债权的协定债权人以及清算股份公司已知的协定债权人,就该协定债权人所享有的协定债权,须交付已记载根据第548条第2款或者第3款的规定所规定的事项,以及就表决权行使有参考价值的事项的文件(在下款中称为"债权人会议参考文件"),以及为协定债权人行使表决权的文件(以下在本分节中称为"表决权行使票")。

② 召集人,对已表达前条第2款所规定同意的协定债权人以同款所规定的电子方法发出通知时,代替前款所规定的债权人会议参考文件以及表决权行使票的交付,可通过电子方法提供应记载于这些文件中的事项。但协定债权人已提出请求时,须向该协定债权人交付这些文件。

第551条

① 召集人,已规定第548条第1款第3项所列事项时,通过电子方法向已表达第549条第2款所规定同意的协定债权人发出通知之际,须根据法务省令的规定,通过电子方法向协定债权人提供应记载于表决权行使票中的事项。

② 召集人,已规定第 548 条第 1 款第 3 项所列事项,且未表达第 549 条第 2 款所规定同意的协定债权人,在债权人会议会日的 1 周前,已提出以电子方法提供应记载于表决权行使票中事项的请求时,须根据法务省令的规定,及时以电子方法向该协定债权人提供该事项。

第 552 条 （债权人会议的管理等）

① 债权人会议,由法院管理。

② 拟召集债权人会议时,召集人,须事先向法院报送第 548 条第 1 款各项所列事项,以及根据同条第 2 款或者第 3 款的规定所规定的事项。

第 553 条 （对陈述异议的表决权的处理）

在债权人会议上,根据第 548 条第 2 款或者第 3 款的规定,就各协定债权所规定的事项享有该协定债权者,或者其他协定债权人已陈述异议时,由法院对此作出规定。

第 554 条 （债权人会议的决议）

① 在债权人会议上拟通过所决议事项时,须取得下列所有同意:

（一）已出席表决权人（指可行使表决权的协定债权人,以下在本分节以及下一分节中相同）的过半数同意;

（二）持有超过已出席表决权人的表决权总数的 1/2 的表决权人的同意。

② 当存在根据第 558 条第 1 款的规定,只将其所享有的部分表决权作为同意前款所规定事项的表决权已行使的表决权人（未行使其所剩余表决权者除外）时,就适用同款第 1 项的规定,就该表决权人 1 人,在已出席的表决权人之数上加算 1,在已表达同意的表决权人之数上加算 1/2。

③ 债权人会议,对第 548 条第 1 款第 2 项所列事项以外的事项不得作出决议。

第 555 条 （表决权的代理行使）

① 协定债权人,可通过代理人行使其表决权。此时,该协定债权人或者代理人,须向召集人提交证明代理权的书面文件。

② 前款所规定代理权的授与,须按每次债权人会议分别进行。

③ 第 1 款所规定的协定债权人或者代理人,代替证明代理权的书面文件的提交,根据政令的规定,在取得召集人同意后,可通过电子方法提交应记载于该书面文件中的事项。此时,视为该协定债权人或者代理人已提交该书面文件。

④ 协定债权人就是已表达第 549 条第 2 款所规定的同意者时,召集人,

无正当理由不得拒绝前款所规定的同意。

第 556 条 （通过书面的表决权行使）

① 不出席债权人会议的协定债权人,可通过书面行使表决权。

② 通过书面的表决权行使,应在表决权行使票上记载必要的事项,并在法务省令所规定的时间前,向召集人提交已完成该记载的表决权行使票的方式进行。

③ 根据前款规定,以书面方式已行使表决权的表决权人,就适用第 554 条第 1 款及第 567 条第 1 款的规定,视为已出席债权人会议者。

第 557 条 （通过电子方法的表决权行使）

① 通过电子方法的表决权行使,根据政令的规定,在取得召集人同意后并在法务省令所规定的时间前,将应记载于表决权行使票上的事项,以电子方法提交给该召集人的方式进行。

② 协定债权人就是已表达第 549 条第 2 款所规定的同意者时,召集人,无正当理由不得拒绝前款所规定的同意。

③ 根据第 1 款的规定,以电子方法已行使表决权的表决权人,就适用第 554 条第 1 款及第 567 条第 1 款的规定,视为已出席债权人会议者。

第 558 条 （表决权的不统一行使）

① 协定债权人,可不统一行使其所享有的表决权。此时,须在债权人会议会日的 3 日前,向召集人通知该意旨及其理由。

② 召集人,当前款所规定的协定债权人并非是为他人而享有协定债权者时,可拒绝该协定债权人根据同款的规定不统一行使其所享有的表决权的做法。

第 559 条 （享有担保权的债权人等的出席等）

债权人会议或者召集人,可要求下列债权人出席,并听取其意见。此时,若是债权人会议,须对此作出决议：

（一）享有第 522 条第 2 款所规定担保权的债权人；

（二）享有具有一般先取特权及其他一般优先权的债权、因特别清算程序而对清算股份公司所形成的债权,或者对清算股份公司享有与特别清算程序相关的费用请求权的债权人。

第 560 条 （延期或者延长的决议）

当债权人会议已作出有关会议延期或者延长的决议时,不适用第 548 条（第 4 款除外）及第 549 条的规定。

第 561 条 （会议记录）

对债权人会议的议事,召集人,须根据法务省令的规定制作会议记录。

第 562 条 （向债权人会议报告清算人的调查结果等）

已作出特别清算开始的命令,且第 492 条第 1 款所规定的清算人已完成对清算股份公司的财产现状的调查并已制作财产目录等(指同款所规定的财产目录,以下在本条中相同)时,清算股份公司,须及时召集债权人会议,并向债权人会议报告对清算股份公司的业务及财产状况的调查结果以及财产目录等的要点,同时还须陈述有关清算执行方针以及前景的意见。但认为通过对债权人会议进行报告以及陈述意见以外的方法让债权人周知该应报告的事项以及该意见的内容更为合理时,不在此限。

第 9 分节　协　　定

第 563 条 （协定的申请）

清算股份公司,可向债权人会议提出协定申请。

第 564 条 （协定的条款）

① 在协定中,须规定有关变更协定债权人的全部或者部分权利(第 522 条第 2 款规定的担保权除外)的条款。

② 在变更协定债权人的全部或者部分权利的条款中,须规定债务的减免、缓期及其他权利变更的一般标准。

第 565 条 （通过协定的权利变更）

通过协定变更权利的内容,须保持协定债权人间的平等。但遭受不利益的协定债权人同意时,或者就小额协定债权即使作出另外规定也不损害损公平,以及即便在其他协定债权人之间设置一定的差别也不损害公平时,不在此限。

第 566 条 （享有担保权的债权人等的参加）

清算股份公司,草拟协定之际认为有必要时,可要求下列债权人参加:

(一) 第 522 条第 2 款所规定的享有担保权的债权人;

(二) 享有具有一般先取特权及其他一般优先权的债权的债权人。

第 567 条 （协定通过的要件）

① 虽有第 554 条第 1 款的规定,但在债权人会议上通过协定时,须取得下列所有的同意:

(一) 已出席表决权人的过半数同意;

(二) 持有表决权总额 2/3 以上表决权者的同意。

② 就适用前款第 1 项的规定,准用第 554 条第 2 款〈表决权不统一行使的处理〉的规定。

第 568 条　（协定认可的申请）

协定通过后,清算股份公司,须及时向法院提出认可协定的申请。

第 569 条　（认可或者不认可协定的决定）

① 已提出前条所规定的申请时,下款所规定情形除外,法院作出认可协定的决定。

② 法院,有下列情形之一时,作出不认可协定的决定:

（一）特别清算的程序或者协定违反法律的规定,且属于无法补正其缺陷的协定时。但特别清算的程序虽然违反法律规定而违反程度轻微时,不在此限;

（二）协定不存在履行的可能时;

（三）协定通过不正当方法而达成时;

（四）协定违反债权人的一般利益时。

第 570 条　（协定发生效力的时期）

协定,依认可决定的成立而发生其效力。

第 571 条　（协定的效力范围）

① 协定,为了清算股份公司以及所有协定债权人,且对这些人有效。

② 协定,不影响第 522 条第 2 款所规定的债权人享有的同款所规定的担保权、协定债权人对清算股份公司的保证人及其他与清算股份公司共同承担债务者所享有的权利,以及清算股份公司之外者为协定债权人所提供的担保。

③ 协定认可决定已成立时,协定债权人的权利,根据协定的规定而发生变更。

④ 虽有前款的规定,但根据有关互助对象国租税请求权协定的权利变更,仅限于根据租税条约等实施特例法第 11 条第 1 款规定的与互助间的关系,可主张其效力。

第 572 条　（协定内容的变更）

协定执行中有必要时,可变更协定的内容。此时,准用第 563 条至前条〈协定的成立〉的规定。

第10分节 特别清算的结束

第573条 （特别清算结束的决定）

法院,在特别清算开始后,由下列情形时,根据清算人、监事、债权人、股东或者调查委员的申请,作出特别清算结束的决定：

（一）特别清算已完成时；

（二）特别清算已没有必要再进行时。

第574条 （破产程序开始的决定）

① 法院,在特别清算开始后的下列情形下,认为清算股份公司存在成为启动破产程序原因的事实时,须依其职权并根据破产法,作出破产程序开始的决定：

（一）无法达成协定时；

（二）无法执行协定时；

（三）特别清算程序违反债权人的一般利益时。

② 法院,在特别清算开始后的下列情形下,认为清算股份公司存在成为启动破产程序原因的事实时,须依其职权并根据破产法,作出破产程序开始的决定：

（一）协定被否决时；

（二）不认可协定的决定已成立时。

③ 根据以上2款的规定已作出破产程序开始的决定时,就适用破产法第71条第1款第4项以及第2款第2项及第3项、第72条第1款第4项以及第2款第2项及第3项、第160条（第1款第1项除外）、第162条（第1款第2项除外）、第163条第2款、第164条第1款（含在同条第2款中所准用的情形）、第166条以及第167条第2款（含在同法第170条第2款中所准用的情形）的规定,视为按照下列的区分,在已提出该各项所规定的申请时,已提出破产程序开始的申请：

（一）在特别清算开始的申请前,通过特别清算开始命令的成立而丧失效力的破产程序中,存在破产程序开始的申请时,指该破产程序开始的申请；

（二）前项所列情形以外的情形时,指特别清算开始的申请。

④ 根据第1款或者第2款的规定已作出破产程序开始的决定时,因特别清算程序对清算股份公司所形成的债权,以及与特别清算程序相关的对清算股份公司的费用请求权,为财团债权。

第三编 份额公司

第1章 设 立

第575条 (章程的制定)

① 设立无限公司、两合公司或者合同公司(以下统称为"份额公司")时,拟成为公司股东者须制作章程,其全体股东须在章程上署名或者签名盖章。

② 前款所规定的章程,可以电子记录形式制作。此时,就该电子记录中所记录的信息,须采取代替法务省令规定的署名或者签名盖章的措施。

第576条 (章程的记载或者记录事项)

① 份额公司的章程,须记载或者记录下列事项:

(一) 经营范围;

(二) 商号;

(三) 总公司所在地;

(四) 股东的姓名或者名称及住所;

(五) 股东属于无限责任股东或者有限责任股东的区别;

(六) 股东的出资形式(有限责任股东时,限于现金等)及其价额或者评价标准。

② 拟设立的份额公司属于无限公司时,就前款第5项所列事项,须记载或者记录其全体股东属于无限责任股东之意。

③ 拟设立的份额公司属于两合公司时,就第1款第5项所列事项,须记载或者记录其部分股东属于无限责任股东,而其余股东属于有限责任股东之意。

④ 拟设立的份额公司为合同公司时,就第1款第5项所列事项,须记载或者记录其全体股东属于有限责任股东之意。

第 577 条
除前条规定的事项外,份额公司的章程,还可记载或者记录根据本法的规定若无章程的规定则不发生效力的事项,以及其他不违反本法规定的事项。

第 578 条 (合同公司设立时的出资履行)
拟设立的份额公司属于合同公司时,拟成为该合同公司的股东者,须在章程制作后至合同公司设立登记前,全额缴纳有关其出资的现金,或者全部交付有关其出资的现金外财产。但全体拟成为合同公司的股东者同意时,不妨碍在合同公司成立后实施登记、注册及其他权利的设定或者移转,这些为对抗第三人所必要的行为。

第 579 条 (份额公司的成立)
份额公司,通过在其总公司所在地进行设立登记而成立。

第 2 章　股　　东

第 1 节　股东的责任等

第 580 条 (股东的责任)
① 股东,在下列情况下,对份额公司的债务承担连带清偿责任:
(一) 以该份额公司的财产不能全部清偿其债务的;
(二) 对该份额公司的财产所进行的强制执行未奏效的(股东已证明该份额公司具有清偿的财力,且强制执行易行的情形除外)。
② 有限责任股东,以其出资额(已向份额公司履行的出资额除外)为限,承担清偿份额公司债务的责任。

第 581 条 (股东的抗辩)
① 股东对份额公司的债务承担清偿责任时,股东,可以份额公司能够主张的抗辩对抗该份额公司的债权人。
② 前款有规定,且份额公司对其债权人享有抵销权、撤销权或者解除权时,股东,可对该债权人拒绝履行债务。

第 582 条 （有关股东出资的责任）

① 股东以现金作为出资形式,且未履行其出资时,该股东,除了支付其利息,还须进行损害赔偿。

② 股东以债权作为出资形式,且该债权的债务人在清偿期未进行清偿时,该股东,承担清偿责任。此时,该股东,除了支付利息,还须进行损害赔偿。

第 583 条 （已变更股东责任时的特别规则）

① 当有限责任股东已变成无限责任股东时,已变成该无限责任股东者,对在其成为无限责任股东前所产生的份额公司的债务,作为无限责任股东也承担清偿该债务的责任。

② 有限责任股东(合同公司的股东除外)即使已减少出资额,但该有限责任股东,对进行该意旨登记前所产生的份额公司的债务,仍在以前责任范围内承担清偿该债务的责任。

③ 即使无限责任股东已变成有限责任股东,但已变成该有限责任股东者,对进行该意旨登记前所产生的份额公司的债务,仍作为无限责任股东承担清偿该债务的责任。

④ 以上 2 款所规定的责任,对在以上 2 款所规定的登记后的 2 年内未提出请求或者未进行请求预告的份额公司的债权人,在该登记后经过 2 年时消灭。

第 584 条 （被许可成为无限责任股东的未成年人的行为能力）

被许可成为份额公司无限责任股东的未成年人,就基于股东资格的行为,视为正常行为能力人。

第 2 节 出资份额的转让等

第 585 条 （出资份额的转让）

① 股东,未取得其他全体股东的同意时,不得将其全部或者部分出资份额转让给他人。

② 虽有前款的规定,但不执行业务的有限责任股东,取得全体业务执行股东的同意时,可将其全部或者部分出资份额转让给他人。

③ 虽有第 637 条的规定,但伴随着不执行业务的有限责任股东出资份额的转让发生章程变更时,因其出资份额的转让所进行的章程变更,可以取得全体业务执行股东同意的方式进行。

④ 以上 3 款的规定,不妨碍章程另外作出规定。

第 586 条 （已转让全部出资份额股东的责任）

① 已将全部出资份额转让给他人的股东,对进行该意旨登记前所产生的份额公司的债务,仍在以前责任的范围内承担清偿该债务的责任。

② 前款所规定的责任,对在同款所规定的登记后的 2 年内未提出请求或者未进行请求预告的份额公司的债权人,在该登记后经过 2 年时消灭。

第 587 条

① 份额公司,不得受让其全部或者部分出资份额。

② 份额公司已取得该份额公司的出资份额时,该出资份额,在该份额公司取得之时消灭。

第 3 节　误认行为的责任

第 588 条 （实施了让人误认为是无限责任股东行为等的有限责任股东的责任）

① 两合公司的有限责任股东已实施让人误认为他是无限责任股东的行为时,该有限责任股东,对基于该误认而与两合公司已进行交易者,承担与无限责任股东相同的责任。

② 两合公司或者合同公司的有限责任股东已实施让人误认其责任限度的行为（前款所规定行为除外）时,该有限责任股东,对基于该误认而与两合公司或者合同公司已进行交易者,在其被误认的责任范围内,承担清偿该两合公司或者合同公司的债务的责任。

第 589 条 （已实施让人误认为是股东行为者的责任）

① 非无限公司或者两合公司的股东者,已实施让人误认为他是无限责任股东的行为时,该非股东者对因该误认而与无限公司或者两合公司已进行交易者,承担与无限责任股东相同的责任。

② 非两合公司或者合同公司的股东者,已实施被误认为自己为有限责任股东的行为时,该非股东者,对基于该误认而与两合公司或者合同公司已进行交易者,在其被误认的责任范围内承担清偿该两合公司或者合同公司债务的责任。

第3章 管　　理

第1节 总　　则

第590条　（业务执行）
① 股东,章程另有规定的除外,执行份额公司的业务。
② 股东有 2 人以上时,份额公司的业务,章程另有规定的除外,以股东过半数的方式作出决定。
③ 虽有前款的规定,但份额公司的日常业务,可由各股东单独执行。但在该业务结束前其他股东已陈述异议时,不在此限。

第591条　（章程已规定执行业务的股东的情形）
① 章程已规定执行业务的股东,且执行业务的股东有 2 人以上时,份额公司的业务执行,章程另有规定的除外,由执行业务的股东的过半数作出决定。此时,就适用前条第 3 款的规定,将同款中的"股东"改为"业务执行股东"。
② 尽管有前款的规定,但同款有规定时,经理人的选任及解任,以股东的过半数作出决定。但不妨碍章程作出另外规定。
③ 章程已规定执行业务的股东,且该执行业务的全体股东已退出公司时,章程的该规定丧失其效力。
④ 章程已规定执行业务的股东时,该执行业务的股东,无正当事由时不得辞任。
⑤ 前款所规定的执行业务的股东,限于存在正当事由的情形,可通过其他股东的一致同意被解任。
⑥ 以上 2 款的规定,不妨碍章程作出另外规定。

第592条　（股东对份额公司的业务及财产状况的调查）
① 章程已规定执行业务的股东时,各股东即使不享有执行份额公司业务的权利,但仍可对执行份额公司的业务以及财产状态开展调查。
② 前款的规定,不妨碍章程作出另外规定。但即使通过章程也不得规定限制股东在事业年度结束时或者有重要事由时开展同款所规定调查之意。

第 2 节 执行业务的股东

第 593 条　（执行业务的股东与份额公司间的关系）

① 执行业务的股东,负有以善良管理者的注意履行其职务的义务。

② 执行业务的股东,须遵守法令以及章程,并为份额公司忠实地履行其职务。

③ 执行业务的股东,份额公司或者其他股东提出请求时,须随时报告其职务履行情况,其职务结束后,须及时报告其履职的经过以及结果。

④ 对执行业务的股东与份额公司间的关系,准用民法第 646 条至 650 条〈委托〉的规定。此时,将同法第 646 条第 1 款、第 648 条第 2 款、第 649 条及第 650 条中的"委托事务"替换为"其职务",将同法第 648 条第 3 款中的"委托"替换为"前款所规定职务"。

⑤ 以上 2 款的规定,不妨碍章程作出另外规定。

第 594 条　（竞业禁止）

① 执行业务的股东,在未取得该股东以外其他全体股东的同意,不得实施下列行为。但章程另有规定时,不在此限:

（一）为自己或者第三人,进行属于份额公司事业类交易的行为;

（二）成为将与份额公司的事业相同的事业作为其经营范围的公司的董事、执行官或者执行业务的股东的行为。

② 执行业务的股东违反前款的规定已实施同款第 1 项所列行为时,通过该行为该执行业务的股东或者第三人所获得的利益额,被推定为份额公司所遭受的损害额。

第 595 条　（对利益冲突交易的限制）

① 执行业的股东,在下列情形下就相关交易,须取得该股东以外其他全体股东过半数的同意。但章程另有规定时,不在此限:

（一）执行业务的股东为了自己或者第三人,拟与份额公司进行交易时;

（二）份额公司为执行业务的股东提供保证,以及在与非股东者之间拟进行份额公司与该股东利益相冲突的交易时。

② 对已取得前款所规定同意的同款第 1 项所规定的交易,不适用民法第 108 条的规定。

第 596 条　（执行业务的股东对份额公司所承担的损害赔偿责任）

执行业务的股东,已懈怠其任务时,对份额公司承担连带赔偿由此所产生损害的责任。

第 597 条 （执行业务的有限责任股东对第三人所承担的损害赔偿责任）

执行业务的有限责任股东，就其职务履行存在恶意或者重大过失时，该执行业务的有限责任股东，承担连带赔偿由此给第三人所造成损害的责任。

第 598 条 （法人属于执行业务的股东时的特别规则）

① 法人属于执行业务的股东时，该法人须选任应履行该业务执行股东的职务者，并须将其姓名以及住所通知给其他股东。

② 对根据前款规定所选任的股东职务履行者，准用第 593 条至前条的规定。

第 599 条 （份额公司的代表）

① 执行业务的股东，代表份额公司。但另外已规定代表份额公司的股东及其他代表份额公司者时，不在此限。

② 前款本文所规定的执行业务的股东有 2 人以上时，执行业务的股东，各自代表份额公司。

③ 份额公司，可根据章程或者基于章程规定的股东互选，从执行业务的股东中确定代表份额公司的股东。

④ 代表份额公司的股东，享有实施有关份额公司业务的一切诉讼上或者诉讼外行为的权限。

⑤ 对前款规定权限所加的限制，不得对抗善意的第三人。

第 600 条 （有关代表份额公司股东等的行为的损害赔偿责任）

份额公司，对代表份额公司的股东及其他代表人履行职务给第三人所造成的损害，承担赔偿责任。

第 601 条 （在份额公司与股东间诉讼中的公司代表）

虽有第 599 条第 4 款的规定，但在份额公司对股东，或者股东对份额公司提起诉讼，且就该诉讼不存在代表份额公司者（该股东除外）时，可通过该股东以外股东过半数的方式确定就该诉讼代表份额公司者。

第 602 条

虽有第 599 条第 1 款的规定，但股东已对份额公司请求应提起追究股东责任的诉讼，且份额公司从该请求之日起 60 日内未提起该诉讼时，已提出该请求的股东，就该诉讼可代表份额公司。但该诉讼属于以谋取该股东或者第三人的不正当利益或者以给该份额公司造成损害为目的的诉讼时，不在此限。

第 3 节 业务执行股东的职务代行者

第 603 条

① 根据民事保全法第 56 条所规定的临时处分命令所选任的执行业务的股东，或者代行份额公司代表股东职务者，临时处分命令另有规定的除外，实施属于份额公司日常业务的行为时，须取得法院的许可。

② 执行业务的股东或者代行份额公司代表股东职务者，违反前款规定已实施的行为无效。但份额公司，不得以此对抗善意的第三人。

第 4 章 股东的加入以及退出

第 1 节 股东的加入

第 604 条 （股东的加入）

① 份额公司，可让新股东加入。

② 份额公司股东的加入，在已进行与该股东相关的章程变更时，发生其效力。

③ 虽有前款的规定，但合同公司在让新股东加入，且拟成为新股东者在已进行同款所规定的章程变更时还未履行全部或者部分有关其出资的缴纳或者交付，其在完成该缴纳或者交付时，才成为合同公司的股东。

第 605 条 （已加入股东的责任）

份额公司成立后加入的股东，对其加入前所发生的份额公司的债务，也承担清偿责任。

第 2 节 股东的退出

第 606 条 （任意退出）

① 章程未规定份额公司的存续期间，或者章程已规定只要某一股东存在份额公司就存续时，各股东可在事业年度结束时退出公司。此时，各股东须在 6 个月前向份额公司发出退出预告。

② 前款的规定，不妨碍章程作出另外规定。

③ 虽有以上 2 款的规定,但各股东有不得已的事由时,可随时退出公司。

第 607 条 （法定退出）
① 股东,在前条、第 609 条第 1 款、第 642 条第 2 款以及第 845 条所规定的情形外,还因下列事由而退出公司：
（一）章程所规定事由的发生；
（二）全体股东同意；
（三）死亡；
（四）合并（限于因合并作为法人的该股东消灭的情形）；
（五）破产程序开始的决定；
（六）解散（因以上 2 项所列事由引起的解散除外）；
（七）已受到监护开始的裁判；
（八）除名。
② 份额公司,可在章程规定其股东不因前款第 5 项至第 7 项所列的全部或者部分事由而退出公司之意。

第 608 条 （有关继承以及合并情形的特殊规则）
① 份额公司,可在章程规定其股东已死亡时或者因合并已消灭时,该股东的继承人及其他一般承继人承继该股东出资份额之意。
② 虽有第 604 条第 2 款的规定,但根据前款的规定章程有规定时,同款所规定的一般承继人（限于股东以外者）已承继同款所规定的出资份额时,成为所持有该出资份额的股东。
③ 有第 1 款所规定的章程的规定时,同款所规定的一般承继人已承继出资份额时,视为已进行与该一般承继人相关的章程变更。
④ 第 1 款所规定的一般承继人（限于通过继承已承继出资份额者,且未全部或者部分履行有关出资的缴纳或者交付者）有 2 人以上时,该一般承继人连带承担履行有关该出资的缴纳或者交付的责任。
⑤ 第 1 款所规定的一般承继人（限于通过继承已承继出资份额者）有 2 人以上时,一般承继人若不确定 1 人为有关已承继出资份额权利的行使人时,则不得行使有关该出资份额的权利。但份额公司对行使该权利已表示同意时,不在此限。

第 609 条 （扣押出资份额的债权人所要求的退出）
① 已扣押股东出资份额的债权人,在事业年度结束时可让该股东退出公司。此时,该债权人,须在 6 个月前向份额公司以及该股东发出预告。

② 前款后段所规定的预告，当同款所规定的股东已向同款所规定的债权人进行清偿，或者已提供相应担保时，则失去其效力。

③ 已发出第 1 款后段所规定预告的同款所规定的债权人，可向法院提出作出对保全出资份额返还请求权所必要的处分的申请。

第 610 条 （伴随退出的拟制章程变更）

根据第 606 条、607 条第 1 款、前条第 1 款或者第 642 条第 2 款的规定股东已退出公司时（含被视为股东根据第 845 条的规定已退出公司的情形），视为份额公司在该股东退出公司时已进行为废除有关该股东的章程规定的章程变更。

第 611 条 （伴随退出的出资份额返还）

① 已退出公司的股东，与其的出资种类无关，可接受其出资份额的返还。但根据第 608 条第 1 款以及第 2 款的规定该股东的一般承继人已成为股东时，不在此限。

② 已退出公司的股东与份额公司间的结算，须按照退出公司时的份额公司的财产状况进行。

③ 已退出公司股东的出资份额，与其的出资种类无关，可以现金返还。

④ 对于退出公司时还未了结的事项，可在该事项了结后结算。

⑤ 股东因除名退出公司时，就适用第 2 款以及前款的规定，将这些规定中的"退出公司时"改为"已提起除名诉讼时"。

⑥ 前款有规定时，份额公司还须支付根据已提起除名诉讼之日后的 6% 的年利率所计算的利息。

⑦ 股东出资份额的扣押，对请求返还出资份额的权利也发生其效力。

第 612 条 （已退出公司股东的责任）

① 已退出公司的股东，对其登记前所发生的份额公司的债务，仍在以前的责任范围内承担清偿该债务的责任。

② 前款所规定的责任，对在同款所规定登记后的 2 年内未提出请求或者未进行请求预告的份额公司的债权人，在该登记后经过 2 年时消灭。

第 613 条 （商号变更的请求）

份额公司若在其商号中使用已退出公司股东的姓氏、姓名或者名称时，该已退出公司的股东可向该份额公司请求停止使用其姓氏、姓名或者名称。

第 5 章　财务会计等

第 1 节　会计原则

第 614 条
份额公司的会计,应遵守普遍被认为公正、合理的企业会计惯例。

第 2 节　会计账簿

第 615 条　(会计账簿的制作及保存)
① 份额公司,须根据法务省令的规定适时制作正确的会计账簿。
② 份额公司,从封闭会计账簿时起的 10 年间,须保存其会计账簿及有关其事业的重要资料。

第 616 条　(会计账簿的提交命令)
法院,可根据申请或者依其职权,对诉讼当事人发出提交其全部或者部分会计账簿的命令。

第 3 节　财务会计报表

第 617 条　(财务会计报表的制作及保存)
① 份额公司,须根据法务省令的规定制作其成立之日的资产负债表。
② 份额公司,须根据法务省令的规定制作有关各事业年度的财务会计报表(指资产负债表以及其他法务省令所规定的反映份额公司财产状况所必要且合理的报表,以下在本章中相同)。
③ 财务会计报表,可以电子记录形式制作。
④ 份额公司,从已制作财务会计报表时起的 10 年间,须保存该财务会计报表。

第 618 条　(财务会计报表的查阅等)
① 份额公司的股东,在该份额公司的营业时间内可随时提出下列请求:
(一) 财务会计报表以书面形式所制作时,查阅或者誊写该书面文件的请求;

（二）财务会计报表以电子记录形式所制作时，查阅或者誊写通过法务省令规定的方法所表示的已被记录于该电子记录中的事项的请求。

② 前项的规定，不妨碍章程作出另外规定。但即使通过章程也不得规定对股东在事业年度结束时提出同款各项所列请求进行限制之意。

第 619 条 （财务会计报表的提交命令）

法院，可根据申请或者依其职权，对诉讼当事人发出提交其全部或者部分财务会计报表的命令。

第 4 节 资本金额的减少

第 620 条

① 份额公司，为填补亏损可减少其资本金额。

② 根据前款规定所减少的资本金额，不得超过通过法务省令规定的方法所计算的亏损额。

第 5 节 利润分配

第 621 条 （利润分配）

① 股东，可对份额公司请求利润分配。

② 份额公司，可在章程中规定利润分配的请求的方法以及其他有关利润分配的事项。

③ 股东出资份额的扣押，对请求分配利润的权利也发生其效力。

第 622 条 （对股东的损益分配比例）

① 对损益分配比例章程未作出规定时，该比例，按各股东的出资价额确定。

② 章程仅对利润或者亏损单方的分配比例已在章程作出规定时，将该比例推定为属于分配利润以及亏损的共同比例。

第 623 条 （有关有限责任股东利润分配的责任）

① 份额公司通过利润分配对有限责任股东所交付的现金等的账面价额（以下在本款中称为"分配额"）超过进行该利润分配之日的利润额（指通过法务省令规定的方法所计算的份额公司的利润额，以下在本章中相同）时，已接受该利润分配的有限责任股东，对该份额公司负有连带支付相当于该分配额的现金的义务。

② 就前款所规定的已接受利润分配的有限责任股东,适用第 580 条第 2 款的规定,将同款中的"为限度"改为"以及第 623 条第 1 款所规定分配额超过同款所规定利润额之数额(已履行同款所规定义务的数额除外)的合计额为限度"。

第 6 节　出 资 返 还

第 624 条

① 股东,可请求份额公司返还已作为出资所缴纳或者交付的现金等(以下在本编中称为"出资返还")。此时,该现金等属于现金外的财产时,不妨碍请求返还相当于该财产价额的现金。

② 份额公司,可在章程中规定请求返还出资的方法以及其他有关出资返还的事项。

③ 股东出资份额的扣押,对请求返还出资的权利也发生其效力。

第 7 节　有关合同公司财务会计等的特别规则

第 1 分节　有关财务会计报表查阅等的特别规则

第 625 条

合同公司的债权人,在合同公司营业时间内,可随时就该公司的财务会计报表(限于从已制作之日起 5 年以内的报表),提出第 618 条第 1 款各项所列的请求。

第 2 分节　有关资本金额减少的特别规则

第 626 条　(进行出资返还或者份额返还时的资本金额的减少)

① 合同公司,除第 620 条第 1 款所规定情形外,为返还出资或者返还份额可减少其资本金额。

② 根据前款规定为返还出资所减少的资本金额,不得超过从第 632 条第 2 款所规定的返还出资额中扣除进行出资返还之日的盈余金额后的所得数额。

③ 根据第 1 款的规定为返还份额所减少的资本金额,不得超过从第 635 条第 1 款所规定的份额返还额中扣除进行份额返还之日的盈余金额后的所

得数额。

④ 以上 2 款规定的所谓"盈余金额",是指从第 1 项所列的数额中减去从第 2 项至第 4 项所列数额的合计额后的所得数额(在第 4 分节以及第 5 分节中相同):

(一) 资产额;

(二) 负债额;

(三) 资本金额;

(四) 除以上 2 项所列数额外,已计入法务省令所规定的各会计科目数额的合计额。

第 627 条 (债权人异议)

① 合同公司减少资本金额时,该合同公司的债权人,可对该合同公司陈述对资本金额减少的异议。

② 在前款规定的情形下,合同公司须在官报上公告下列事项,且对已知的债权人分别进行催告。但第 2 项所规定的期间,不得低于 1 个月:

(一) 该资本金额减少的内容;

(二) 债权人可在一定期间内陈述异议之意。

③ 虽有前款的规定,但合同公司,除官报外,将同款所规定的公告按照第 939 条第 1 款所规定的章程的规定,通过同款第 2 项或者第 3 项所列的公告方法进行时,不再要求进行前款所规定的分别催告。

④ 债权人在第 2 款第 2 项所规定的期间内未陈述异议时,视为该债权人已同意该资本金额的减少。

⑤ 债权人在第 2 款第 2 项所规定的期间内已陈述异议时,合同公司,须对该债权人进行清偿,或提供相应的担保,或者以为使该债权人接受清偿为目的,向信托公司等信托相应的财产。但即便进行该资本金额的减少也不会侵害该债权人时,不在此限。

⑥ 资本金额的减少,在以上各款所规定程序完成之日,发生其效力。

第 3 分节　有关利润分配的特别规则

第 628 (对利润分配的限制)

合同公司,通过利润分配对股东所支付的现金等的账面价额(以下在本分节中称为"分配额")超过进行该利润分配之日的利润额时,不得进行该利润分配。此时,合同公司可拒绝第 621 条第 1 款所规定的请求。

第 629 条 （有关利润分配的责任）

① 在合同公司违反前条规已定进行利润分配时,执行了有关该利润分配业务的股东,对该合同公司负有与已接受该利润分配的股东连带支付相当于该分配额的现金的义务。但执行了该业务的股东已证明就其职务履行未懈怠注意时,不在此限。

② 前款所规定的义务,不得免除。但对以进行了利润分配之日的利润额为限度免除该义务全体股东同意时,不在此限。

第 630 条 （对向股东行使的求偿权的限制等）

① 前条第 1 款有规定,且已接受利润分配的股东,对分配额超过进行利润分配之日的利润额之事处于善意时,不负有满足就该分配额来自于已执行有关该利润分配业务股东的求偿请求的义务。

② 在前条第 1 款规定的情形下,合同公司的债权人,对已接受利润分配的股东可让其支付相当于分配额（当该分配额超出该债权人对合同公司所享有的债权额时,指该债权额）的现金。

③ 对合同公司的股东,不适用第 623 条第 2 款的规定。

第 631 条 （出现亏损时的责任）

① 合同公司已进行利润分配,且在进行该利润分配之日所属的事业年度的结束日出现亏损额（指通过法务省令规定的方法所计算的合同公司的亏损额,以下在本款中相同）时,已执行有关该利润分配业务的股东,对该合同公司负有与已接受该利润分配的股东连带支付该亏损额（该亏损额超过分配额时,指该分配额）的义务。但已执行该业务的股东已证明就其职务履行未懈怠注意时,不在此限。

② 前款所规定的义务,非经全体股东同意,不得免除。

第 4 分节　有关出资返还的特别规则

第 632 条 （对出资返还的限制）

① 虽有第 624 条第 1 款的规定,但合同公司的股东,通过章程变更减少其出资额的情形除外,不得提出同款前段所规定的请求。

② 合同公司通过出资返还向股东交付的现金等的账面价额（以下在本分节中称为"出资返还额"）,超过已提出第 624 条第 1 款前段所规定的请求之日的盈余金额（已减少第 626 条第 1 款所规定的资本金额时,指该减少后的盈余金额,以下在本分节中相同）,或者已减少前款所规定出资额的价额中较少的数额时,不得返还该出资。此时,合同公司可拒绝第 624 条第 1 款前

段所规定的请求。

第 633 条 （股东对出资返还的责任）

① 合同公司违反前条规定已进行出资返还时，已执行有关该出资返还业务的股东，对该合同公司负有与已接受该出资返还的股东连带支付相当于该出资返还额的现金的义务。但已执行该业务的股东已证明就其履行职务未懈怠注意时，不在此限。

② 前款所规定的义务，不得免除。但对以进行了出资返还之日的盈余金额为限度免除该义务全体股东同意时，不在此限。

第 634 条 （对向股东行使的求偿权的限制等）

① 前条第 1 款有规定，且已接受出资返还的股东，对出资返还额超过已进行出资返还之日的盈余金额之事处于善意时，就该出资返还额不负有满足来自于已执行有关该出资返还业务的股东所提出的求偿请求的义务。

② 在前条第 1 款规定的情形下，合同公司的债权人，可让已接受出资返还的股东支付相当于出资返还额（在该出资返还额超过该债权人对合同公司所享有的债权额时，指该债权额）的现金。

第 5 分节　有关伴随退出公司的出资份额返还的特别规则

第 635 条 （债权人异议）

① 合同公司通过份额返还向股东所交付的现金等的账面价额（以下在本分节中称为"份额返还额"），超过在进行该份额返还之日的盈余金额时，该合同公司的债权人，对该合同公司就该份额返还，可陈述异议。

② 在前款规定的情形下，合同公司，须在官报上公告下列事项，且对已知的债权人分别进行催告。但第 2 项所规定的期间不得低于 1 个月（当份额返还额超过通过法务省令规定的方法所计算的该合同公司的纯资产额时，2 个月）：

（一）超过该盈余金额的份额返还的内容；

（二）债权人在一定期间内可陈述异议之意。

③ 虽有前款的规定，但合同公司，除官报外，将同款所规定的公告按照第 939 条第 1 款所规定的章程的规定，通过同款第 2 项或者第 3 项所列的公告方法进行时，不再要求进行前款所规定的分别催告。但份额返还额超过通过法务省令规定的方法所计算的该合同公司的净资产额时，不在此限。

④ 债权人在第 2 款第 2 项所规定期间内未陈述异议时，视为该债权人就该份额返还已表示同意。

⑤ 债权人在第2款第2项所规定的期间内已陈述异议时,合同公司,须对该债权人进行清偿,或提供相应的担保,或者以为使该债权人接受清偿为目的,向信托公司等信托相应的财产。但份额返还额不超过通过法务省令规定的方法所计算的该合同公司的净资产额,且即使进行该份额返还也不会侵害该债权人时,不在此限。

第 636 条 (执行业务的股东的责任)

① 合同公司违反前条规定已返还份额时,已执行有关该份额返还业务的股东,对该合同公司负有与已接受该份额返还的股东连带支付相当于该份额返还额的现金的义务。但已执行有关该份额返还业务的股东,已证明就其履行职务未懈怠注意时,不在此限。

② 前款所规定的义务,不能免除。但对以进行了该份额返还时的盈余金额为限度免除该义务全体股东同意时,不在此限。

第 6 章 章 程 变 更

第 637 条 (章程变更)

份额公司,章程另有规定的除外,可通过全体股东的同意变更章程。

第 638 条 (以章程变更方式的份额公司种类的变更)

① 无限公司,通过以下各项所列的章程变更而成为该各项所规定种类的份额公司:

(一) 让有限责任股东加入的章程变更,成为两合公司;

(二) 将其部分股东改为有限责任股东的章程变更,成为两合公司;

(三) 将其全体股东改为有限责任股东的章程变更,成为合同公司。

② 两合公司,通过以下各项所列的章程变更而成为该各项所规定种类的份额公司:

(一) 将其全体股东改为无限责任股东的章程变更,成为无限公司;

(二) 将其全体股东改为有限责任股东的章程变更,成为合同公司。

③ 合同公司,通过以下各项所列的章程变更而成为该各项所规定种类的份额公司:

(一) 将其全体股东改为无限责任股东的章程变更,成为无限公司;

(二) 让无限责任股东加入的章程变更,成为两合公司;

(三) 将其部分股东改为无限责任股东的章程变更,成为两合公司。

第 639 条 （因两合公司股东退出公司的拟制章程变更）

① 因两合公司的有限责任股东已退出公司使该两合公司只剩下无限责任股东时，视为该两合公司已进行为成为无限公司的章程变更。

② 因两合公司的无限责任股东已退出公司使该两合公司只剩下有限责任股东时，视为该两合公司已进行为成为合同公司的章程变更。

第 640 条 （章程变更时的出资履行）

① 进行第 638 条第 1 款第 3 项或者第 2 款第 2 项所列的章程变更，且进行该章程变更的份额公司的股东，未履行全部或者部分与对该章程变更后的合同公司所进行的出资相关的缴纳或者交付时，该章程变更，在该缴纳或者交付完成之日，发生其效力。

② 被视为根据前条第 2 款的规定已进行为成为合同公司的章程变更，且股东未履行全部或者部分与其出资相关的缴纳或者交付时，已被视为进行了该章程变更之日起的 1 个月内须完成该缴纳或者交付。但在该期间内已进行使公司成为无限公司或者两合公司的章程变更时，不在此限。

第 7 章　解　　散

第 641 条 （解散的事由）

份额公司，因下列事由解散：

（一）章程已规定的存续期间届满；

（二）章程已规定的解散事由发生；

（三）全体股东同意；

（四）股东空缺；

（五）合并（限于因合并该份额公司消灭的情形）；

（六）破产程序开始的决定；

（八）命令第 824 条第 1 款或者第 833 条第 2 款所规定解散的裁判。

第 642 条 （份额公司的继续）

① 份额公司，因前条第 1 项至第 3 项所列事由已解散时，在下章所规定的清算完成前，通过全体或者部分股东的同意，可继续份额公司。

② 在前款的情形下，对继续份额公司未同意的股东，在决定份额公司继续之日退出公司。

第 643 条 （对已解散份额公司合并等的限制）

份额公司已解散时，该份额公司，不得实施下列行为：

（一）合并（限于因合并该份额公司存续的情形）；

（二）通过吸收分立承继其他公司有关其事业的全部或者部分权利义务。

第 8 章 清 算

第 1 节 清算的开始

第 644 条 （清算的开始原因）

份额公司，在下列情形下须根据本章的规定进行清算：

（一）已解散时（指因第 641 条第 5 项所列事由已解散的情形，以及因破产程序开始的决定已解散的情形，但该破产程序未结束的情形除外）；

（二）法院支持设立无效诉讼请求的判决已成立时；

（三）法院支持设立撤销诉讼请求的判决已成立时。

第 645 条 （清算份额公司的能力）

根据前条规定进行清算的份额公司（以下称为"清算份额公司"），在清算目的范围内直至清算结束，视为仍然存续。

第 2 节 清 算 人

第 646 条 （清算人的设置）

清算份额公司，须设 1 人或者 2 人以上的清算人。

第 647 条 （清算人的就任）

① 下列人员，成为清算份额公司的清算人：

（一）执行业务的股东（存在下项或者第 3 项所列者的情形除外）；

（二）章程所规定者；

（三）通过股东（章程已规定执行业务的股东时，指该股东）的过半数的同意所规定者。

② 没有根据前款规定成为清算人者时，由法院根据利害关系人的申请，选任清算人。

③ 虽有以上 2 款的规定，但对因第 641 条第 4 项或者第 7 项所列事由已解散的清算份额公司，由法院根据利害关系人或法务大臣的申请，或者依其

职权,选任清算人。

④ 虽有第 1 款及第 2 款的规定,但对已变得符合第 644 条第 2 项或者第 3 项所列情形的清算份额公司,由法院根据利害关系人或法务大臣的申请,或依其职权,选任清算人。

第 648 条 (清算人的解任)

① 清算人(根据前条第 2 款至第 4 款的规定由法院选任的清算人除外),可随时解任。

② 前款所规定的解任,章程另有规定的除外,以股东的过半数作出决定。

③ 存在重要事由时,法院,可根据股东及其他利害关系人的申请解任清算人。

第 649 条 (清算人的职权)

清算人,履行下列职务:

(一) 现有事务的了结;

(二) 债权的收取及债务的清偿;

(三) 剩余财产的分配。

第 650 条 (业务的执行)

① 清算人,执行清算份额公司的业务。

② 清算人有 2 人以上时,清算份额公司的业务,章程另有规定的除外,以清算人的过半数作出决定。

③ 虽有前款的规定,但股东有 2 人以上时,清算份额公司的全部或者部分事业的转让,以股东的过半数作出决定。

第 651 条 (清算人与清算份额公司的关系)

① 清算份额公司与清算人间的关系,服从有关委托的规定。

② 对清算人,准用第 593 条第 2 款〈忠实义务〉、第 594 条〈竞业禁止〉及第 595 条〈利益冲突交易的限制〉的规定。此时,将第 594 条第 1 款及第 595 条第 1 款中的"该股东外的股东"改为"股东(该清算人属于股东时,指该清算人外的股东)"。

第 652 条 (清算人对清算份额公司的损害赔偿责任)

清算人,已懈怠其任务时,对份额公司承担连带赔偿由此所产生损害的责任。

第 653 条 (清算人对第三人的损害赔偿责任)

清算人就其职务履行已存在恶意或者重大过失时,该清算人承担连带赔偿由此给第三人所造成损害的责任。

第 654 条 （法人为清算人时的特别规则）

① 清算人是法人时，该法人须选任应履行该清算人职务者，并将其姓名及住所通知给股东。

② 对根据前款规定所选任的清算人的职务履行者，准用以上 3 条的规定。

第 655 条 （清算份额公司的代表）

① 清算人，代表清算份额公司。但另外已决定代表清算份额公司的清算人及其他代表清算份额公司者时，不在此限。

② 前款本文所规定的清算人有 2 人以上时，清算人，各自代表清算份额公司。

③ 清算份额公司，可根据章程或者基于章程规定的清算人（根据第 647 条第 2 款至第 4 款的规定由法院所选任的清算人除外，以下在本款中相同）的互选，从清算人中确定代表清算份额公司的清算人。

④ 根据第 647 条第 1 款第 1 项的规定执行业务的股东成为清算人，且已确定代表份额公司的股东时，该代表份额公司的股东就成为代表清算份额公司的清算人。

⑤ 法院，根据第 647 条第 2 款至第 4 款的规定选任清算人时，可从该清算人中确定代表清算份额公司的清算人。

⑥ 对代表清算份额公司的清算人，准用第 599 条第 4 款及第 5 款〈代表股东的权限〉的规定，对通过民事保全法第 56 条所规定的临时处分命令所选任的清算人，或者代表清算份额公司的清算人的职务代行人，准用第 603 条〈业务执行股东的职务代行者〉的规定。

第 656 条 （有关清算份额公司的破产程序的开始）

① 当判明清算份额公司的财产不足以清偿其的全部债务时，清算人，须立即提出破产程序开始的申请。

② 清算人，当清算份额公司已受到破产程序开始的决定，且破产管理人已接替清算人事务时，视为其任务已结束。

③ 前款有规定，且存在清算份额公司已向债权人进行了交付，或者已向股东进行了分配的财产时，破产管理人可收回该财产。

第 657 条 （法院所选任的清算人的报酬）

法院，根据 647 条第 2 款至第 4 款的规定已选任清算人时，可决定由清算份额公司支付给该清算人的报酬额。

第 3 节　财产目录等

第 658 条　（财产目录等的制作等）

① 清算人,其就任后须及时调查清算份额公司的财产现状,并须根据法务省令的规定制作已变得符合第 644 条各项所列情形之日的财产目录及资产负债表（以下在本节中称为"财产目录等"）,且将其内容通知给各股东。

② 清算份额公司,从已制作财产目录等之时起至在其总公司所在地进行清算结束登记时为止的期间,须保存该财产目录等。

③ 清算份额公司,根据股东的请求须报告每月的清算状况。

第 659 条　（财产目录等的提交命令）

法院,可根据申请或者依其职权,向诉讼当事人命令提交其全部或者部分财产目录等。

第 4 节　债务的清偿等

第 660 条　（对债权人的公告等）

① 清算份额公司（限于合同公司,以下在本款及下条中相同）,已变得符合第 644 条各项所列情形后,须及时对清算份额公司的债权人在官报上公告应在一定期间内申报债权之意,并对已知的债权人进行分别催告。但该期间不得低于 2 个月。

② 在前款所规定的公告中,须附记该债权人在该期间内若不提出申报时将从清算中被排除之意。

第 661 条　（对债务清偿的限制）

① 清算份额公司,在前条第 1 款所规定的期间内,不得清偿债务。此时,清算份额公司因债务不履行所产生的责任,也不得免除。

② 虽有前款的规定,但清算份额公司,即使在前条第 1 款所规定的期间内,在取得法院许可的前提下,可对与小额债权、因存在于清算份额公司财产上的担保权被担保的债权,以及其他即使进行清偿也不会损害其他债权人债权相关的债务进行清偿。此时,该许可的申请,清算人有 2 人以上时,须以全体清算人的同意提出。

第 662 条　（与附条件债权等相关的债务的清偿）

① 清算份额公司,可清偿与附条件债权、存续期间不确定债权及其他金

额不确定债权相关的债务。此时,为评价此类债权,须向法院提出选任鉴定人的申请。

② 在前款所规定的情形下,清算份额公司,须按照同款所规定鉴定人的评价清偿有关同款所规定债权的债务。

③ 有关第 1 款所规定鉴定人选任程序的费用,由清算份额公司承担。有关该鉴定人为评价所进行的传唤及询问相关的费用,亦同。

第 663 条 (出资履行的请求)

清算份额公司的现有财产不足以清偿其全部债务,且存在未履行全部或者部分出资义务的股东时,虽有与该出资相关的章程规定,但该清算份额公司可让该股东完成出资。

第 664 条 (对清偿债务前的剩余财产分配的限制)

清算份额公司,不是在已清偿该清算份额公司的债务之后,不得向股东分配其财产。但已预留为清偿对其是否存在以及金额有争议的债权相关债务认为所必要的财产时,不在此限。

第 665 条 (从清算中排除)

① 属于清算份额公司(限于合同公司,以下在本条中相同)的债权人(已知的债权人除外),且未在第 660 条第 1 款所规定期间内申报其债权的债权人,将从清算中被排除。

② 根据前款规定已从清算中被排除的债权人,仅对尚未分配的剩余财产,可提出清偿请求。

③ 对部分股东已分配清算份额公司的剩余财产时,按照与该股东已接受分配相同比例,为该股东以外的其他股东进行分配所必要的财产,从前款所规定的剩余财产中扣除。

第 5 节 剩余财产的分配

第 666 条 (剩余财产的分配比例)

对剩余财产的分配比例章程未作规定时,该比例按照各股东出资价额决定。

第 6 节 清算事务的结束等

第 667 条

① 清算份额公司,清算事务已结束时,须及时进行有关清算的结算,并须取得股东的同意。

② 若股东在 1 个月以内未对前款所规定的结算陈述异议时,视为股东已同意该结算。但清算人职务履行存在不正当行为时,不在此限。

第 7 节 任 意 清 算

第 668 条 (财产的处分方法)

① 份额公司(限于无限公司及两合公司,以下在本节中相同),可根据章程或者全体股东同意的方式,决定该份额公司因第 641 条第 1 项至第 3 项所列事由已解散时处分该份额公司财产的方法。

② 对已决定前款所规定的财产处分方法的份额公司,不适用第 2 节至前节的规定。

第 669 条 (财产目录等的制作)

① 已决定前条第 1 款所规定财产处分方法的份额公司,因第 641 条第 1 项至第 3 项所列事由已解散时,清算份额公司(限于无限公司及两合公司,以下在本节中相同)自解散之日起的 2 周以内,须根据法务省令的规定,制作解散之日的财产目录及资产负债表。

② 未决定前条第 1 款所规定财产处分方法的份额公司,因第 641 条第 1 项至第 3 项所列事由已解散,且在解散后已决定同款所规定财产的处分方法时,清算份额公司,从已决定该财产处分方法之日起 2 周以内,须根据法务省令的规定,制作解散之日的财产目录及资产负债表。

第 670 条 (债权人异议)

① 份额公司已决定第 668 条第 1 款所规定财产的处分方法时,其解散后的清算份额公司的债权人,就该财产的处分方法,可对该清算份额公司陈述异议。

② 在前款规定的情形下,清算份额公司,自解散之日(前条第 2 款有规定时,指已决定该财产处分方法之日)起 2 周以内,须在官报上公告下列事项,且对已知的债权人分别进行催告。但第 2 项所规定的期间,不得低于 1

个月：

（一）按照第668条第1款所规定的财产处分方法进行清算之意；

（二）债权人可在一定期间内陈述异议之意。

③ 虽有前款的规定，但清算份额公司，除官报外，将同款所规定的公告按照第939条第1款所规定的章程的规定，通过同款第2项或者第3项所列的公告方法进行时，不再要求进行前款所规定的分别催告。

④ 债权人在第2款第2项所规定期间内未陈述异议时，视为该债权人已同意该财产处分方法。

⑤ 债权人在第2款第2项规定的期间内已陈述异议时，清算份额公司，须对该债权人进行清偿或提供相应的担保，或者以为使该债权人接受清偿为目的，向信托公司等信托相应的财产。

第671条 （出资份额的扣押债权人的同意等）

① 份额公司已决定第668条第1款所规定财产的处分方法，且存在已扣押股东出资份额的债权人时，该解散后的清算份额公司，处分其财产时，须取得该债权人的同意。

② 前款所规定的清算份额公司，违反同款规定已处分其财产时，已扣押股东出资份额的债权人，可对该清算份额公司请求支付相当于该出资份额的现金。

第8节 账簿资料的保存

第672条

① 清算人（已决定第668条第1款所规定财产的处分方法时，指代表清算份额公司的股东），在清算份额公司的总部所在地进行清算结束登记时起的10年间，须保存清算份额公司的账簿以及有关其事业及清算的重要资料（以下在本条中称为"账簿资料"）。

② 虽有前款的规定，但通过章程或者股东过半数的方式已规定保存账簿资料者时，该被规定者，在清算份额公司的总部所在地进行清算结束登记时起的10年间，须保存账簿资料。

③ 法院，可根据利害关系人的申请，代替第1款所规定的清算人或者根据前款规定保存账簿资料者，选任保存账簿资料者。

④ 根据前款规定被选任者，在清算份额公司的总部所在地进行清算结束登记时起的10年间，须保存账簿资料。

⑤ 有关第 3 款所规定选任程序的费用,由清算份额公司承担。

第 9 节　股东责任的消灭时效

第 673 条
① 第 580 条所规定的股东的责任,对从清算份额公司在其总部所在地已进行解散登记后 5 年以内未提出请求或者未提出请求预告的清算份额公司的债权人,在该登记后经过 5 年时消灭。

② 即使在前款所规定的期间经过之后,只要仍存在未向股东分配的剩余财产时,清算份额公司的债权人,可对清算份额公司请求清偿。

第 10 节　适用排除等

第 674 条　(适用排除)
对清算份额公司,不适用下列规定:
(一) 第 4 章第 1 节;
(二) 第 606 条、第 607 条第 1 款(第 3 项及第 4 项除外)及第 609 条;
(三) 第 5 章第 3 节(第 617 条第 4 款、第 618 条及第 619 条除外)至第 6 节及第 7 节第 2 分节;
(四) 第 638 条第 1 款第 3 项及第 2 款第 2 项。

第 675 条　(有关因继承以及合并引起的退出公司的特别规则)
清算份额公司的股东已死亡或者因合并已消灭时,即使不存在第 608 条第 1 款所说的章程规定,该股东的继承人及其他一般承继人将承继该股东的出资份额。此时,准用同条第 4 款及第 5 款〈一般承继人的权限、责任〉的规定。

第四编　公司债券

第1章　总　　则

第676条　(有关募集公司债券事项的决定)

公司,拟募集其所发行的公司债券的认购人时,每次均须就募集公司债券(指对按照该募集已申请认购该公司债券者所分配的公司债券,以下在本编中相同),对下列事项作出规定:

(一) 募集公司债券的总额;

(二) 各募集公司债券的金额;

(三) 募集公司债券的利率;

(四) 募集公司债券的偿还方法及期限;

(五) 利息支付的方法及期限;

(六) 发行公司债券证券时,该意旨;

(七) 决定公司债券持有人不得提出第698条所规定的全部或者部分请求时,该意旨;

(八) 决定公司债券管理人可不通过公司债券持有人会议的决议,实施第706条第1款第2项所列行为时,该意旨;

(九) 各募集公司债券的缴纳金额(指作为各募集公司债券的对价所要缴纳的现金额,以下在本章中相同)或其最低金额或者有关这些的计算方法;

(十) 作为募集公司债券对价的现金缴纳日期;

(十一) 至一定日期,就募集公司债券的总额还未规定接受分配者,且决定不发行全部募集公司债券时,该意旨以及该一定日期;

（十二）在以上各项所列事项外，法务省令规定的其他事项。

第 677 条 （募集公司债券的申请）

① 公司，须对按照前条所规定的募集拟申请认购募集公司债券者，通知下列事项：

（一）公司的商号；

（二）与该募集相关的前条各项所列事项；

（三）以上 2 项所列事项外，法务省令规定的其他事项。

② 按照前条所规定的募集拟申请认购募集公司债券者，须向公司提交已记载下列事项的书面文件：

（一）申请者的姓名或者名称及住所；

（二）拟认购募集公司债券的金额及其各金额数；

（三）公司已规定前条第 9 项所规定的最低金额时，所希望的缴纳金额。

③ 前款所规定申请的提出者，代替同款所规定书面文件的提交，可根据政令的规定，取得公司同意后，通过电子方法提供应记载于同款所规定书面文件中的事项。此时，视为提出该申请者已交付同款所规定的书面文件。

④ 公司将已记载第 1 款各项所列事项的金融商品交易法第 2 条第 10 款所规定的募集说明书已交付给拟提出第 1 款所规定申请者，以及作为保护拟申请募集公司债券认购人的其他措施不存在风险且符合法务省令所规定的情形时，不适用第 1 款的规定。

⑤ 公司，就第 1 款各项所列事项已进行变更时，须及时向第 2 款所规定申请的提出者（以下在本章中称为"申请人"）通知该意旨以及所变更事项。

⑥ 公司对申请人所为的通知或者催告，按照第 2 款第 1 项规定住所（该申请人另外已向该公司通知了其他接受通知或者催告的场所或者地址时，从其该场所或者地址）发出即可。

⑦ 前款所规定的通知或者催告，视为在该通知或者催告通常应到达的时间已经到达。

第 678 条 （募集公司债券的分配）

① 公司，须从申请人中确定接受募集公司债券分配者，并须向其通知所分配的募集公司债券的金额及其各金额数。此时，公司分配给该申请人的募集公司债券各金额数，可少于前条第 2 款第 2 项所规定的数额。

② 公司，在第 676 条第 10 项所规定日期的前 1 日前，须向申请人通知所分配的募集公司债券的金额及其各金额数。

第 679 条 （有关募集公司债券的申请及分配的特别规则）

拟认购募集公司债券者,缔结认购其总额的合同时,不适用以上 2 条的规定。

第 680 条 （募集公司债券的公司债券持有人）

以下各项所列者,成为该项规定募集公司债券的公司债券持有人：

（一）申请人,就公司所分配的募集公司债券；

（二）根据前条所规定合同已认购募集公司债券总额者,就其已认购的募集公司债券。

第 681 条 （公司债券存根簿）

公司,在已发行公司债券之日后,须及时制作公司债券存根簿,并须在其上记载或者记录下列事项（以下在本章中称为"公司债券存根簿记载事项"）：

（一）第 676 条第 3 项至第 8 项所列事项及其他法务省令所规定的特定公司债券内容的事项（以下在本编中称为"种类"）；

（二）各种类公司债券的总额以及各公司债券的金额；

（三）作为各公司债券的对价所缴纳的现金额以及缴纳日期；

（四）公司债券持有人（无记名公司债券〈指已发行无记名公司债券证券的公司债券,以下在本编中相同〉的公司债券持有人除外）的姓名或者名称及住所；

（五）前项所规定公司债券持有人已取得各公司债券的日期；

（六）已发行公司债券证券时,公司债券证券的编号、发行日期、公司债券证券属于记名式还是无记名式的区别以及无记名公司债券证券的数量；

（七）以上各项所列事项外,法务省令所规定的其他事项。

第 682 条 （已记载公司债券存根簿记载事项的书面文件的交付）

① 公司债券持有人（无记名公司债券持有人除外）,可向已发行公司债券的公司（以下在本编中称为"公司债券发行公司"）请求交付已记载或者记录了公司债券存根簿记载事项的书面文件,或者提供已记录该公司债券存根簿记载事项的电子记录。

② 公司债券发行公司的代表人,须在前款所规定的书面文件上署名或者签名盖章。

③ 对第 1 款所规定的电子记录,须采取代替法务省令规定的公司债券发行公司代表人署名或者签名盖章的措施。

④ 就该公司债券存在发行公司债券证券之意的规定时,不适用以上 3 款的规定。

第 683 条 （公司债券存根簿的管理人）
公司,可确定公司债券存根簿的管理人(指代理公司制作、置备公司债券存根簿,以及处理其他有关公司债券存根簿事务者,以下相同),并委托其处理该事务。

第 684 条 （公司债券存根簿的置备及查阅等）
① 公司债券发行公司,须将公司债券存根簿置备于其总公司(有公司债券存根簿管理人时,其营业所)。
② 公司债券持有人以及其他法务省令所规定者,在公司债券发行公司的营业时间内,可随时提出下列请求。此时,须在明确该请求理由的基础上提出:
（一）公司债券存根簿以书面形式所制作时,查阅或者誊写该书面文件的请求;
（二）公司债券存根簿以电子记录形式所制作时,查阅或者誊写通过法务省令规定的方法所表示的已记录于该电子记录中的事项的请求。
③ 公司债券发行公司,当已提出前款所规定的请求时,有符合下列情形之一的除外,不得拒绝该请求:
（一）提出该请求者以有关确保或者行使其权利的调查以外的目的已提出请求时;
（二）提出该请求者为了以向第三人通报通过查阅或者誊写公司债券存根簿所得知事实而获取利益为目的已提出请求时;
（三）提出该请求者,属于在过去的 2 年内有关为向第三人通报通过查阅或者誊写公司债券存根簿所得知事实而获取利益的经历者时。
④ 公司债券发行公司属于股份公司时,该公司债券发行公司的母公司股东,为行使其权利有必要时,取得法院许可后,可就该公司债券发行公司的公司债券存根簿提出第 2 款各项所列的请求。此时,须在明确请求理由的基础上提出。
⑤ 前款所规定的母公司股东存在第 2 款各项所规定事由之一时,法院不得作出前款所规定的许可。

第 685 条 （对公司债券持有人的通知等）
① 公司债券发行公司对公司债券持有人所为的通知或者催告,按照已记载或者记录于公司债券存根簿的该公司债券持有人的住所(该公司债券持有人另外已向该公司债券发行公司通知了其他接收通知或者催告的场所或者地址时,从其该场所或者地址)发出即可。

② 前款所规定的通知或者催告,视为在该通知或者催告通常应到达的时间已经到达。

③ 公司债券属于2人以上共有时,共有人须从中确定1人为公司债券发行公司向公司债券持有人所为的通知或者催告的接收人,并将其的姓名或者名称通知给该公司债券发行公司。此时,将该接收人视为公司债券持有人,适用以上2款的规定。

④ 共有人未履行前款所规定的通知时,公司债券发行公司向公司债券共有人所进行的通知或者催告,对其中1人发出即可。

⑤ 对在进行第720条第1款所规定通知之际向公司债券持有人交付书面文件,或者通过电子方法提供应记载于该书面文件中的事项的情形,准用以上各款的规定。此时,将第2款中的"已到达"替换为"已交付该书面文件或者已通过电子方法提供该事项"。

第686条 （共有人的权利行使）

公司债券由2人以上共有时,共有人若未从中确定1人为有关该公司债券权利的行使者,并将其的姓名或者名称通知给公司时,不得行使有关该公司债券的权利。但公司已同意行使该权利时,不在此限。

第687条 （发行公司债券证券时的公司债券的转让）

存在发行公司债券证券之意规定的公司债券的转让,未交付该公司债券的证券时,不发生其效力。

第688条 （公司债券转让的对抗要件）

① 公司债券的转让,若未在公司债券存根簿中记载或者记录已取得该公司债券者的姓名或者名称及住所时,就不得对抗公司债券发行公司及其他第三人。

② 对该公司债券存在发行公司债券证券之意的规定时,就适用前款的规定,将同款中的"公司债券发行公司及其他第三人"改为"公司债券发行公司"。

③ 对无记名公司债券,不适用以上2款的规定。

第689条 （权利的推定等）

① 公司债券证券的占有人,被推定为合法享有与该公司债券证券相关公司债券权利者。

② 已接受公司债券证券交付者,取得与该公司债券证券相关公司债券的权利。但其存在恶意或者重大过失时,不在此限。

第690条 （不依据公司债券持有人请求的公司债券存根簿记载事项的记载或者记录）

① 公司债券发行公司,在以下各项所列情形时,须将该各项所规定的与公司债券持有人相关的公司债券存根簿记载事项记载或者记录于公司债券存根簿：

（一）已取得该公司债券发行公司的公司债券时；

（二）该公司债券发行公司已处分所持有的自己的公司债券时。

② 对无名记公司债券,不适用前款的规定。

第691条 （依据公司债券持有人请求的公司债券存根簿记载事项的记载或者记录）

① 从公司债券发行公司以外者之处已取得公司债券者（该公司债券发行公司除外）,可向公司债券发行公司请求将与该公司债券相关的公司债券存根簿记载事项记载或者记录于公司债券存根簿。

② 根据前款规定所提出的请求,属于法务省令所规定的不会侵害利害关系人利益的请求除外,须与作为该已取得公司债券的持有人已被记载或者记录于公司债券存根簿者,或者与其继承人及其他一般承继人共同提出。

③ 对无名记公司债券,不适用以上2款的规定。

第692条 （发行公司债券证券时的公司债券的质押）

对发行公司债券证券有规定的公司债券的质押,不交付该公司债券的证券时,则不发生其效力。

第693条 （公司债券质押的对抗要件）

① 公司债券的质押,若未在公司债券存根簿中记载或者记录其质权人的姓名或者名称及住所时,不得对抗公司债券发行公司及其他第三人。

② 虽有前款的规定,但存在发行公司债券证券之意规定的公司债券的质权人,若未连续占有该公司债券的证券时,不得以该质权对抗公司债券发行公司及其他第三人。

第694条 （有关质权的公司债券存根簿的记载等）

① 在公司债券上已设定质权者,可向公司债券发行公司请求将下列事项记载或者记录于公司债券存根簿：

（一）质权人的姓名或者名称及住所；

（二）作为质权标的的公司债券。

② 存在发行公司债券证券之意的规定时,不适用前款的规定。

第 695 条 （已记载有关质权的公司债券存根簿记载事项的书面文件的交付等）

① 前条第 1 款各项所列事项已被记载或者记录于公司债券存根簿的质权人，可向公司债券发行公司请求交付就该质权人已记载或者记录于公司债券存根簿中的同款各项所列事项的书面文件，或者提供已记录该事项的电子记录。

② 在前款所规定的书面文件上，公司债券发行公司的代表人，须署名或者签名盖章。

③ 对第 1 款所规定的电子记录，公司债券发行公司的代表人须采取代替法务省令所规定的署名或者签名盖章的措施。

第 695 条之 2 （有关属于信托财产的公司债券的对抗要件）

① 对于公司债券，若将该公司债券属于信托财产之意不记载或者记录于公司债券存根簿时，不得以该公司债券属于信托财产而对抗公司债券发行公司及其他第三人。

② 第 681 条第 4 项所规定的公司债券持有人，其持有的公司债券属于信托财产时，可对公司债券发行公司请求将该意思记载或者记录于公司债券存根簿。

③ 在公司债券存根簿中已进行前款所规定的记载或者记录时，就适用第 682 条第 1 款及第 690 条第 1 款的规定，将第 682 条第 1 款中的"已记录的公司债券存根簿记载事项"改为"已记录的公司债券存根簿记载事项（含该公司债券持有人所持有的公司债券属于信托财产之意）"，将第 690 条第 1 款中的"公司债券存根簿记载事项"改为"公司债券存根簿记载事项（含该公司债券持有人所持有的公司债券属于信托财产之意）"。

④ 对存在发行公司债券证券之意规定的公司债券，不适用以上 3 款的规定。

第 696 条 （公司债券证券的发行）

公司债券发行公司，在已发行存在发行公司债券证券之意规定的公司债券之日后，须及时发行该公司债券的证券。

第 697 条 （公司债券证券的记载事项）

① 在公司债券证券上，须记载下列事项及其编号，公司债券发行公司的代表人须在该证券上署名或者签名盖章：

（一）公司债券发行公司的商号；

（二）与该公司债券证券相关的公司债券的金额；

（三）与该公司债券证券相关的公司债券的种类。

② 在公司债券证券上，可附上利息票。

第 698 条 （记名与无记名间的转换）

已发行公司债券证券的公司债券持有人，根据就第 676 条第 7 项所列事项的规定不得请求的情形除外，可随时请求将自己的记名公司债券证券转换为无记名公司债券证券，或者将自己的无记名公司债券证券转换为记名公司债券证券。

第 699 条 （公司债券证券的丧失）

① 公司债券证券，可通过非诉讼案件程序法第 100 条所规定的公示催告程序，使其无效。

② 已丧失公司债券证券者，若不是在取得非诉讼案件程序法第 106 条第 1 款所规定的除权决定之后，就不得请求该证券的重新发行。

第 700 条 （无利息票时的公司债券偿还）

① 公司债券发行公司，在其偿还期限届满前偿还已发行公司债券证券的公司债券，且该公司债券所附带的利息票欠缺时，须从偿还额中扣除该利息票所表示的公司债券利息请求权的金额。但该请求权处于偿还期时，不在此限。

② 前款所规定的利息票的持有人，可与该利息票兑换，随时向公司债券发行公司请求支付根据同款规定所必须扣除的金额。

第 701 条 （公司债券偿还请求权的消灭时效）

① 公司债券的偿还请求权，10 年间不行使时，因时效而消灭。

② 公司债券的利息请求权以及由前条第 2 款所规定的请求权，5 年间不行使时，因时效而消灭。

第 2 章 公司债券管理人

第 702 条 （公司债券管理人的设置）

公司，在发行公司债券时，须设置公司债券管理人，委托其为公司债券持有人办理受领清偿、保全债权及其他公司债券管理事务。但各公司债券的金额在 1 亿日元以上以及作为保护公司债券持有人的其他措施不存在风险且符合法务省令所规定的情形时，不在此限。

第 703 条 （公司债券管理人的资格）

公司债券管理人，须为下列者：

（一）银行；

（二）信托公司；

（三）除以上 2 项所列者外，法务省令所规定的类似于这些者。

第 704 条 （公司债券管理人的义务）

① 公司债券管理人，须为公司债券持有人公平且诚实地进行公司债券的管理。

② 公司债券管理人，须对公司债券持有人以善良管理者的注意进行公司债券管理。

第 705 条 （公司债券管理人的权限等）

① 公司债券管理人，享有为公司债券持有人实施接受与公司债券相关债权的清偿，或者为保全与公司债券相关债权的实现所必要的一切诉讼上或者诉讼外行为的权限。

② 公司债券管理人已接受前款所规定的清偿时，公司债券持有人，可向该公司债券管理人请求支付公司债券的偿还额以及利息。此时，存在发行公司债券证券之意的规定时，公司债券持有人，须与公司债券证券进行交换的方式请求支付该偿还额，与利息票进行交换的方式请求支付该利息。

③ 前款前段所规定的请求权，10 年间不行使时，因时效而消失。

④ 公司债券管理人，就已接受其委托管理的公司债券为实施第 1 款所规定行为有必要时，可在取得法院许可后调查公司债券发行公司的业务及财产状况。

第 706 条

① 公司债券管理人，若不通过公司债券持有人会议的决议，不得实施下列行为。但就第 2 项所列行为，若存在对第 676 条第 8 项所列事项的规定时，不在此限：

（一）就该全部公司债券同意缓期支付以及对因债务不履行所产生责任的免除或者和解（下项所列行为除外）；

（二）就该全部公司债券所要实施的诉讼行为或者有关破产程序、再生程序、更生程序或有关特别清算程序的行为（前条第 1 款所规定行为除外）。

② 公司债券管理人，根据前款但书的规定，未经过公司债券持有人会议的决议已实施同款第 2 项所规定的行为时，须及时公告该意旨，并向已知的债权人分别通知该意旨。

③ 前款所规定的公告，须根据针对公司债券发行公司的公告方法进行。但该方法属于电子公告时，该公告须以在官报上登载的方法进行。

④ 公司债券管理人,就已接受其委托管理的公司债券为实施第 1 款各项所列行为有必要时,可在取得法院许可后调查公司债券发行公司的业务及财产状况。

第 707 条 (特别代理人的选任)

公司债券持有人与公司债券管理人的利益相冲突,且有为公司债券持有人而实施诉讼上或者诉讼外行为的必要时,法院,根据公司债券持有人会议的申请,须选任特别代理人。

第 708 条 (公司债券管理人等的行为方式)

公司债券管理人或者前条所规定的特别代理人,为公司债券持有人而实施诉讼上或者诉讼外的行为时,不要求其表明个别的公司债券持有人。

第 709 条 (对存在 2 个以上的公司债券管理人时的特别规则)

① 存在 2 个以上的公司债券管理人时,这些管理人须共同实施属于其权限的行为。

② 前款有规定,且公司债券管理人已接受第 705 条第 1 款所规定的清偿时,公司债券管理人,对公司债券持有人负有连带支付该清偿额的义务。

第 710 条 (公司债券管理人的责任)

① 公司债券管理人已实施违反本法或者公司债券持有人会议的决议的行为时,对公司债券持有人承担连带赔偿由此所产生损害的责任。

② 公司债券管理人,当公司债券发行公司懈怠公司债券的偿还或利息的支付,或者就公司债券发行公司已出现支付停止后,或者在之前的 3 个月内已实施下列行为时,对公司债券持有人承担赔偿损害的责任。但该公司债券管理人已证明未懈怠对公司债券的诚实管理,或者该损害并非由该行为所导致时,不在此限:

(一) 就与该公司债券管理人的债权相关的债务,接受公司债券发行公司所提供的担保或者有关债务消灭的行为的;

(二) 向该公司债券管理人和法务省令所规定的存在特别关系者,转让该公司债券管理人的债权(限于该存在特别关系者就与该债权相关的债务,已接受公司债券发行公司所提供的担保或者有关债务消灭的行为的情形)的;

(三) 该公司债券管理人对公司债券发行公司享有债权,且与公司债券发行公司之间订立以为了专门用该债权与因合同所产生的债务相抵销为目的而处分公司债券发行公司的财产为内容的合同,或者订立接受对公司债券发行负有债务者的债务为内容的合同,并以此以该债权抵销对公司债券发行

公司所负担的债务的;

（四）当该公司债券管理人对公司债券发行公司负有债务时,且受让对公司债券发行公司的债权,并以该债权抵销该债务的。

第 711 条 （公司债券管理人的辞任）

① 公司债券管理人,可在取得公司债券发行公司以及公司债券持有人会议的同意后辞任。此时,另外无其他公司债券管理人时,该公司债券管理人须事先确定承继事务的公司债券管理人。

② 虽有前款的规定,与第 702 条所规定的委托相关的合同中有规定时,公司债券管理人可以辞任。但在该合同中若无与承继事务的公司债券管理人相关的规定时,不在此限。

③ 虽有第 1 款的规定,但公司债券管理人,有不得已的事由时,可取得法院许后辞任。

第 712 条 （公司债券管理人已辞任时的责任）

对公司债券发行公司懈怠公司债券的偿还或利息的支付,或就公司债券发行公司已出现支付停止后,或者在之前的 3 个月内根据前条第 2 款的规定已辞任的公司债券管理人,准用第 710 条第 2 款〈公司债券管理人的责任〉的规定。

第 713 条 （公司债券管理人的解任）

法院,当公司债券管理人已违反其义务时,以及不能胜任其事务的处理及有其他正当理由时,可根据公司债券发行公司或者公司债券持有人会议的申请,解任该公司债券管理人。

第 714 条 （公司债券管理人事务的承继）

① 公司债券管理人,在变得符合下列情形之一,且另外无其他公司债券管理人时,公司债券发行公司,须确定承继事务的公司债券管理人,并须为了公司债券持有人委托其公司债券的管理事务。此时,公司债券发行公司为取得公司债券持有人会议的同意,须及时召集该会议,且未能取得该同意时,须申请代替该同意的法院的许可:

（一）已不是第 703 条各项所列者时;

（二）根据第 711 条第 3 款的规定已辞任时;

（三）根据前条规定已被解任时;

（四）已解散时。

② 公司债券发行公司,前款前段有规定,且在已变得符合同款各项所列情形之一之日后 2 个月以内,未进行同款后段所规定的召集,或者未提出同

款后段所规定的申请时,丧失有关该公司债券总额的期限利益。

③ 第1款前段有规定,且存在不得已的事由时,利害关系人可向法院提出选任承继事务的公司债券管理人的申请。

④ 公司债券发行公司,根据第1款前段的规定已确定承继事务的公司债券管理人(已取得公司债券持有人会议同意的除外)时,或者已选任前款所规定的承继事务的公司债券管理人时,须及时公告该意旨,且对已知的公司债券持有人分别通知该意旨。

第3章 公司债券持有人会议

第715条 (公司债券持有人会议的组成)
公司债券持有人,按公司债券的种类组成公司债券持有人会议。

第716条 (公司债券持有人会议的权限)
公司债券持有人会议,可就本法所规定事项以及有关公司债券持有人利益的事项作出决议。

第717条 (公司债券持有人会议的召集)
① 公司债券持有人会议,有必要时可随时召集。
② 公司债券持有人会议,根据下条第3款的规定进行召集的情形除外,由公司债券发行公司或者公司债券管理人负责召集。

第718条 (公司债券持有人的召集请求)
① 持有某种类公司债券总额(已偿还额除外)1/10以上公司债券的公司债券持有人,可向公司债券发行公司或者公司债券管理人在明示公司债券持有人会议议题事项的基础上,请求召集公司债券持有人会议。

② 公司债券发行公司所持有的自己的该种类公司债券的合计额,不计入前款所规定的公司债券总额。

③ 在下列情形下,已提出第1款所规定请求的公司债券持有人,可在取得法院许可后召集公司债券持有人会议:

(一) 在提出第1款所规定请求后,未及时履行召集程序时;

(二) 未发出将已提出第1款所规定请求之日起的8周内的日期作为公司债券持有人会议会日的公司债券持有人会议的召集通知时。

④ 拟提出第1款所规定的请求或者拟进行前款所规定的召集的无记名公司债券持有人,须向公司债券发行公司或者公司债券管理人提示其公司债券证券。

第 719 条 （公司债券持有人会议的召集决定）

召集公司债券持有人会议者（以下在本章中称为"召集人"），召集公司债券持有人会议时，须规定下列事项：

（一）公司债券持有人会议的日期、时间及场所；

（二）公司债券持有人会议的议题事项；

（三）决定不出席公司债券持有人会议的公司债券持有人可以电子方法行使表决权时，该意旨；

（四）以上 3 项所列事项外，法务省令规定的其他事项。

第 720 条 （公司债券持有人会议的召集通知）

① 召集公司债券持有人会议时，召集人，在公司债券持有人会议会日的 2 周前，须向已知的公司债券持有人及公司债券发行公司，以及设有公司债券管理人时向该公司债券管理人，以书面形式发出该会议通知。

② 召集人，代替前款所规定的书面形式的通知的发送，可根据政令的规定，在取得应接受前款所规定通知者的同意后以电子方法发出通知。此时，视为该召集人已发出同款所规定的书面通知。

③ 在以上 2 款所规定的通知中，须记载或者记录前条各项所列事项。

④ 公司债券发行公司已发行无记名公司债券证券，且召集公司债券持有人会议时，召集人，在公司债券持有人会议会日的 3 周之前，须公告召集公司债券持有人会议之意以及前条各项所列事项。

⑤ 前款所规定的公告，须以针对公司债券发行公司的公告方法进行。但召集人属于公司债券发行公司以外者，且其方法属于电子公告时，该公告须以在官报上登载的方法进行。

第 721 条 （公司债券持有人会议参考文件及表决权行使票的交付等）

① 召集人，在发出前条第 1 款所规定通知之际，须根据法务省令的规定，向已知的公司债券持有人交付已记载就行使表决权有参考价值事项的书面文件（以下在本条中称为"公司债券持有人会议参考文件"），以及为公司债券持有人行使表决权的表决权行使票（以下在本章中称为"表决权行使票"）。

② 召集人，对已表达前条第 2 款所规定同意的公司债券债权人，以同款所规定的电子方法发送通知时，代替前款所规定的公司债券持有人会议参考文件以及表决权行使票的交付，可以电子方法提供应记载于这些文件中的事项。但公司债券持有人已提出请求时，须向该公司债券持有人交付这些书面文件。

③ 召集人，已进行前条第 4 款规定的公告，且在公司债券持有人会议会

日的1周前，无记名公司债券的公司债券持有人已提出请求时，须及时向该公司债券持有人交付公司债券持有人会议参考文件以及表决权行使票。

④ 召集人，代替前款所规定的公司债券持有人会议参考文件以及表决权行使票的交付，根据政令的规定，在取得公司债券持有人的同意后，可以电子方法提供应记载于公司债券持有人会议参考文件以及表决权行使票中的事项。

第 722 条

① 召集人，已规定第719条第3项所列事项时，对已表达第720条第2款所规定同意的公司债券持有人以电子方法发出通知之际，须根据法务省令的规定，以该电子方法向公司债券持有人提供应记载于表决权行使票中的事项。

② 召集人，已规定第719条第3项所列事项，且在公司债券持有人会议会日的1周前，未表达第720条第2款所规定同意的公司债券持有人，已提出以电子方法提供应记载于表决权行使票中的事项的请求时，须根据法务省令的规定，及时向该公司债券持有人以电子方法提供该事项。

第 723 条 （表决权额等）

① 公司债券持有人，在公司债券持有人会议上，根据其持有的种类的公司债券的金额的合计额（已偿还额除外），享有表决权。

② 虽有前款的规定，但公司债券发行公司就所持有的自己的公司债券，不享有表决权。

③ 拟行使表决权的无记名公司债券持有人，在公司债券持有会议会日的1周前，须向召集人提示该公司债券证券。

第 724 条 （公司债券持有人会议的决议）

① 在公司债券持有人会议上通过有关事项的决议时，须取得持有超过已出席表决权人（指可行使表决权的公司债券持有人，以下在本章中相同）的表决权总额的1/2表决权者的同意。

② 虽有前款的规定，但在公司债券持有人会议上通过下列事项时，须取得持有表决权人的表决权总额的1/5以上，且已出席表决权人的表决权总额的2/3以上表决权者的同意：

（一）有关第706条第1款各项所列行为的事项；

（二）根据第706条第1款、第736条第1款、第737条第1款但书及第738条的规定，需要公司债券持有人会议决议的事项。

③ 公司债券持有人会议，对第719条第2项所列事项以外的事项，不得

作出决议。

第 725 条　（表决权的代理行使）

① 公司债券持有人，可通过代理人行使其表决权。此时，该公司债券持有人或者代理人须向召集人提交证明代理权的书面文件。

② 前款所规的代理权的授与，须按每次公司债券持有人会议分别进行。

③ 第 1 款所规定的公司债券持有人或者代理人，可代替证明代理权文件的提交，根据政令的规定，在取得召集人同意的前提下，通过电子方法提供应记载于该书面文件中的事项。此时，视为该公司债券持有人或者代理人已提交该书面文件。

④ 公司债券持有人属于已表达第 720 条第 2 款所规定同意者时，召集人，无正当理由不得拒绝作出前款所规定的同意。

第 726 条　（通过书面的表决权行使）

① 不出席公司债券持有人会议的公司债券持有人，可通过书面行使表决权。

② 通过书面的表决权行使，以在表决权行使票上记载必要的事项，并在法务省令规定的时间前，向召集人提交已进行该记载的表决权行使票的方式进行。

③ 根据前款规定通过书面已行使的表决权额，计入已出席表决权者的表决权数额中。

第 727 条　（通过电子方法的表决权行使）

① 通过电子方法的表决权行使，根据政令的规定，在取得召集人同意的前提下，并在法务省令规定的时间前，以通过电子方法向召集人提供应记载于表决权行使票上的事项的方式进行。

② 公司债券持有人属于已表达第 720 条第 2 款所规定同意者时，召集人，无正当理由不得拒绝作出前款所规定的同意。

③ 根据第 1 款的规定，通过电子方法已行使的表决权额，计入已出席表决权者的表决权数额中。

第 728 条　（表决权的不统一行使）

① 公司债券持有人，可不统一行使其所持有的表决权。此时，须在公司债券持有人会议会日的 3 日前，向召集人通知该意旨及其理由。

② 召集人，当前款所规定的公司债券持有人并非是为他人持有公司债券者时，可拒绝该公司债券持有人根据同款的规定不统一行使其所持有表决权的做法。

第 729 条 （公司债券发行公司代表人的出席等）

① 公司债券发行公司或者公司债券管理人，可让其代表人或代理人出席公司债券持有人会议，或者通过书面陈述意见。但在公司债券管理人的情况下，若该公司债券持有人会议属于就第 707 条所规定的特别代理人的选任而召集会议时，不在此限。

② 公司债券持有人会议或者召集人，认为有必要时，可对公司债券发行公司请求其代表人或者代理人出席。此时，属于公司债券持有人会议时，须经过提出该请求之意的决议。

第 730 条 （延期或者延长的决议）

公司债券持有人会议已作出延期或者延长该会议的决议时，不再适用第 719 条以及第 720 条的规定。

第 731 条 （会议记录）

① 对公司债券持有人会议的议事，召集人，须根据法务省令的规定制作会议记录。

② 公司债券发行公司，自公司债券持有人会议会日起的 10 年间，须在其总公司置备前款所规定的会议记录。

③ 公司债券管理人以及公司债券持有人，在公司债券发行公司的营业时间内，可随时提出下列请求：

（一）第 1 款所规定的会议记录以书面形式所制作时，查阅或者誊写该书面文件的请求；

（二）第 1 款所规定的会议记录以电子方法所制作时，查阅或者誊写通过法务省令规定的方法所表示的已记录于该电子记录中的事项的请求。

第 732 条 （对公司债券持有人会议决议认可的申请）

已作出公司债券持有人会议的决议时，召集人，须在从已作出该决议之日起的 1 周内，向法院提出认可该决议的申请。

第 733 条 （对公司债券持有人会议决议的不认可）

法院，符合下列情形之一时，不得认可公司债券持有人会议的决议：

（一）公司债券持有人会议的召集程序或者其决议方法违反法令，或者违反为第 676 条所规定的募集用来说明有关该债券发行公司的事业及其他事项的资料中已记载或者记录的事项时；

（二）决议通过不正当的方法成立时；

（三）决议明显不公正时；

（四）决议违反公司债券持有人的一般利益时。

第734条 （公司债券持有人会议决议的效力）
① 公司债券持有人会议的决议,未取得法院的认可时,不发生其效力。
② 公司债券持有人会议的决议,对持有相关种类的公司债券的所有公司债券持有人,均发生其效力。

第735条 （对公司债券持有人会议决议是否认可的公告）
法院对公司债券持有人会议的决议已作出认可或者不认可的决定时,公司债券发行公司,须及时公告该意旨。

第736条 （公司债券持有人代表的选任）
① 公司债券持有人会议,可通过其决议,从持有相关种类的公司债券总额(已偿还额除外)1‰以上的公司债券持有人中选任1人或者2人以上的公司债券持有人代表,并可将公司债券持有人会议的有关决议事项的决定,委托给该代表。
② 对前款所规定的公司债券总额,准用第718条第2款〈自己公司债券的处理〉的规定。
③ 公司债券持有人代表有2人以上,且公司债券持有人会议未作出另外规定时,有关第1款所规定事项的决定,以其过半数作出。

第737条 （公司债券持有人会议决议的执行）
① 公司债券持有人会议的决议,由公司债券管理人或者公司债券持有人代表(设有公司债券管理人的除外)负责执行。但通过公司债券持有人会议的决议已另外规定了执行公司债券持有人会议决议者时,不在此限。
② 对公司债券持有人代表或者根据前款但书的规定已确定的公司债券持有人会议的决议执行者(以下在本章中称为"决议执行人")负责执行公司债券持有人会议决议的情形,准用第705条第1款至第3款〈公司债券管理人的权限等〉、第708条〈公司债券管理人的行为方式〉及第709条〈存在2人以上的公司债券管理人时的特别规则〉的规定。

第738条 （公司债券持有人代表等的解任等）
公司债券持有人会议,可通过其决议,随时解任公司债券持有人代表或决议执行人,或者变更委托给他们的事项。

第739条 （由懈怠公司债券利息的支付所导致的期限利益的丧失）
① 公司债券发行公司已懈怠公司债券利息的支付,或者已懈怠定期须偿还部分公司债券的偿还时,根据公司债券持有人会议的决议,执行该决议者可对公司债券发行公司发出在一定期间内须进行该偿还之意以及在该期间内未偿还时就该公司债券的总额丧失期限利益之意的书面通知。但该期

间不得低于2个月。

② 执行前款所规定决议者,可代替根据前款规定的书面通知,根据政令的规定,在取得公司债券发行公司的同意后,以电子方法提供根据同款规定所要通知的事项。此时,视为该执行决议者已发出该书面通知。

③ 公司债券发行公司,在第1款所规定的期间内未进行同款所规定的清偿时,就该公司债券总额丧失期限利益。

第740条　(有关债权人异议程序的特别规则)

① 根据第449条、第627条、第635条、第670条、第779条(含在第781条第2款中所准用的情形)、第789条(含在第793条第2款中所准用的情形)、第799条(含在第802条第2款中所准用的情形)或者第810条(含在第813条第2款中所准用的情形)的规定,公司债券持有人陈述异议时,须通过公司债券持有人会议的决议。此时,法院,可根据利害关系人的申请,为了公司债券持有人而延长可陈述异议的期间。

② 虽有前款的规定,但公司债券管理人为公司债券持有人可陈述异议。但在与第702条所规定的委托相关的合同中另有规定时,不在此限。

③ 就公司债券发行公司适用第449条第2款、第627条第2款、第635条第2款、第670条第2款、第779条第2款(含在第781条第2款中所准用的情形,以下在本款中相同)、第789条第2款(含在第793条第2款中所准用的情形,以下在本款中相同)、第799条第2款(含在第802条第2款中所准用的情形,以下在本款中相同)以及第810条第2款(含在第813条第2款中所准用的情形,以下在本款中相同)的规定,将第449条第2款、第627条第2款、第635条第2款、第670条第2款、第779条第2款及第799条第2款中的"已知的债权人"改为"已知的债权人(设有公司债券管理人时,含该公司债券管理人)",将第789条第2款及第810条第2款中的"已知的债权人(限于根据同款规定可陈述异议者)"改为"已知的债权人(限于根据同款规定可陈述异议者,设有公司债券管理人时,含该公司债券管理人)"。

第741条　(公司债券管理人等的报酬等)

① 应给予公司债券管理人、公司债券持有人代表或者决议执行人的报酬,为处理其事务所需的费用及其支付日以后的利息,以及为处理其事务非因自己的过失所受到损害的赔偿额,与公司债券发行公司间的合同中有规定的情形除外,在取得法院许可的前提下,可决定由公司债券发行公司承担。

② 前款所规定许可的申请,由公司债券管理人、公司债券持有人代表或者决议执行人提出。

③ 公司债券管理人、公司债券持有人代表或者决议执行人,有关第 1 款所规定的报酬、费用及利息以及损害的赔偿额,就已接受的第 705 条第 1 款(含在第 737 条第 2 款中所准用的情形)所规定的清偿额,享有先于公司债券持有人受偿的权利。

第 742 条 (公司债券持有人会议等的费用的承担)

① 有关公司债券持有人会议的费用,由公司债券发行公司承担。

② 有关第 732 条所规定申请的费用,由公司债券发行公司承担。但法院,可根据公司债券发行公司及其他利害关系人的申请或者依其职权,从召集人及其他利害关系人中另行决定承担者。

第五编　组织形式变更、合并、公司分立、股份交换及股份转移

第1章　组织形式变更

第1节　通　　则

第743条　（组织形式变更计划的制作）
公司，可进行组织形式变更。此时，须制作组织形式变更计划。

第2节　股份公司的组织形式变更

第744条　（股份公司的组织形式变更计划）
① 股份公司进行组织形式变更时，该股份公司，须在其组织形式变更计划中规定下列事项：
（一）组织形式变更后的份额公司（以下在本编中称为"组织形式变更后份额公司"）属于无限公司、两合公司或者合同公司中的哪种的区别；
（二）组织形式变更后份额公司的经营范围、商号及其总公司所在地；
（三）有关组织形式变更后份额公司股东的下列事项：
1. 该股东的姓名或者名称及住所；
2. 该股东属于无限责任股东或者有限责任股东中的哪类的区别；
3. 该股东的出资额。

第五编 组织形式变更、合并、公司分立、股份交换及股份转移 | 285

（四）以上2项所列事项外，由组织形式变更后份额公司的章程所规定的事项；

（五）组织形式变更后份额公司在组织形式变更之际，向进行组织形式变更的股份公司的股东，交付代替其股份的现金等（组织形式变更后份额公司的出资份额除外，以下在本项及下项中相同）时，有关该现金等的下列事项：

1. 该现金等属于组织形式变更后份额公司的公司债券时，该公司债券的种类（指第107条第2款第2项2所规定的公司债券，以下在本编中相同）以及各种类的各公司债券价额的合计额或者其计算方法；

2. 该现金等属于组织形式变更后份额公司公司债券外的财产时，该财产的内容及数量或数额或者有关这些的计算方法。

（六）在前项规定的情形下，有关对进行组织形式变更的股份公司的股东（进行组织形式变更的股份公司除外）分配同项所规定现金等的事项；

（七）进行组织形式变更的股份公司已发行新股预约权时，组织形式变更后份额公司在进行组织形式变更时，向该新股预约权的新股预约权人交付的代替该新股预约权的现金额或者其计算方法；

（八）在前项规定的情形下，有关对进行组织形式变更的股份公司的新股预约权的新股预约权人分配同项所规定现金的事项；

（九）组织形式变更发生效力的日期（以下在本章中称为"生效日"）。

② 组织形式变更后份额公司属于无限公司时，作为前款第3项2所列事项，须规定将其全体股东改为无限责任股东之意。

③ 组织形式变更后份额公司属于两合公司时，作为第1款第3项2所列事项，须规定将其部分股东改为无限责任股东，将其他股东改为有限责任股东之意。

④ 组织形式变更后份额公司属于合同公司时，作为第1款第3项2所列事项，须规定将全体股东改为有限责任股东之意。

第745条　（股份公司组织形式变更的生效等）

① 进行组织形式变更的股份公司，在生效日成为份额公司。

② 进行组织形式变更的股份公司，视为在生效日按照就前条第1款第2项至第4项所列事项的规定，已进行与该事项相关的章程变更。

③ 进行组织形式变更的股份公司的股东，在生效日按照就前条第1款第3项所列事项的规定，成为组织形式变更后份额公司的股东。

④ 就前条第1款第5项1所列事项有规定时，进行组织形式变更的股份

公司的股东,在生效日按照就同款第 6 项所列事项的规定,成为同款第 5 项 1 所规定的公司债券的公司债券持有人。

⑤ 进行组织形式变更的股份公司的新股预约权,在生效日消灭。

⑥ 对未完成第 779 条所规定程序的情形或者已中止组织形式变更的情形,不适用以上各款的规定。

第 3 节 份额公司的组织形式变更

第 746 条 (份额公司的组织形式变更计划)

① 份额公司进行组织形式变更时,该份额公司须在组织形式变更计划中对须对下列事项作出规定:

(一) 组织形式变更后的股份公司(以下在本条称为"组织形式变更后股份公司")的经营范围、商号、总公司所在地以及可发行股份总数;

(二) 前项所列事项外,由组织形式变更后股份公司的章程所规定的事项;

(三) 组织形式变更后股份公司董事的姓名;

(四) 按照以下 1 至 3 所列情形的区分,由该 1 至 3 所规定的事项:

1. 组织形式变更后股份公司属于会计参与设置公司时,指组织形式变更后股份公司会计参与的姓名或者名称;

2. 组织形式变更后股份公司属于监事设置公司(含存在将监事的监查范围限于财务会计方面之意的章程规定的股份公司)时,指组织形式变更后股份公司监事的姓名;

3. 组织形式变更后股份公司属于会计监查人设置公司时,指组织形式变更后股份公司会计监查人的姓名或者名称。

(五) 进行组织形式变更的份额公司的股东,在组织形式变更之际所取得的组织形式变更后股份公司的股份数(发行种类股份公司时,指股份的种类以及各种类股份数)或者该数量的计算方法;

(六) 对进行组织形式变更的份额公司股东的有关分配前项所规定股份的事项;

(七) 组织形式变更后股份公司在组织形式变更之际,向进行组织形式变更的份额公司的股东,交付代替其出资份额的现金等(组织形式变更后股份公司的股份除外,以下在本项及下项中相同)时,有关该现金等的下列事项:

1. 该现金等属于组织形式变更后股份公司的公司债券(有关附新股预

约权公司债券中的公司债券除外）时,该公司债券的种类以及各种类的各公司债券金额的合计额或者其计算方法;

2. 该现金等属于组织形式变更后股份公司的新股预约权（附新股预约权公司债券中的新股预约权除外）时,该新股预约权的内容及数量或者其计算方法;

3. 该现金等属于组织形式变更后股份公司的附新股预约权公司债券时,有关该附新股预约权公司债券的1所规定事项以及有关该附新股预约权公司债券中的新股预约权的2所规定事项;

4. 该现金等属于组织形式变更后股份公司的公司债券等（指公司债券及新股预约权,以下在本编中相同）以外的财产时,该财产的内容及数量或数额或者有关这些的计算方法。

（八）在前项规定的情形下,对进行组织形式变更的份额公司的股东分配有关同项所规定现金等的事项;

（九）生效日。

② 组织形式变更后股份公司属于监查等委员会设置公司时,前款第3项所规定事项,须区分作为监查等委员的董事与之外的董事作出规定。

第747条 （份额公司组织形式变更的生效等）

① 进行组织形式变更的份额公司,在生效日成为股份公司。

② 进行组织形式变更的份额公司,视为在生效日按照就前条第1款第1项至第2项所列事项的规定,已进行与该事项相关的章程变更者。

③ 进行组织形式变更的份额公司的股东,在生效日按照就前条第1款第6项所列事项的规定,成为同款第5项所规定股份的股东。

④ 以下各项所列情形时,进行组织形式变更的份额公司的股东,在生效日按照就前条第1款第8项所列事项的规定,成为该各项所规定者:

（一）存在就前条第1款第7项1所列事项的规定时,指同项1所规定的公司债券的公司债券持有人;

（二）存在就前条第1款第7项2所列事项的规定时,指同项2所规定的新股预约权的新股预约权人;

（三）存在就前条第1款第7项3所列事项的规定时,指同项3所规定的附新股预约权公司债券中的公司债券持有人以及该附新股预约权公司债券中的新股预约权的新股预约权人。

⑤ 在第781条第2款中所准用的第779条（第2款第2项除外）所规定的程序未完成或者已中止组织形式变更时,不适用以上各款的规定。

第 2 章　合　并

第 1 节　通　则

第 748 条　（合并合同的订立）
公司，可与其他公司进行合并。此时，进行合并的公司须订立合并合同。

第 2 节　吸 收 合 并

第 1 分节　股份公司存续的吸收合并

第 749 条　（股份公司存续的吸收合并合同）
① 公司进行吸收合并，且吸收合并后所存续的公司（以下在本编中称为"吸收合并存续公司"）属于股份公司时，在吸收合并合同中须对下列事项作出规定：

（一）作为股份公司的吸收合并存续公司（以下在本编中称为"吸收合并存续股份公司"）以及因吸收合并而消灭的公司（以下在本编中称为"吸收合并消灭公司"）的商号及住所；

（二）吸收合并存续股份公司在吸收合并之际，向作为股份公司的吸收合并消灭公司（以下在本编中称为"吸收合并消灭股份公司"）的股东，或者作为份额公司的吸收合并消灭公司（以下在本编中称为"吸收合并消灭份额公司"）的股东交付代替其股份或者出资份额的现金等时，有关该现金等的下列事项：

　　1. 该现金等属于吸收合并存续股份公司的股份时，该股份数（发行种类股份公司时，指股份的种类及各种类股份数）或者该数量的计算方法，以及有关该吸收合并存续股份公司资本金及公积金额的事项；

　　2. 该现金等属于吸收合并存续股份公司的公司债券（附新股预约权公司债券中的公司债券除外）时，该公司债券的种类以及各种类的各公司债券金额的合计额或者其计算方法；

　　3. 该现金等属于吸收合并存续股份公司的新股预约权（附新股预约权公司债券中的新股预约权除外）时，该新股预约权的内容及数量或者其计算方法；

4. 该现金等属于吸收合并存续股份公司的附新股预约权公司债券时，有关该附新股预约权公司债券的 2 所规定的事项以及有关该附新股预约权公司债券中的新股预约权的 3 所规定的事项；

5. 该现金等属于吸收合并存续股份公司的股份等以外的财产时，该财产的内容及数量或数额或者有关这些的计算方法。

（三）在前项规定的情形下，对吸收合并消灭股份公司的股东（吸收合并存续股份公司及吸收合并消灭股份公司除外）或者吸收合并消灭份额公司的股东（吸收合并存续股份公司除外）分配同项所规定现金等的事项；

（四）吸收合并消灭股份公司已发行新股预约权时，吸收合并存续股份公司在吸收合并之际，向该新股预约权的新股预约权人，代替该新股预约权，交付有关该吸收合并存续股份公司的新股预约权或者有关现金的下列事项：

1. 向该吸收合并消灭股份公司的新股预约权的新股预约权人，交付吸收合并存续股份公司的新股预约权时，该新股预约权的内容及数量或者其计算方法；

2. 在 1 中有规定，且 1 所规定的吸收合并消灭股份公司的新股预约权属于附新股预约权公司债券中的新股预约权时，吸收合并存续股份公司承继就该附新股预约权公司债券的与公司债券相关债务之意，以及与该承继相关的公司债券的种类及各种类的各公司债券金额的合计额或者其计算方法；

3. 向该吸收合并消灭股份公司的新股预约权的新股预约权人支付现金时，该现金额或者其计算方法。

（五）在前项规定的情形下，有关向吸收合并消灭股份公司的新股预约权的新股预约权人分配同项所规定的吸收合并存续股份公司的新股预约权或者现金的事项；

（六）吸收合并发生效力的日期（以下在本节中称为"生效日"）。

② 前款有规定，且吸收合并消灭股份公司属于种类股份发行公司时，吸收合并存续股份公司及吸收合并消灭股份公司，按照吸收合并消灭股份公司所发行的种类股份的内容，作为同款第 3 项所列事项，可对下列事项作出规定：

（一）决定对某种类股份的股东不分配现金等时，该意旨及该股份的种类；

（二）前项所列事项外，就现金等的分配按照股份的种类采取不同对待时，该意旨及该不同对待的内容。

③ 在第 1 款规定的情形下，有关同款第 3 项所列事项的规定，必须是以

按照吸收合并消灭股份公司股东(吸收合并消灭股份公司及吸收合并存续股份公司,以及前款第 1 项所规定种类股份的股东除外)所持有的股份数(就前款第 2 项所列事项有规定的情形下,为各种类股份数)支付现金等为内容的规定。

第 750 条 (股份公司存续的吸收合并的生效等)

① 吸收合并存续股份公司,在生效日承继吸收合并消灭股份公司的权利义务。

② 吸收合并消灭公司的因吸收合并所引起的解散,若非在吸收合并登记后,不得以此对抗第三人。

③ 属于以下各项所列情形时,吸收合并消灭股份公司的股东或者吸收合并消灭份额公司的股东,在生效日按照就前条第 1 款第 3 项所列事项的规定,成为该各项所规定者:

(一) 存在就前条第 1 款第 2 项 1 所列事项的规定时,指同项 1 所规定股份的股东;

(二) 存在就前条第 1 款第 2 项 2 所列事项的规定时,指同项 2 所规定的公司债券的公司债券持有人;

(三) 存在就前条第 1 款第 2 项 3 所列事项的规定时,指同项 3 所规定的新股预约权的新股预约权人;

(四) 存在就前条第 1 款第 2 项 4 所列事项的规定时,指有关同项 4 所规定附新股预约权公司债券中的公司债券持有人,以及该附新股预约权公司债券中的新股预约权的新股预约权人。

④ 吸收合并消灭股份公司的新股预约权,在生效日消灭。

⑤ 在前条第 1 款第 4 项 1 规定的情形下,吸收合并消灭股份公司的新股预约权人,在生效日按照有关同款第 5 项所列事项的规定,成为同款第 4 项 1 所规定吸收合并存续股份公司的新股预约权的新股预约权人。

⑥ 未完成第 789 条(第 1 款第 3 项及第 2 款第 3 项除外,含在第 793 条第 2 款中所准用的情形)或第 799 条所规定的程序,或者已中止吸收合并时,不适用以上各款的规定。

第 2 分节 份额公司存续的吸收合并

第 751 条 (份额公司存续的吸收合并合同)

① 公司进行吸收合并,且吸收合并存续公司属于份额公司时,须在吸收合并合同中对下列事项作出规定:

（一）作为份额公司的吸收合并存续公司（以下在本节中称为"吸收合并存续份额公司"）及吸收合并消灭公司的商号及住所；

（二）吸收合并消灭股份公司的股东或者吸收合并消灭份额公司的股东，在吸收合并之际成为吸收合并存续份额公司的股东时，按照以下 1 至 3 所列的吸收合并存续份额公司的区分，由该 1 至 3 所规定的事项：

1. 无限公司，指该股东的姓名或者名称及住所以及出资额；

2. 两合公司，指该股东的姓名或者名称及住所，以及该股东属于无限责任股东或者有限责任股东的种类区别及该股东的出资额；

3. 合同公司，指该股东的姓名或者名称及住所以及出资额。

（三）吸收合并存续份额公司在吸收合并之际，向吸收合并消灭股份公司的股东或者吸收合并消灭份额公司的股东，支付代替其的股份或者出资份额的现金等（吸收合并存续份额公司的出资份额除外）时，有关该现金等的下列事项：

1. 该现金等属于吸收合并存续份额公司的公司债券时，该公司债券的种类以及各种类的各公司债券金额的合计额或者其计算方法；

2. 该现金等属于吸收合并存续份额公司的公司债券外的财产时，该财产的内容及数量或数额或者有关这些的计算方法。

（四）在前项规定的情形下，对吸收合并消灭份额公司的股东（吸收合并消灭股份公司及吸收合并存续份额公司除外）或者吸收合并消灭份额公司的股东（吸收合并存续份额公司除外）分配同项所规定现金等的有关事项；

（五）吸收合并消灭股份公司已发行新股预约权时，吸收合并存续份额公司在吸收合并之际，对该新股预约权的新股预约权人，代替该新股预约权所要支付的现金额或者其计算方法；

（六）在前项规定的情形下，对吸收合并消灭股份公司的新股预约权的新股预约权人分配同项所规定现金的有关事项；

（七）生效日。

② 前款有规定，且吸收合并消灭股份公司属于种类股份发行公司时，吸收合并存续份额公司及吸收合并消灭股份公司，可按照吸收合并消灭股份公司所发行的种类股份的内容，作为同款第 4 项所列事项，对下列事项作出规定：

（一）决定对某种类股份的股东不分配现金等时，该意旨及该股份的种类；

（二）前项所列事项外，就现金等的分配决定按股份的种类采取不同对待时,该意旨及该不同对待的内容。

③ 在第 1 款规定的情形下,有关同款第 3 项所列事项的规定,必须是以按照吸收合并消灭股份公司股东(吸收合并消灭股份公司及吸收合并存续股份公司,以及前款第 1 项所规定种类股份的股东除外)所持有的股份数(存在就前款第 2 项所列事项的规定时,指各种类的股份数)支付现金等为内容的规定。

第 752 条 （份额公司存续的吸收合并的生效等）

① 吸收合并存续份额公司,在生效日承继吸收合并消灭份额公司的权利义务。

② 吸收合并消灭份额公司因吸收合并所引起的解散,若非在吸收合并登记后,不得以此对抗第三人。

③ 在前条第 1 款第 2 项规定的情形下,吸收合并消灭股份公司的股东或者吸收合并消灭份额公司的股东,在生效日按照有关同项所列事项的规定,成为吸收合并存续份额公司的股东。此时,吸收合并存续份额公司,视为在生效日已进行与同项所规定股东相关的章程变更。

④ 存在就前条第 1 款第 3 项 1 所列事项的规定时,吸收合并消灭股份公司的股东或者吸收合并消灭份额公司的股东,在生效日按照有关同款第 4 项所列事项的规定,成为同款第 3 项 1 所规定的公司债券的公司债券持有人。

⑤ 吸收合并消灭股份公司的新股预约权,在生效日消灭。

⑥ 未完成第 789 条（第 1 款第 3 项及第 2 款第 3 项除外,含在第 793 条第 2 款中所准用的情形）或在第 802 条第 2 款中所准用的第 799 条（第 2 款第 3 项除外）所规定程序,或者已中止吸收合并时,不适用以上各款的规定。

第 3 节　新 设 合 并

第 1 分节　设立股份公司的新设合并

第 753 条 （设立股份公司的新设合并合同）

① 2 个以上的公司进行新设合并,且因新设合并所设立的公司(以下在本编中称为"新设合并设立公司")属于股份公司时,须在新设合并合同中对下列事项作出规定:

（一）因新设合并消灭的公司(以下在本编中称为"新设合并消灭公司")的商号及住所;

(二)作为股份公司的新设合并设立公司(以下在本编中称为"新设合并设立股份公司")的经营范围、商号、总公司所在地及可发行股份总数;

(三)前项所列事项外,新设合并设立股份公司的章程所规定的事项;

(四)新设合并设立股份公司的设立时董事的姓名;

(五)按照以下1至3所列情形的区分,该1至3所规定的事项:

1. 新设合并设立股份公司属于会计参与设置公司时,新设合并设立股份公司的设立时会计参与的姓名或者名称;

2. 新设合并设立股份公司属于监事设置公司(含存在将监事的监查范围限于财务会计方面之意的章程规定的股份公司)时,新设合并设立股份公司的设立时监事的姓名;

3. 新设合并设立股份公司属于会计监查人设置公司时,新设合并设立股份公司的设立时会计监查人的姓名或者名称。

(六)新设合并设立股份公司在新设合并之际,对作为股份公司的新设合并消灭公司(以下在本编中称为"新设合并消灭股份公司")的股东,或者作为份额公司的新设合并消灭公司(以下在本编中称为"新设合并消灭份额公司")的股东,所要交付的代替其股份或者出资份额的该新设合并设立股份公司的股份数(种类股份发行公司时,指股份的种类及各种类股份数)或者该数的计算方法,以及有关该新设合并设立股份公司的资本金及公积金额的事项;

(七)对新设合并消灭股份公司的股东(新设合并消灭股份公司除外)或者新设合并消灭份额公司的股东分配前项所规定股份的有关事项;

(八)新设合并设立股份公司在新设合并之际,对新设合并消灭股份公司的股东,或者新设合并消灭份额公司的股东,代替其股份或者出资份额,交付该新设合并设立股份公司的公司债券等时,有关该公司债券等的下列事项:

1. 该公司债券等属于新设合并设立股份公司的公司债券(有关附新股预约权公司债券中的公司债券除外)时,该公司债券的种类以及各种类的各公司债券金额的合计额或者其计算方法;

2. 该公司债券等属于新设合并设立股份公司的新股预约权(附新股预约权公司债券中的新股预约权除外)时,该新股预约权的内容及数量或者其计算方法;

3. 该公司债券等属于新设合并设立股份公司的附新股预约权公司债券时,就该附新股预约权公司债券的1所规定的事项以及就该附新股预约权公司债券中的新股预约权的2规定的事项。

（九）在前项规定的情形下，对新设合并消灭股份公司的股东（新设合并消灭股份公司除外）或者新设合并消灭份额公司的股东，分配同项所规定公司债券等的有关事项；

（十）新设合并消灭股份公司已发行新股预约权时，新设合并设立股份公司在新设合并之际，有关对该新股预约权的新股预约权人所要交付的代替该新股预约权的该新设合并设立股份公司的新股预约权或者现金的下列事项：

1. 对该新设合并消灭股份公司的新股预约权的新股预约权人，交付新设合并设立股份公司的新股预约权时，该新股预约权的内容及数量或者其计算方法；

2. 上述1有规定，且1所规定的新设合并消灭股份公司的新股预约权属于附新股预约权公司债券中的新股预约权时，新设合并设立股份公司承继与该附新股预约权公司债券的公司债券相关债务之意，以及与该承继相关的公司债券的种类及各种类的各公司债券金额的合计额或者其计算方法；

3. 对该新设合并消灭股份公司的新股预约权的新股预约权人支付现金时，该现金额或者其计算方法。

（十一）在前项规定的情形下，对新设合并消灭股份公司的新股预约权的新股预约权人，分配同项所规定的新设合并设立股份公司的新股预约权或者现金的有关事项。

② 新设合并设立股份公司属于监查等委员会设置公司时，前款第4向所列事项，须在区分作为设立时监查等委员的设立时董事与之外的设立时董事的基础上作出规定。

③ 第1款有规定，且全部或者部分新设合并消灭股份公司属于种类股份发行公司时，新设合并消灭股份公司，按照新设合并消灭股份公司所发行的种类股份的内容，作为同款第7项所列事项（限于有关该新设合并消灭股份公司股东的事项，在下款中相同），可规定下列事项：

（一）决定对某种类股份的股东不分配新设合并设立股份公司的股份时，该意旨及该股份的种类；

（二）前项所列事项外，决定就新设合并设立股份公司的股份分配，按照股份的种类采取不同对待时，该意旨及该不同对待的内容。

④ 在第1款规定的情形下，有关同款第7项所列事项的规定，必须是以按照新设合并消灭股份公司的股东（新设合并消灭股份公司及前款第1项所

规定种类股份的股东除外)所持有的股份数(就前款第2项所列事项有规定时,指各种类的股份数)交付新设合并设立股份公司的股份为内容的规定。

⑤ 对第1款第9项所列事项,准用以上2款的规定。此时,将以上2款中的"新设合并设立股份公司"替换为"新设合并设立股份公司的公司债券等"。

第754条 (设立股份公司的新设合并的生效等)

① 新设合并设立股份公司,在其成立之日承继新设合并消灭公司的权利义务。

② 在前条第1款规定的情形下,新设合并消灭股份公司的股东或者新设合并消灭份额公司的股东,在新设合并设立股份公司成立之日,按照有关同款第7项所列事项的规定,成为同条第6项所规定股份的股东。

③ 属于下列各项所列情形时,新设合并消灭股份公司的股东或者新设合并消灭份额公司的股东,在新设合并设立股份公司成立之日,按照有关前条第1款第9项所列事项的规定,成为该项所规定者:

(一) 就前条第1款第8项所列事项有规定时,指同项1所规定的公司债券的公司债券持有人;

(二) 就前条第1款第8项2所列事项有规定时,指同项2所规定的新股预约权的新股预约权人;

(三) 就前条第1款第8项3所列事项有规定时,指就同项3所规定的附新股预约权公司债券中的公司债券持有人,以及该附新股预约权公司债券中的新股预约权的新股预约权人。

④ 新设合并消灭股份公司的新股预约权,在新设合并设立股份公司成立之日消灭。

⑤ 在前条第1款第10项1规定的情形下,新设合并消灭股份公司的新股预约权的新股预约权人,在新设合并设立股份公司成立之日,按照就同款第11项所列事项的规定,成为同款第10项1所规定的新设合并设立股份公司的新股预约权的新股预约权人。

第2分节 设立份额公司的新设合并

第755条 (设立份额公司的新设合并合同)

① 2个以上的公司进行新设合并,且新设合并设立公司属于份额公司时,须在新设合并合同中对下列事项作出规定:

(一) 新设合并消灭公司的商号及住所;

（二）作为份额公司的新设合并设立公司（以下在本编中称为"新设合并设立份额公司"）属于无限公司、两合公司或者合同公司中的哪类的区别；

（三）新设合并设立份额公司的经营范围、商号及总公司所在地；

（四）有关新设合并设立份额公司股东的下列事项：

1. 该股东的姓名或者名称及住所；

2. 该股东属于无限责任股东或者有限责任股东中的哪类的区别；

3. 该股东的出资额。

（五）前项所列事项外，由新设合并设立份额公司的章程所规定的事项；

（六）新设合并设立份额公司在新设合并之际，对新设合并消灭股份公司的股东或者新设合并消灭份额公司的股东，代替其股份或者出资份额交付该新设合并设立份额公司的公司债券等时，该公司债券的种类以及各种类的各公司债券金额的合计额或者其计算方法；

（七）在前项规定的情形下，对新设合并设立股份公司的股东（新设合并消灭股份公司除外）或者新设合并消灭份额公司的股东分配同项所规定公司债券的有关事项；

（八）新设合并消灭份额公司已发行新股预约权时，新设合并设立份额公司在新设合并之际，对该新股预约权的新股预约权人，代替该新股预约权所要支付的现金额或者其计算方法；

（九）在前项规定的情形下，对新设合并消灭股份公司的新股预约权的新股预约权人，分配同项所规定现金的有关事项。

② 新设合并设立份额公司属于无限公司时，作为前款第 4 项 2 所列事项，须规定将全体股东作为无限责任股东之意。

③ 新设合并设立份额公司属于两合公司时，作为第 1 款第 4 项 2 所列事项，须规定将部分股东改为无限责任股东，将其他股东作为有限责任股东之意。

④ 新设合并设立份额公司属于合同公司时，作为第 1 款第 4 项 2 所列事项，须规定将全体股东作为有限责任股东之意。

第 756 条 （设立份额公司的新设合并的生效等）

① 新设合并设立份额公司，在其成立之日承继新设合并消灭份额公司的权利义务。

② 在前条第 1 款规定的情形下，新设合并消灭股份公司的股东或者新设合并消灭份额公司的股东，在新设合并设立份额公司成立之日，按照有关同款第 4 项所列事项的规定，成为该新设合并设立份额公司的股东。

③ 就前条第 1 款第 6 项所列事项有规定时,新设合并消灭股份公司的股东或者新设合并消灭份额公司的股东,在新设合并设立份额公司成立之日,按照有关同款第 7 项所列事项的规定,成为同款第 6 项所规定的公司债券的公司债券持有人。

④ 新设合并消灭股份公司的新股预约权,在新设合并设立份额公司成立之日消灭。

第 3 章 公 司 分 立

第 1 节 吸 收 分 立

第 1 分节 通 则

第 757 条 (吸收分立合同的订立)

公司(限于股份公司或者合同公司),可以进行吸收分立。此时,该公司须与承继该公司就其事业所具有的全部或者部分权利义务的公司(以下在本编中称为"吸收分立承继公司")间订立吸收分立合同。

第 2 分节 让股份公司承继权利义务的吸收分立

第 758 条 (让股份公司承继权利义务的吸收分立合同)

公司进行吸收分立,且吸收分立承继公司属于股份公司时,须在吸收分立合同中对下列事项作出规定:

(一)进行吸收分立的公司(以下在本编中称为"吸收分立公司")以及作为股份公司的吸收分立承继公司(以下在本编中称为"吸收分立承继股份公司")的商号及住所;

(二)与吸收分立承继股份公司,通过吸收分立所承继的吸收分立公司的资产、债务、雇用合同及其他权利义务(与作为股份公司的吸收分立公司〈以下在本编中称为"吸收分立股份公司"〉以及吸收分立承继股份公司及吸收分立股份公司的新股预约权相关的义务除外)相关的事项;

(三)通过吸收分立,让吸收分立承继股份公司承继吸收分立股份公司或者吸收分立承继股份公司的股份时,与该股份相关的事项;

(四)吸收分立承继股份公司在吸收分立之际,对吸收分立公司支付代替有关其事业的全部或者部分权利义务的现金等时,与该现金等相关的下列事项：

　　1. 该现金等属于吸收分立承继股份公司的股份时，该股份数（种类股份发行公司时，指股份的种类及各种类股份数）或者其计算方法，以及与该吸收分立承继股份公司的资本金及公积金额相关的事项；

　　2. 该现金等属于吸收分立承继股份公司的公司债券（附新股预约权公司债券中的公司债券除外）时，该公司债券的种类以及各种类的各公司债券金额的合计额或者其计算方法；

　　3. 该现金等属于吸收分立承继股份公司的新股预约权（附新股预约权公司债券中的新股预约权除外）时，该新股预约权的内容及数量或者其计算方法；

　　4. 该现金等属于吸收分立承继股份公司的附新股预约权公司债券时，就该附新股预约权公司债券 2 所规定的事项，以及就附新股预约权公司债券中的新股预约权 3 所规定的事项；

　　5. 该现金等属于吸收分立承继股份公司的股份等以外的财产时，该财产的内容及数量或数额或者有关这些的计算方法。

　　（五）吸收分立承继股份公司在吸收分立之际，对吸收分立股份公司的新股预约权的新股预约权人，代替该新股预约权，交付该吸收分立承继股份公司的新股预约权时，与该新股预约权相关的下列事项：

　　1. 接受该吸收分立承继股份公司的新股预约权交付的吸收分立股份公司的新股预约权的新股预约权人所持有的新股预约权（以下在本编中称为"吸收分立合同新股预约权"）的内容；

　　2. 对吸收分立合同新股预约权的新股预约权人所要交付的吸收分立承继股份公司的新股预约权的内容及数量或者其计算方法；

　　3. 吸收分立合同新股预约权属于附新股预约权公司债券中的新股预约权时，吸收分立承继股份公司承继与该附新股预约权公司债券中的公司债券相关的债务之意以及与该承继所相关的公司债券的种类及各种类的各公司债券金额的合计额或者其计算方法。

　　（六）在前项规定的情形下，对吸收分立合同新股预约权的新股预约权人，分配同项所规定吸收分立承继股份公司的新股预约权的相关事项；

　　（七）吸收分立发生其效力之日（以下在本节中称为"生效日"）；

　　（八）吸收分立股份公司，在生效日实施下列行为时，其意旨：

　　1. 第 171 条第 1 款所规定股份的取得（限于同款第 1 项规定的取得对价仅为吸收分立承继股份公司的股份（吸收分立股份公司在吸收分立前所持有

的股份除外,含法务省令规定的类似于吸收分立承继股份公司的股份的股份,在2中相同〉的情形);

2. 盈余金分配(限于分红财产属于吸收分立承继股份公司的股份的情形)。

第759条 (让股份公司承继权利义务的吸收分立的生效等)

① 吸收分立承继股份公司,在生效日按照吸收分立合同的规定,承继吸收分立公司的权利义务。

② 虽有前款的规定,但属于根据第789条第1款第2项(含在第793条第2款中所准用的情形,在下款中相同)的规定可陈述异议的吸收分立公司的债权人,且未收到第789条第2款(第3项除外,含第793条第2款中所准用的情形,在下款中相同)所规定的分别催告者(第789条第3款〈含在第793条第2款中所准用的情形〉有规定时,限于因侵权行为所产生债务的债权人,在下款中相同),即使在吸收分立合同中被规定为在吸收分立后不得向吸收分立公司请求履行债务者时,仍可向该吸收分立公司以吸收分立公司在生效日所持有的财产额为限度,请求履行该债务。

③ 虽有第1款的规定,但属于根据第789条第1款第2项的规定可陈述异议的吸收分立公司的债权人,且未收到同条第2款所规定的分别催告者,即使在吸收分立合同中被规定为在吸收分立后不得向吸收分立承继股份公司请求履行债务者时,仍可向吸收合并承继股份公司,以所承继的财产额为限度,请求履行该债务。

④ 虽有第1款的规定,但吸收分立公司明知未被吸收分立承继股份公司所承继债务的债权人(以下在本条中称为"残存债权人")受到侵害而已实施吸收分立时,残存债权人可向吸收分立承继股份公司以已承继的财产额为限度,请求履行该债务。但吸收分立承继股份公司在吸收分立生效时的确不知侵害残存债权人的事实时,不在此限。

⑤ 就前条第8项所列事项有规定时,不适用前款的规定。

⑥ 吸收分立承继股份公司,根据第4款的规定承担履行同款所规定债务的责任时,该责任,对从知道吸收分立公司明知侵害残存债权人而已实施吸收分立之事时起2年以内,未提出请求或者未进行请求预告的残存债权人,在该期间经过之时消灭。从生效日起经过20年时,亦同。

⑦ 对吸收分立公司已作出破产程序开始的决定、再生程序开始的决定或者更生程序开始的决定时,残存债权人,对吸收分立承继股份公司不得行使提出第4款所规定请求的权利。

⑧ 属于以下各项所列情形时，吸收分立公司，在生效日按照吸收分立合同的规定，成为该各项所规定的者：

（一）就前条第 4 项 1 所列事项有规定时，指同项 1 所规定股份的股东；

（二）就前条第 4 项 2 所列事项有规定时，指同项 2 所规定的公司债券的公司债券持有人；

（三）就前条第 4 项 3 所列事项有规定时，指同项 3 所规定的新股预约权的新股预约权人；

（四）就前条第 4 项 4 所列事项有规定时，指同项 4 所规定的附新股预约权公司债券中的公司债券持有人以及该附新股预约权公司债券中的新股预约的新股预约权人。

⑨ 在前条第 5 项规定的情形下，在生效日吸收分立合同新股预约权消灭。该吸收分立合同新股预约权的新股预约权人，按照有关同条第 6 项所列事项的规定，成为同条第 5 项 2 所规定吸收分立承继股份公司的新股预约权的新股预约权人。

⑩ 未完成第 789 条（第 1 款第 3 项及第 2 款第 3 项除外，含在第 793 条第 2 款中所准用的情形）或第 799 条所规定的程序或者已中止吸收分立时，不适用以上各款的规定。

第 3 分节　让份额公司承继权利义务的吸收分立

第 760 条　（让份额公司承继权利义务的吸收分立合同）

公司进行吸收分立，且吸收分立承继公司属于份额公司时，须在吸收分立合同中对下列事项作出规定：

（一）吸收分立公司及作为份额公司的吸收分立承继公司（以下在本节中称为"吸收分立承继份额公司"）的商号及住所；

（二）吸收分立承继份额公司通过吸收分立所承继的吸收分立公司的资产、债务、雇用合同及其他权利义务（有关吸收分立股份公司的股份及新股预约权的义务除外）的相关事项；

（三）通过吸收分立让吸收分立承继份额公司承继吸收分立股份公司的股份时，有关该股份的事项；

（四）吸收分立公司在吸收分立之际，成为吸收分立承继份额公司的股东时，按照以下 1 至 3 所列的吸收分立承继份额公司的区别，由该 1 至 3 所规定的事项：

1. 无限公司，指该股东的姓名或者名称及住所以及出资额；

2. 两合公司,指该股东的姓名或者名称及住所,以及该股东属于无限责任股东或者有限责任股东中的哪类的区别及该股东的出资额;

3. 合同公司,指该股东的姓名或者名称及住所以及出资额。

(五) 吸收分立承继份额公司在吸收分立之际,代替有关其事业的全部或者部分权利义务,向吸收分立公司支付现金等(吸收分立承继份额公司的出资份额除外)时,有关该现金等的下列事项:

1. 该现金等属于吸收分立承继份额公司的公司债券时,该公司债券的种类以及各种类的各公司债券金额的合计额或者其计算方法;

2. 该现金等属于吸收分立承继份额公司的公司债券外的财产时,该财产的内容及数量或数额或者有关这些的计算方法。

(六) 生效日;

(七) 吸收分立股份公司,在生效日实施下列行为时,其意旨:

1. 第171条第1款所规定股份的取得(限于同款第1项规定的取得对价仅为吸收分立承继份额公司的出资份额〈吸收分立股份公司从吸收分立前所持有的出资份额除外,含法务省令所规定的类似于吸收分立承继份额公司的出资份额的份额,在2中相同〉的情形);

2. 盈余金分配(限于分红财产属于吸收分立承继份额公司的出资份额的情形)。

第761条 (让份额公司承继权利义务的吸收分立的生效等)

① 吸收分立承继份额公司,在生效日按照吸收分立合同的规定承继吸收分立公司的权利义务。

② 虽有前款的规定,但属于根据第789条第1款第2项(含在第793条第2款中所准用的情形,在下款中相同)的规定可陈述异议的吸收分立公司的债权人,且未收到第789条第2款(第3项除外,含第793条第2款中所准用的情形,在下款中相同)所规定的分别催告者(第789条第3款〈含在第793条第2款中所准用的情形〉有规定时,限于因侵权行为所产生债务的债权人,在下款中相同),即使在吸收分立合同中被规定为在吸收分立后不得向吸收分立公司请求履行债务者时,仍可向该吸收分立公司以吸收分立公司在生效日所持有的财产额为限度,请求履行该债务。

③ 虽有第1款的规定,但属于根据第789条第1款第2项的规定可陈述异议的吸收分立公司的债权人,且未收到同条第2款所规定的分别催告者,即使在吸收分立合同中被规定为在吸收分立后不得向吸收分立承继份额公司请求履行债务者时,仍可向吸收合并承继份额公司,以所承继的财产额为

限度,请求履行该债务。

④ 虽有第 1 款的规定,但吸收分立公司明知未被吸收分立承继份额公司所承继债务的债权人(以下在本条中称为"残存债权人")受到侵害而已实施吸收分立时,残存债权人可向吸收分立承继份额公司,以已承继的财产额为限度,请求履行该债务。但吸收分立承继份额公司在吸收分立生效时的确不知侵害残存债权人的事实时,不在此限。

⑤ 就前条第 8 项所列事项有规定时,不适用前款的规定。

⑥ 吸收分立承继份额公司,根据第 4 款的规定承担履行同款所规定债务的责任时,该责任,对从知道吸收分立公司明知侵害残存债权人而已实施吸收分立之事时起 2 年以内未提出请求或者未进行请求预告的残存债权人,在该期间经过之时消灭。从生效日起经过 20 年时,亦同。

⑦ 对吸收分立公司已作出破产程序开始的决定、再生程序开始的决定或者更生程序开始的决定时,残存债权人,对吸收分立承继份额公司不得行使提出第 4 款所规定请求的权利。

⑧ 在前条第 4 项规定的情形下,吸收分立公司,在生效日按照就同项所列事项的规定,成为吸收分立承继份额公司的股东。此时,视为吸收分立承继份额公司,已在生效日进行了与同项所规定股东相关的章程变更。

⑨ 就前条第 5 项 1 所列事项有规定时,吸收分立公司,在生效日按照吸收分立合同的规定,成为同项 1 所规定公司债券的公司债券持有人。

⑩ 未完成第 789 条(第 1 款第 3 项及第 2 款第 3 项除外,含在第 793 条第 2 款中所准用的情形)或在第 802 条第 2 款中所准用的第 799 条(第 2 款第 3 项除外)所规定的程序,或者已中止吸收分立时,不适用以上各款的规定。

第 2 节 新 设 分 立

第 1 分节 通 则

第 762 条 (新设分立计划的制作)

① 1 个或者 2 个以上的股份公司或者合同公司,可以进行新设分立。此时,须制作新设分立计划。

② 在 2 个以上的股份公司或者合同公司共同进行新设分立时,该 2 个以上的股份公司或者合同公司,须共同制作新设分立计划。

第2分节　设立股份公司的新设分立

第763条　(设立股份公司的新设分立计划)

① 在1个或者2个以上的股份公司或者合同公司进行新设分立,且因新设分立而设立的公司(以下在本编中称为"新设分立设立公司")属于股份公司时,须在新设分立计划中对下列事项作出规定:

(一) 作为股份公司的新设分立设立公司(以下在本编中称为"新设分立设立股份公司")的经营范围、商号、总公司所在地及可发行股份总数;

(二) 前项所列事项外,由新设分立设立股份公司的章程所规定的事项;

(三) 新设分立设立股份公司的设立时董事的姓名;

(四) 按照以下1至3所列情形的区分,该1至3所规定的事项:

1. 新设分立设立股份公司属于会计参与设置公司时,新设分立设立股份公司的设立时会计参与的姓名或者名称;

2. 新设分立设立股份公司属于监事设置公司(含存在将监事的监查范围限定在财务会计方面之意的章程规定的股份公司)时,新设分立设立股份公司的设立时监事的姓名;

3. 新设分立设立股份公司属于会计监查人设置公司时,新设分立设立股份公司的设立时会计监查人的姓名或者名称。

(五) 新设分立设立股份公司,通过新设分立所承继的进行新设分立的公司(以下在本编中称为"新设分立公司")的资产、债务、雇用合同及其他权利义务(与作为股份公司的吸收分立公司〈以下在本编中称为"新设分立股份公司"〉的股份及新股预约权相关的义务除外)的相关事项;

(六) 新设分立设立股份公司在新设分立之际,代替有关其事业的全部或者部分权利义务,对新设分立公司所要交付的该新设分立设立股份公司的股份数(种类股份发行公司时,股份的种类及各种类的股份数)或者其计算方法,与有关该新设分立设立股份公司的资本金及公积金数额的事项;

(七) 2个以上的股份公司或者合同公司共同进行新设分立时,有关对新设分立公司分配前项所规定股份的事项;

(八) 新设分立设立股份公司在新设分立之际,代替有关其事业的全部或者部分权利义务,对新设分立公司交付该新设分立设立股份公司的公司债券时,有关该公司债券的下列事项:

1. 该公司债券等属于新设分立设立股份公司的公司债券(有关附新股预约权公司债券中的公司债券除外)时,该公司债券的种类以及各种类的各公司债券金额的合计额或者其计算方法；

2. 该公司债券等属于新设分立设立股份公司的新股预约权（附新股预约权公司债券中的新股预约权除外）时，该新股预约权的内容及数量或者其计算方法；

3. 该公司债券等属于新设分立设立股份公司的附新股预约权公司债券时，就该附新股预约权公司债券1所规定的事项，以及就附新股预约权公司债券中的新股预约权2所规定的事项。

（九）在前项有规定，且2个以上的股份公司或者合同公司共同进行新设分立时，对新设分立公司分配同项所规定公司债券等的相关事项；

（十）新设分立设立股份公司在新设分立之际，新设分立股份公司的新股预约权的新股预约权人，代替该新股预约权，交付该新设分立设立股份公司的新股预约权时，有关该新股预约权的下列事项：

1. 接受该新设分立设立股份公司的新股预约权交付的新设分立股份公司的新股预约权的新股预约权人所持有的新股预约权（以下在本编中称为"新设分立计划新股预约权"）的内容；

2. 对新设分立计划新股预约权的新股预约权人，所要交付的新设分立设立股份公司的新股预约权的内容及数量或者其计算方法；

3. 新设分立计划新股预约权属于附新股预约权公司债券中的新股预约权时，新设分立设立股份公司承继与该附新股预约权公司债券中的公司债券相关债务之意，以及与该承继相关的公司债券的种类及各种类的各公司债券金额的合计额或者其计算方法。

（十一）在前项规定的情形下，对新设分立计划新股预约权的新股预约权人分配同项所规定新设分立设立股份公司的新股预约权的相关事项；

（十二）新设分立股份公司，在新设分立设立股份公司成立之日实施下列行为时，该意旨：

1. 第171条第1款所规定股份的取得（限于同款第1项所规定取得的对价仅为新设分立设立股份公司的股份〈含法务省令所规定的类似于该股份的股份，在2中相同〉的情形）；

2. 盈余金分配（限于分红财产仅为新设分立设立股份公司的股份的情形）。

② 新设分立设立股份公司属于监查等委员会设置公司时，前款第3项所列事项，须在区分作为设立时监查等委员的设立时董事与之外的设立时董事的基础上作出规定。

第 764 条 （设立股份公司的新设分立的生效等）

① 新设分立设立股份公司,在其成立之日按照新设分立计划的规定,承继新设分立公司的权利义务。

② 虽有前款的规定,但属于根据第 810 条第 1 款第 2 项（含在第 813 条第 2 款中所准用的情形,在下款中相同）的规定可陈述异议的新设分立公司的债权人,且未收到第 810 条第 2 款（第 3 项除外,含第 813 条第 2 款中所准用的情形,在下款中相同）所规定的分别催告者（第 810 条第 3 款〈含在第 813 条第 2 款中所准用的情形〉有规定时,限于因侵权行为所产生债务的债权人,在下款中相同）,即使在新设分立计划中被规定为在新设分立后不得向新设分立公司请求履行债务者时,仍可向新设分立公司,以新设分立公司在新设分立设立股份公司成立之日所持有的财产额为限度,请求履行该债务。

③ 虽有第 1 款的规定,但属于根据第 810 条第 1 款第 2 项的规定可陈述异议的新设分立公司的债权人,且未收到同条第 2 款所规定的分别催告者,即使在新设分立计划中被规定为在新设分立后不得向新设分立设立股份公司请求履行债务者时,仍可向新设分立设立股份公司,以所承继的财产额为限度,请求履行该债务。

④ 虽有第 1 款的规定,但新设分立公司明知未被新设分立设立股份公司承继的债务的债权人（以下在本条中称为"残存债权人"）受到侵害而已实施新设分立时,残存债权人,可向新设分立设立股份公司,以所承继的财产额为限度,请求履行该债务。

⑤ 就前条第 1 款第 12 项所列事项有规定时,不适用前款的规定。

⑥ 新设分立设立股份公司,根据第 4 款的规定承担履行同款所规定债务的责任时,该责任,对从知道新设分立公司明知侵害残存债权人而已实施新设分立之事时起 2 年以内,未提出请求或者未进行请求预告的残存债权人,在该期间经过之时消灭。从新设分立设立股份公司成立之日起经过 20 年时,亦同。

⑦ 对新设分立公司已作出破产程序开始的决定、再生程序开始的决定或者更生程序开始的决定时,残存债权人,对新设分立设立股份公司不得行使提出第 4 款所规定请求的权利。

⑧ 在前条第 1 款规定的情形下,新设分立公司,在新设分立设立股份公司成立之日,按照新设分立计划的规定,成为同款第 6 项所规定股份的股东。

⑨ 属于以下各项所列情形时,新设分立公司,在新设分立设立股份公司成立之日,按照新设分立计划的规定,成为该各项所规定者:

（一）就前条第 1 款第 8 项 1 所列事项有规定时，同项 1 所规定的公司债券的公司债券持有人；

（二）就前条第 1 款第 8 项 2 所列事项有规定时，同项 2 所规定的新股预约权的新股预约权人；

（三）就前条第 1 款第 8 项 3 所列事项有规定时，同项 3 所规定的附新股预约权公司债券中的公司债券持有人以及该附新股预约权公司债券中的新股预约权的新股预约权人。

⑩ 2 个以上的股份公司或者合同公司共同进行新设分立时，就适用以上 2 款的规定，将第 8 款中的"新设分立计划的规定"改为"就前条第 1 款第 9 项所列事项的规定"，将前款中的"新设分立计划的规定"改为"就同条第 9 项所列事项的规定"。

⑪ 属于前条第 1 款第 10 项所规定的情形时，在新设分立设立股份公司成立之日，新设分立计划新股预约权消灭。该新设分立计划新股预约权的新股预约权人，按照就同款第 11 项所列事项的规定，成为同款第 10 项 2 所规定的新设分立设立股份公司的新股预约权的新股预约权人。

第 3 分节　设立份额公司的新设分立

第 765 条　（设立份额公司的新设分立计划）

① 1 个或者 2 个以上的股份公司或者合同公司进行新设分立，且新设分立设立公司属于份额公司时，须在新设分立计划中对下列事项作出规定：

（一）作为份额公司的新设分立设立公司（以下在本编中称为"新设分立设立份额公司"）属于无限公司、两合公司或者合同公司中的哪类的区别；

（二）新设分立设立份额公司的经营范围、商号以及总公司所在地；

（三）有关新设分立设立份额公司股东的下列事项：

1. 该股东的名称及住所；
2. 该股东属于无限责任股东或者有限责任股东中的哪类的区别；
3. 该股东的出资额。

（四）除以上 2 项所列事项外，由新设分立设立份额公司的章程所规定的事项；

（五）新设分立设立份额公司，通过新设分立所承继的新设分立公司的资产、债务、雇用合同及其他权利义务（与新设分立股份公司的股份及新股预约权相关的义务除外）的相关事项；

（六）新设分立设立份额公司，在新设分立之际，代替有关其事业的全部或者部分权利义务,对新设分立公司交付该新设分立设立份额公司的公司债券时,该公司债券的种类以及各种类的公司债券金额的合计额或者其计算方法;

(七)前项有规定,且2个以上的股份公司或者合同公司进行新设分立时,对新设分立公司分配同项所规定公司债券等的相关事项;

(八)新设分立股份公司,在新设分立设立份额公司成立之日实施下列行为时,该意旨:

1. 第171条第1款所规定股份的取得(限于同款第1项所规定取得的对价仅为新设分立设立份额公司的出资份额(含法务省令所规定的类似于该出资份额的份额,在2中相同));

2. 盈余金分配(限于分红财产仅为新设分立设立份额公司的出资份额的情形)。

② 新设分立设立份额公司属于无限公司时,作为前款第3项3所列事项,须规定将其全体股东作为无限责任股东之意。

③ 新设分立设立份额公司属于两合公司时,作为第1款第3项3所列事项,须规定将其部分股东作为无限责任股东,将其他股东作为有限责任股东之意。

④ 新设分立设立份额公司属于合同公司时,作为第1款第3项3所列事项,须规定将其全体股东作为有限责任股东之意。

第766条 (设立份额公司的新设分立的生效等)

① 新设分立设立份额公司,在其成立之日按照新设分立计划的规定,承继新设分立公司的权利义务。

② 虽有前款的规定,但属于根据第810条第1款第2项(含在第813条第2款中所准用的情形,在下款中相同)的规定可陈述异议的新设分立公司的债权人,且未收到第810条第2款(第3项除外,含第813条第2款中所准用的情形,在下款中相同)所规定的分别催告者(第810条第3款(含在第813条第2款中所准用的情形)有规定时,限于因侵权行为所产生债务的债权人,在下款中相同),即使在新设分立计划中被规定为在新设分立后不得向新设分立公司请求履行债务者时,仍可向新设分立公司,以新设分立公司在新设分立设立份额公司成立之日所持有的财产额为限度,请求履行该债务。

③ 虽有第1款的规定,但属于根据第810条第1款第2项的规定可陈述异议的新设分立公司的债权人,且未收到同条第2款所规定的分别催告者,即使在新设分立计划中被规定为在新设分立后不得向新设分立设立份额公

司请求履行债务者时,仍可向新设分立设立份额公司,以所承继的财产额为限度,请求履行该债务。

④ 虽有第 1 款的规定,但新设分立公司明知未被新设分立设立份额公司承继的债务的债权人(以下在本条中称为"残存债权人")受到侵害而已实施新设分立时,残存债权人,可向新设分立设立份额公司,以所承继的财产额为限度,请求履行该债务。

⑤ 就前条第 1 款第 8 项所列事项有规定时,不适用前款的规定。

⑥ 新设分立设立份额公司,根据第 4 款的规定承担履行同款所规定债务的责任时,该责任,对从知道新设分立公司明知侵害残存债权人而已实施新设分立之事时起 2 年以内未提出请求或者未进行请求预告的残存债权人,在该期间经过之时消灭。从新设分立设立份额公司成立之日起经过 20 年时,亦同。

⑦ 对新设分立公司已作出破产程序开始的决定、再生程序开始的决定或者更生程序开始的决定时,残存债权人,对新设分立设立份额公司不得行使提出第 4 款所规定请求的权利。

⑧ 在前条第 1 款规定的情形下,新设分立公司,在新设分立设立份额公司成立之日,按照就同款第 3 项所列事项的规定,成为该新设分立设立份额公司的股东。

⑨ 就前条第 1 款第 6 项所列事项有规定时,新设分立公司,在新设分立设立份额公司成立之日,按照新设分立计划的规定,成为同项所规定的公司债券的持有人。

⑩ 2 个以上的股份公司或者合同公司共同进行新设分立时,就适用前款的规定,将同款中的"按照新设分立计划的规定,同项"改为"按照就同款第 7 项所列事项的规定,同款第 6 项"。

第 4 章　股份交换及股份转移

第 1 节　股份交换

第 1 分节　通　　则

第 767 条　(股份交换合同的订立)

股份公司,可进行股份交换。此时,须与取得该股份公司全部已发行股份的公司(限于股份公司或者合同公司,以下在本编中称为"股份交换全资母公司")订立股份交换合同。

第2分节 让股份公司取得已发行股份的股份交换

第768条 (让股份公司取得已发行股份的股份交换合同)

① 股份公司进行股份交换,且股份交换全资母公司属于股份公司时,须在股份交换合同中对下列事项作出规定:

(一)进行股份交换的股份公司(以下在本编中称为"股份交换全资子公司")及作为股份公司的股份交换全资母公司(以下在本编中称为"股份交换全资母股份公司")的商号及住所;

(二)股份交换全资母股份公司,在股份交换之际,代替其股份对股份交换全资子公司的股东支付现金等时,有关该现金等的下列事项:

1. 该现金等属于股份交换全资母股份公司的股份时,该股份数(种类股份发行公司时,指股份的种类及各种类股份数)或者其计算方法,以及有关该股份交换全资母股份公司的资本金及公积金额的事项;

2. 该现金等属于股份交换全资母股份公司的公司债券(附新股预约权公司债券中的公司债券除外)时,该公司债券的种类以及各种类的各公司债券金额的合计额或者其计算方法;

3. 该现金等属于股份交换全资母股份公司的新股预约权(附新股预约权公司债券中的新股预约权除外)时,该新股预约权的内容及数量或者其计算方法;

4. 该现金等属于股份交换全资母股份公司的附新股预约权公司债券时,有关该附新股预约权公司债券的2所规定的事项,以及有关附新股预约权公司债券中的新股预约权的3所规定的事项;

5. 该现金等属于股份交换全资母股份公司的股份等以外的财产时,该财产的内容及数量或数额或者有关这些的计算方法。

(三)在前项规定的情形下,对股份交换全资子公司的股东(股份交换全资母股份公司除外)分配同项所规定现金等的相关事项;

(四)股份交换全资母股份公司在股份交换之际,对股份交换全资子公司的新股预约权的新股预约权人,代替该新股预约权,交付该股份交换全资母股份公司的新股预约权时,有关该新股预约权的下列事项:

1. 接受该股份交换全资母股份公司的新股预约权交付的股份交换全资子公司的新股预约权的新股预约权人所持有的新股预约权(以下在本编中称

为"股份交换合同新股预约权")的内容;

2. 对股份交换合同新股预约权的新股预约权人,所要交付的股份交换全资母股份公司的新股预约权的内容及数量或者其计算方法;

3. 股份交换合同新股预约权属于附新股预约权公司债券中的新股预约权时,股份交换全资母股份公司承继与该附新股预约权公司债券的公司债券相关债务之意,以及与该承继相关的公司债券的种类及各种类的各公司债券金额的合计额或者其计算方法;

(五)在前项规定的情形下,对股份交换合同新股预约权的新股预约权人分配同项所规定的股份交换全资母股份公司的新股预约权的相关事项;

(六)股份交换发生效力的日期(以下在本节中称为"生效日")。

② 前款有规定,且股份交换全资子公司属于种类股份发行公司时,股份交换全资子公司及股份交换全资母股份公司,可按照股份交换全资子公司所发行的种类股份的内容,作为同款第3项所列事项,对下列事项作出规定:

(一)决定对某种类股份的股东不分配现金等时,该意旨及该股份的种类;

(二)前项所列事项外,就现金分配按股份的种类采取不同对待时,该意旨及该不同对待的内容。

③ 在第1款规定的情形下,有关同款第3项所列事项的规定,必须是以按照股份交换全资子公司的股东(股份交换全资母股份公司及前款第1项所规定的种类股份的股东除外)所持有的股份数(就前款第2项所列事项有规定时,指各种类的股份数)支付现金等为内容的规定。

第769条 (让股份公司取得已发行股份的股份交换的生效等)

① 股份交换全资母股份公司,在生效日取得股份交换全资子公司的全部已发行股份(股份交换全资母股份公司所持有的股份交换全资子公司的股份除外)。

② 在前款规定的情形下,就股份交换全资母股份公司已取得股份交换全资子公司的股份(限于转让受限股份,该股份交换全资母股份公司在生效日前所持有的股份除外),视为该股份交换全资子公司已作出第137条第1款所规定的同意。

③ 属于以下各项所列情形时,股份交换全资子公司的股东,在生效日按照有关前条第1款第3项所列事项的规定,成为该各项所规定者:

(一)就前条第1款第2项1所列事项有规定时,指同项1所规定股份的股东;

（二）就前条第 1 款第 2 项 2 所列事项有规定时，指同项 2 所规定公司债券的公司债券持有人；

（三）就前条第 1 款第 2 项 3 所列事项有规定时，指同项 3 所规定新股预约权的新股预约权人；

（四）就第 1 款第 2 项 4 所列事项有规定时，指同项 4 所规定的附新股预约权公司债券的公司债券持有人，以及该附新股预约权公司债券中的新股预约权的新股预约权人。

④ 在前条第 1 款第 4 项规定的情形下，在生效日，股份交换合同新股预约权消灭。该股份交换合同新股预约权的新股预约权人，按照就同款第 5 项所列事项的规定，成为同款第 4 项 2 所规定股份交换全资母股份公司的新股预约权的新股预约权人。

⑤ 在前条第 1 款第 4 项 3 规定的情形下，股份交换全资母股份公司，在生效日承继与同项 3 所规定的附新股预约权公司债券中的公司债券相关的债务。

⑥ 未完成第 789 条或第 799 条所规定的程序，或者已中止股份交换时，不适用以上各款的规定。

第 3 分节　让合同公司取得已发行股份的股份交换

第 770 条　（让合同公司取得已发行股份的股份交换合同）

① 股份公司进行股份交换，且股份交换全资母公司属于合同公司时，须在股份交换合同中对下列事项作出规定：

（一）股份交换全资子公司及作为合同公司的股份交换全资母公司（以下在本编中称为"股份交换全资母合同公司"）的商号及住所；

（二）股份交换全资子公司的股东，在股份交换之际，成为股份交换全资母合同公司的股东时，该股东的姓名或者名称及住所以及出资额；

（三）股份交换全资母合同公司，在股份交换之际，对股份交换全资子公司的股东，代替其股份支付现金等（股份交换全资母合同公司的出资份额除外）时，有关该现金等的下列事项：

1. 该现金等属于股份交换全资母合同公司的公司债券时，该公司债券的种类以及各种类的各公司债券金额的合计额或者其计算方法；

2. 该现金等属于股份交换全资母合同公司的公司债券以外的财产时，该财产的内容及数量或数额或者有关这些的计算方法。

（四）在前项规定的情形下，对股份交换全资子公司的股东（股份交换全资母合同公司除外）分配同项所规定现金等的相关事项；

（五）生效日。

② 前款有规定，且股份交换全资子公司属于种类股份发行公司时，股份交换全资子公司及股份交换全资母合同公司，可按照股份交换全资子公司所发行种类股份的内容，作为同款第4项所列事项，对下列事项作出规定：

（一）决定对某种类股份的股东不分配现金等时，该意旨及该股份的种类；

（二）前项所列事项外，就现金等的分配，决定按股份的种类采取不同对待时，该意旨及该不同对待的内容。

③ 在第1款规定的情形下，有关同款第4项所列事项的规定，必须是以按照股份交换全资母合同公司的股东（股份交换全资母合同公司及前款第1项所规定种类股份的股东除外）所持有的股份数（就前款第2项所列事项有规定时，各种类的股份数）支付现金等为内容的规定。

第771条 （让合同公司取得已发行股份的股份交换的生效等）

① 股份交换全资母合同公司，在生效日取得股份交换全资子公司的全部已发行股份（股份交换全资母合同公司所持有的股份交换全资子公司的股份除外）。

② 在前款规定的情形下，就股份交换全资母合同公司已取得股份交换全资子公司的股份（限于转让受限股份，该股份交换全资母合同公司在生效日前所持有的股份除外），视为该股份交换全资子公司已作出第137条第1款所规定的同意。

③ 在前条第1款第2项规定的情形下，股份交换全资子公司的股东，在生效日按照有关同项所列事项的规定，成为股份交换全资合同公司的股东。此时，视为股份交换全资合同公司，在生效日已进行与同项所规定股东相关的章程变更。

④ 就前条第1款第3项1所列事项有规定时，股份交换全资子公司的股东，在生效日按照就同款第4项所列事项的规定，成为同款第3项1所规定公司债券的公司债券持有人。

⑤ 未完成在第802条第2款中所准用的第799条（第2款第3项除外）所规定的程序，或者已中止股份交换时，不适用以上各款的规定。

第 2 节 股 份 转 移

第 772 条 （股份转移计划的制作）

① 1 个或者 2 个以上的股份公司，可进行股份转移。此时，须制作股份转移计划。

② 2 个以上的股份公司共同进行股份转移时，须由该 2 个以上的股份公司共同制作股份转移计划。

第 773 条 （股份转移计划）

① 在 1 个或者 2 个以上的股份公司进行股份转移时，须在股份转移计划中对下列事项作出规定：

（一）因股份转移所设立的股份公司（以下在本编中称为"股份转移设立全资母公司"）的经营范围、商号、总公司所在地及可发行的股份总数；

（二）除前项所列事项外，由股份转移设立全资母公司的章程所规定的事项；

（三）股份转移设立全资母公司的设立时董事的姓名；

（四）按照以下 1 至 3 所列情形的区分，由该 1 至 3 所规定的事项：

1. 股份转移设立全资母公司属于会计参与设置公司时，股份转移设立全资母公司的设立时会计参与的姓名或者名称；

2. 股份转移设立全资母公司属于监事设置公司（含存在将监事的监查范围限定于财务会计方面的章程规定的股份公司）时，股份转移设立全资母公司的设立时监事的姓名；

3. 股份转移设立全资母公司属于会计监查人设置公司时，股份转移设立全资母公司的设立时会计监查人的姓名或者名称。

（五）股份转移设立全资母公司，在股份转移之际，对进行股份转移的股份公司（以下在本编中称为"股份转移全资子公司"）的股东，代替其股份所要交付的该股份转移设立全资母公司的股份数（种类股份发行公司时，指股份的种类及各种类股份数）或者其计算方法，以及有关该股份转移设立全资母公司的资本金及公积金额的事项；

（六）对股份转移全资子公司的股东分配前项所规定股份的相关事项；

（七）股份转移设立全资母公司，在股份转移之际，对股份转移全资子公司的股东，代替其股份，交付该股份转移设立全资母公司的公司债券等时，有关该公司债券等的下列事项：

1. 该公司债券等属于股份转移设立全资母公司的公司债券（附新股预约权公司债券中的公司债券除外）时，该公司债券的种类以及各种类的各公司债券金额的合计额或者其计算方法；

2. 该公司债券等属于股份转移设立全资母公司的新股预约权（附新股预约权公司债券中的新股预约权除外）时，该新股预约权的内容及数量或者其计算方法；

3. 该公司债券等属于股份转移设立全资母公司的附新股预约权公司债券时，有关该附新股预约权公司债券的 1 所规定的事项，以及有关附新股预约权公司债券中的新股预约权的 2 所规定的事项。

（八）在前项规定的情形下，对股份转移全资子公司分配同项所规定公司债券的相关事项；

（九）股份转移设立全资母公司，在股份转移之际，对股份转移全资子公司的新股预约权的新股预约权人，代替该新股预约权，交付该股份转移设立全资母公司的新股预约权时，有关该新股预约权的下列事项：

1. 接受该股份转移设立全资母公司的新股预约权交付的股份转移全资子公司的新股预约权的新股预约权人所持有的新股预约权（以下在本编中称为"股份转移计划新股预约权"）的内容；

2. 对股份转移计划新股预约权的新股预约权人，所要交付的股份转移设立全资母公司的新股预约权的内容及数量或者其计算方法；

3. 股份转移计划新股预约权属于附新股预约权公司债券中的新股预约权时，股份转移设立全资母公司承继与该附新股预约权公司债券中的公司债券相关债务之意，以及与该承继相关的公司债券的种类及各种类的各公司债券金额的合计额或者其计算方法。

（十）在前项规定的情形下，对股份转移计划新股预约权的新股预约权人分配同项所规定的股份转移设立全资母公司的新股预约权的相关事项。

② 股份转移设立全资母公司属于监查等委员会设置公司时，前款第 3 项所列事项，须在区分作为设立时监查等委员的设立时董事与之外的设立董事的基础上作出规定。

③ 第 1 款有规定，且股份转移全资子公司属于种类股份发行公司时，股份转移全资子公司，可按照其所发行的种类股份的内容，作为同款第 6 项所列事项，对下列事项作出规定：

（一）决定对某种类股份的股东不分配股份转移设立全资母公司的股份时，该意旨及该股份的种类；

（二）前项所列事项外，就股份转移设立全资母公司的股份分配，决定按股份的种类采取不同对待时，该意旨及该不同对待的内容。

④ 在第 1 款规定的情形下，有关同款第 6 项所列事项的规定，必须是以按照股份转移全资子公司的股东（前款第 1 项所规定种类股份的股东除外）所持有的股份数（就前款第 2 项所列事项有规定时，指各种类股份数）支付现金等为内容的规定。

⑤ 对第 1 款第 8 项所列事项，准用以上 2 款的规定。此时，将以上 2 款中的"股份转移设立全资母公司的股份"替换为"股份转移设立全资母公司的公司债券等"。

第 774 条 （股份转移的生效等）

① 股份转移设立全资母公司，在其成立之日，取得股份转移全资子公司的全部已发行股份。

② 股份转移全资子公司的股东，在股份转移设立全资母公司成立之日，按照就前条第 1 款第 6 项所列事项的规定，成为同条第 5 项所规定股份的股东。

③ 在以下各项所列情形时，股份转移全资子公司的股东，在股份转移设立全资母公司成立之日，按照就前条第 1 款第 8 项所列事项的规定，成为该各项所规定者：

（一）就第 1 款第 7 项 1 所列事项有规定时，指同项 1 所规定的公司债券的公司债券持有人；

（二）就第 1 款第 7 项 2 所列事项有规定时，指同项 2 所规定的新股预约权的新股预约权人；

（三）就第 1 款第 7 项 3 所列事项有规定时，指同项 3 所规定的附新股预约权公司债券的公司债券持有人，以及该附新股预约权公司债券中的新股预约权的新股预约权人。

④ 在前条第 1 款第 9 项规定的情形下，在股份转移设立全资母公司成立之日，股份转移计划新股预约权消灭。该股份转移计划新股预约权的新股预约权人，按照就同款第 10 项所列事项的规定，成为同款第 9 项 2 所规定的股份转移设立全资母公司的新股预约权的新股预约权人。

⑤ 在前条第 1 款第 9 项 3 规定的情形下，股份转移全资母公司，在其成立之日承继与同项 3 所规定的附新股预约权公司债券中的公司债券相关的债务。

第5章　组织形式变更、合并、公司分立、股份交换及股份转移的程序

第1节　组织形式变更的程序

第1分节　股份公司的程序

第775条　（有关组织形式变更的计划书等的置备及查阅等）

① 进行组织形式变更的股份公司,自组织形式变更计划置备开始日起至组织形式变更生效日(以下在本节中称为"生效日")为止的期间,须将已记载或者记录组织形式变更计划内容及其他法务省令所规定事项的书面文件或者电子记录置备于其总公司。

② 前款规定的所谓"组织形式变更计划置备开始日",指下列日期中较早的日期：

（一）就组织形式变更计划已取得进行组织形式变更的股份公司全体股东同意之日；

（二）进行组织形式变更的股份公司已发行新股预约权时,第777条第3款所规定的通知之日或者同条第4款所规的公告之日中较早的日期；

（三）第779条第2款所规定的公告之日或者同款所规定的催告之日中较早的日期。

③ 进行组织形式变更的股份公司的股东及债权人,对该股份公司,在其营业时间内可随时提出下列请求。但提出第2项或者第4项所规定的请求时,须支付该股份公司所规定的费用：

（一）查阅第1款所规定书面文件的请求；

（二）交付第1款所规定书面文件的誊本或抄本的请求；

（三）查阅通过法务省令规定的方法所表示的已记录于第1款所规定的电子记录中的事项的请求；

（四）通过股份公司所规定的电子方法,提供已记录于第1款所规定电子记录中的事项的请求,或者交付已记载该事项的书面文件的请求。

第776条　（对股份公司组织形式变更计划的同意等）

① 进行组织形式变更的股份公司,在生效日的前1日前,就组织形式变更计划,须取得该股份公司全体股东的同意。

② 进行组织形式变更的股份公司,在生效日的 20 日前,须对其登记股份质权人及登记新股预约权质权人通知进行组织形式变更之意。

③ 前款所规定的通知,可以公告代替之。

第 777 条 （新股预约权的回购请求）

① 股份公司公司进行组织形式变更时,进行组织形式变更的股份公司的新股预约权的新股预约权人,可请求该股份公司以公正的价格回购自己所持有的新股预约权。

② 附新股预约权公司债券中的新股预约权的新股预约权人,提出前款所规定的请求（以下在本分节中称为"新股预约权回购请求"）时,须同时请求回购附新股预约权公司债券中的公司债券。但对该附新股预约权公司债券中的新股预约权另有规定时,不在此限。

③ 拟进行组织形式变更的股份公司,在生效日的 20 日前,须对该新股预约权的新股预约权人通知组织形式变更之意。

④ 前款所规定的通知,可以公告代替之。

⑤ 新股预约权回购请求,在生效日的 20 日前之日至生效日的前 1 日为止的期间,须在明确与新股预约权回购请求相关的新股预约权的内容及数量的基础上提出。

⑥ 就已发行新股预约权证券的新股预约权,拟提出新股预约权回购请求时,该新股预约权的新股预约权人,须对进行组织形式变更的股份公司提交其新股预约权证券。但对就该新股预约权证券已提出非诉事件程序法第 114 条所规定的公示催告申请者,不在此限。

⑦ 就已发行附新股预约权公司债券证券的附新股预约权公司债券中的新股预约权,拟提出新股预约权回购请求时,该新股预约权的新股预约权人,须对进行组织形式变更的股份公司提交该附新股预约权公司债券证券。但对就该附新股预约权公司债券证券已提出非诉事件程序法第 114 条所规定的公示催告申请者,不在此限。

⑧ 已提出新股预约权回购请求的新股预约权人,仅限于已取得进行组织形式变更的股份公司同意的情形,可撤回其该新股预约权回购请求。

⑨ 已中止组织形式变更时,新股预约权回购请求,丧失其效力。

⑩ 对于新股预约权回购请求相关的新股预约权,不适用第 260 条的规定。

第 778 条 （新股预约权价格的决定等）

① 已提出新股预约权收购请求，且新股预约权（该新股预约权属于附新股预约权公司债券中的新股预约权，且已提出就该附新股预约权公司债券中的公司债券的回购请求时，含该公司债券，以下在本条中相同）价格的决定，在新股预约权人与进行组织形式变更的股份公司（若在生效日后，指组织形式变更后的份额公司，以下在本条中相同）间已达成协议时，该股份公司，在生效日起的 60 日内须进行其支付。

② 就新股预约权的价格决定，在生效日起的 30 日内未达成协议时，新股预约权人或者组织形式变更后的份额公司，在该期间届满后的 30 日内，可向法院提出决定价格的申请。

③ 虽有前条第 8 款的规定，但前款有规定，且在生效日起的 60 日内未提出同款所规定的申请时，在该期间届满后，新股预约权人可随时撤回新股预约权回购请求。

④ 组织形式变更后的份额公司，还须支付有关法院已决定价格的第 1 款所规定期间届满日后的 6％年利率所计算的利息。

⑤ 进行组织形式变更的股份公司，在新股预约权价格决定前，对新股预约权人可支付该股份公司认为公正价格的价额。

⑥ 与新股预约权回购请求相关的新股预约权的回购，在生效日发生其效力。

⑦ 进行组织形式变更的股份公司，就已发行新股预约权证券的新股预约权已提出新股预约权回购请求时，与该新股预约权证券相交换，须支付与该新股预约权回购请求相关的新股预约权的价款。

⑧ 进行组织形式变更的股份公司，就已发行附新股预约权公司债券证券的附新股预约权公司债券中的新股预约权已提出新股预约权回购请求时，与附新股预约权公司债券证券相交换，须支付与该新股预约权回购请求相关的新股预约权的价款。

第 779 条 （债权人异议）

① 进行组织形式变更的股份公司的债权人，对该股份公司，就组织形式变更可陈述异议。

② 进行组织形式变更的股份公司，须将下列事项在官报上公告，且对已知的债权人分别对此进行催告。但第 3 项所规定的期间，不得少于 1 个月：

（一）进行组织形式变更的意旨；

（二）法务省令所规定的进行组织形式变更的股份公司的财务会计报表

(指第 435 条第 2 款所规定的财务会计报表,以下在本章中相同);

(三)债权人可在一定期间内陈述异议之意。

③ 虽有前款的规定,但进行组织形式变更的股份公司,除官报外,将同款所规定的公告,按照第 939 条第 1 款所规定的章程的规定,通过同款第 2 项或者第 3 项所列的公告方法进行时,不再要求前款所规定的分别催告。

④ 债权人在第 2 款第 3 项所规定的期间内未陈述异议时,视为该债权人已同意该组织形式变更。

⑤ 债权人在第 2 款第 2 项所规定的期间内已陈述异议时,进行组织形式变更的股份公司,须对该债权人进行清偿,或提供相应的担保,或者以让该债权人接受清偿为目的,须向信托公司等信托相应的财产。但即使进行该组织形式变更也不会损害该债权人时,不在此限。

第 780 条 (组织形式变更生效日的变更)
① 进行组织形式变更的股份公司,可变更生效日。

② 在前款规定的情形下,进行组织形式变更的股份公司,在变更前的生效日(变更后的生效日属于变更前的生效日前的日期时,指变更后的生效日)的前 1 日前,须公告变更后的生效日。

③ 根据第 1 款的规定已变更生效日时,将变更后的生效日视为生效日,适用本分节以及第 745 条的规定。

第 2 分节 份额公司的程序

第 781 条
① 进行组织形式变更的份额公司,在生效日之前,就组织形式变更计划,须取得该份额公司全体股东的同意。但章程另有规定时,不在此限。

② 对进行组织形式变更的份额公司,准用第 779 条(第 2 款第 2 项除外)〈债权人异议〉及前条的规定。此时,将第 779 条第 3 款中的"进行组织形式变更的股份公司"替换为"进行组织形式变更的份额公司(限于合同公司)",将前条第 3 款中的"及第 745 条"替换为"以及第 747 条及下条第 1 款"。

第 2 节 吸收合并等的程序

第 1 分节 吸收合并消灭公司、吸收分立公司及股份交换全资子公司的程序

第 1 目 股份公司的程序

第 782 条 （有关吸收合并合同等书面资料等的置备及查阅等）

① 以下各项所列的股份公司（以下在本目中称为"消灭股份公司等"），自吸收合并合同等置备开始日起至吸收合并、吸收分立或者股份交换（以下在本节中称为"吸收合并等"）发生效力之日（以下在本节中称为"生效日"）后经过 6 个月之日（属于吸收合并消灭股份公司时，指生效日）为止的期间，须将该各项所规定的合同（以下在本节中称为"吸收合并合同等"）的内容及其他已记载或者记录了法务省令所规定事项的书面文件或者电子记录置备于其总公司：

（一）吸收合并消灭股份公司，指吸收合并合同；

（二）吸收分立股份公司，指吸收分立合同；

（三）股份交换全资子公司，指股份交换合同。

② 前款规定的所谓"吸收合并合同等置备开始日"，指下列日期中较早的日期：

（一）就吸收合并合同等，须通过股东大会（含种类股东大会）的决议取得同意时，在该股东大会会日的 2 周前的日期（属于第 319 条第 1 款所规定情形时，指已提出同款所规定提案之日）；

（二）存在应接受第 785 条第 3 款所规定通知的股东时，在同款规定通知之日或者同条第 4 款所规定公告之日中较早的日期；

（三）存在应接受第 787 条第 3 款所规定通知的新股预约权人时，在同款所规定通知之日或者同条第 4 款所规定公告之日中较早的日期；

（四）须履行第 789 条所规定的程序时，在同条第 2 款所规定公告之日或者同款所规定催告之日中较早的日期；

（五）以上各项规定的情形以外的情形时，吸收分立合同或者自股份交换合同订立之日起经过 2 周的日期。

③ 消灭股份公司等的股东及债权人（属于股份交换全资子公司时，指股东及新股预约权人），对消灭股份公司等，在其营业时间内可随时提出下列请

求。但提出第 2 项或者第 4 项所列请求时,须支付该消灭股份公司等所规定的费用:

（一）查阅第 1 款所规定书面文件的请求;

（二）交付第 1 款所规定书面文件的誊本或者抄本的请求;

（三）查阅通过法务省令规定的方法所表示的已记录于第 1 款所规定的电子记录中的事项的请求;

（四）通过消灭股份公司等所规定的电子方法,提供已记录于第 1 款所规定电子记录中的事项的请求,或者交付已记载该事项的书面文件的请求。

第 783 条　（吸收合并合同等的同意等）

① 消灭股份公司等,在生效日的前 1 日前,须通过股东大会的决议取得对吸收合并合同等的同意。

② 虽有前款的规定,但吸收合并消灭股份公司或者股份交换全资子公司不属于种类股份发行公司,且对吸收合并消灭股份公司或者股份交换全资子公司的股东所要交付的全部或者部分现金等（以下在本条及下条第 1 款中称为"合并对价等"）属于出资份额等（指法务省令所规定的份额公司的出资份额及其他类似于此的份额,以下在本条中相同）时,就吸收合并合同或股份交换合同须取得吸收合并消灭股份公司或者股份交换全资子公司全体股东的同意。

③ 吸收合并消灭股份公司或者股份交换全资子公司属于种类股份发行公司,且全部或者部分合并对价等,属于转让受限股份等（指法务省令所规定的转让受限股份及其他类似于此的股份,以下在本章中相同）时,吸收合并或者股份交换,若未取得由接受该转让受限股份等分配的种类股份（转让受限股份除外）的种类股东所组成的种类股东大会（与该种类股东相关的股份种类有 2 种以上时,指由区分为该 2 种以上股份种类的种类股东所组成的各种类股东大会）的决议,则不发生其效力。但没有在该种类股东大会上可行使表决权的股东时,不在此限。

④ 吸收合并消灭股份公司或者股份交换全资子公司属于种类股份发行公司,且全部或者部分合并对价等属于出资份额等时,吸收合并或者股份交换,若未取得接受该出资份额等分配的全体种类股东的同意,则不发生其效力。

⑤ 消灭股份公司等,在生效日的 20 日前,须对其登记股份质权人（下条第 2 款所规定情形时的登记股份质权人除外）及第 787 条第 3 款各项所规定的新股预约权的登记新股预约权质权人通知进行吸收合并等之意。

⑥ 前款规定的通知,可以公告代替之。

第 784 条 （不要求对吸收合并合同等同意的情形）

① 当吸收合并存续公司、吸收分立承继公司或者股份交换全资母公司（以下在本目中称为"存续公司"）属于消灭股份公司等的特别控制公司时,不适用前条第 1 款的规定。但吸收合并或者股份交换中的全部或者部分合并对价等属于转让受限股份等,且消灭股份公司等属于公开公司,并非是种类股份发行公司时,不在此限。

② 因吸收分立让吸收分立承继公司所承继的资产账面价额的合计额,未超过通过法务省令规定的方法所计算的吸收分立股份公司总资产额的 1/5（吸收分立股份公司的章程已规定低于该标准的比例时,从其该比例）时,不适用前条的规定。

第 784 条之 2 （停止吸收合并等的请求）

有下列情形,且消灭股份公司等的股东有可能遭受损失时,消灭股份公司等的股东,对消灭股份公司等可请求停止吸收合并等。但前条第 2 款有规定时,不在此限:

（一）该吸收合并等违反法令或章程的;

（二）前条第 1 款本文有规定,且第 749 条第 1 款第 2 项或第 3 项、第 751 条第 1 款第 3 项或第 4 项、第 758 条第 4 项、第 760 条第 4 项或第 5 项、第 768 条第 1 款第 2 项或第 3 项、或者第 770 条第 1 款第 3 项或第 4 项所列事项,对消灭股份公司等或者存续公司等的财产状况及其情况明显不当时。

第 785 条 （反对股东的股份回购请求）

① 进行吸收合并等时（下列情形除外）,反对股东可请求消灭股份公司等以公正价格回购自己所持有的股份:

（一）第 783 条第 2 款所规定的情形;

（二）第 784 条第 2 款所规定的情形。

② 前款规定的所谓"反对股东",指以下各项所列情形下的该各项所规定的股东（第 783 条第 4 款所规定情形下的接受同款规定出资份额等分配的股东除外）:

（一）为进行吸收合并等,需要股东大会（含种类股东大会）的决议时,指下列股东:

1. 在该股东大会前,已将反对该吸收合并等之意通知给该消灭股份公司等,且在该股东大会上已反对该吸收合并等的股东（限于在该股东大会上可行使表决权的股东）;

2. 在该股东大会上不得行使表决权的股东。

（二）前项所规定情形外的情形,指全体股东(第784条第1款本文所规定情形中的该特别控制公司除外)。

③ 消灭股份公司等,在生效日的20日前,须对其股东(在第783条第4款规定情形下的接受同款规定的出资份额等分配的股东,以及第784条第1款本文所规定情形下的该特别控制公司除外)通知进行吸收合并等之意以及存续公司等的商号及住所。但属于第1款各项所列情形时,不在此限。

④ 在下列情形下,前款所规定的通知,可以公告代替之：

（一）消灭股份公司等属于公开公司的；

（二）消灭股份公司等,通过第783条第1款所规定的股东大会的决议,已取得对吸收合并合同等的同意的。

⑤ 第1款所规定的请求(以下在本目中称为"股份回购请求"),自生效日的20日前之日至生效日的前1日为止的期间,须在明确与该股份回购请求相关的股份数(种类股份发行公司时,指股份的种类及各种类股份数)的基础上提出。

⑥ 就已发行股票的股份拟提出股份回购请求时,该股份的股东,须对消灭股份公司等提交该股份的股票。但对就该股票已提出第223条所规定请求者,不在此限。

⑦ 已提出股份回购请求的股东,限于已取得消灭股份公司等的同意的情形,可撤回其股份回购请求。

⑧ 已中止吸收合并等时,股份回购请求,丧失其效力。

⑨ 对与股份回购请求相关的股份,不适用第133条的规定。

第786条 （股份价格的决定等）

① 已提出股份回购请求,且就股份价格的决定,股东与消灭股份公司等(在进行吸收合并的生效日之后时,指吸收合并存续公司,以下在本条中相同)之间已达成协议时,消灭股份公司等,须在自生效日起的60日内支付价款。

② 就股份价格的决定,在生效日起的30日内未达成协议时,股东或者消灭股份公司等,可在该期间届满日后的30日内向法院提出决定价格的申请。

③ 虽有前条第7款的规定,但在前款有规定,且在生效日起的60日内未提出同款所规定的申请时,股东在该期间届满后,可随时撤回股份回购请求。

④ 消灭股份公司等,还须支付根据有关法院所决定价格的第1款所规

定期间届满日后的6%的年利率所计算的利息。

⑤ 消灭股份公司等,在股份价格决定前,可对股东支付该消灭股份公司等认为属于公正价格的价款。

⑥ 与股份回购请求相关的股份回购,在生效日发生其效力。

⑦ 股票发行公司,就已发行股票的股份已提出股份回购请求时,以与股票相交换的方式须支付与该股份回购请求相关的股份的价款。

第787条 (新股预约权收购请求)

① 实施以下各项所列行为时,该各项所规定的消灭股份公司等的新股预约权的新股预约权人,可向消灭股份公司等请求以公正价格回购自己持有的新股预约权:

(一) 吸收合并,指就第749条第1款第4项或者第5项所列事项的规定,符合第236条第1款第8项所规定条件(限于同项1所规定的条件)的新股预约权以外的新股预约权;

(二) 吸收分立(限于吸收分立承继公司属于股份公司的情形),指在下列新股预约权中,就第758条第5项或者第6项所列事项的规定,符合第236条第1款第8项所规定条件(限于同项2所规定的条件)的新股预约权以外的新股预约权:

1. 吸收分立合同新股预约权;

2. 属于吸收分立合同新股预约权以外的新股预约权,且对决定进行吸收分立时对该新股预约权的新股预约权人交付吸收分立承继股份公司的新股预约权之意有规定的新股预约权。

(三) 股份交换(限于股份交换全资母公司属于股份公司的情形),指在下列新股预约权中,就第768条第1款第4项或者第5项所列事项的规定,符合第236条第1款第8项所规定条件(限于同项3所规定的条件)的新股预约权以外的新股预约权:

1. 股份交换合同新股预约权;

2. 属于股份交换合同新股预约权以外的新股预约权,且对决定进行股份交换时对该新股预约权的新股预约权人交付股份交换全资母股份公司的新股预约权之意有规定的新股预约权。

② 附新股预约权公司债券中的新股预约权的新股预约权人,在提出前款所规定的请求(以下在本目中称为"新股预约权回购请求")时,须同时请求回购附新股预约权公司债券中的公司债券。但就该附新股预约权公司债券中的新股预约权另有规定时,不在此限。

③ 以下各项所列的消灭股份公司等，须在生效日的 20 日之前，对该各项所列的新股预约权的新股预约权人通知进行吸收合并等之意以及存续公司等的商号及住所：

（一）吸收合并消灭股份公司，指全部新股预约权；

（二）吸收分立承继公司属于股份公司时的吸收分立股份公司，指下列新股预约权：

1. 吸收分立合同新股预约权；

2. 属于吸收分立合同新股预约权以外的新股预约权，且对决定进行吸收分立时对该新股预约权的新股预约权人交付吸收分立承继股份公司的新股预约权之意有规定的新股预约权。

（三）股份交换全资母公司属于股份公司时的股份交换全资子公司，指下列新股预约权：

1. 股份交换合同新股预约权；

2. 属于股份交换合同新股预约权以外的新股预约权，且对决定进行股份交换时对该新股预约权的新股预约权人交付股份交换全资母股份公司的新股预约权之意有规定的新股预约权；

④ 前款所规定的通知，可以公告代替之。

⑤ 新股预约权回购请求，在生效日的 20 日前之日起至生效日的前 1 日为止的期间，须在明确与该新股预约权回购请求相关的新股预约权的内容及数量的基础上提出。

⑥ 就已发行新股预约权证券的新股预约权，拟提出新股预约权回购请求时，该新股预约权的新股预约权人，须对消灭股份公司等提交该新股预约权证券。但对就该新股预约权证券已提出非诉事件程序法第 114 条所规定的公示催告的申请者，不在此限。

⑦ 就已发行新股预约权证券的附新股预约权公司债券中的新股预约权，拟提出新股预约权回购请求时，该新股预约权的新股预约权人，须对消灭公司等提交该附新股预约权公司债券证券。但对就附新股预约权公司债券证券已提出非诉事件程序法第 114 条所规定的公示催告的申请者，不在此限。

⑧ 已提出新股预约权回购请求的新股预约权人，限于已取得消灭股份公司等同意的情形，可撤回其新股预约权回购请求。

⑨ 已中止吸收合并等时，新股预约权回购请求，丧失其效力。

⑩ 对与新股预约权回购请求相关的新股预约权，不适用第 260 条的

规定。

第 788 条 （新股预约权价格的决定等）

① 已提出新股预约权回购请求，且就新股预约权（该新股预约权属于附新股预约权公司债券中的新股预约权，且就该附新股预约权公司债券中的公司债券已提出回购请求时，含该公司债券，以下在本条中相同）的价格决定，新股预约权人与消灭股份公司等（属于进行吸收合并情形下的生效日之后时，指吸收合并存续公司，以下在本条中相同）之间已达成协议时，消灭股份公司等须在生效日后的 60 日内进行支付。

② 就新股预约权的价格决定，在生效日后的 30 日内未达成协议时，新股预约权人或者消灭股份公司等，在该期间届满之日后的 30 日内，可向法院提出价格决定的申请。

③ 虽有前条第 8 款的规定，但前款有规定，且在生效日后的 60 日内未提出同款所规定的申请时，在该期间届满后，新股预约权人可随时撤回新股预约权回购请求。

④ 消灭股份公司等，还须支付根据有关法院所决定价格的第 1 款所规定期间届满之日后的 6％ 的年利率所计算的利息。

⑤ 消灭股份公司等，在新股预约权价格决定前，可对新股预约权人支付该消灭股份公司等认为属于公正价格的价款。

⑥ 与新股预约权回购请求相关的新股预约权的回购，在生效日发生其效力。

⑦ 消灭股份公司等，就已发行新股预约权证券的新股预约权已提出新股预约权回购请求时，以与新股预约权证券相交换的方式，须支付与该新股预约权回购请求相关的新股预约权的价款。

⑧ 消灭股份公司等，就已发行附新股预约权公司债券证券的附新股预约权公司债券中的新股预约权已提出新股预约权回购请求时，以与该附新股预约权公司债券证券相交换的方式，须支付与该新股预约权回购请求相关的新股预约权的价款。

第 789 条 （债权人异议）

① 在以下各项所列情形下，该各项所规定的债权人，可对消灭股份公司等，就吸收合并等陈述异议：

（一）进行吸收合并时，指吸收合并消灭股份公司的债权人；

（二）进行吸收分立时，指吸收分立后对吸收分立股份公司不能请求债务履行（含作为该债务的保证人与吸收分立承继公司所连带承担的保证债务的履行)的吸收分立股份公司的债权人(就第 758 条第 8 项或者第 760 条第 7 项所列事项有规定时,指吸收分立股份公司的债权人);

(三)股份交换合同新股预约权属于附新股预约权公司债券中的新股预约权时,指该附新股预约权公司债券中的公司债券持有人。

② 根据前款的规定,全部或者部分消灭股份公司等的债权人可陈述异议时,消灭股份公司等,须将下列事项在官报上公告,且对已知的债权人(限于根据同款规定可陈述异议的债权人)分别进行催告这些事项。但第 4 项所规定的期间不得少于 1 个月:

(一)进行吸收合并等的意旨;

(二)存续公司等的商号及住所;

(三)法务省令所规定的有关消灭股份公司等以及存续公司等(限于股份公司)财务会计报表的事项;

(四)债权人可在一定期间内陈述异议之意。

③ 虽有前款的规定,但消灭股份公司等,对同款所规定的公告,除官报外,按照第 939 条第 1 款所规定的章程的规定,通过同款第 2 项或者第 3 项所列的公告方法进行公告时,不再要求前款所规定的分别催告(对进行吸收分立时的因侵权行为产生的吸收分立股份公司债务的债权人所进行的催告除外)。

④ 债权人未在第 2 款第 4 项所规定的期间内陈述异议时,视为该债权人已同意该吸收合并等。

⑤ 债权人已在第 2 款第 4 项规定的期间内陈述异议时,消灭股份公司等,须对该债权人进行清偿或提供相应的担保,或者以让该债权人接受清偿为目的向信托公司等信托相应的财产。但即使进行该吸收合并等,也不会损害该债权人时,不在此限。

第 790 条 (吸收合并等生效日的变更)

① 消灭股份公司等,可通过与存续公司等的合意变更生效日。

② 在前款的情形下,消灭股份公司等,须在变更前的生效日(变更后的生效日属于变更前的生效日前之日时,指变更后的生效日)之前 1 日之前,公告变更后的生效日。

③ 根据第 1 款的规定已变更生效日的,将变更后的生效日视为生效日,适用本节以及第 750 条、第 752 条、第 759 条、第 761 条、第 769 条及第 771 条的规定。

第791条 （有关吸收分立或者股份交换的书面文件等的置备及查阅等）

① 吸收分立股份公司或者股份交换全资子公司，须在生效日后及时与吸收分立承继公司或者股份交换全资母公司共同按照以下各项所列的区分，制作该各项所规定的书面文件等：

（一）吸收分立股份公司，指已记载或者记录了法务省令所规定的通过吸收分立由吸收承继公司所承继的吸收分立股份公司的权利义务及其他有关吸收分立事项的书面文件或者电子记录；

（二）股份交换全资子公司，指已记载或者记录了法务省令所规定的通过股份交换由股份交换全资母公司所取得的股份交换全资子公司的股份数及其他有关股份交换事项的书面文件或者电子记录。

② 吸收分立股份公司或者股份交换全资子公司，须在生效日后的6个月期间，在其总公司置备前款各项所规定的书面文件或者电子记录。

③ 吸收分立股份公司的股东、债权人及其他利害关系人，可对吸收分立股份公司在其营业时间内，随时提出下列请求。但提出第2项或者第4项所列的请求时，须支付该吸收分立股份公司所规定的费用：

（一）查阅前款所规定书面文件的请求；

（二）交付前款所规定书面文件的誊本或者抄本的请求；

（三）查阅通过法务省令规定的方法所表示的已记录于前款所规定电子记录中的事项的请求；

（四）通过吸收分立股份公司所规定的电子方法提供已记录于前款所规定的电子记录中的事项的请求，或者交付已记载该事项的书面文件的请求。

④ 对股份交换全资子公司，准用前款的规定。此时，将同款中的"吸收分立股份公司的股东、债权人及其他利害关系人"替换为"在生效日曾为股份交换全资子公司的股东或者新股预约权人者"。

第792条 （有关盈余金分配等的特别规则）

对下列行为，不适用第445条第4款、第458条以及第二编第5章第6节的规定：

（一）第758条第8项1或者第760条第7项1所规定的股份的取得；

（二）第758条第8项2或者第760条第7项2所规定的盈余金分配。

第 2 目　份额公司的程序

第 793 条

① 实施下列行为的份额公司，在生效日前，就吸收合并等须取得该份额公司全体股东的同意。但章程另有规定时，不在此限：

（一）吸收合并（限于通过吸收合并该份额公司消灭的情形）；

（二）吸收分立（限于该份额公司〈限于合同公司〉让其他公司承继就其事业所具有的全部权利义务的情形）。

② 对吸收合并消灭份额公司或者作为合同公司的吸收分立公司（以下在本节中称为"吸收分立合同公司"），准用第 789 条（第 1 款第 3 项及第 2 款第 3 项除外）〈债权人异议〉及第 790 条〈吸收合并等的生效日的变更〉的规定。此时，将第 789 条第 1 款第 2 项中的"债权人（就第 758 条第 8 项或者第 760 条第 7 项所列事项有规定时，指吸收分立股份公司的债权人）"替换为"债权人"，将同条第 3 款中的"消灭股份公司等"替换为"吸收合并消灭份额公司（吸收合并存续公司属于股份公司或者合同公司时，限于合同公司）或者吸收分立合同公司"。

第 2 分节　有关吸收合并存续公司、吸收分立承继公司以及股份交换全资母公司的程序

第 1 目　股份公司的程序

第 794 条　（有关吸收合并合同等书面文件等的置备及查阅等）

① 吸收合并存续股份公司、吸收分立承继股份公司或者股份交换全资母公司（以下在本目中称为"存续股份公司等"），在吸收合并合同等置备开始日起，至生效日后经过 6 个月之日的期间，须将已记载或者记录了吸收合并合同等的内容及其他法务省令所规定事项的书面文件或者电子记录置备于其总公司。

② 前款规定的所谓"吸收合并合同等置备开始日"，是指下列日期中较早的日期：

（一）就吸收合并合同等须通过股东大会（含种类股东大会）的决议取得其同意时，指该股东大会会日的 2 周前之日（属于第 319 条第 1 款所规定的情形时，指已提出同款所规定提案之日）；

（二）在第 797 条第 3 款所规定的通知日或者同条第 4 款所规定的公告日中的较早之日；

（三）须履行第799条所规定的程序时，在同条第2款所规定的公告日或者同款所规定的催告日中的较早之日。

③ 存续股份公司等的股东以及债权人（支付给股份交换全资子公司的股东的现金等仅属于股份交换全资母公司的股份及其他由法务省令所规定的类似于此的财产时〈第768条第1款第4项3所规定的情形除外〉，指股东），可对存续股份公司等，在其营业时间内随时提出下列请求。但提出第2项或者第4项所列请求时，须支付该消灭股份公司等所规定的费用：

（一）查阅第1款所规定书面文件的请求；

（二）交付第1款所规定书面文件的誊本或者抄本的请求；

（三）查阅通过法务省令规定的方法所表示的已记录于第1款所规定电子记录中的事项的请求；

（四）通过存续股份公司等所规定的电子方法提供已记录于第1款所规定的电子记录中的事项的请求，或者交付已记载该事项的书面文件的请求。

第 795 条 （对吸收合并合同等的同意等）

① 存续股份公司等，须在生效日前通过股东大会的决议取得对吸收合并合同等的同意。

② 在下列情形下，董事须在前款所规定的股东大会上说明该意旨：

（一）吸收合并存续股份公司或者吸收分立承继股份公司所承继的由法务省令所规定的吸收合并消灭公司或者吸收分立公司的债务额（在下项中称为"承继债务额"），超过吸收合并存续股份公司或者吸收分立承继股份公司所承继的由法务省令所规定的吸收合并消灭公司或者吸收分立公司的资产额（在同项中称为"承继资产额"）时；

（二）吸收合并存续股份公司或者吸收分立承继股份公司，对吸收合并消灭股份公司的股东、吸收合并消灭份额公司的股东或者对吸收分立公司所支付的现金等（吸收合并存续股份公司或者吸收分立承继股份公司的股份等除外）的账面价额，超过从承继资产额中扣除承继债务后的数额时；

（三）股份交换全资母股份公司对股份交换全资子公司的股东所支付的现金等（股份交换全资母股份公司的股份等除外）的账面价额，超过法务省令所规定的股份交换全资母股份公司所取得的股份交换全资子公司的股份额时。

③ 所承继的吸收合并消灭公司或者吸收分立公司的资产中包括吸收合并存续股份公司或者吸收分立承继股份公司的股份时，董事须在第1款所规定的股东大会上说明有关该股份的事项。

④ 存续股份公司等属于种类股份发行公司,且属于以下各项所列情形时,吸收合并等若未取得由该各项所规定的种类股份(属于转让受限股份时,限于不存在第199条第4款所规定的章程的规定的股份)的股东所组成的种类股东大会(与该种类股东相关的股份有2种以上时,指由区分该2种以上股份种类的种类股东所组成的各种类股东大会)的决议的,不发生其效力。但没有在该种类股东大会上可行使表决权的股东时,不在此限:

(一) 对吸收合并消灭股份公司的股东或者吸收合并消灭份额公司的股东所支付的现金等属于吸收合并存续股份公司股份时,指第749条第1款第2项1所规定种类的股份;

(二) 对吸收分立公司所支付的现金等属于吸收分立承继股份公司的股份时,指第758条第4款1所规定种类的股份;

(三) 对股份交换全资子公司的股东所支付的现金等属于股份交换全资母股份公司的股份时,指第768条第1款第2项1所规定种类的股份。

第796条 (不再要求对吸收合并等同意的情形等)

① 当吸收合并消灭公司、吸收分立公司或者股份交换全资子公司(以下在本目中称为"消灭公司等")属于存续股份公司等的特别控制公司时,不适用前条第1款至第3款的规定。但对吸收合并消灭股份公司或者股份交换全资子公司的股东、吸收合并消灭份额公司的股东或者对吸收分立公司所支付的全部或者部分现金等属于存续股份公司等的转让受限股份,且存续股份公司等不属于公开公司时,不在此限。

② 当第1项所列价额对第2项所列价额的比例不超过1/5(存续股份公司等的章程已规定低于该标准的比例时,从其该比例)时,不适用前条第1款至第3款的规定。但属于同条第2款各项所列情形或者前款但书有规定时,不在此限:

(一) 下列价额的合计额:

1. 对吸收合并消灭股份公司或股份交换全资子公司的股东、吸收合并消灭份额公司的股东或者吸收分立公司(以下在本项中称为"消灭公司等的股东")所交付的存续股份公司等的股份数乘上1股的平均净资产额的所得价额;

2. 对消灭公司等的股东等所交付的存续股份公司等的公司债券、新股预约权或者附新股预约权公司债券的账面价额的合计额;

3. 对消灭公司等的股东等所交付的存续股份公司等的股份以外的财产的账面价额的合计额。

（二）通过法务省令规定的方法所计算的存续股份公司等的净资产额。

③ 前款本文有规定，且持有法务省令所规定数的股份（限于在前条第1款的股东大会上可行使表决权的股份）的股东，在第797条第3款所规定通知或者同条第4款规定公告之日起的2周以内，已向存续股份公司通知了反对吸收合并等的意旨时，该存续股份公司等，须在生效日前1日之前，通过股东大会的决议取得对该吸收合并等的同意。

第796条之2 （停止吸收合并等的请求）

属于下列情形，且存续股份公司等的股东有可能遭受损害时，存续股份公司等的股东，可对存续股份公司等请求停止吸收合并等。但前条第2款本文有规定时（第795条第2款各项所列情形以及前条第1款但书或者第3款所规定情形除外），不在此限：

（一）该吸收合并等违反法令或章程时；

（二）前条第1款本文有规定，且第749条第1款第2项或第3项、第758条第4项或者第768条第1款第2项或第3项所列事项，对存续股份公司等或者消灭公司等的财产状况及其他情况明显不当时。

第797条 （反对股东的股份回购请求）

① 在进行吸收合并等时，反对股东可对存续股份公司等请求以公正价格回购自己所持有的股份。但第796条第2款本文有规定时（第795条第2款各项所列情形以及第796条第1款但书或者第3款所规定的情形除外），不在此限。

② 前款规定的所谓"反对股东"，是指以下各项所列情形时的该各项所规定的股东：

（一）为进行吸收合并等需要股东大会的决议（含种类股东大会）时，指下列股东：

1. 在该股东大会之前，已向该存续股份公司等通知了反对该吸收合并等的意旨，且在该股东大会上反对了该吸收合并等的股东（限于在该股东大会上可行使表决权的股东）；

2. 在该股东大会上不得行使表决权的股东。

（二）前项规定情形以外的情形时，指全体股东（第796条第1款本文所规定情形时的该特别控制公司除外）。

③ 存续股份公司等，在生效日的20日前，须对其股东（第796条第1款本文所规定情形时的该特别控制公司除外）通知进行吸收合并等之意以及消灭公司等的商号及住所（属于第795条第3款所规定的情形时，指进行吸收

第五编 组织形式变更、合并、公司分立、股份交换及股份转移

合并等之意、消灭公司等的商号及住所以及有关同款所规定股份的事项)。

④ 属于下列情形时,前款所规定的通知,可以公告代替之:

(一) 存续股份公司等属于公开公司时;

(二) 存续股份公司等通过第795条第1款所规定股东大会的决议已取得对吸收合并合同等的同意时。

⑤ 第1款所规定的请求(以下在本目中称为"股份回购请求"),在生效日的20日前之日起至生效日的前1日为止的期间,须在明确与该股份回购请求相关的股份数(属于种类股份发行公司时,指股份的种类及各种类股份数)的基础上提出。

⑥ 就已发行股票的股份拟提出股份回购请求时,该股份的股东须对存续股份公司等提交该股份的股票。但对该股票已提出第223条所规定请求者,不在此限。

⑦ 已提出股份回购请求的股东,限于已取得存续股份公司等的同意的情形,可撤回其股份回购请求。

⑧ 已中止吸收合并等时,股份回购请求,丧失其效力。

⑨ 对与股份回购请求相关的股份,不适用第133条的规定。

第798条 (股份价格的决定等)

① 已提出股份回购请求,且就股份价格的决定,股东与存续股份公司等之间已达成协议时,存续股份公司等,须在生效日后之的60日内进行其支付。

② 就股份价格的决定,在生效日之后的30日内未达成协议时,股东或者存续股份公司等,在该期间届满之日后的30日内可向法院提出价格决定的申请。

③ 虽有前条第7款的规定,但前款有规定,且在生效日后的60日内未提出同款所规定申请时,在该期间届满后,股东可随时撤回股份回购请求。

④ 存续股份公司等,还须支付按照有关法院所决定价格的第1款所规定期间届满日后的6%的年利率所计算的利息。

⑤ 存续股份公司等,在股份价格决定前,可对股东支付该存续股份公司认为公正价格的价款。

⑥ 与股份回购请求相关的股份回购,在生效日发生其效力。

⑦ 股票发行公司,就已发行股票的股份已提出股份回购请求时,以与股票相交换的方式须支付与该股份回购请求相关的股份的价款。

第799条 (债权人异议)

① 在以下各项所列的情形下,该各项所规定的债权人,可对存续股份公

司等就吸收合并等陈述异议：

（一）进行吸收合并时，指吸收合并存续股份公司的债权人；

（二）进行吸收分立时，指吸收分立承继股份公司的债权人；

（三）进行股份交换，且对股份交换全资子公司的股东所支付的现金等仅属于股份交换全资母股份公司的股份及其他法务省令所规定的类似于此的财产的情形以外的情形或者第768条第1款第4项3所规定的情形时，指股份交换全资母股份公司的债权人。

② 根据前款的规定存续股份公司等的债权人可陈述异议时，存续股份公司等，须将下列事项在官报上公告，且对已知的债权人分别催告这些事项。但第4项所规定的期间不得低于1个月：

（一）进行吸收合并等的意旨；

（二）消灭公司等的商号及住所；

（三）法务省令所规定的有关存续股份公司等以及消灭公司等（限于股份公司）的财务会计报表的事项；

（四）债权人在一定的期间可陈述异议之意。

③ 虽有前款的规定，但当存续股份公司等将同款所规定的公告，在官报以外，按照第939条第1款所规定的章程之规定，通过同款第2项或者第3项所列的公告方法进行时，不再要求前款所规定的分别催告。

④ 债权人未在第2款第4项所规定的期间内陈述异议时，视为该债权人已同意该吸收合并等。

⑤ 债权人已在第2款第4项所规定的期间内陈述了异议时，存续股份公司等，须对该债权人进行清偿或提供相应的担保，或者以让该债权人受到清偿为目的向信托公司等信托相应的财产。但即使进行该吸收合并等也不会损害该债权人时，不在此限。

第800条 （对消灭公司等的股东等所支付的现金等属于存续股份公司等的母公司股份时的特别规则）

① 虽有第135条第1款的规定，但对吸收合并消灭股份公司或股份交换全资子公司的股东、吸收合并消灭份额公司的股东或者吸收分立公司（以下在本款中称为"消灭公司等的股东"等），所支付的全部或者部分现金等属于存续股份公司等的母公司股份（指同条第1款所规定的母公司股份，以下在本条中相同）时，该存续股份公司等，在吸收合并等之际，在不超过对消灭公司等的股东所交付的该母公司股份总数的范围内，可取得该母公司股份。

② 虽有第135条第3款的规定，但前款所规定的存续股份公司等，在生

效日前的期间可保有存续股份公司等的母公司股份。但已中止吸收合并等时,不在此限。

第 801 条 (有关吸收分立等书面资料等的置备及查阅等)

① 吸收合并存续股份公司,须在生效日后及时制作已记载或者记录了通过吸收合并由吸收合并存续股份公司所承继的吸收合并消灭公司的权利义务及其他由法务省令所规定的有关吸收合并事项的书面文件或者电子记录。

② 吸收分立承继股份公司(限于合同公司进行吸收分立时的该吸收分立承继股份公司),须在生效日后与吸收分立合同公司共同制作已记载或者记录了通过吸收分立由吸收分立承继股份公司所承继的吸收分立合同公司的权利义务及其他由法务省令所规定的有关吸收分立事项的书面文件或者电子记录。

③ 以下各项所列的存续股份公司等,自生效日起的 6 个月期间,须将该各项规定的书面文件等置备于其总公司:

(一) 吸收合并存续股份公司,指第 1 款所规定的书面文件或者电子记录;

(二) 吸收分立承继股份公司,指前款或者第 791 条第 1 款第 1 项所规定的书面文件或者电子记录;

(三) 股份交换全资母股份公司,指第 791 条第 1 款第 2 项所规定的书面文件或者电子记录。

④ 吸收合并存续股份公司的股东以及债权人,可对吸收合并存续股份公司,在其营业时间内随时提出下列请求。但提出第 2 项或者第 4 项所规定请求时,须支付该吸收合并存续股份公司所规定的费用:

(一) 查阅前款第 1 项所规定书面文件的请求;

(二) 交付前款第 1 项所规定书面文件的誊本或者抄本的请求;

(三) 查阅通过法务省令规定的方法所表示的已记录于第 1 项所规定电子记录中的事项的请求;

(四) 通过吸收合并存续股份公司所规定的电子方法提供已记录于前款第 1 项所规定电子记录中的事项的请求,或者交付已记载该事项的书面文件的请求。

⑤ 对吸收分立承继股份公司,准用前款的规定。此时,将同款中的"股东以及债权人"替换为"股东、债权人及其他利害关系人",将同款各项中的"前款第 1 项"替换为"前款第 2 项"。

⑥ 对股份交换全资母股份公司，准用第 4 款的规定。此时，将同款中的"股东以及债权人"替换为"股东及债权人（对股份交换全资子公司的股东所支付的现金等仅属于股份交换全资母股份公司的股份及其他由法务省令所规定的类似于此的财产的情形〈第 768 条第 1 款第 4 项 3 所规定的情形除外〉时，指股份交换全资母股份公司的股东）"，将同款各项中的"前款第 1 项"替换为"前款第 3 项"。

第 2 目　份额公司的程序

第 802 条

① 实施以下各项所列行为的份额公司（以下在本条中称为"存续份额公司等"），该各项有规定时，在生效日的前 1 日之前，就吸收合并等须取得存续份额公司等的全体股东的同意。但章程另有规定时，不在此限：

（一）吸收合并（限于因吸收合并该份额公司存续的情形，指第 751 条第 1 款第 2 项所规定的情形；

（二）通过吸收合并对其他公司就其事业所具有的全部或者部分权利义务的承继，指第 760 条第 4 项所规定的情形；

（三）通过股份交换对股份公司已发行全部股份的取得，指第 770 条第 1 款第 2 项所规定的情形。

② 对存续份额公司等，准用第 799 条（第 2 款第 3 项除外）〈债权人异议〉及第 800 条〈对消灭公司等的股东等所支付的现金等属于存续股份公司等的母公司股份时的特别规则〉的规定。此时，将第 799 条第 1 款第 3 项中的"股份交换全资母股份公司的股份"替换为"股份交换全资母合同公司的出资份额"，将"情形或第 768 条第 1 款第 4 项 3 所规定的情形"替换为"情形"。

第 3 节　新设合并等的程序

第 1 分节　新设合并消灭公司、新设分立公司以及股份转移全资子公司的程序

第 1 目　股份公司的程序

第 803 条　（有关新设合并合同等的书面文件等的置备及查阅等）

① 以下各项所列的股份公司（以下在本目中称为"消灭股份公司等"），须在新设合并合同等置备开始日起至新设合并设立公司、新设分立设立公司

或者股份转移设立全资母公司（以下在本目中称为"设立公司"）的成立之日后经过 6 个月之日（属于新设合并消灭股份公司时，指新设合并设立公司的成立日）为止的期间，须将已记载或者记录了该各项所规定合同（以下在本节中称为"新设合并合同等"）的内容及其他由法务省令所规定事项的书面文件或者电子记录置备于其总公司：

（一）新设合并消灭股份公司，指新设合并合同；

（二）新设分立股份公司，指新设分立计划；

（三）股份转移全资子公司，指股份转移计划。

② 前款规定的所谓"新设合并合同等置备开始日"，是指下列日期中较早之日：

（一）就新设合并合同等，须通过股东大会的决议取得其同意时，该股东大会会日的 2 周前之日（属于第 319 条第 1 款所规定的情形时，指已提出同款所规定提案之日）；

（二）存在应接受第 806 条第 3 款所规定通知的股东时，在同款所规定的通知之日或者同条第 4 款所规定公告之日中的较早之日；

（三）存在应接受第 808 条第 3 款规定通知的新股预约权人时，在同款所规定通知之日或者同条第 4 款所规定公告之日中的较早之日；

（四）须履行第 810 条所规定的程序时，在同条第 2 款所规定公告之日或者同款所规定催告之日中的较早之日。

（五）以上各项所规定情形外的情形时，指自新设分立计划制作之日起经过 2 周之日。

③ 消灭股份公司等的股东以及债权人（属于股份转移全资子公司时，指股东以及新股预约权人），可对消灭股份公司，在其营业时间内随时提出下列请求。但提出第 2 项或者第 4 项所规定请求时，须支付该消灭股份公司等所规定的费用：

（一）查阅第 1 款所规定书面文件的请求；

（二）交付第 1 款所规定书面文件的誊本或者抄本的请求；

（三）查阅通过法务省令规定的方法所表示的已记录于第 1 款所规定电子记录中的事项的请求；

（四）通过消灭股份公司等所规定的电子方法提供已记录于第 1 款所规定电子记录中的事项的请求，或者交付已记载该事项的书面文件的请求。

第 804 条 （对新设合并合同等的同意）

① 消灭股份公司等，须通过股东大会的决议取得对新设合并合同等的

同意。

② 虽有前款的规定,但新设合并消灭股份公司属于份额公司时,就新设合并合同须取得新设合并消灭股份公司全体股东的同意。

③ 新设合并消灭股份公司或者股份转移全资子公司属于种类股份发行公司,且对新设合并消灭股份公司或者股份转移全资子公司的股东,所交付的新设合并设立股份公司或者股份转移设立全资母公司的全部或者部分股份等,属于转让受限股份等时,该新设合并或者股份转移,若未取得由接受该转让受限股份等分配的种类股份(转让受限股份除外)的种类股东所组成的种类股东大会(与该种类股东相关的股份的种类有2种以上时,指由区分为该2种以上股份种类的种类股东所组成的各种类股东大会)的决议的,不发生其效力。但没有在该种类股东大会上可行使表决权的股东时,不在此限。

④ 消灭股份公司等,自第1款所规定股东大会的决议之日(属于第2款所规定的情形时,指自已取得同款所规定全体股东同意之日)起的2周内,须对其登记股份质权人(下条所规定情形时的登记股份质权人除外),以及第808条第3款各项所规定的新股预约权的登记新股预约权质权人通知进行新设合并、新设分立或者股份转移(以下在本节中称为"新设合并等")之意。

⑤ 前款所规定的通知,可以公告代替之。

第 805 条 (不再要求对新设合并计划同意的情形)

通过新设分立,让新设分立设立公司所承继的资产的账面价额的合计额,不超过通过法务省令规定的方法所计算的新设分立股份公司总资产额的1/5(新设分立股份公司的章程已规定低于该标准的比例时,从其该比例)时,不适用前条第1款的规定。

第 805 条之 2 (停止新设合并等的请求)

新设合并等违反法令或章程,且有可能对消灭股份公司等的股东造成损害时,消灭股份公司等的股东,可对消灭股份公司请求停止该新设合并等。但前条有规定时,不在此限。

第 806 条 (反对股东的股份回购请求)

① 进行新设合并等时(下列情形除外),反对股东,可对消灭股份公司等请求以公正价格回购自己所持有的股份:

(一)第 804 条第 2 款所规定的情形;

(二)第 805 条所规定的情形。

② 前款规定的所谓"反对股东",指下列股东:

(一)在第 804 条第 1 款所规定的股东大会(为进行新设合并等需要种类

股东大会的决议时,含该种类股东大会)之前,已向该消灭股份公司等通知了反对该新设合并等之意,且在该股东大会上反对了该新设合并等的股东(限于在该股东大会上可行使表决权的股东);

(二)在该股东大会上不得行使表决权的股东。

③ 消灭股份公司等,在自第 804 条第 1 款所规定的股东大会的决议之日起的 2 周内,须对其股东通知进行新设合并等之意及其他新设合并消灭公司、新设分立公司或者股份转移全资子公司(以下在本节中称为"消灭公司等")及设立公司等的商号及住所。但属于第 1 款各项所列情形时,不在此限。

④ 前款所规定的通知,可以公告代替之。

⑤ 第 1 款所规定的请求(以下在本目中称为"股份回购请求"),在已进行第 3 款所规定的通知或者前款所规定的公告之日起的 20 日内,须在明确与该股份回购请求相关股份数(种类股份发行公司时,指股份的种类及各种类股份数)的基础上提出。

⑥ 就已发行股票的股份拟提出股份回购请求时,该股份的股东须对消灭股份公司等提交与该股份回购请求相关的股票。但对就该股票已提出第 223 条所规定请求者,不在此限。

⑦ 已提出股份回购请求的股东,限于已取得消灭股份公司等同意的情形,可撤回其股份回购请求。

⑧ 已中止新设合并等时,股份回购请求,丧失其效力。

⑨ 对与股份回购请求相关的股份,不适用第 133 条的规定。

第 807 条 (股份价格的决定等)

① 已提出股份回购请求,且就股份价格的决定,股东与消灭股份公司等(进行新设合并情形下的新设合并设立公司的成立日之后时,指新设合并设立公司,以下在本条中相同)之间已达成协议时,消灭股份公司等,在设立公司成立之日起的 60 日内须进行支付。

② 就股份价格的决定,在设立公司成立之日起的 30 日内未达成协议时,股东或者消灭股份公司等,在该期间届满之日后的 30 日内,可向法院提出价格决定的申请。

③ 虽有前条第 7 款的规定,但前款有规定,且在设立公司成立之日起的 60 日内未提出同款所规的申请时,在该期间届满后,股东可随时撤回股份回购请求。

④ 消灭股份公司等,还须支付根据有关法院所决定价格的第 1 款所规

定期间届满之日后的 6％年利率所计算的利息。

⑤ 消灭股份公司等,在股份价格决定前,可对股东支付该消灭股份公司等认为公正价格的价款。

⑥ 与股份回购请求相关的股份回购,在设立公司成立之日,发生其效力。

⑦ 股票发行公司,就已发行股票的股份已提出股份回购请求时,以与股票相交换的方式须支付与该股份回购请求相关股份的价款。

第 808 条 （新股预约权回购请求）

① 进行以下各项所列行为时,该各项所规定的消灭股份公司等的新股预约权的新股预约权人,可对消灭股份公司等请求以公正价格回购自己持有的新股预约权:

（一）新设合并,指就第 753 条第 1 款第 10 项或者第 11 项所列事项的规定符合第 236 条第 1 款第 8 项所规定条件（限于有关同项 1 的条件）的新股预约权以外的新股预约权;

（二）新设分立（限于新设分立设立公司属于股份公司的情形）,指在下列新股预约权中,就第 763 条第 1 款第 10 项或者第 11 项所列事项的规定符合第 236 条第 1 款第 8 项所规定条件（限于有关同项 3 的条件）的新股预约权以外的新股预约权:

1. 新设分立计划新股预约权;

2. 属于新设分立计划新股预约权以外的新股预约权,且存在决定在进行新设分立时对该新股预约权的新股预约权人交付新设分立设立股份公司的新股预约权之意规定的新股预约权。

（三）股份转移,指在下列新股预约权中,就第 773 条第 1 款第 9 项或者第 10 项所列事项的规定符合第 236 条第 1 款第 8 项所规定条件（限于有关同项 5 的条件）的新股预约权以外的新股预约权:

1. 股份转移计划新股预约权;

2. 属于股份转移计划新股预约权以外的新股预约权,且决定在进行股份转移时对该新股预约权的新股预约权人交付股份转移设立全资母公司的新股预约权之意有规定的新股预约权。

② 附新股预约权公司债券中的新股预约权的新股预约权人,提出前款所规定的请求（以下在本目中称为"新股预约权回购请求"）时,须同时提出回购附新股预约权公司债券中的公司债券的请求。但就该附新股预约权公司债券中的新股预约权另有规定时,不在此限。

③ 以下各项所列消灭股份公司等，须在自第 804 条第 1 款所规定股东大会的决议之日（属于同条第 2 款所规定的情形时，指已取得同款所规定全体股东同意之日，属于第 805 条所规定的情形时，指新设分立计划的制作之日）起的 2 周内，对该各项所规定的新股预约权的新股预约权人通知进行新设合并等之意以及其他消灭公司等及设立公司的商号及住所：

（一）新设合并消灭股份公司，指全部新股预约权；

（二）新设分立设立公司属于股份公司时的新设分立股份公司，指下列新股预约权：

1. 新设分立计划新股预约权；

2. 属于新设分立计划新股预约权以外的新股预约权，且决定在进行新设分立时对该新股预约权的新股预约权人交付新设分立设立股份公司的新股预约权之意有规定的新股预约权。

（三）股份转移全资子公司，指下列新股预约权：

1. 股份转移计划新股预约权；

2. 属于股份转移计划新股预约权以外的新股预约权，且决定在进行股份转移时对该新股预约权的新股预约权人交付股份转移设立全资母公司的新股预约权之意有规定的新股预约权。

④ 前款所规定的通知，可以公告代替之。

⑤ 新股预约权回购请求，在已进行第 3 款所规定的通知或者前款所规定的公告之日起的 20 日内，须在明确与新股预约权回购请求相关的新股预约权的内容及数量的基础上提出。

⑥ 就已发行新股预约权证券的新股预约权拟提出新股预约权回购请求时，该新股预约权的新股预约权人，须对消灭股份公司等提交该新股预约权证券。但对就该新股预约权证券已提出非诉事件程序法第 114 条所规定公示催告的申请者，不在此限。

⑦ 就已发行附新股预约权公司债券证券的附新股预约权公司债券中的新股预约权拟提出新股预约权回购请求时，该新股预约权的新股预约权人，须对消灭股份公司等提交该附新股预约权公司债券证券。但对就该附新股预约权公司债券证券已提出非诉事件程序法第 114 条所规定公示催告的申请者，不在此限。

⑧ 已提出新股预约权回购请求的新股预约权人，限于已取得消灭股份公司等同意的情形，可撤回其新股预约权回购请求。

⑨ 已中止新设合并等时，新股预约权回购请求，丧失其效力。

⑩ 对与新股预约权回购请求相关的新股预约权,不适用第 260 条的规定。

第 809 条 (新股预约权价格的决定等)

① 已提出新股预约权回购请求,且就新股预约权(该新股预约权属于附新股预约权公司债券中的新股预约权,且就该附新股预约权公司债券中的公司债券已提出回购请求时,含该公司债券,以下在本条中相同)的价格决定,新股预约权人与消灭股份公司等(属于进行新设合并情形下的新设合并设立公司的成立日之后时,指新设合并设立公司,以下在本条中相同)之间已达成协议时,消灭股份公司等,须在设立公司成立之日起的 60 日内进行支付。

② 就新股预约权的价格决定,在设立公司成立之日起的 30 日内未达成协议时,新股预约权人或者消灭股份公司等,在该期间届满之日后的 30 日内,可向法院提出价格决定的申请。

③ 虽有前条第 8 款的规定,但前款有规定,且在设立公司成立之日起的 60 日内未提出同款所规定申请时,在该期间届满后,新股预约权人可随时撤回新股预约权回购请求。

④ 消灭股份公司等,还须支付根据有关法院所决定价格的第 1 款所规定期间届满之日后的 6% 年利率所计算的利息。

⑤ 消灭股份公司等,在新股预约权价格决定前,可对新股预约权人支付该消灭股份公司等认为公正价格的价款。

⑥ 与新股预约权回购请求相关的新股预约权的回购,在设立公司成立之日,发生其效力。

⑦ 消灭股份公司等,就已发行新股预约权证券的新股预约权已提出新股预约权回购请求时,以与新股预约权证券相交换的方式须支付与该新股预约权回购请求相关的新股预约权的价款。

⑧ 消灭股份公司等,就已发行附新股预约权公司债券证券的附新股预约权公司债券中的新股预约权已提出新股预约权回购请求时,以与附新股预约权公司债券证券相交换的方式须支付与该新股预约权回购请求相关的新股预约权的价款。

第 810 条 (债权人异议)

① 在以下各项所列情形下,该各项所规定的债权人,可对消灭股份公司等,就新设合并等陈述异议:

(一) 进行新设合并时,指新设合并消灭股份公司的债权人;

(二) 进行新设分立时,指不得对新设分立后新设分立股份公司请求债务履行(含作为该债务的保证人,与新设分立设立公司所连带承担的保证债务的履行)的新设分立股份公司的债权人(就第763条第1款第12项或者第765条第1款第8项所列事项有规定时,指新设分立股份公司的债权人);

(三)股份转移计划新股预约权属于附新股预约权公司债券中的新股预约权时,指该附新股预约权公司债券的公司债券持有人。

② 根据前款的规定,消灭股份公司等的全部或者部分债权人可陈述异议时,消灭股份公司等,须在官报上公告下列事项,且对已知的债权人(限于根据同款的规定可陈述异议的债权人)分别催告这些事项。但第4项所规定的期间不得少于1个月:

(一)进行新设合并等的意旨;

(二)其他消灭公司等以及设立公司的商号及住所;

(三)法务省令所规定的有关消灭股份公司等的财务会计报表的事项;

(四)债权人在一定期间内可陈述异议之意。

③ 虽有前款的规定,但消灭股份公司等将同款所规定的公告,在官报之外,按照第939条第1款所规定的章程的规定,通过同款第2项或者第3项所列的公告方法进行时,不再要求前款所规定的分别催告(对进行新设分立时因侵权行为所产生的新设分立股份公司债务的债权人的催告除外)。

④ 债权人未在第2款第4项所规定期间内陈述异议时,视为该债权人已同意该新设合并等。

⑤ 债权人已在第2款第4项所规定期间内陈述异议时,消灭股份公司等,须对该债权人进行清偿或提供相应的担保,或者以让该债权人受到清偿为目的,须向信托公司等信托相应的财产。但即使进行该新设合并等,也不会损害该债权人时,不在此限。

第811条 (有关新设分立或者股份转移的书面文件等的置备及查阅等)

① 新设分立股份公司或者股份转移全资子公司,在新设分立设立公司或者股份转移全资母公司成立之日后,须及时与新设分立设立公司或者股份转移设立全资母公司共同按照下列各项所列的区分,制作该各项所规定的书面文件等:

(一)新设分立股份公司,指已记载或者记录了通过新设分立由新设分立设立公司所承继的新设分立股份公司的权利义务以及由法务省令所规定的有关其他新设分立事项的书面文件或者电子记录;

(二)股份转移全资子公司,指已记载或者记录了通过股份转移由股份转移设立全资母公司所取得的股份转移全资子公司的股份数以及由法务省令所规定的有关其他股份转移事项的书面文件或者电子记录。

② 新设分立股份公司或者股份转移设立全资子公司,须在新设分立设立公司或者股份转移设立全资母公司成立之日起的6个月期间内,须将前款各项所规定的书面文件或者电子记录置备于其总公司。

③ 新设分立股份公司的股东、债权人及其他利害关系人,可对新设分立股份公司,在其营业时间内随时提出下列请求。但提出第2项或者第4项所规定请求时,须支付该新设分立股份公司所规定的费用:

（一）查阅前款所规定书面文件的请求；

（二）交付前款所规定书面文件的誊本或者抄本的请求；

（三）查阅通过法务省令规定的方法所表示的已记录于前款所规定电子记录中的事项的请求；

（四）通过新设分立股份公司所规定的电子方法提供已记录于前款所规定电子记录中的事项的请求,或者交付已记载该事项的书面文件的请求。

④ 对股份转移全资子公司,准用前款的规定。此时,将同款中的"新设分立股份公司的股东、债权人及其他利害关系人"替换为"股份转移设立全资母公司成立之日曾是股份转移全资子公司的股东或者新股预约权人者"。

第 812 条　（有关盈余金分配等的特别规则）

对下列行为,不适用第445条第4款、第458条及第二编第5章第6节的规定:

（一）第763条第1款第12项1或者第765条第1款第8项1所规定的股份的取得；

（二）第763条第1款第12项2或者第765条第1款第8项2所规定的盈余金分配。

第 2 目　份额公司的程序

第 813 条

① 实施下列行为的份额公司,就新设合并等须取得该份额公司全体股东的同意。但章程另有规定时,不在此限:

（一）新设合并；

（二）新设分立（限于该份额公司〈限于合同公司〉让其他公司承继其有关事业的全部权利义务的情形）。

② 对新设合并消灭份额公司或者作为合同公司的新设分立公司（以下

在本节中称为"新设分立合同公司"),准用第 810 条(第 1 款第 3 项及第 2 款第 3 项除外)的规定。此时,将同条第 1 款第 2 项中的"债权人(就第 763 条第 1 款第 12 项或者第 765 条第 1 款第 8 项所列事项有规定时,指新设分立股份公司的债权人)"替换为"债权人",将同条第 3 款中的"消灭股份公司等"替换为"新设合并消灭份额公司(新设合并设立公司属于股份公司或者合同公司时,限于合同公司)或者新设分立合同公司"。

第 2 分节　新设合并设立公司、新设分立设立公司以及股份转移设立全资母公司的程序

第 1 目　股份公司的程序

第 814 条　(有关股份公司设立的特别规则)

① 对新设合并设立股份公司、新设分立设立股份公司或者股份转移设立全资母公司(以下在本目中称为"设立股份公司")的设立,不适用第二编第 1 章(第 27 条〈第 4 项及第 5 项除外〉、第 29 条、第 31 条、第 37 条第 3 款、第 39 条、第 6 节及第 49 条除外)的规定。

② 设立股份公司的章程,由消灭公司等制作。

第 815 条　(有关新设合并合同等的书面文件等的置备及查阅等)

① 新设合并设立股份公司,须在其成立之日后须及时制作已记载或者记录了通过新设合并由新设合并设立股份公司所承继的新设合并消灭公司的权利义务以及由法务省令所规定的有关其他新设合并事项的书面文件或者电子记录。

② 新设分立设立股份公司(限于仅有 1 个或者 2 个以上的合同公司进行新设分立时的该新设分立设立股份公司),须在其成立之日后及时与新设分立合同公司共同制作已记载或者记录了通过新设分立由新设分立设立股份公司所承继的新设分立合同公司的权利义务以及由法务省令规定的有关其他新设分立事项的书面文件或者电子记录。

③ 以下各项所列的设立股份公司,在其成立之日起的 6 个月期间,须将该各项所规定书面文件等置备于其总公司:

(一)新设合并设立股份公司,指第 1 款所规定书面文件或者电子记录,以及已记载或者记录了新设合并合同的内容及其他由法务省令所规定的事项的书面文件或者电子记录;

(二)新设分立设立股份公司,指前款或者第 811 条第 1 款第 1 项所规定的书面文件或者电子记录;

（三）股份转移设立全资母公司，指第811条第1款第2项所规定的书面文件或者电子记录。

④ 新设合并设立股份公司的股东以及债权人，可对新设合并设立股份公司，在其营业时间内随时提出下列请求。但提出第2项或者第4项所规定请求时，须支付该新设合并设立股份公司等所规定的费用：

（一）查阅前款第1项所规定书面文件的请求；

（二）交付前款第1项所规定书面文件的誊本或者抄本的请求；

（三）查阅通过法务省令规定的方法所表示的已记录于前款第1项所规定电子记录中的事项的请求；

（四）通过新设分立股份公司所规定的电子方法提供已记录于前款第1项所规定电子记录中的事项的请求，或者交付已记载该事项的书面文件的请求。

⑤ 对新设分立设立股份公司，准用前款的规定。此时，将同款中的"股东以及债权人"替换为"股东、债权人及其他利害关系人"，将同款各项中的"前款第1项"替换为"前款第2项"。

⑥ 对股份转移设立全资母公司，准用前款的规定。此时，将同款中的"股东以及债权人"替换为"股东及新股预约权人"，将同款各项中的"前款第1项"，替换为"前款第3项"。

第 2 目　份额公司的程序

第816条　（有关份额公司设立的特别规则）

① 对新设合并设立份额公司或者新设分立设立份额公司（在下款中称为"设立份额公司"）的设立，不适用第575条及第578条的规定。

② 设立份额公司的章程，由消灭公司等制作。

第六编　外　国　公　司

第817条　（外国公司在日本的代表人）

① 外国公司，拟在日本连续进行交易时，须确定在日本的代表人。此时，其在日本的代表人中1人以上须是在日本有住所者。

② 外国公司在日本的代表人，须是享有实施与该外国公司在日本的业务相关的一切诉讼上或者诉讼外行为权限者。

③ 对前款规定的权限所附加的限制，不得对抗善意的第三人。

④ 外国公司，承担其在日本的代表人就行使其职务给第三人所造成损害的赔偿责任。

第818条　（对登记前连续交易的禁止等）

① 外国公司，在进行外国公司登记前，不得在日本连续进行交易。

② 违反前款规定已进行交易者，对交易相对人，与外国公司连带承担清偿由该交易所产生债务的责任。

第819条　（相当于资产负债表报表的公告）

① 已进行外国公司登记的外国公司（限于日本的同类公司或者最类似的公司属于股份公司的公司），根据法务省令的规定，在完成与第438条第2款所规定同意相同的程序或者与此相类似的程序后，须及时在日本公告相当于资产负债表的报表。

② 虽有前款的规定，但其公告方法属于第939条第1款第1项或者第2项所列方法的外国公司，只公告相当于前款所规定资产负债表的报表的要旨即可。

③ 前款所规定的外国公司，可采取如下措施，即根据法务省令的规定，

完成第 1 款所规定程序后，及时将属于相当于前款所规定资产负债表的报表内容的信息，在该程序完成之日后经过 5 年之日前的期间，置于连续通过电子方法保证在日本的不特定多数人可接受其提供的状态的措施。此时，不适用以上 2 款的规定。

④ 对根据金融商品交易法第 24 条第 1 款的规定，须向内阁总理大臣提交有价证券报告的外国公司，不适用以上 3 款的规定。

第 820 条 〈在日本有住所的在日本的代表人的离任〉

① 已进行外国公司登记的外国公司，在日本的全体代表人（限于在日本有住所者）拟离任时，须对该外国公司的债权人在官报上公告若有异议可在一定期间内陈述之意，且对已知的债权人分别催告该意旨。但该期间不得低于 1 个月。

② 债权人已在前款所规定期间内陈述异议时，同款所规定的外国公司，须对该债权人进行清偿或提供相应的担保，或者以让该债权人受到清偿为目的，须向信托公司等信托相应的财产。但即使进行同款所规定的离任，也不会损害该债权人时，不在此限。

③ 第 1 款所规定的离任，在完成以上 2 款所规定的程序后通过进行其登记发生其效力。

第 821 条 〈拟制外国公司〉

① 在日本设有总公司或者以在日本经营事业为主要目的的外国公司，不得在日本连续进行交易。

② 违反前款规定已进行交易者，对交易相对人，与外国公司承担连带清偿由该交易所产生债务的责任。

第 822 条 〈对在日本的外国公司财产的清算〉

① 法院，在下列情形下可根据利害关系人的申请或者依其职权，对在日本的外国公司的全部财产，命令开始清算：

（一）外国公司已受到第 827 条第 1 款所规定的命令时；

（二）外国公司已停止在日本的连续交易时。

② 在前款规定的情形下，由法院选任清算人。

③ 在其性质上不得适用的规定除外，就第 1 款所规定的对在日本的外国公司财产的清算，准用第 476 条〈清算股份公司的能力〉、第二编第 9 章第 1 节第 2 分节〈清算股份公司的机关〉、第 492 条〈财产目录等的制作等〉、同节第 4 分节〈债务的清偿等〉及第 508 条〈账簿资料的保存〉的规定以及同章第 2 节（第 510 条、第 511 条及第 514 条除外）〈特别清算〉的规定。

④ 外国公司自被命令第 1 款所规定的清算开始,且该外国公司在日本的全体代表人(限于在日本有住所者)拟离任时,不适用第 820 条的规定。

第 823 条 （与其他法律的适用关系）

外国公司,就其他法律的适用,被视为日本的同类公司或者最类似的公司。但其他法律另有规定时,不在此限。

第七编 其他规则

第 1 章 公司的解散命令等

第 1 节 公司的解散命令

第 824 条 (公司的解散命令)

① 法院,存在下列情形,且认为为确保公共利益不能允许公司存续时,可根据法务大臣或者股东、出资人、债权人及其他利害关系人的申请,命令公司解散:

(一) 公司基于非法目的所设立时;

(二) 公司无正当理由从其成立之日起 1 年内未开始其事业,或者连续 1 年以上停止其事业时;

(三) 业务执行董事、执行官或者执行业务的股东,已实施超越或滥用法令或章程所规定公司权限的行为,或者已实施触犯刑事法令的行为,且虽已受到法务大臣的书面警告但仍持续或者反复地实施了该行为时。

② 股东、出资人、债权人及其他利害关系人已提出前款所规定申请时,法院可根据公司的申请,可对同款所规定的申请人命令应提供相应担保。

③ 公司为提出前款所规定的申请,须证明第 1 款所规定的申请属于恶意申请。

④ 对于根据第 2 款的规定就第 1 款所规定申请应提供的担保,准用民事诉讼法(1996 年法律第 109 号)第 75 条第 5 款及第 7 款〈担保提供命令〉以及

第 76 条至第 80 条〈提供担保的方法等〉的规定。

第 825 条 （有关公司财产的保全处分）

① 法院,已提出前条第 1 款所规定的申请时,可根据法务大臣或者股东、出资人、债权人及其他利害关系人的申请或者依其职权,在对同款所规定的申请作出决定为止的期间,对公司财产作出由管理人管理的处分命令（在下款中称为"管理命令"）及其他所必要的保全处分命令。

② 法院,作出管理命令时,须在该管理命令中选任管理人。

③ 法院,可根据法务大臣或者股东、出资人、债权人及其他利害关系人的申请或者依其职权,解任前款所规定的管理人。

④ 法院,已选任第 2 款所规定的管理人时,可决定公司对该管理人所支付的报酬额。

⑤ 第 2 款所规定的管理人,由法院负责监督。

⑥ 法院,可命令第 2 款所规定的管理人报告公司财产状况,并进行其管理的核算。

⑦ 对第 2 款所规定的管理人,准用民法第 644 条〈受托人的注意义务〉、第 646 条〈受托人交付受领物等〉、第 647 条〈受托人对金钱消费的责任〉及 650 条〈受托人对费用等的偿还请求等〉的规定。此时,将同法第 646 条、第 647 条及 650 条中的"委托人"替换为"公司"。

第 826 条 （政府机关等对法务大臣的通知义务）

法院及其他政府机关、检察官或者官员,在其职务上已知存在应提出第 824 条第 1 款所规定的申请或者同款第 3 项所规定的警告的事由时,须向法务大臣通知该意旨。

第 2 节 禁止外国公司的连续交易或者关闭营业所的命令

第 827 条

① 法院,在下列情形下可根据法务大臣或者股东、出资人、债权人及其他利害关系人的申请,作出禁止外国公司在日本连续进行交易或者关闭其在日本所设立的营业所的命令：

（一）外国公司基于非法目的开展事业时；

（二）外国公司无正当理由从外国公司登记之日起 1 年内未开展事业,或者连续 1 年以上停止其事业时；

（三）外国公司无正当理由已停止支付时；

（四）外国公司在日本的代表人及其他执行其业务者，已实施超越或滥用法令所规定的外国公司权限的行为，或者已实施触犯刑事法令的行为，且虽已受到法务大臣的书面警告但仍持续或者反复地实施了该行为时。

② 对前款所规定的情形，准用第 824 条第 2 款至第 4 款〈公司的解散命令〉以及以上 2 条的规定。此时，将第 824 条第 2 款中的"前款"、同条第 3 款及第 4 款中的"第 1 款"以及第 825 条第 1 款中的"前条第 1 款"替换为"第 827 条第 1 款"，将前条中的"第 824 条第 1 款"替换为"下条第 1 款"，将"同款第 3 项"替换为"同款第 4 项"。

第 2 章 诉 讼

第 1 节 有关公司组织的诉讼

第 828 条 （有关公司组织的行为无效之诉）

① 以下各项所列行为的无效，在该各项规定的期间内，只能以诉讼方式进行主张：

（一）公司的设立，自公司成立之日起的 2 年内；

（二）股份公司成立后的股份发行，自股份发行生效之日起的 6 个月内（属于非公开公司的股份公司时，自股份发行生效之日起的 1 年内）；

（三）自己股份的处分，从自己股份处分生效之日起的 6 个月内（属于非公开公司的股份公司时，从自己股份处分生效之日起的 1 年内）；

（四）新股预约权（该新股预约权属于附新股预约权公司债券中的新股预约权时，含该附新股预约权公司债券中的公司债券，以下在本章中相同）的发行，自新股预约权发行生效之日起的 6 个月内（属于非公开公司的股份公司时，自新股预约权发行生效之日起的 1 年内）；

（五）股份公司资本金额的减少，自资本金额减少生效之日起的 6 个月内；

（六）公司组织形式变更，自公司组织形式变更生效之日起的 6 个月内；

（七）公司吸收合并，自公司吸收合并生效之日起的 6 个月内；

（八）公司新设合并，自公司新设合并生效之日起的 6 个月内；

（九）公司吸收分立，自公司吸收分立生效之日起的 6 个月内；

（十）公司新设分立，自公司新设分立生效之日起的 6 个月内；

（十一）股份公司的股份交换,自股份交换生效之日起的 6 个月内;

（十二）股份公司的股份转移,自股份转移生效之日起的 6 个月内。

② 对以下各项所列行为的无效之诉,限于该各项所规定者,方能提起:

（一）前款第 1 项所列行为,指设立的股份公司的股东等（指股东、董事或者清算人〈监事设置公司时,指股东、董事、监事或者清算人,提名委员会等设置公司时,指股东、董事、执行官或者清算人〉,以下在本节中相同）或者设立的份额公司的股东等（指股东或者清算人,以下在本款中相同）;

（二）前款第 2 项所列行为,指该股份公司的股东等;

（三）前款第 3 项所列行为,指该股份公司的股东等;

（四）前款第 4 项所列行为,指该股份公司的股东等或者新股预约权人;

（五）前款第 5 项所列行为,指该股份公司的股东等、破产管理人,或者不同意资本金额减少的债权人;

（六）前款第 6 项所列行为,指在该行为生效日曾是进行组织形式变更的公司的股东等或出资人等者,或者指组织形式变更后的公司的股东等、出资人等、破产管理人或不同意组织形式变更的债权人;

（七）前款第 7 项所列行为,指在该行为生效日曾是进行吸收合并的公司的股东等或出资人等者,或者指吸收合并后的存续公司的股东等、出资人等、破产管理人或不同意吸收合并的债权人;

（八）前款第 8 项所列行为,指在该行为生效日曾是进行新设合并的公司的股东等或出资人等者,或者指因新设合并所设立的公司的股东等、出资人等、破产管理人或不同意新设合并的债权人;

（九）前款第 9 项所列行为,指在该行为生效日曾是已签订吸收分立合同的公司的股东等、出资人等者,或者指已签订吸收分立合同的公司的股东等、出资人等、破产管理人或不同意吸收分立的债权人;

（十）前款第 10 项所列行为,指在该行为生效日曾是进行新设分立的公司的股东等、出资人等者,或者指进行新设分立的公司或因新设分立所设立的公司的股东等、出资人等、破产管理人或不同意新设分立的债权人;

（十一）前款第 11 项所列行为,指在该行为生效日曾是已签订股份交换合同的公司的股东等、出资人等者,或者指已签订股份交换合同的公司的股东等、出资人等、破产管理人或不同意股份交换的债权人;

（十二）前款第 12 项所列行为,指该行为生效日曾是进行股份转移的股份公司的股东等者,或者指因股份转移所设立的股份公司的股东等、破产管理人或不同意股份转移的债权人。

第 829 条 （新股发行等的不存在确认之诉）

对下列行为,可以诉讼方式请求确认该行为不存在:

（一）股份公司成立后的股份发行;

（二）对自己股份的处分;

（三）新股预约权的发行。

第 830 条 （股东大会等决议的不存在或者无效确认之诉）

① 对股东大会、种类股东大会、创立大会或种类创立大会（以下在本节及第 937 条第 1 款第 1 项 7 中称为"股东大会等"）的决议,可以诉讼方式请求确认决议不存在。

② 对股东大会等的决议,可以决议的内容违反法令为由,以诉讼方式请求确认决议无效。

第 831 条 （股东大会等决议的撤销之诉）

① 在以下各项所列情形下,股东等（在该各项所列股东大会等属于创立大会或种类创立大会时,指股东等、设立时股东、设立时董事或者设立时监事）,自股东大会等的决议之日起的 3 个月内,可以诉讼方式请求撤销该决议。因该决议的撤销而成为股东（该决议属于创立大会的决议时,指设立时股东）或者董事（属于监查等委员会设置公司时,指作为监查等委员的董事或者之外的董事,以下在本款中相同）监事或清算人（该决议属于股东大会或者种类股东大会的决议时,含根据第 346 条第 1 款〈含在第 479 条第 4 款中所准用的情形〉的规定,具有作为董事、监事或者清算人的权利义务者。该决议属于创立大会或种类创立大会的决议时,含设立时董事〈拟设立的股份公司属于监查等委员会设置公司时,含作为监查等委员的设立时董事或者之外的设立时董事〉或设立时监事）者,亦同:

（一）股东大会等的召集程序或者决议方法违反法令或章程,或者明显不公正时;

（二）股东大会等的决议内容违反章程时;

（三）就股东大会等的决议,因有特别利害关系者已行使表决权而作出明显不当的决议时。

② 已提起前款所规定的诉讼,且股东大会等的召集程序或者决议方法即使违反法令或章程,但法院认为其违反的事实并不严重,而且属于对决议不产生影响的瑕疵时,可驳回同款所规定的请求。

第 832 条 （份额公司的设立撤销之诉）

在以下各项所列情形下,该各项所规定者,在份额公司成立之日起的 2

年内,可以诉讼方式请求撤销份额公司的设立:

(一)股东可根据民法及其他法律的规定,可撤销与设立相关的意思表示时,指该股东;

(二)股东明知损害其债权人利益而已设立份额公司时,指该债权人。

第833条 (公司解散之诉)

① 属于下列情形,且存在不得已的事由时,持有全体股东(对股东大会可决议的全部事项不得行使表决权的股东除外)表决权的1/10(章程已规定低于该标准的比例时,从其该比例)以上表决权的股东,或者持有已发行股份(自己股份除外)的1/10(章程已规定低于该标准的比例时,从其该比例)以上之数股份的股东,可以诉讼方式请求解散股份公司:

(一)股份公司的业务执行出现严重困难,且对该股份公司造成无法恢复的损害,或者存在这种危险时;

(二)股份公司因财产的管理或者处分明显不当,而直接危及到该股份公司的存续时。

② 存在不得已的事由时,份额公司的股东可以诉讼方式请求解散份额公司。

第834条 (被告)

以下各项所列诉讼(以下在本节中统称为"有关公司组织的诉讼"),以该各项规定者为被告:

(一)公司设立无效之诉,指设立的公司;

(二)股份公司成立后的股份发行无效之诉(在第840条第1款中指"新股发行无效之诉),指已进行股份发行的股份公司;

(三)自己股份处分无效之诉,指进行自己股份处分的股份公司;

(四)新股预约权发行无效之诉,指已进行新股预约权发行的股份公司;

(五)股份公司的资本金额减少无效之诉,指该股份公司;

(六)公司组织形式变更无效之诉,指组织形式变更后的公司;

(七)公司吸收合并无效之诉,指吸收合并后的存续公司;

(八)公司新设合并无效之诉,指因新设合并而设立的公司;

(九)公司吸收分立无效之诉,指已签订吸收分立合同的公司;

(十)公司新设分立无效之诉,指进行新设分立的公司及因新设分立而设立的公司;

(十一)股份公司的股份交换无效之诉,指已签订股份交换合同的公司;

(十二)股份公司的股份转移无效之诉,指进行股份转移的股份公司及

因股份转移而设立的股份公司;

（十三）股份公司成立后的股份发行不存在确认之诉,指已发行股份的股份公司;

（十四）自己股份处分不存在确认之诉,指已进行自己股份处分的股份公司;

（十五）新股预约权发行不存在确认之诉,指已进行新股预约权发行的股份公司;

（十六）以股东大会等决议不存在或者其内容违反法令为由确认该决议无效之诉,指该股份公司;

（十七）股东大会等决议撤销之诉,指该股份公司;

（十八）第832条第1项所规定的份额公司设立撤销之诉,指该份额公司;

（十九）第832条第2项所规定的份额公司设立撤销之诉,指该份额公司及同项所规定的股东;

（二十）股份公司解散之诉,指该股份公司;

（二十一）份额公司解散之诉,指该份额公司。

第835条 （诉讼的管辖及移送）

① 有关公司组织的诉讼,由管辖成为被告的公司的总公司所在地的地方法院专属管辖。

② 根据前条第9项至第12项的规定,2个以上的地方法院均享有管辖权时,该各项所列诉讼,由已先提起诉讼的地方法院管辖。

③ 在前款规定的情形下,法院认为即使与该诉讼相关的诉讼属于其管辖但为了避免明显的损害或者迟延而有必要时,可根据申请或者依其职权,将诉讼移送至其他管辖法院。

第836条 （担保提供命令）

① 对属于有关公司组织的诉讼,且由股东或者设立时股东可提起的诉讼,法院可根据被告的申请,对已提起该有关公司组织的诉讼的股东或者设立时股东,命令提供相应的担保。但该股东属于董事、监事、执行官或清算人时,或者该设立时股东属于设立时董事或设立时监事时,不在此限。

② 对属于有关公司组织的诉讼,且属于可由债权人提起的诉讼,准用前款的规定。

③ 被告,提出第1款（含在前款中所准用的情形）的申请时,须证明原告所提起的诉讼属于恶意诉讼。

第 837 条 （辩论等的必要合并）

同时审理数个以同一请求为目的的有关公司组织的诉讼时，须合并其辩论及审理。

第 838 条 （所认可判决的效力范围）

认可有关公司组织的诉讼请求的已成立判决，对第三人同样发生效力。

第 839 条 （无效或者撤销判决的效力）

认可有关公司组织的诉讼请求（限于第 834 条第 1 项至第 12 项、第 18 项及第 19 项所列诉讼）的判决已成立时，在该判决中已被认定无效或者被撤销的行为（根据该行为公司已被设立时，含该设立，以及该行为之际股份或者新股预约权已被交付时，含该股份或者新股预约权），面对将来丧失其效力。

第 840 条 （新股发行无效判决的效力）

① 认可有关新股发行无效之诉请求的判决已成立时，该股份公司，须对该判决成立时的有关该股份的股东支付相当于已接受缴纳的金额或者已接受交付的财产所交付时价额的现金。此时，该股份公司属于股票发行公司时，该股份公司与支付该现金相交换的方式，可请求该股东返还该股份的旧股票（指根据前条规定所失效的股份的股票，以下在本节中相同）。

② 前款所规定现金的金额与同款所规定判决已成立时的公司财产状况相比明显不当时，法院可根据同款前段所规定的股份公司或者股东的申请，命令该金额的增减。

③ 前款所规定的申请，须在自同款所规定判决成立之日起的 6 个月内提出。

④ 在第 1 款前段规定的情形下，以同款前段所规定的股份为标的物的质权，依同款所规定的现金而存在。

⑤ 在第 1 款前段规定的情形下，前款所规定的质权的登记质权人，可从第 1 款前段所规定的股份公司受领同款所规定的现金，先于其他债权人用来清偿自己的债权。

⑥ 前款所规定债权的清偿期未届满时，同款所规定的登记质权人，可让第 1 款前段所规定的股份公司提存相当于同款所规定现金的金额。此时，质权依该提存金而存在。

第 841 条 （自己股份处分无效判决的效力）

① 认可有关自己股份处分无效之诉请求的判决已成立时，该股份公司，须对该判决成立时的该自己股份的股东支付相当于已接受缴纳的金额或者已接受交付的财产所交付时价额的现金。此时，该股份公司属于股票发行公

司时,该股份公司,与支付该现金相交换的方式可请求该该股东返还该自己股份的旧股票。

② 对前款所规定的情形,准用前条第 2 款至第 6 款的规定,此时,将同条第 4 款中的"股份"替换为"自己股份"。

第 842 条 （新股预约权发行无效判决的效力）

① 认可有关新股预约权发行无效之诉请求的判决已成立时,该股份公司,须对该判决成立时的该新股预约权的新股预约权人支付相当于已接受缴纳的金额或者已接受交付的财产所交付的价额的现金。此时,已发行与该新股预约权相关的新股预约权证券(该新股预约权属于附新股预约权公司债券中的新股预约权时,指与该附新股预约权公司债券相关的附新股预约权公司债券证券,以下在本款中相同)时,该股份公司,与支付该现金相交换的方式,可请求该新股预约权人返还根据第 839 条的规定已丧失效力的新股预约权的新股预约权证券。

② 对前款所规定情形,准用第 840 条第 2 款至第 6 款的规定,此时,将同条第 2 款中的"股东"替换为"新股预约权人",将同条第 4 款中的"股份"替换为"新股预约权",将同条第 5 款及第 6 款中的"登记股份质权人"替换为"登记新股预约权质权人"。

第 843 条 （合并或者公司分立无效判决的效力）

① 认可以下各项所列行为无效之诉请求的判决已成立时,已实施该行为的公司,对该行为生效之日后由该各项所规定的公司已承担的债务,承担连带清偿的责任:

（一）公司的吸收合并,指吸收合并后存续的公司;

（二）公司的新设合并,指因新设合并所设立的公司;

（三）公司的吸收分立,指从进行吸收分立的公司承继就其事业所具有的全部或者部分权利义务的公司;

（四）公司的新设分立,指因新设分立所设立的公司。

② 在前款规定的情形下,同款各项所列行为生效之日后,该各项规定的公司已取得的财产,属于已实施该行为的公司共有。但同款第 4 项所列行为由该款第 1 项所列公司实施时,同项所规定公司已取得的财产,属于已实施该行为的前款第 1 项所列公司。

③ 在第 1 款及前款本文规定的情形下,各公司对第 1 款所规定债务的承担部分以及前款本文规定财产的共有份额,由各公司协议决定。

④ 就各公司对第 1 款所规定债务的承担部分或者第 2 款本文所规定财

产的共有份额，未能达成前款所规定的协议时，法院可根据各公司的申请，在综合考虑第 1 款各项所列行为生效时的各公司的财产额及其他一切因素的基础上对此作出决定。

第 844 条 （股份交换以及股份转移无效判决的效力）

① 认可有关股份公司的股份交换或者股份转移无效之诉请求的判决生效已成立，且取得进行股份交换或者股份转移的股份公司（以下在本条中称为"旧全资子公司"）的全部已发行股份的股份公司（以下在本条中称为"旧全资母公司"），在该股份交换或者股份转移之际，已交付该就全资母公司的股份（以下在本条中称为"旧全资母公司股份"）时，该旧全资母公司，须对该判决成立时的该旧全资母公司股份的股东，交付在该股份交换或者股份转移之际已接受该旧全资母公司股份交付者所持有的该旧全资子公司的股份（以下在本条中称为"旧全资子公司股份"）。此时，旧全资母公司属于股票发行公司时，该旧全资母公司，作为交付该旧全资子公司股份的对价，可请求该股东返还该旧全资母公司股份的股票。

② 在前款前段规定的情形下，以旧全资母公司的股份为标的物的质权，依旧全资子公司的股份而存在。

③ 前款所规定质权的质权人属于登记股份质权人时，旧全资母公司，须在第 1 款所规定判决成立后，及时对原旧全资子公司通知有关该登记股份质权人的第 148 条各项所列事项。

④ 已接受前款所规定通知的旧全资子公司，在其股东名册中已记载或者记录了作为同款所规定登记股份质权人质权标的物的股份的股东名册记载事项时，须及时在股东名册中记载或者记录有关该登记股份质权人的第 148 条各项所列事项。

⑤ 第 3 款有规定，且同款所规定的旧全资子公司属于股票发行公司时，旧全资母公司，须对登记股份质权人交付第 2 款所规定的旧全资子公司股份的股票。但第 1 款前段所规定的股东为接受旧全资子公司股份的交付须提交旧全资母公司股份的旧股票，且在旧股票提出前的期间时，不在此限。

第 845 条 （份额公司设立无效或者撤销判决的效力）

认可份额公司设立无效或者撤销之诉请求的判决生效已成立，且其无效或者撤销的原因仅在于部分股东时，可通过其他全体股东的的同意继续该份额公司。此时，视为存在该原因的股东已退出公司。

第 846 条 （原告败诉时的损害赔偿责任）

提起有关公司组织的诉讼的原告败诉，且原告存在恶意或者重大过失时，原告对被告承担连带损害赔偿责任。

第1节之2 出售股份等的取得无效之诉

第846条之2 （出售股份等的取得无效之诉）

① 与股份等出售请求相关的全部出售股份等的取得无效，从取得之日（指第179条之2第1款第5项所规定的取得日）起的6个月以内（对象公司属于非公开公司时，从该取得日起1年以内），可仅以诉讼方式提出主张。

② 前款所规定的诉讼（以下在本节中称为"出售股份等的取得无效之诉"），限于下列者可提起：

（一）在取得日曾为出售股东（在提出股份等出售请求的同时已提出新股预约权出售请求时，指出售股东或者出售新股预约权人，在第846条之5第1款中相同）者；

（二）在取得日曾为对象公司的董事（监事设置公司时，指董事或者监事，提名委员会等设置公司时，指董事或者执行官，以下在本项中相同）者，或者对象公司的董事或清算人。

第846条之3 （被告）

出售股份等的取得无效之诉，以特别控制股东为被告。

第846条之4 （诉讼管辖）

出售股份等的取得无效之诉，由管辖对象公司总公司所在地的地方法院专属管辖。

第846条之5 （担保提供命令）

① 对出售股份等的取得无效之诉，法院可根据被告的申请，命令已提起该出售股份等的取得无效之诉的出售股东提供相应的担保。该出售股东属于对象公司的董事、监事、执行官或者清算人时，不在此限。

② 被告提出前款所规定的申请时，须证明原告所提起的诉讼属于恶意诉讼。

第846条之6 （辩论等的合并）

同时审理数个以同一请求为目的的有关出售股份等的取得无效的诉讼时，须合并其辩论以及审理。

第846条之7 （所认可判决的效力范围）

认可有关出售股份等的取得无效诉讼请求的已成立判决，对第三人同样发生其效力。

第 846 条之 8 （无效判决的效力）

认可有关出售股份等的取得无效之诉请求的判决已成立时,在该判决中被判为无效的全部出售股份等的取得,面对将来丧失其效力。

第 846 条之 9 （原告败诉时的损害赔偿责任）

已提起出售股份等的取得无效诉讼的原告已败诉,且原告存在恶意或者重大过失时,原告对被告承担连带损害赔偿责任。

第 2 节 股份公司的责任追究等之诉

第 847 条 （由股东提出责任追究等之诉）

① 自 6 个月（章程已规定低于该标准的期间时,从其该期间）前连续持有股份的股东（根据第 189 条第 2 款所规定的章程的规定,不得行使其权利的单元未满股东除外）,可以书面形式及其他法务省令所规定的方法,请求股份公司提起追究发起人、设立时董事、设立时监事、公司负责人等（指第 423 条第 1 款所规定的公司负责人等）或清算人（以下在本节中称为"发起人等"）责任之诉,请求第 102 条之 2 第 1 款、第 212 条第 1 款或第 285 条第 1 款所规定的支付之诉,请求第 120 条第 3 款所规定的利益返还之诉或者第 213 条之 2 第 1 款或第 286 条之 2 第 1 款所规定支付或交付之诉（以下在本节中称为"责任追究等之诉"）。但责任追究等之诉为以谋取该股东或第三人的不正当利益或者以给该股份公司造成损害为目的时,不在此限。

② 就非公开公司的股份公司适用前款的规定,将同款中的"自 6 个月（章程已规定低于该标准的期间时,从其该期间）前连续持有股份的股东"改为"股东"。

③ 股份公司,在自第 1 款所规定的请求之日起的 60 日内未提起责任追究等的诉讼时,已提出该请求的股东,为了股份公司可提起责任追究等之诉。

④ 股份公司,在自第 1 款所规定的请求之日起的 60 日内未提起责任追究等之诉,且已接受以提出该请求的股东或者同款所规定发起人等的请求时,须及时以书面形式及法务省令所规定的其他方法对已提出请求者通知不提起责任追究等之诉的理由。

⑤ 虽有第 1 款及第 3 款的规定,但因同款所规定期间的届满有可能给股份公司造成无法恢复的损害时,第 1 款所规定的股东,为了股份公司可立即提起责任追究等之诉。但同款但书有规定时,不在此限。

第 847 条之 2 （由旧股东提起责任追究等之诉）

① 自以下各项所列行为已生效之日的 6 个月（章程已规定低于该标准的期间时，从其该期间）前起至该日为止曾连续为股份公司的股东者（曾为根据第 189 条第 2 款所规定的章程的规定不得行使其权利的单元未满股东者除外，以下在本条中称为"旧股东"），即便已不是该股份公司的股东，但该各项所规定时，可通过书面形式以及法务省令所规定的其他方法请求该股份公司（属于第 2 项所规定的情形时，指该项所规定的合并后存续的股份公司，以下在本节中称为"股份交换等全资子公司"）提起责任追究等之诉。但责任追究等之诉以谋取该旧股东或第三人的不正当利益，或者以给该股份交换等全资子公司或以下各项所规定的全资母公司（指持有特定股份公司的全部已发行股份的股份公司以及由法务省令所规定的与此相同的股份公司，以下在本节中相同）造成损害为目的时，不在此限：

（一）该股份公司的股份交换或者股份转移，指通过该股份交换或者股份转移取得该股份公司的全资母公司的股份，且连续持有该股份时；

（二）该股份公司通过吸收合并成为消灭公司的吸收合并，指通过该吸收合并取得吸收合并后存续的股份公司的全资母公司的股份，且连续持有该股份时。

② 就非公开公司的股份公司适用前款的规定，将同款中的"从以下各项所列行为已生效之日的 6 个月（章程已规定低于该标准的期间时，从其该期间）前至该日为止连续"改为"在以下各项所列行为已生效之日"。

③ 旧股东即便已不是第 1 款各项所规定的全资母公司的股东，但属于以下所列时，可通过书面形式以及法务省令所规定的其他方法提起责任追究等之诉。但责任追究等之诉以谋取该旧股东或第三人的不正当利益，或者以给该股份交换等全资子公司或已发行以下各项所规定股份的股份公司造成损害为目的时，不在此限：

（一）通过该全资母公司的股份交换或者股份转移取得该全资母公司的全资母公司的股份，并连续持有该股份时；

（二）通过该全资母公司因合并成为消灭公司的合并，取得因合并而设立的股份公司或者合并后存续的股份公司或其全资母公司的股份，并连续持有该股份时。

④ 对同款第 1 项（含在本款或者下款中所准用的情形，以下在本款中相同）所列，且旧股东已不再是同项所规定股份的股东的情形，准用前款的规定。

⑤ 对同款第2项(含在本款或者下款中所准用的情形,以下在本款中相同)所列,且旧股东已不再是同项所规定股份的股东的情形,准用第3款的规定。此时,将第3款(含在前款或者本款所准用的情形)中的"该全资母公司"替换为"因合并所设立的股份公司或者合并后存续的股份公司或其全资母公司"。

⑥ 股份交换等全资子公司在第1款或者第3款(含在以上2款中所准用的情形,以下在本条中相同)所规定的请求(以下在本条中称为"提诉请求")之日起的60日以内未提起责任追究等之诉时,已提出该提诉请求的旧股东,为了该股份交换等全资子公司,可提起责任追究等之诉。

⑦ 股份交换等全资子公司,在提诉请求之日起的60日以内未提起责任追究等之诉,且已接受已提出该提诉请求的旧股东或者成为与该提诉请求相关的责任追究等之诉的被告的发起人等的请求时,须对已提出该请求者通过书面形式以及法务省令所规定的其他方法,及时通知不提起责任追究等之诉的理由。

⑧ 虽有第1款、第3款以及第6款的规定,但因同款所规定期间的届满有可能给股份交换等全资子公司造成无法恢复的损害时,可提出提诉请求的旧股东,为了股份交换等全资子公司,可提起责任追究等之诉。

⑨ 存在与股份交换等全资子公司相关的资格符合旧股东(指按照第1款本文或者第3款本文的规定成为能够提出提诉请求的旧股东),且免除在第1款各项所列行为生效前已成为其原因的事实所发生的责任或者义务时,就适用第55条、第102条之2第2款、第103条第3款、第120条第5款、第213条之2第2款、第286条之2第2款、第424条(含在第486条第4款中所准用的情形)、第462条第3款但书、第464条第2款以及第465条第2款的规定,将这些规定中的"全体股东"改为"全体股东以及847条之2第9款所规定的全体资格符合旧股东"。

第847条之3 (由最终全资母公司等的股东提起特定责任追究之诉)

① 从6个月(章程已规定低于该标准的期间时,从其该期间)前连续持有股份公司的最终全资母公司等(指该股份公司的全资母公司,不再有其全资母公司等的母公司,以下在本节中相同)的全体股东(对股东大会可决议的全部事项不得行使表决权的股东除外)表决权的1%(章程已规定低于该标准的比例时,从其该比例)以上的表决权的股东,或者持有该最终全资母公司等已发行股份(自己股份除外)的1%(章程已规定低于该标准的比例时,从其该比例)以上之数的股份的股东,可对该股份公司通过书面形式以及法务

省令所规定的其他方法提起与特定责任相关责任追究等之诉(以下在本节中称为"特定责任追究之诉")。但符合下列情形之一时,不在此限:

（一）特定责任追究之诉以谋取该股东或第三人的不正当利益,或者以给该股份公司或该最终全资母公司等造成损害为目的时；

（二）因已成为该特定责任原因的事实并未给该最终全资母公司等造成损害时。

② 前款规定的所谓"全资母公司",指下列股份公司：

（一）全资母公司；

（二）将股份公司全部已发行股份由其他股份公司以及其全资子公司等(指股份公司持有其全部股份或者出资份额的法人,以下在本条以及第849条第3款中相同)或者其他股份公司的全资子公司等持有时的该其他股份公司(全资母公司除外)。

③ 属于前款第2项所规定情形,且同项所规定的其他股份公司以及其全资子公司等,或者同项所规定的其他股份公司的全资子公司等,持有其他法人的全部股份或者出资份额时的该其他法人,被视为该其他股份公司的全资子公司等。

④ 第1款规定的所谓"特定责任",是指在已成为该股份公司的发起人等的责任原因的事实已发生之日,最终全资母公司等以及其全资子公司等(含根据前款规定被视为该全资子公司等的公司,在下款以及第849条第3款中相同)中的该股份公司股份的账面价额超过通过法务省令规定的方法所计算的该最终全资母公司等的总资产额的1/5(章程已规定低于该标准的比例时,从其该比例)时的该发起人等的责任(在第10款以及同条第7款中相同)。

⑤ 最终全资母公司属于在已成为发起人等责任原因的事实已发生之日,将曾是最终全资母公司的股份公司作为其全资子公司等的公司时,就适用前款的规定,将曾是该最终全资母公司等的股份公司视为同款所规定的最终全资母公司等。

⑥ 就非公开公司的最终全资母公司等,适用第1款的规定,将同款中的"从6个月(章程已规定低于该标准的期间时,从其该期间)前连续持有股份公司"改为"持有股份公司"。

⑦ 股份公司在第1款所规定请求之日起的60日以内未提起特定责任追究之诉时,已提出该请求的最终全资母公司等的股东,为了股份公司,可提起特定责任追究之诉。

⑧ 股份公司在第 1 款所规定请求之日起的 60 日以内未提起特定责任追究之诉,且已接受已提出该请求的最终全资母公司等的股东或者成为与该请求相关的特定责任追究之诉的被告的发起人等的请求时,须对已提出该请求者,及时以书面形式以及法务省令所规定的其他方法,通知不提起特定责任追究之诉的理由。

⑨ 虽有第 1 款以及对 7 款的规定,但因同款所规定期间的经过有可能给股份公司造成无法恢复的损害时,第 1 款所规定的股东,为了股份公司,可立即提起特定责任追究之诉。但同款但书有规定时,不在此限。

⑩ 就股份公司存在最终全资母公司等,且免除特定责任,适用第 55 条、第 103 条第 3 款、第 120 条第 5 款、第 424 条(含在第 486 条第 4 款中所准用的情形)、第 462 条第 3 款但书、第 464 条第 2 款以及第 465 条第 2 款的规定,将这些规定中的"全体股东"改为"全体股东以及股份公司的第 847 条之 3 第 1 款所规定的最终全资母公司等的全体股东"。

第 847 条之 4　(有关责任追究等之诉的诉讼费用等)

① 第 847 条第 3 款或第 5 款、第 847 条之 2 第 6 款或第 8 款或者前条第 7 款或第 9 款所规定的责任追究等之诉,对于诉讼标的价额的计算,视为与非财产权上的请求相关的诉讼。

② 股东等(指股东、资格符合旧股东或者最终全资母公司等的股东,以下在本节中相同)已提起责任追究等之诉时,法院可根据被告的申请,命令该股东应提供相应的担保。

③ 被告为提出前款所规定的申请,须证明责任追究等之诉的提起属于恶意行为。

第 848 条　(诉讼的管辖)

责任追究等之诉,由管辖股份公司或者股份交换等全资子公司(以下在本节中称为"股份公司等")的总公司所在地的地方法院专属管辖。

第 849 条　(诉讼参加)

① 股东等或者股份公司等,可作为共同诉讼人,或者为辅助一方当事人,参加有关责任追究等的诉讼(属于资格符合旧股东时,限于在第 847 条之 2 第 1 款各项所列行为生效前,与成为其原因的事实所发生的责任或者义务相关的诉讼,属于最终全资母公司等的股东时,限于特定责任追究之诉)。但导致诉讼程序不当迟延或者对法院造成过重事务负担时,不在此限。

② 以下各项所列者,即便不是股份公司等的股东,但为了辅助一方当事人可参加由该各项所规定者已提起的与责任追究等之诉相关的诉讼。但前

款但书有规定时,不在此限:

(一)股份交换等全资母公司(指没有第847条之2第1款各项所规定情形或者同条第3款第1项〈含在同条第4款以及第5款中所准用的情形,以下在项中相同〉或第2项〈含在同条第4款以及第5款中所准用的情形,以下在本项中相同〉所列情形时的股份交换等全资子公司的全资母公司〈同条第1款各项所列行为或者同条第3款第1项所规定的股份交换或股份转移或同款第2项所规定的合并生效时有其全资母公司者除外〉,且该全资母公司的股份交换或股份转移或者该全资母公司通过因合并而成为消灭公司的合并已成为其全资母公司的股份公司,以下在本条中相同),指资格符合旧股东;

(二)最终全资母公司等,指该最终全资母公司等的股东。

③ 股份公司等、股份交换等全资母公司或者最终全资母公司等,为了辅助该股份公司等、作为该股份交换等全资母公司的股份交换等全资子公司或者该最终全资母公司等的全资子公司等的股份公司的董事(监查等委员以及监查委员除外)、执行官、清算人以及曾为这些职务者而参加与责任追究等之诉相关的诉讼时,须按照以下各项所列股份公司的区分取得该各项所规定者的同意:

(一)监事设置公司,指监事(监事有2人以上时,指各监事);

(二)监查等委员会设置公司,指各监查等委员。

(三)提名委员会等设置公司,指各监查委员。

④ 股东等已提起责任追究等之诉时,须及时向该股份公司等进行诉讼告知。

⑤ 股份公司等已提起责任追究等之诉时,或已接受前款所规定的诉讼告知时,须及时公告该意旨或者向股东通知该意旨。

⑥ 股份公司等有股份交换等全资母公司,且前款所规定的责任追究等之诉或者诉讼告知属于在第847条之2第1款各项所列行为生效前,与已成为其原因事实发生的责任或者义务相关的诉讼等时,该股份公司等,在进行前款所规定的公告或者通知之外,还须向该股份交换等全资母公司及时通知已提起该责任追究等之诉,或者已接受该诉讼告知之意。

⑦ 股份公司等有最终全资母公司等,且第5款所规定的责任追究等之诉或者诉讼告知属于与特定责任相关的诉讼等时,该股份公司等,在进行同款所规定的公告或者通知之外,还须向该最终全资母公司等及时通知已提起该责任追究等之诉,或者已接受该诉讼告知之意。

⑧ 第6款所规定的股份交换等全资母公司持有股份交换等全资子公司

的全部已发行股份时,就适用同款的规定,以及前款所规定的最终全资母公司等持有股份公司的全部已发行股份时,就适用同款的规定,将这些规定中的"之外"改为"代替"。

⑨ 就非公开公司的股份公司等,适用第 5 款至第 7 款的规定,将第 5 款中的"公告或者对股东通知"改为"对股东通知",将第 6 款以及第 7 款中的"公告或者通知"改为"通知"。

⑩ 以下各项所列时,该各项所规定的股份公司,须及时公告该意旨,或者须对该各项所规定者进行通知:

(一)股份交换等全资母公司已接受第 6 款所规定的通知时,指资格符合旧股东;

(二)最终全资母公司等已接受第 7 款所规定的通知时,指该最终全资母公司等的股东。

⑪ 前款各项所规定的股份公司属于非公开公司时,就适用同款的规定,将同款中的"公告或者对该各项所规定者进行通知"改为"对该项所规定者进行通知"。

第 850 条 (和解)

① 股份公司等不属于与责任追究等之诉相关的诉讼中的和解当事人时,就该诉讼中的诉讼标的,不适用民事诉讼法第 267 条的规定。但取得该股份公司的同意时,不在此限。

② 在前款规定的情形下,法院须对股份公司等通知和解的内容,并催告对该和解有异议时应在 2 周内陈述异议之意。

③ 股份公司等在前款所规定的期间内未通过书面陈述异议时,视为股东就同款所规定通知的内容已同意和解。

④ 对有关责任追究等之诉的诉讼中的和解,不适用第 55 条、第 102 条之 2 第 2 款、第 103 条第 3 款、第 120 条第 5 款、第 213 条之 2 第 2 款、第 286 条之 2 第 2 款、第 424 条(含在第 486 条第 4 款中所准用的情形)、第 462 条第 3 款(限于就不超过同款但书所规定的可分配额的部分所负义务相关的部分)、第 464 条第 2 款及第 465 条第 2 款的规定。

第 851 条 (不再是股东者的诉讼继续)

① 已提起责任追究等之诉的股东,或者根据第 849 条第 1 款的规定作为共同诉讼人已参加与该责任追究等之诉相关诉讼的股东,在该诉讼审理过程中即便不再是股东者,也可在下列情形下继续诉讼:

(一)其通过该股份公司的股份交换或者股份转移已取得该股份公司的

全资母公司的股份时；

（二）其通过该股份公司因合并而成为消灭公司的合并已取得因合并所设立的股份公司或者合并后存续的股份公司或其全资母公司的股份时。

② 对前款第1项（含在本款或者下款中所准用的情形）有规定，且前款所规定的股东在同款所规定的诉讼审理过程中不再是该股份公司的全资母公司股份的股东的情形，准用前款的规定。此时，将同款（含在本款或者下款中所准用的情形）中的"该股份公司"改为"该全资母公司"。

③ 对同款第2项（含在前款或者本款中所准用的情形）有规定，且第1款所规定的股东在同款所规定的诉讼审理过程中，不再是因合并所设立的股份公司或者合并后存续的股份公司或其全资母公司股份的股东的情形，准用第1款的规定。此时，将同款（含在前款或者本款中所准用的情形）中的"该股份公司"替换为"因合并所设立的股份公司、合并后存续的股份公司或其全资母公司"。

第852条 （费用等的请求）

① 已提起责任追究等之诉的股东等胜诉（含部分胜诉），且就责任追究等之诉的诉讼已支出必要的费用（除诉讼费用），或者应向律师、律师法人支付报酬时，可对该股份公司等请求支付在该费用额范围内或者该报酬范围内认为合理的金额。

② 已提起责任追究等之诉的股东等即便败诉，存在恶意的情形除外，该股东等对该股份公司不负有赔偿由此所造成损害的义务。

③ 对根据第849条第1款的规定已参加同款所规定诉讼的股东等，准用以上2款的规定。

第853条 （再审之诉）

① 责任追究等之诉已被提起，且原告及被告合谋以侵害作为与责任追究等之诉相关诉讼的标的的股份公司等的权利为目的致使法院作出判决时，以下各项所列者，对与该各项所规定的诉讼相关的已成立的最终判决，可以再审之诉的方式提出不服：

（一）股东或者股份公司等，指责任追究等之诉；

（二）资格符合旧股东，指责任追究等之诉（限于在第847条之2第1款各项所列行为生效前已成为其原因事实发生的责任或者义务相关的诉讼）；

（三）最终全资母公司等的股东，指特定责任追究之诉。

② 对前款所规定的再审之诉，准用前条的规定。

第 3 节　股份公司的公司负责人解任之诉

第 854 条　（股份公司的公司负责人解任之诉）

① 虽然公司负责人（指第 329 条第 1 款所规定的公司负责人，以下在本节中相同）就其职务履行已存在不正当行为或者违反法令或章程的重大事实，但有关解任该公司负责人之意的议案在股东大会上被否决或者解任该公司负责人之意的股东大会的决议因第 323 条的规定不发生其效力时，下列股东，可在该股东大会会日起的 30 日以内，以诉讼的方式提出解任该公司负责人的请求：

（一）从 6 个月（章程已规定低于该标准的期间时，从其该期间）前连续持有全体股东（下列股东除外）表决权的 3%（章程已规定低于该标准的比例时，从其该比例）以上表决权的股东（下列股东除外）：

1. 就解任该公司负责人之意的议案，不得行使表决权的股东；
2. 作为与该请求相关的公司负责人的股东。

（二）从 6 个月（章程已规定低于该标准的期间时，从其该期间）前连续持有已发行股份（下列股东所持有的股份除外）的 3%（章程已规定低于该标准的比例时，从其该比例）以上数的股份的股东（下列股东除外）：

1. 该股份公司属于股东；
2. 与该请求相关的公司负责人属于股东。

② 就非公开公司的股份公司适用前款各项的规定，将这些规定中的"6 个月（章程已规定低于该标准的期间时，从其该期间）前连续持有"改为"持有"。

③ 已发行就第 108 条第 1 款第 9 项所列事项（限于有关董事〈监查等委员会设置公司时，指作为监查等委员的董事或者之外的董事〉的事项）有规定的种类股份时，就适用第 1 款的规定，将同款中的"股东大会"改为"股东大会（含根据第 347 条第 1 款的规定所替换适用的第 339 条第 1 款所规定的种类股东大会）"。

④ 已发行就第 108 条第 1 款第 9 项所列事项（限于有关监事的事项）有规定的种类股份时，就适用第 1 款的规定，将同款中的"股东大会"改为"股东大会（含根据第 347 条第 2 款的规定所替换适用的第 339 条第 1 款所规定的种类股东大会）"。

第 855 条 （被告）

前条第 1 款所规定的诉讼（在下条及第 937 条第 1 款第 1 项 10 中称为"公司负责人解任之诉"），以该股份公司以及前条第 1 款所规定的公司负责人为被告。

第 856 条 （诉讼管辖）

公司负责人解任之诉，由管辖该股份公司的总公司所在地的地方法院专属管辖。

第 4 节 有关特别清算的诉讼

第 857 条 （撤销公司负责人等责任免除之诉的管辖）

第 544 条第 2 款所规定的诉讼，由特别清算法院（指第 880 条第 1 款所规定的特别清算法院，在下条第 3 款中相同）专属管辖。

第 858 条 （对公司负责人等责任审定决定的异议之诉）

① 对公司负责人等责任审定决定（指第 545 条第 1 款所规定的公司负责人等责任审定决定，以下在本条中相同）有不服者，可在已接受第 899 条第 4 款所规定的送达之日起的 1 个月的不变期间内，提起异议之诉。

② 前款所规定之诉，其提起该诉讼者属于相关公司负责人等（指第 542 条第 1 款所规定的相关公司负责人等，以下在本款中相同）时，须以清算公司为被告，而属于清算公司时，须以相关公司负责人为被告。

③ 第 1 款所规定之诉，由特别清算法院专属管辖。

④ 在有关第 1 款所规定诉讼的判决中，以不合法为由驳回诉讼的情形除外，将认可、变更或者撤销公司负责人等责任审定决定。

⑤ 已认可或者变更公司负责人等责任审定决定的判决，就强制执行而言，与命令交付的判决具有相同的效力。

⑥ 对已认可或者变更公司负责人等责任审定决定的判决，受理诉讼的法院，可根据民事诉讼法第 259 条第 1 款的规定，作出临时执行的宣布。

第 5 节 份额公司股东的除名之诉等

第 859 条 （份额公司股东的除名之诉）

就份额公司的股东（以下在本条以及第 861 条第 1 项中称为"对象股东"），存在下列事由时，该份额公司可根据目标股东以外的股东过半数的决

议,并以诉讼的方式请求除名对象股东:

(一)未履行出资义务;

(二)已违反第594条第1款(含在第598条第2款中所准用的情形)的规定;

(三)就执行业务已实施不正当行为,或者无执行业务权但已参与业务执行;

(四)就代表份额公司已实施不正当行为,或者无代表权但已实施代表份额公司的行为;

(五)以上各项所列事由外,未尽到重要义务。

第860条 (份额公司业务执行股东的业务执行权或者代表权消灭之诉)

份额公司的业务执行股东(以下在本条及下条第2项中成为"对象业务执行股东")存在下列事由时,该份额公司,可根据对象业务执行股东以外的股东过半数的决议,并以诉讼的方式请求对象业务执行股东的业务执行权或者代表权的消灭:

(一)存在前条各项所列事由时;

(二)对执行份额公司的业务或者代表份额公司明显不胜任时。

第861条 (被告)

以下各项所列的诉讼,以该各项所规定者为被告:

(一)第859条所规定之诉(在下条及第937条第1款第1项11中称为"份额公司的股东除名之诉"),指对象股东;

(二)前条所规定之诉(在下条及第937条第1款第1项12中称为"执行份额公司业务的股东的业务执行权或者代表权消灭之诉"),指对象业务执行股东。

第862条 (诉讼管辖)

份额公司的股东除名之诉以及执行份额公司业务的股东的业务执行权或者代表权消灭之诉,由管辖该份额公司的总公司所在地的地方法院专属管辖。

第6节 清算份额公司的财产处分撤销之诉

第863条 (清算份额公司的财产处分撤销之诉)

① 清算份额公司(限于无限公司以及两合公司,以下在本款中相同),已

实施以下各项所列行为时,该各项所规定者,可以诉讼方式请求撤销该行为。但该行为属于对其无损害之行为时,不在此限:

（一）违反第670条的规定已进行的清算份额公司的财产处分,指清算份额公司的债权人;

（二）违反第671条第1款的规定已进行的清算份额公司的财产处分,指扣押了清算份额公司股东出资份额的债权人。

② 对前款所规定的情形,准用民法第424条第1款但书〈欺诈行为取消权〉、第425条〈欺诈行为撤销的效果〉以及第426条〈欺诈行为取消权的期间限制〉的规定。此时,将同法第424条第1款但书中的"因该行为"替换为"因公司法(2005年法律第86号)第863条第1款各项所列行为"。

第864条 （被告）

前条第1款所规定之诉,以同款各项所列行为的相对人或者转得人为被告。

第7节 公司债券发行公司清偿等撤销之诉

第865条 （公司债券发行公司的清偿等撤销之诉）

① 已发行公司债券的公司,对公司债券持有人所进行的清偿、与公司债券持有人之间所达成的和解,以及其他对公司债券持有人所进行或者与公司债券持有人之间所实施的行为显著不公正时,公司债券管理人可以诉讼方式请求撤销该行为。

② 前款所规定的诉讼,自公司债券管理人已知晓撤销同款所规定行为原因事实时起,已经过6个月时不得提起。自同款所规定行为时起,已经过1年时亦同。

③ 第1款有规定,且作出公司债券持有人会议的决议时,公司债券持有人代表或者决议执行人(指第737条第2款所规定的决议执行人),也可以诉讼方式请求撤销第1款所规定行为。但自同款所规定行为时起已经过1年时,不在此限。

④ 对第1款以及前款本文所规定的情形,准用民法第424条第1款但书〈欺诈行为的取消权〉以及第425条〈欺诈行为撤销的效果〉的规定。此时,将同法第424条第1款但书中的"因该行为"替换为"因公司法第865条第1款所规定行为",将"侵害债权人的事实"替换为"该行为显著不公正",将同法第425条中的"债权人"替换为"公司债券持有人"。

第 866 条 （被告）

前条第 1 款或者第 3 款所规定之诉，以同条第 1 款所规定行为的相对人或者转得人为被告。

第 867 条 （诉讼管辖）

第 865 条第 1 款或者第 3 款所规定之诉，由管辖已发行公司债券的公司的总公司所在地的地方法院专属管辖。

第 3 章　非　　诉

第 1 节　总　　则

第 868 条 （非诉案件的管辖）

① 本法所规定的非诉案件（下款至第 6 款所规定的案件除外），由管辖公司的总公司所在地的地方法院管辖。

② 与母公司股东（限于作为公司的母公司的股东或者出资人）申请就股份公司根据本法的规定已制作或者置备的书面文件或者电子记录等的下列查阅等（指查阅、誊写、誊本或抄本的交付、事项的提供或者已记载事项的书面文件的交付，在第 870 条第 1 项中相同）的许可相关的案件，由管辖该股份公司的总公司所在地的地方法院管辖：

（一）该书面文件的查阅或誊写，或者其誊本或抄本的交付；

（二）表示了被记录于该电子记录中的事项资料的查阅或誊写，或者通过电子方法的该事项的提供或已记载该事项的书面文件的交付。

③ 与第 179 条之 8 第 1 款所规定的出售股份等的买卖价格决定的申请相关的案件，由管辖对象公司的总公司所在地的地方法院管辖。

④ 与第 705 条第 4 款、第 706 条第 4 款、第 707 条、第 711 条第 3 款、第 713 条、第 714 条第 1 款以及第 3 款、第 718 条第 3 款、第 732 条、第 740 条第 1 款以及第 741 条第 1 款所规定的审判申请相关的案件，由管辖已发行公司债券公司的总公司所在地的地方法院管辖。

⑤ 与第 822 条第 1 款所规定的外国公司清算相关的案件，以及与第 827 条第 1 款所规定的审判及在同条第 2 款中所准用的第 825 条第 1 款所规定的保全处分相关的案件，由管辖该外国公司在日本的营业所所在地（在日本未设营业所时，指在日本的代表人的住所地）的地方法院管辖。

⑥ 与第 843 条第 4 款所规定的申请相关的案件,由同条第 1 款各项所列行为无效之诉的第一审受理法院管辖。

第 869 条 （证明）

提出本法所规定许可的申请时,须证明成为其原因的事实。

第 870 条 （陈述之听取）

① 法院,在就本法所规定（第 2 编第 9 章第 2 节除外）的非讼案件的审判中,进行以下各项所列的审判时,须听取该各项所规定者的陈述。但以明显不合法或者理由不充分为由作出驳回申请的裁判时,不在此限:

（一）根据第 346 条第 2 款、第 351 条第 2 款或第 401 条第 3 款（含在第 403 条第 3 款以及第 420 条第 3 款中所准用的情形）的规定,应临时执行已被选任的董事（监查等委员会设置公司时,指作为监查等委员的董事或者之外的董事）、会计参与、监事、代表董事、委员（指提名委员会、监查委员会或者报酬委员会的委员,在第 874 条第 1 项中相同）、执行官或代表执行官的职务者,清算人,根据在第 479 条第 4 款中所准用的第 346 条第 2 款或在第 483 条第 6 款中所准用的第 351 条第 2 款的规定,应临时执行已被选任的清算人或代表清算人的职务者,检查官或者第 825 条第 2 款（含在第 827 条第 2 款中所准用的情形）所规定的管理人报酬额的决定,指该公司（属于在第 827 条第 2 款中所准用的第 825 条第 2 款所规定的管理人报酬额的决定时,指该外国公司）以及接受报酬者;

（二）有关清算人或者公司债券管理人解任的裁判,指该清算人或者公司债券管理人;

（三）第 33 条第 7 款所规定的裁判,指设立时董事、以第 28 条第 1 项所规定现金外的财产出资者以及同条第 2 项所规定的转让人;

（四）第 207 条第 7 款或者第 284 条第 7 款所规定的裁判,指该股份公司以及根据第 199 条第 1 款第 3 项或者第 236 条第 1 款第 3 项的规定,以现金外财产进行出资者;

（五）第 455 条第 2 款第 2 项或者第 505 条第 3 款第 2 项所规定的裁判,指该股东;

（六）第 456 条或者第 506 条所规定的裁判,指该股东;

（七）第 732 条所规定的裁判,指利害关系人;

（八）认可第 740 条第 1 款所规定的申请的裁判,指已发行公司债券的公司;

（九）有关第 741 条第 1 款所规定许可申请的裁判,指已发行公司债券的公司；

（十）第 824 条第 1 款所规定的裁判，指该公司；

（十一）第 827 条第 1 款所规定的裁判，指该外国公司。

② 法院在作出以下各项所列裁判时，须指定审问日期听取申请人以及该各项所规定者的陈述。但以明显不合法或者理由不充足为由作出驳回申请的裁判时，不在此限：

（一）就根据本法的规定由股份公司已制作或者置备的书面文件或者电子记录的查阅等，申请许可的裁判，指该股份公司；

（二）第 117 条第 2 款、第 119 条第 2 款、第 182 条之 5 第 2 款、第 193 条第 2 款（含在第 194 条第 4 款中所准用的情形）、第 470 条第 2 款、第 778 条第 2 款、第 786 条第 2 款、第 788 条第 2 款、第 798 条第 2 款、第 807 条第 2 款或者第 809 条第 2 款所规定的股份或者新股预约权（该新股预约权属于附新股预约权公司债券中的新股预约权，且就该附新股预约权公司债券中的公司债券已提出回购请求时，含该公司债券）的价格决定，指可提出价格决定申请者；

（三）第 144 条第 2 款（含在同条第 7 款中所准用的情形）或者第 177 条第 2 款所规定的股份买卖价格的决定，指可提出买卖价格决定申请者；

（四）第 172 条第 1 款所规定的股份价格的决定，指该股份公司；

（五）第 179 条之 8 第 1 款所规定的出售股份等的买卖价格的决定，指特别控制股东；

（六）有关第 843 条第 4 款所规定的申请的裁判，指已实施同款所规定行为的公司。

第 870 条之 2　（申请书副本的送交等）

① 在已提出前条第 2 款各项所列裁判的申请时，法院须对该各项所规定者送交申请书的副本。

② 无法根据前款的规定送交申请书副本时，审判长须规定相应期间，并命令在该期间内应补正其不足。不预缴送交申请书副本所必要的费用时，亦同。

③ 有前款规定，且申请人未补正不足时，审判长须以命令的方式驳回申请书。

④ 对前款所规定的命令，可提起即时上诉。

⑤ 已提出第 1 款所规定申请，且法院作出有关该申请的裁判时，须设置相应的暂缓期间，规定结束审理的日期，并对申请人以及前条第 2 款各项所

规定者进行告知。但在这些人能够到场的日期,可立即宣布结束审理之意。

⑥ 法院根据前款的规定已结束审理时,须规定作出裁判之日,并将此告知同款所规定者。

⑦ 第 1 款所规定申请不合法时,或者申请明显缺乏理由时,虽有同款以及以上 2 款的规定,但法院可立即驳回申请。

⑧ 已提出前条第 2 款各项所列裁判的申请,且法院根据有关民事诉讼费用等法律(1971 年法律第 40 号)的规定,确定相应期间,已命令申请人预缴有关该各项所规定者的日期传唤所必要的费用,但未进行该预缴的情形,准用前款的规定。

第 871 条 (理由的附记)

对本法所规定的有关非诉案件的裁判,须附记理由。但下列裁判,不在此限:

(一)第 870 条第 1 款第 1 项所列裁判;

(二)第 874 条各项所列裁判。

第 872 条 (即时上诉)

对以下各项所列的裁判,限于该各项规定者,可提起即时上诉:

(一)有关第 609 条第 3 款或者第 825 条第 1 款(含在第 827 条第 2 款中所准用的情形)所规定的保全处分的裁判,指利害关系人;

(二)有关第 840 条第 2 款(含在第 841 条第 2 款中所准用的情形)所规定申请的裁判,指申请人、股东以及股份公司;

(三)有关在第 842 条第 2 款中所准用的第 840 条第 2 款所规定申请的裁判,指申请人、新股预约权人以及股份公司;

(四)第 870 条各项所列的裁判,指申请人以及该各项所规定者(属于同款第 1 项、第 3 项以及第 4 项所列裁判时,指该各项所规定者);

(五)第 870 条第 2 款各项所列裁判,指申请人以及该各项所规定者。

第 872 条之 2 (上诉状副本的送交等)

① 对第 870 条第 2 款各项所列裁判已提起即时上诉时,法院须对申请人以及该各项所规定者(上诉人除外)送交上诉状的副本。此时,准用第 870 条之 2 第 2 款以及第 3 款〈申请书副本无法送交时的处理〉的规定。

② 对已提起前款所规定的即时上诉的情形,准用第 870 条之 2 第 5 款至第 8 款〈有关申请的裁判〉的规定。

第 873 条 (原裁判的执行停止)

第 872 条所规定的即时上诉,具有停止执行的效力。但对第 870 条第 1

款第 1 项至第 4 项以及第 8 项所列裁判的即时上诉,不在此限。

第 874 条 (对不服申请的限制)

对下列裁判,不得申请不服:

(一) 有关应临时执行第 870 条第 2 项所规定的董事、会计参与、监事、代表董事、委员、执行官或代表执行官职务者,清算人、代表清算人、代表清算份额公司的清算人,临时执行同项所规定的清算人或代表清算人职务者,检查官,第 501 条第 1 款(含在第 822 条第 3 款中所准用的情形)或第 662 条第 1 款所规定的鉴定人,第 508 条第 2 款(含在第 822 条第 3 款中所准用的情形)或第 672 条第 3 款所规定的账簿资料的保存者,公司债券管理人的特别代理人或者承继第 714 条第 3 款所规定事务的公司债券管理人的选任或者选定的裁判;

(二) 有关第 825 条第 2 款(含在第 827 条第 2 款中所准用的情形)所规定的管理人的选任或者解任的裁判;

(三) 第 825 条第 6 款(含在第 827 条第 2 款中所准用的情形)所规定的裁判;

(四) 认可本法所规定许可申请的裁判(第 870 条第 1 款第 9 项以及第 2 款第 1 项所列裁判除外)。

第 875 条 (非诉案件程序法规定的适用排除)

对本法所规定的非诉案件,不适用非诉案件程序法第 40 条以及第 57 条第 2 款第 2 项的规定。

第 876 条 (最高法院的规则)

本法规定之外,有关本法所规定的非诉案件程序所必要的事项,由最高法院的规则作出规定。

第 2 节 有关新股发行无效判决后返还金增减程序的特别规则

第 877 条 (审问等的必要合并)

同时审理数个与第 840 条第 2 款(含在第 841 条第 2 款以及第 842 条第 2 款中所准用的情形)所规定申请相关的案件时,审问以及审理须以合并的方式进行。

第 878 条 (裁判的效力)

① 有关第 840 条第 2 款(含在第 841 条第 2 款中所准用的情形)所规定

申请的裁判,对全体股东发生其效力。

② 有关在第842条第2款中准用的第840条第2款所规定申请的裁判,对全体新股预约权人发生其效力。

第 3 节　有关特别清算程序的特别规则

第 1 分节　通　　则

第 879 条　（特别清算案件的管辖）

① 虽有第868条第1款的规定,但法人持有股份公司全体股东（就股东大会可决议的全部事项,不得行使表决权的股东除外,在下款中相同）表决权的过半数时,就该法人（以下本条中称为"母法人"）的特别清算案件、破产案件、再生案件或者更生案件（以下本条中称为"特别清算案件等"）正在审理时,有关该股份公司的特别清算开始的申请,也可向在正在审理母法人特别清算案件等的地方法院提出。

② 前款所规定的股份公司或者母法人以及同款所规定的股份公司,持有其他股份公司全体股东表决权的过半数时,有关该其他股份公司的特别清算开始的申请,也可向正在审理母法人特别清算案件等的地方法院提出。

③ 就适用以上2款的规定,基于第308条第1款的法务省令所规定的股东,就其所持有的股份,视为享有表决权。

④ 虽有第868条第1款的规定,但股份公司就最终事业年度,根据第444条的规定制作有关该股份公司及其他股份公司的集团财务会计报表,并已在该股份公司的年度股东大会上报告了其内容时,就该股份公司的特别清算案件等正在审理时,有关该其他股份公司的特别清算开始的申请,也可向正在审理该股份公司特别清算案件等的地方法院提出。

第 880 条　（特别清算开始后的普通清算案件的管辖及移送）

① 虽有第868条第1款的规定,但已作出就清算股份公司特别清算开始的命令时,与有关就该清算股份公司的第二编第9章第1节（第508条除外）所规定的申请相关的案件（在下款中称为"普通清算案件"）,由正在审理该清算股份公司特别清算案件的地方法院（以下在本节中称为"特别清算法院"）管辖。

② 在审理普通清算案件的地方法院以外的地方法院,审理有关同一个清算股份公司的特别清算案件,并已作出特别清算开始的命令,且认为为处

理该普通清算案件有其合理性时,法院(指处理普通清算案件的1人法官或者法官的合议庭)可依其职权将该普通清算案件移送至特别清算法院。

第881条 (证明)

对第二编第9章第2节(第547条第3款除外)所规定的许可申请,不适用第869条的规定。

第882条 (理由的附记)

① 在有关特别清算程序的决定中,属于可提起即时上诉的决定,须附记理由。但第526条第1款(含在同条第2款中所准用的情形)以及第532条第1款(含在第534条中所准用的情形)所规定的决定,不在此限。

② 对有关特别清算程序的决定,不适用第871条的规定。

第883条 (裁判文书的送达)

对本节所规定的裁判文书的送达,准用民事诉讼法第一编第5章第4节(第104条除外)〈送达〉的规定。

第884条 (不服申请)

① 就有关特别清算程序的裁判有利害关系者,限于本节有特别规定的情形,可对该裁判提起即时上诉。

② 前款所规定的即时上诉,本节有特别规定的除外,具有停止执行的效力。

第885条 (公告)

① 本节所规定的公告,以在官报上登载的方式进行。

② 前款所规定的公告,在以登载之日的次日发生其效力。

第886条 (有关案件文书的查阅等)

① 利害关系人,可对法院书记官根据第二编第9章第2节或本节或者非诉案件程序法第二编(已作出特别清算开始的命令时,同章第1节或第2节或第1节〈限于与同章第1节规定申请相关案件有关的部分〉或本节或者非诉案件程序法第二编)的规定(含在这些规定中所准用的本法以及其他法律的规定),请求查阅已向法院提出或者由法院所制作的文书及其他物件(以下在本条及下条第1款中称为"文书等")。

② 利害关系人,可向法院书记官请求文书的誊写,以及交付文书的正本、誊本或抄本或者交付有关案件事项的证明书。

③ 在文书等中,有关录音磁带或者录像磁带(含通过类似方法已记录一定事项之物),不适用前款的规定。此时,利害关系人就这些物件提出请求时,法院书记官须许可其复制。

④ 虽有以上3款的规定,但以下各项所列者,在作出该各项所规定的命令、保全处分、处分或者裁判之一前的期间,不得提出以上3款所规定的请求。但其属于特别清算开始的申请人时,不在此限:

（一）清算股份公司以外的利害关系人,指第512条所规定的中止命令、第540条第2款所规定的保全处分、第541条第2款所规定的处分或者特别清算开始的申请的裁判；

（二）清算股份公司,指有关指定传唤与特别清算开始的申请相关的清算股份公司日期的裁判,或者前项所规定的命令、保全处分、处分或裁判。

⑤ 对特别清算的程序,不适用民事诉讼法第32条第1款至第4款的规定。

第 887 条 （对有碍部分查阅等的限制）

① 就下列文书等,因利害关系人进行查阅或誊写,以及交付其正本、誊本或抄本或者因复制（以下在本条中称为"查阅"）,已判明其部分（以下在本条中称为"有碍部分"）存在明显影响清算股份公司的清算进程的风险时,法院可根据已提出该文书等的清算股份公司或者调查委员的申请,将可提出有碍部分的查阅等的请求者,限定在已提出该申请者以及清算股份公司:

（一）与第520条所规定的报告或者第522条第1款所规定的调查结果的报告相关的文书等；

（二）为取得第535条第1款或者第536条第1款所规定的许可,已向法院提交的文书等。

② 已提出前款所规定的申请时,直至有关该申请的裁判成立为止,利害关系人（已提出同款所规定申请者以及清算股份公司除外,在本款中相同）,不得提出有碍部分的查阅等的请求。

③ 拟请求有碍部分的查阅等的利害关系人,可对特别清算法院,以欠缺第1款所规定的要件或者导致欠缺该要件之事为理由,提出撤销同款所规定决定的申请。

④ 对驳回第1款所规定申请的决定以及有关前款所规定申请的裁判,可提起即时上诉。

⑤ 撤销第1款所规定决定的决定,未成立时不发生其效力。

第2分节 有关特别清算开始程序的特别规则

第 888 条 （有关特别清算开始的申请）

① 债权人或者股东提出特别清算开始的申请时,须证明成为特别清算

开始原因的事由。

② 债权人提出特别清算开始的申请时,还须证明其享有债权的存在。

③ 提出特别清算开始的申请时,申请人须预缴作为第 514 条第 1 项所规定的特别清算程序的费用由法院所规定的金额。

④ 对就前款所规定费用预缴的决定,可提起即时上诉。

第 889 条 （有关其他程序的中止命令）

① 法院,可变更或者撤销第 512 条规定的中止命令。

② 对前款所规定的中止命令以及同款所规定的决定,可提起即时上诉。

③ 前款所规定的即时上诉,不具有停止执行的效力。

④ 对第 2 款规定的裁判以及同款所规定的即时上诉已作出裁判时,须向当事人送达该裁判书。

第 890 条 （特别清算开始的命令）

① 法院,已作出特别清算开始的命令时,须及时公告其意旨,并向清算股份公司送达特别清算开始的命令裁判书。

② 特别清算开始的命令,从裁判书已被送达至清算股份公司时起,发生效力。

③ 已作出特别清算开始的命令时,特别清算程序的费用,由清算股份公司承担。

④ 对特别清算开始的命令,限于清算股份公司,可提起即时上诉。

⑤ 对已驳回特别清算开始申请的裁判,限于申请人,可提起即时上诉。

⑥ 已作出特别清算开始命令的法院,在已提出第 4 款所规定的即时上诉,且撤销该命令的决定已成立时,须及时公告该意旨。

第 891 条 （有关担保权实行程序等的中止命令）

① 法院,在发出第 516 条所规定的中止命令时,须听取同条所规定的担保权实行程序等的申请人的陈述。

② 法院,可变更或者撤销前款所规定的中止命令。

③ 对第 1 款所规定的中止命令以及前款所规定的变更决定,限于第 1 款所规定的申请人,可提起即时上诉。

④ 前款所规定的即时上诉,不具有停止执行的效力。

⑤ 对第 3 款所规定的裁判以及同款所规定的即时上诉已作出裁判时,须向当事人送达该裁判书。

第 3 分节　有关特别清算实行程序的特别规则

第 892 条　（调查命令）

① 法院,可变更或者撤销调查命令(指第 522 条第 1 款所规定的调查命令,在下款中相同)。

② 对调查命令以及前款所规定的决定,可提起即时上诉。

③ 前款所规定的即时上诉,不具有停止执行的效力。

④ 对第 2 款所规定的裁判以及同款所规定的即时上诉已作出裁判时,须向当事人送达该裁判书。

第 893 条　（清算人的解任及报酬等）

① 法院,根据第 524 条第 1 款的规定解任清算人时,须听取该清算人的陈述。

② 对第 524 条第 1 款所规定解任的裁判,可提起即时上诉。

③ 前款所规定的即时上诉,不具有停止执行的效力。

④ 对第 526 条第 1 款(含在同条第 2 款中所准用的情形)所规定的决定,可提起即时上诉。

第 894 条　（监督委员的解任及报酬等）

① 法院,解任监督委员时,须听取该监督委员的陈述。

② 对第 532 条第 1 款所规定的决定,可提起即时上诉。

第 895 条　（调查委员的解任及报酬等）

对调查委员,准用前条的规定。

第 896 条　（事业转让许可的申请）

① 清算人,提出第 536 条第 1 款所规定许可的申请时,须听取已知债权人的意见,并向法院报告其内容。

② 法院,在作出第 536 条第 1 款所规定的许可时,须听取工会等(存在由清算股份公司的使用人及其他职员的过半数所组成的工会时,该工会组织,不存在由清算股份公司的使用人及其他职员的过半数所组成的工会的时,指代表清算股份公司的使用人及其他职员的过半数者)的意见。

第 897 条　（担保权人应进行处分期间的指定）

① 对有关第 539 条第 1 款所规定申请的裁判,可提起即时上诉。

② 对前款所规定的裁判以及同款所规定的即时上诉已作出裁判时,须向当事人送达该裁判书。

第 898 条 （有关清算股份公司财产的保全处分等）

① 法院,可变更或者撤销下列裁判：

（一）第 540 条第 1 款或者第 2 款所规定的保全处分；

（二）第 541 条第 1 款或者第 2 款所规定的处分；

（三）第 542 条第 1 款或者第 2 款所规定的保全处分；

（四）第 543 条所规定的保全处分。

② 对前款各项所列的裁判以及同款所规定的决定,可提起即时上诉。

③ 前款所规定的即时上诉,不具有停止执行的效力。

④ 对第 2 款所规定的裁判以及同款所规定的即时上诉已作出裁判时,须向当事人送达该裁判书。

⑤ 法院,已作出第 1 款第 2 项所列的裁判时,须及时公告其意旨。已作出变更或者撤销该裁判的决定时,亦同。

第 899 条 （公司负责人等责任审定决定）

① 清算股份公司,提出第 545 条第 1 款所规定的申请时,须证明成为其原因的事实。

② 公司负责人等责任审定决定（指第 545 条第 1 款所规定的公司负责人等责任审定决定,以下在本条中相同）以及驳回前款所规定申请的决定,须附记理由。

③ 法院,作出前款所规定的裁判时,须听取相关公司负责人等（指第 542 条第 1 款所规定的对象公司负责人等）的陈述。

④ 已作出公司负责人等责任审定决定时,须向当事人送达该裁判书。

⑤ 第 858 条第 1 款所规定之诉,在同款所规定期间内未提起或者已被驳回时,公司负责人等责任审定决定,与命令交付的已成立判决具有相同效力。

第 900 条 （有关债权人会议召集许可申请的裁判）

对驳回第 547 条第 3 款所规定许可申请的决定,可提起即时上诉。

第 901 条 （认可或者不认可协议的决定）

① 利害关系人,对是否认可与第 568 条所规定申请相关的协议,可陈述意见。

② 对互助对象国租税的请求权,在协议中作出影响减免及其他权利的规定时,须听取享有征收权限者的意见。

③ 已作出认可第 569 条第 1 款所规定协议的决定时,法院须及时公告该意旨。

④ 对有关第 568 条所规定申请的裁判,可提起即时上诉。此时,对认可

前款所规定协议的决定的即时上诉期间,从同款所规定的公告生效之日算起2周。

⑤ 对根据第572条的规定变更协议内容的情形,准用以上各款的规定。

第4分节　有关特别清算结束程序的特别规则

第902条　(有关特别清算结束申请的裁判)

① 已作出结束特别清算的决定时,法院须及时公告该意旨。

② 对有关结束特别清算申请的裁判,可提起即时上诉。此时,有关结束特别清算决定的即时上诉期间,从前款所规定的公告生效之日算起2周。

③ 结束特别清算的决定,未成立时不发生其效力。

④ 已作出结束特别清算决定的法院,在已提起第2款所规定的即时上诉,且撤销该决定的决定已成立时,须及时公告该意旨。

第4节　有关外国公司清算程序的特别规则

第903条　(有关特别清算程序规定的准用)

其性质上不允许的规定除外,对有关第822条第1款所规定的在日本的外国公司财产的清算,准用前节的规定。

第5节　有关公司解散命令等程序的特别规则

第904条　(法务大臣的参与)

① 法院,就第824条第1款或者第827条第1款所规定的申请作出裁判时,须向法务大臣征求意见。

② 法务大臣,法院就与前款所规定申请相关的案件进行审问时,可参加该审问。

③ 法院,须向法务大臣通知已审理与第1款所规定申请相关的案件的情况以及前款所规定审问的日期。

④ 对驳回第1款所规定申请的裁判,第872条第4项所规定者外,法务大臣也可提起即时上诉。

第905条　(有关公司财产保全处分的特别规则)

① 法院已作出第825条第1款(含在第827条第2款中所准用的情形)所规定的保全处分时,非诉案件的程序费用,由公司或者外国公司承担。有

关该保全处分的必要费用,亦同。

② 对前款所规定的保全处分或者驳回第 825 条第 1 款(含在第 827 条第 2 款中所准用的情形)所规定申请的裁判已提起即时上诉,且上诉法院在认为该即时上诉理由充足的基础上已撤销原裁判时,该上诉审理程序所需要的裁判费用,以及上诉人已承担的前审程序所需要的裁判费用,由公司或者外国公司承担。

第 906 条

① 利害关系人,可向法院书记官请求查阅第 825 条第 6 款(含在第 827 条第 2 款中所准用的情形)所规定的报告或者有关财务会计的资料。

② 利害关系人,可向法院书记官请求前款所规定资料的誊写或者请求交付其正本、誊本或抄本。

③ 在第 1 款所规定的资料中,对录音磁带或者录象磁带(含通过类似这些的方法已记录一定事项之物),不适用前款的规定。此时,利害关系人对这些物件提出请求时,法院书记官须许可其复制。

④ 法务大臣,可向法院书记官请求查阅第 1 款所规定的资料。

⑤ 对第 1 款所规定的资料,准用民事诉讼法第 91 条第 5 款〈诉讼记录的查阅等〉的规定。

第 4 章 登 记

第 1 节 总 则

第 907 条 (通则)

根据本法规定应登记事项(与第 938 条第 3 款所规定的保全处分相关的登记事项除外),根据当事人的申请或者法院书记官的委托,按照商业登记法(1963 年法律第 125 号)的规定,将此登记于商业登记簿上。

第 908 条 (登记的效力)

① 根据本法规定应登记的事项,非在登记后,不得以此对抗善意的第三人。即便在登记后,但第三人有正当事由而未知有该登记时,亦同。

② 因故意或者过失已登记不真实事项者,不得以该事项不真实而对抗善意的第三人。

第 909 条 （变更登记以及消灭登记）

根据本法规定已登记的事项发生变更,或者该事项已消灭时,当事人须及时进行变更登记或者消灭登记。

第 910 条 （登记期间）

在根据本法规定应登记的事项中,需要政府部门许可事项的登记期间,从该许可书到达之日算起。

第 2 节 公司登记

第 1 分节 在总公司所在地的登记

第 911 条 （股份公司的设立登记）

① 股份公司的设立登记,须在其总公司所在地,在下列日期中较迟日期起的 2 周以内进行:

（一）第 46 条第 1 款所规定的调查已结束之日（拟设立的股份公司属于提名委员会等设置公司时,指设立时代表执行官已接受同条第 3 款所规定通知之日）；

（二）发起人所规定的日期。

② 虽有前款的规定,但进行第 57 条第 1 款所规定的募集时,前款所规定的登记,须在下列日期中较迟日期起的 2 周以内进行:

（一）创立大会结束之日；

（二）已作出第 84 条所规定的种类创立大会的决议时,指该决议之日；

（三）已作出第 97 条所规定的创立大会的决议时,指自该决议之日起已经过 2 周之日；

（四）已作出第 100 条第 1 款所规定的种类创立大会的决议时,指自该决议之日起已经过 2 周之日；

（五）已作出第 101 条第 1 款所规定的种类创立大会的决议时,指该决议之日。

③ 在第 1 款所规定的登记中,须登记下列事项:

（一）经营范围；

（二）商号；

（三）总公司以及分公司的所在地；

（四）对股份公司的存续期间或者解散事由章程有规定时,该规定；

（五）资本金额；

（六）可发行股份总数；

（七）发行股份的内容（种类股份发行公司时，指可发行种类股份总数以及所要发行的各种类股份的内容）；

（八）对单元股份数章程有规定时，该单元股份数；

（九）已发行股份的总数及其种类和各种类股份之数；

（十）属于股票发行公司时，该意旨；

（十一）已设有股东名册管理人时，其姓名或者名称及住所以及营业所；

（十二）已发行新股预约权时，指下列事项：

1. 新股预约权的数量；

2. 第 236 条第 1 款第 1 项至第 4 项所列事项；

3. 除 2 所列事项外，已规定新股预约权的行使条件时，该条件；

4. 第 236 条第 1 款第 7 项以及第 238 条第 1 款第 2 项及第 3 项所列事项。

（十三）董事（监查等委员会设置公司的董事除外）的姓名；

（十四）代表董事的姓名及住所（第 23 项所规定情形除外）；

（十五）董事会设置公司时，该意旨；

（十六）会计参与设置公司时，该意旨以及会计参与的姓名或者名称及第 378 条第 1 款所规定的场所；

（十七）监事设置公司（含章程规定将监事的监查范围限定在财务会计方面的股份公司）时，该意旨以及下列事项：

1. 属于章程规定将监事的监查范围限定在财务会计方面的股份公司时，该意旨；

2. 监事的姓名。

（十八）监事会设置公司时，该意旨以及就监事中作为独立监事的监事属于独立监事之意；

（十九）会计监查人设置公司时，该意旨以及会计监查人的姓名或者名称；

（二十）已设有应临时执行根据第 346 条第 4 款的规定所选任的会计监查人职务者时，其姓名或者名称；

（二十一）对由第 373 条第 1 款所规定的特别董事作出决议有规定时，指下列事项：

1. 对由第 373 条第 1 款所规定的特别董事作出决议有规定之意；

2. 特别董事的姓名；

3. 对董事中作为独立董事的董事，属于独立董事之意。

（二十二）监查等委员会设置公司时，该意旨以及下列事项：

1. 作为监查等委员的董事以及之外的董事的姓名；

2. 对董事中作为独立董事的董事，属于独立董事之意；

3. 就第399条之13第6款所规定的重要业务执行的决定委托给董事之事章程有规定时，该意旨。

（二十三）提名委员会等设置公司时，该意旨以及下列事项：

1. 对董事中作为独立董事的董事，属于独立董事之意；

2. 各委员会委员以及执行官的姓名；

3. 代表执行官的姓名以及住所。

（二十四）对第426条第1款所规定的董事、会计参与、监事、执行官或者会计监查人的责任免除章程有规定时，该规定。

（二十五）就第427条第1款所规定的非业务执行董事等所承担责任限度的合同订立章程有规定时，该规定；

（二十六）决定采取第440条第3款所规定的措施时，就作为同条第1款所规定的资产负债表内容的信息，为不特定的多数人接受其提供所必要且由法务省令所规定的事项；

（二十七）对第939条第1款所规定的公告方法章程有规定时，该规定；

（二十八）前项所规的章程的规定，属于将电子公告作为公告方法之意的规定时，指下列事项：

1. 就通过电子公告作为应公告内容的信息，为不特定的多数人接受其提供所必要且由法务省令所规定的事项；

2. 存在根据第939条第3款后段所规定的章程的规定时，该规定。

（二十九）没有第27项所规定的章程的规定时，将根据第939条第4款的规定在官报上登载的方法作为公告方法之意。

第912条 （无限公司的设立登记）

无限公司的设立登记，须在其总公司所在地登记下列事项：

（一）经营范围；

（二）商号；

（三）总公司以及分公司的所在地；

（四）对无限公司的存续期间或者解散事由章程有规定时，该规定；

（五）股东的姓名或者名称及住所；

（六）代表无限公司的股东的姓名或者名称（限于存在不代表无限公司的股东的情形）；

（七）代表无限公司的股东属于法人时，应执行该股东职务者的姓名以及住所；

（八）对第939条第1款所规定的公告方法章程有规定时，该规定；

（九）前项所规定的章程的规定，属于将电子公告作为公告方法之意的规定时，指下列事项：

1. 就通过电子公告作为应公告内容的信息，为不特定的多数人接受其提供所必要且由法务省令所规定的事项；

2. 存在第939条第3款后段所规定的章程的规定时，该规定。

（十）不存在第8项所规定的章程的规定时，将根据第939条第4款的规定在官报上登载的方法作为公告方法之意。

第913条 （两合公司的设立登记）

两合公司的设立登记，须在其总公司所在地登记下列事项：

（一）经营范围；

（二）商号；

（三）总公司以及分公司的所在地；

（四）对两合公司的存续期间或者解散事由章程有规定时，该规定；

（五）股东的姓名或者名称及住所；

（六）股东属于有限责任股东还是无限责任股东的区别；

（七）有限责任股东的出资目的以及其价额及已履行的出资额；

（八）代表两合公司的股东的姓名或者名称（限于存在不代表两合公司的股东的情形）；

（九）代表两合公司的股东属于法人时，应执行该股东职务者的姓名及住所；

（十）对第939条第1款所规定的公告方法章程有规定时，该规定；

（十一）前项所规定的章程的规定，属于将电子公告作为公告方法之意的规定时，指下列事项：

1. 就通过电子公告作为应公告内容的信息，为不特定的多数人接受其提供所必要且由法务省令所规定的事项；

2. 存在第939条第3款后段所规定的章程的规定时，该规定。

（十二）不存在第10项所规定的章程的规定时，将根据第939条第4款的规定在官报上登载的方法作为公告方法之意。

第 914 条 （合同公司的设立登记）

合同公司的设立登记，须在其总公司所在地登记下列事项：

（一）经营范围；

（二）商号；

（三）总公司以及分公司的所在地；

（四）对合同公司的存续期间或者解散事由章程有规定时，该规定；

（五）资本金额；

（六）执行合同公司业务的股东的姓名或者名称；

（七）代表合同公司股东的姓名或者名称及住所；

（八）代表合同公司的股东属于法人时，应执行该股东职务者的姓名及住所；

（九）对第 939 条第 1 款所规定的公告方法章程有规定时，该规定；

（十）前项所规定的章程的规定，属于将电子公告作为公告方法之意的规定时，指下列事项：

　1. 就通过电子公告作为应公告内容的信息，为不特定的多数人接受其提供所必要且由法务省令所规定的事项；

　2. 存在第 939 条第 3 款后段所规定的章程的规定时，该规定。

（十一）不存在第 9 项规定的章程的规定时，将根据第 939 条第 4 款的规定在官报上登载的方法作为公告方法之意。

第 915 条 （变更登记）

① 公司，在第 911 条第 3 款各项或者以上 3 条各项所列事项已发生变更时，须在 2 周以内，在其总公司所在地进行变更登记。

② 虽有前款的规定，但已规定第 199 条第 1 款第 4 项所规定期间时，因股份发行所需要的变更登记，自该期间的结束之日的当时开始，在该结束日起的 2 周以内进行即可。

③ 虽有第 1 款的规定，但由下列事由引起的变更登记，在每月结束之日的当时开始，在该结束日起的 2 周以内进行即可：

（一）新股预约权的行使；

（二）第 166 条第 1 款所规定的请求（限于作为股份的内容，就第 107 条第 2 款第 2 项 3 或 4，或者第 108 条第 2 款第 5 项 2 所列事项有规定的情形）。

第 916 条 （向其他登记所管辖区域内迁移总公司的登记）

公司已向其他登记所的管辖区域内迁移了总公司时，须在 2 周以内，在原所在地进行迁移登记，在新所在地须按照以下各项所列公司的区别登记该各项所规定的事项：

（一）股份公司，指第911条第3款各项所列事项；

（二）无限公司，指第912条各项所列事项；

（三）两合公司，指第913条各项所列事项；

（四）合同公司，指第914条各项所列事项。

第917条 （职务履行停止临时处分等的登记）

按照以下各项所列公司的区别，已作出停止该各项规定者的职务履行或选任其职务代行者的临时处分命令，或者变更或撤销该临时处分命令的决定时，须在其总公司所在地进行该登记：

（一）股份公司，指董事（监查等委员会设置公司时，指作为监查等委员的董事或者之外的董事）、会计参与、监事、代表董事、委员（指提名委员会、监查委员会或者报酬委员会的委员）、执行官或者代表执行官；

（二）无限公司，指股东；

（三）两合公司，指股东；

（四）合同公司，指执行业务的股东。

第918条 （经理人的登记）

公司已选任经理人或者其代理权已消灭时，须在其总公司进行该登记。

第919条 （份额公司的种类变更登记）

份额公司根据第638条的规定已成为其他种类的份额公司时，须在同条所规定的章程变更生效之日起的2周以内，在其总公司所在地，就种类变更前的份额公司进行解散登记，就种类变更后的份额公司进行设立登记。

第920条 （组织形式变更登记）

公司已进行组织形式变更时，须在发生其效力之日起的2周以内，在其总公司所在地，就组织形式变更前的公司进行解散登记，就组织形式变更后的公司进行设立登记。

第921条 （吸收合并登记）

公司已进行吸收合并时，须在其效力发生之日起的2周以内，在其总公司所在地，就因吸收合并而消灭的公司进行解散登记，就吸收合并后存续的公司进行变更登记。

第922条 （新设合并登记）

① 2个以上的公司进行新设合并，且因新设合并所设立的公司属于股份公司时，按照以下各项所列情形的区别，须在该各项所规定之日起的2周以内，在其总公司所在地，就因新设合并而消灭的公司进行解散登记，就因新设

合并所设立的公司进行设立登记：

（一）因新设合并而消灭的公司仅属于股份公司时，在下列日期中较迟之日：

1. 第 804 条第 1 款所规定的股东大会的决议之日；

2. 为进行新设合并需要种类股东大会的决议时，该决议之日；

3. 已进行第 806 条第 3 款所规定的通知或者同条第 4 款所规定的公告之日起经过 20 日之日；

4. 因新设合并而消灭的公司已发行新股预约权时，从已进行第 808 条第 3 款所规定的通知或者同条第 4 款所规定公告之日起经过 20 日之日；

5. 第 810 条所规定的程序已结束之日；

6. 因新设合并而消灭的公司通过合意所规定之日。

（二）因新设合并而消灭的公司仅属于份额公司时，在下列日期中较迟之日：

1. 已取得第 813 条第 1 款所规定的全体股东同意之日（属于同款但书所规定情形时，指根据章程规定已结束程序之日）；

2. 在第 813 条第 2 款中所准用的第 810 条所规定的程序已结束之日；

3. 因新设合并而消灭的公司通过合意所规定之日。

（三）因新设合并而消灭的公司属于股份公司以及份额公司时，在以上 2 项所规定日期中较迟之日。

② 2 个以上的公司进行新设合并，且因新设合并所设立的公司属于份额公司时，按照以下各项所列情形的区别，须在该各项规定之日起的 2 周以内，在其总公司所在地，就因新设合并而消灭的公司进行解散登记，就因新设合并所设立的公司进行设立登记：

（一）因新设合并而消灭的公司仅属于股份公司时，在下列日期中较迟之日：

1. 已取得第 804 条第 2 款所规定的全体股东同意之日；

2. 因新设合并而消灭的公司已发行新股预约权时，已进行第 808 条第 3 款所规定的通知或者同条第 4 款所规定的公告之日起经过 20 日之日；

3. 第 810 条所规定的程序已结束之日；

4. 因新设合并而消灭的公司通过合意所规定之日。

（二）因新设合并而消灭的公司仅属于份额公司时，在下列日期中较迟之日：

1. 已取得第 813 条第 1 款所规定的全体股东同意之日（属于同款但书所

规定的情形时,指章程所规定的程序已结束之日);

2. 在第 813 条第 2 款中所准用的第 810 条所规定的程序已结束之日;

3. 因新设合并而消灭的公司通过合意所规定之日。

(三)因新设合并而消灭的公司属于股份公司以及份额公司时,在以上 2 项所规定日期中较迟之日。

第 923 条 (吸收分立登记)

公司已进行吸收分立时,须在其效力发生之日起的 2 周以内,在其总公司所在地,就进行吸收分立的公司以及从该公司承继该公司就其事业所具有的全部或者部分权利义务的公司,进行变更登记。

第 924 条 (新设分立登记)

① 1 个或者 2 个以上的股份公司或者合同公司进行新设分立,且因新设分立所设立的公司属于股份公司时,按照以下各项所列情形的区别,须在该各项所规定之日起的 2 周以内,在其总公司所在地,就进行新设分立的公司进行变更登记,就因新设分立所设立的公司进行设立登记:

(一)进行新设分立的公司仅属于股份公司时,在下列日期中较迟之日:

1. 属于第 805 条所规定情形外的情形时,第 804 条第 1 款所规定股东大会的决议之日;

2. 为进行新设分立而需要种类股东大会的决议时,该决议之日;

3. 属于第 805 条所规定情形外的情形时,在已进行第 806 条第 3 款所规定的通知或者同条第 4 款所规定的公告之日起经过 20 日之日;

4. 存在应接受第 808 条第 3 款所规定通知的新股预约权人时,从已进行同款规定的通知或者同条第 4 款所规定的公告之日起经过 20 日之日;

5. 须履行第 810 条所规定的程序时,该程序已结束之日;

6. 进行新设分立的股份公司已规定之日(2 个以上的股份公司共同进行新设分立时,指由该 2 个以上进行新设分立的股份公司通过合意所规定之日)。

(二)进行新设分立的公司仅属于合同公司时,在下列日期中较迟之日:

1. 已取得第 813 条第 1 款所规定的全体股东同意之日(属于同款但书所规定情形时,指章程所规定程序已结束之日);

2. 须履行在第 813 条第 2 款中所准用的第 810 条所规定的程序时,该程序已结束之日;

3. 进行新设分立的合同公司已规定之日(2 个以上的合同公司共同进行新设分立时,指由该 2 个以上进行新设分立的合同公司通过合意所规定之日)。

（三）进行新设分立的公司属于股份公司以及合同公司时，在以上2项所规定日期中较迟之日。

② 1个或者2个以上的股份公司或者合同公司进行新设分立，且因新设分立所设立的公司属于份额公司时，按照以下各项所列情形的区别，须在该各项规定之日起的2周以内，在其总公司所在地，就进行新设分立的公司进行变更登记，就因新设分立所设立的公司进行设立登记：

（一）进行新设分立的公司仅属于股份公司时，在下列日期中较迟之日：

1. 属于第805条所规定情形外的情形时，指第804条第1款所规定股东大会的决议之日；

2. 为进行新设分立需要种类股东大会的决议时，指该决议之日；

3. 属于第805条所规定情形外的情形时，在已进行第806条第3款所规定的通知或者同条第4款所规定的公告之日起经过20日之日；

4. 须履行第810条所规定的程序时，该程序已结束之日；

5. 进行新设分立的股份公司已规定之日（2个以上的股份公司共同进行新设分立时，指由该2个以上进行新设分立的股份公司通过合意所规定之日）。

（二）进行新设分立的公司仅属于合同公司时，在下列日期中较迟之日：

1. 已取得第813条第1款所规定的全体股东同意之日（属于同款但书所规定情形时，指章程所规定程序已结束之日）；

2. 须履行在第813条第2款中所准用的第810条所规定程序时，该程序已结束之日；

3. 进行新设分立的合同公司已规定之日（2个以上的合同公司共同进行新设分立时，指由该2个以上进行新设分立的合同公司通过合意所规定之日）。

（三）进行新设分立的公司属于股份公司以及合同公司时，在以上2项规定日期中较迟之日。

第925条 （股份移转登记）

1个或者2个以上的股份公司进行股份移转时，须在下列日期中较迟之日起的2周以内，在其总公司所在地，就因股份移转所设立的公司进行设立登记：

（一）第804条第1款所规定的股东大会的决议之日；

（二）为进行股份移转需要种类股东大会的决议时，该决议之日；

（三）已进行第 806 条第 3 款所规定的通知或者同条第 4 款所规定的公告之日起经过 20 日之日；

（四）存在应接受第 808 条第 3 款所规定通知的新股预约权人时，已进行同款所规定的通知或者同条第 4 款所规定的公告之日起经过 20 日之日；

（五）须履行第 810 条所规定程序时，该程序已结束之日；

（六）进行股份移转的股份公司已规定之日（2 个以上的股份公司共同进行股份移转时，指由该 2 个以上进行股份移转的股份公司同合意所规定之日）。

第 926 条 （解散登记）

根据第 471 条第 1 项至第 3 项或者第 641 条第 1 项至第 4 项的规定，公司已解散时，须在 2 周以内，在其总公司所在地须进行解散登记。

第 927 条 （继续的登记）

根据第 473 条、第 642 条第 1 款或者第 845 条的规定，公司已继续的，须在 2 周以内，在其总公司所在地须进行继续的登记。

第 928 条 （清算人的登记）

① 第 478 条第 1 款第 1 项所列者已成为清算股份公司的清算人时，须在解散之日起的 2 周以内，在其总公司所在地，须登记下列事项：

（一）清算人的姓名；

（二）代表清算人的姓名及住所；

（三）清算股份公司属于清算人设置公司时，该意旨。

② 第 647 条第 1 款第 1 项所列者已成为清算份额公司的清算人时，须在解散之日起的 2 周以内，在其总公司所在地，须登记下列事项：

（一）清算人的姓名或者名称及住所；

（二）代表清算份额公司的清算人的姓名或者名称（限于存在不代表清算份额公司的清算人的情形）；

（三）代表清算份额公司的清算人属于法人时，应执行清算人职务者的姓名及住所。

③ 清算人已被选任时，须在 2 周内，在其总公司所在地，属于清算股份公司时，须登记第 1 款各项所列事项，属于清算份额公司时，须登记前款各项所列事项。

④ 对以上 3 款所规定的登记，准用第 915 条第 1 款〈变更登记〉的规定，对清算人、代表清算人或者代表清算份额公司的清算人，准用第 917 条〈职务履行停止临时处分等的登记〉的规定。

第 929 条 （清算结束的登记）

清算已结束时,按照以下各项所列公司的区别,须在该各项所规定之日起的 2 周以内,在其总公司所在地,须进行清算结束的登记:

(一) 清算股份公司,第 507 条第 3 款所规定的同意之日;

(二) 清算份额公司(限于无限公司以及两合公司),第 667 条第 1 款所规定的同意之日(属于已规定第 668 条第 1 款所规定的财产处分方法的情形时,指该财产处分已结束之日);

(三) 清算份额公司(限于合同公司),第 667 条第 1 款所规定同意之意。

第 2 分节 在分公司所在地的登记

第 930 条 （在分公司所在地的登记）

① 在以下各项所列情形时(该各项所规定的分公司在管辖其总公司所在地的登记所管辖区域内的情形除外),须在该各项所规定的期间内,在该分公司的所在地,须进行在分公司所在地的登记:

(一) 在公司设立之际已设置分公司时(下项至第 4 项所规定的情形除外),已进行总公司所在地的设立登记之日起的 2 周以内;

(二) 因新设合并所设立的公司在新设合并之际已设置分公司时,第 922 条第 1 款各项或者第 2 款各项所规定之日起的 3 周以内;

(三) 因新设分立所设立的公司在新设分立之际已设置分公司时,第 924 条第 1 款各项或者第 2 款各项所规定之日起的 3 周以内;

(四) 因股份移转所设立的股份公司在股份移转之际已设置分公司时,在第 925 条各项所列日期中较迟之日起的 3 周以内;

(五) 公司成立后已设置分公司时,已设置分公司之日起的 3 周以内。

② 在分公司所在地的登记,须登记下列事项。但在管辖分公司所在地的登记所的管辖区域内已新设置新分公司时,登记第 3 项所列事项即可:

(一) 商号;

(二) 总公司的所在地;

(三) 分公司(限于在管辖其所在地的登记所的管辖区域内的分公司)的所在地。

③ 前款各项所列事项已发生变更时,须在 3 周以内,在该分公司所在地须进行变更登记。

第 931 条 （向其他登记所管辖区域内迁移分公司的登记）

公司已向其他登记所的管辖区域内迁移了其分公司时,在原所在地(在管辖总公司所在地的登记所的管辖区域内的情形除外),须在 3 周以内进行迁移登记,在新所在地(在管辖总公司所在地的登记所的管辖区域内的情形除外,以下在本条中相同),须在 4 周以内登记前条第 2 款各项所列事项。但在管辖分公司所在地的登记所的管辖区域内已新设置分公司时,在新所在地登记同款第 3 项所列事项即可。

第 932 条 (分公司的变更登记等)

在第 919 条至第 925 条以及第 929 条规定的情形下,从这些规定所规定之日起的 3 周以内,就是在分公司的所在地,也须进行这些规定所规定的登记。但第 921 条、第 923 条或者第 924 条所规定的变更登记,限于第 930 条第 2 款各项所列事项已发生变更的情形,作为应进行的登记。

第 3 节 外国公司的登记

第 933 条 (外国公司的登记)

① 外国公司根据第 817 条第 1 款的规定,已初次确定了在日本的代表人时,在 3 周以内,按照以下各项所列情形的区别,在该各项所规定的地方,须进行外国公司的登记:

(一) 未在日本设置营业所时,指在日本的代表人(限于在日本具有住所者,以下在本节中相同)的住所地;

(二) 已在日本设置了营业所时,指该营业所的所在地。

② 外国公司的登记,按照在日本的同类公司或者最类似公司的种类,除登记第 911 条第 3 款各项或者第 912 条至第 914 条各项所列事项外,还须登记下列事项:

(一) 外国公司设立的准据法;

(二) 在日本的代表人的姓名及住所;

(三) 在日本的同类公司或者最类似公司属于股份公司时,根据第 1 项所规定的准据法的规定,进行公告的方法;

(四) 前项有规定,且决定采取第 819 条第 3 款所规定的措施时,就作为相当于同条第 1 款所规定的资产负债表的报表内容的信息,为不特定多数人接受其提供所必要且由法务省令所规定的事项;

(五) 对第 939 条第 2 款所规定的公告方法有规定时,该规定;

(六) 前项的规定属于将电子公告作为公告方法之意的规定时,指下列事项:

1. 就通过电子公告应公告内容的信息,为不特定多数人接受其提供所必要且由法务省令所规定的事项;

2. 存在第939条第3款后段所规定的规定时,该规定。

(七) 不存在第5项的规定时,决定将根据第939条第4款的规定在官报上登载的方法作为公告方法之意。

③ 就外国公司在日本已设置的营业所适用前款的规定,将该营业所视为第911条第3款第3项、第912条第3项、第913条第3项或者第914条第3项所规定的分公司。

④ 对外国公司,准用第915条〈变更登记〉以及第918条至第929条〈经理人的登记等〉的规定。此时,将这些规定中的"2周"替换为"3周",将"总公司的所在地"替换为"在日本的代表人(限于在日本具有住所者)的住所地(属于在日本已设置营业所的外国公司时,指该营业所的所在地)"。

⑤ 根据以上各款的规定应登记的事项已在外国发生时,登记期间从其通知已到达在日本的代表人之日算起。

第934条 (在日本的代表人选任的登记等)

① 未在日本设置营业所的外国公司,在进行外国公司登记后,已新确定在日本的代表人时(其住所地在已被登记的管辖其他在日本的代表人住所地的登记所的管辖区域内的除外),在3周以内,还须在该已新确定的在日本的代表人的住所地进行外国公司的登记。

② 已在日本设置了营业所的外国公司,在进行外国公司登记后,在日本已新设置营业所时(其住所地在已被登记的管辖其他营业所所在地的登记所的管辖区域内的除外),在3周以内,还须在该已新设置的在日本的营业所的住所地进行外国公司的登记。

第935条 (在日本的代表人住所的迁移登记等)

① 未在日本设置营业所的外国公司的在日本的代表人,在进行外国公司登记后,将其住所已迁移至其他登记所的管辖区域内时,须在原住所地,在3周以内进行迁移登记,须在新住所地,在4周以内进行外国公司登记。但在已被登记的管辖其他在日本的代表人住所地的登记所的管辖区域内已迁移住所时,在新住所地登记已迁移该住所之事即可。

② 已在日本设置了营业所的外国公司,在进行外国公司登记后,将营业所已迁移至其他登记所的管辖区域内时,须在原住所地,在3周以内进行迁移登记,须在新住所地,在4周以内进行外国公司登记。但在已被登记的管辖其他营业所住所地的登记所的管辖区域内已迁移营业所时,在新住所地登

记已迁移该营业所之事即可。

第 936 条 （在日本的营业所设置登记等）

① 未在日本设置营业所的外国公司，在进行外国公司登记后，已在日本设置了营业所时，须在日本的代表人住所地，在 3 周以内，登记已设置营业所之事，须在其营业所的所在地，在 4 周以内进行外国公司的登记。但在已被登记的管辖在日本的代表人住所地的登记所的管辖区域内已设置营业所时，登记已设置该营业所之事即可。

② 已在日本设置了营业所的外国公司，在进行外国公司登记后，已关闭全部营业所时，该外国公司在日本的全体代表人拟离任的情形除外，须在其营业所的所在地，在 3 周以内登记已关闭营业所之事，须在日本的代表人的住所地，在 4 周以内进行外国公司的登记。但在已被登记的管辖营业所所在地的登记所的管辖区域内有在日本的代表人的住所地时，登记已关闭全部营业所之事即可。

第 4 节　登记的委托

第 937 条 （由裁判进行的登记委托）

① 在下列情形下，法院书记官，须依其职权及时向管辖公司的总公司（属于第 1 项 7 所规定情形，且根据该决议就第 930 条第 2 款各项所列事项已进行登记时，指总公司以及与该登记相关的分公司）所在地的登记所，委托其登记：

（一）认可与下列诉讼相关请求的判决已成立时：

1. 公司设立无效之诉；
2. 股份公司成立后所进行的股份发行无效之诉；
3. 新股预约权（该新股预约权属于附新股预约权公司债券中的新股预约权时，含该附新股预约权公司债券中的公司债券，以下在本节中相同）发行无效之诉；
4. 股份公司的资本金额减少无效之诉；
5. 股份公司成立后所进行的股份发行不存在确认之诉；
6. 新股预约权发行不存在确认之诉；
7. 对股东大会等已决议事项已进行登记时的下列诉讼：

（1）以股东大会等的决议不存在或者股东大会等的决议内容违反法令为由确认该决议无效之诉；

(2)股东大会等的决议撤销之诉。

8. 份额公司设立撤销之诉;

9. 公司解散之诉;

10. 股份公司的公司负责人解任之诉;

11. 份额公司的股东除名之诉;

12. 执行份额公司业务的股东业务执行权或者代表权消灭之诉。

(二)已作出下列裁判时:

1. 选任应临时执行第346条第2款、第351条第2款或者第401条第3款(含在第403条第3款以及420条第3款中所准用的情形)所规定的董事(监查等委员会设置公司时,指作为监查等委员的董事或者之外的董事)、会计参与、监事、代表董事、委员(指提名委员会、监查委员会或者报酬委员会的委员)、执行官或者代表执行官职务者的裁判;

2. 选任应临时执行在第479条第4款中所准用的第346条第2款,或者在第483条第6款中所准用的第351条第2款所规定的清算人或者代表清算人职务者的裁判(下条第2款第1项所规定的裁判除外);

3. 撤销1或者2所列裁判的裁判;

4. 选任清算人或者代表清算人或代表清算份额公司的清算人或者撤销选定裁判的裁判(下条第2款第3项所规定的裁判除外);

5. 清算人解任裁判(下条第2款第4项所规定的裁判除外)。

(三)下列裁判已成立时:

1. 撤销前项5所列裁判的裁判;

2. 命令第824条第1款所规定的公司解散的裁判。

② 作出第827条第1款所规定的禁止外国公司在日本的连续交易或关闭营业所的命令的裁判已成立时,法院书记官,须依其职权,按照以下各项所列外国公司的区别,及时向管辖该各项所规定地区的登记所委托其登记:

(一)未在日本设置营业所的外国公司,指在日本的代表人(限于在日本具有住所者)的住所地;

(二)已在日本设置了营业所的外国公司,指该营业所的所在地。

③ 认可与以下各项所列之诉相关的请求的裁判已成立时,法院书记官,须依其职权及时向管辖各公司的总公司所在地的登记所委托该各项所规定的登记:

(一)公司组织形式变更无效之诉,指就组织形式变更后的公司的解散登记以及就进行组织形式变更的公司的恢复登记;

（二）公司吸收合并无效之诉，指就吸收合并后所存续的公司的变更登记以及就因吸收合并所消灭公司的恢复登记；

（三）公司新设合并无效之诉，指就因新设合并而设立的公司的解散登记以及就因新设合并所消灭公司的恢复登记；

（四）公司吸收分立无效之诉，指就进行吸收分立的公司及从该公司承继该公司就其事业所具有的全部或者部分权利义务的公司的变更登记；

（五）公司新设分立无效之诉，指就进行新设分立公司的变更登记以及就因新设分立所设立公司的解散登记；

（六）股份公司股份交换无效之诉，指就进行股份交换的股份公司（限于就第 768 条第 1 款第 4 项所列事项有规定的情形）以及取得进行股份交换的股份公司全部已发行股份的公司的变更登记；

（七）股份公司股份移转无效之诉，指就进行股份移转的股份公司（限于就第 773 条第 1 款第 9 项所列事项有规定的情形）的变更登记以及就因股份移转所设立股份公司的解散登记。

④ 前款有规定，且因与同款各项所列之诉的请求标的相关的组织形式变更、合并或者公司分立，就第 930 条第 2 款各项所列事项已进行登记时，还须向管辖各公司的分公司所在地的登记所委托前款各项所规定的登记。

第 938 条 （由裁判进行的有关特别清算的登记委托）

① 在以下各项所列情形下，法院书记官，须依其职权及时向管辖清算股份公司的总公司（属于第 3 项所列情形，且因特别清算的结束已作出特别清算结束的决定时，指总公司以及分公司）所在地的登记所，委托该各项所规定的登记：

（一）已作出特别清算开始的命令时，指特别清算开始的登记；

（二）撤销特别清算开始命令的决定已成立时，指撤销特别清算开始的登记；

（三）特别清算结束的决定已成立时，指特别清算结束的登记。

② 在下列情形下，法院书记官，须依其职权及时向管辖清算股份公司的总公司所在地的登记所，委托其登记：

（一）已作出应临时执行特别清算开始后的在第 479 条第 4 款中所准用的第 346 条第 2 款或者在第 483 条第 6 款中所准用的第 351 条第 2 款所规定的清算人或者代表清算人职务者的选任裁判时；

（二）已作出撤销前项所规定裁判的裁判时；

（三）已作出撤销特别清算开始后的清算人或者代表清算人的选任或者

选定裁判的裁判时;

(四)已作出特别清算开始后的清算人解任的裁判时;

(五)撤销前项所规定裁判的裁判已成立时。

③ 在下列情形下,法院书记官,须依其职权及时委托该保全处分的登记:

(一)在有关清算股份公司财产的权利中就已被登记的权利,已作出第540条第1款或者第2款所规定的保全处分时;

(二)对已登记的权利,已作出第542条第1款或者第2款所规定的保全处分时;

④ 对已变更或撤销同款所规定的保全处分的情形,或者该保全处分已失去效力的情形,准用前款的规定。

⑤ 对已登记的权利,准用以上2款的规定。

⑥ 其性质上不允许的规定除外,对第822条第1款所规定的在日本的外国公司财产的清算,准用以上各款的规定。

第 5 章 公　　告

第 1 节 总　　则

第 939 条 (公司的公告方法)

① 公司,作为公告方法,可由章程对下列方法之一作出规定:

(一)在官报上登载的方法;

(二)在登载有关时事新闻事项的日报上登载的方法;

(三)电子公告。

② 外国公司,作为公告方法,可规定前款各项所列方法之一。

③ 公司或者外国公司规定将第1款第3项所列方法作为公告方法之意时,规定将电子公告作为公告方法之意即可。此时,作为因事故及其他不得已事由不能以电子公告进行公告时的公告方法,可规定同款第1项或者第2项所列方法之一。

④ 未作出第1款或者第2款所指规定的公司或者外国公司的公告方法,以第1款第1项所规定的方法为公告方法。

第 940 条 （电子公告的公告期间等）

① 股份公司或者份额公司通过电子公告进行本法所规定的公告时，按照以下各项所列公告的区别，须在该各项所规定之日前的期间，连续进行通过电子公告的公告：

（一）根据本法的规定须在特定之日的一定期间前进行公告时的该公告，指该特定之日；

（二）第 440 条第 1 款所规定的公告，指同款所规定的年度股东大会结束之日后经过 5 年之日；

（三）在公告所规定的期间内可陈述异议之意的公告，指经过该期间之日；

（四）以上 3 项所列公告外的公告，指该公告开始后经过 1 个月之日。

② 外国公司通过电子公告进行第 819 条第 1 款所规定的公告时，在同款所规定的程序结束之日后经过 5 年之日前的期间，须连续通过电子公告进行公告。

③ 虽有以上 2 款的规定，但在根据这些规定须通过电子公告进行公告的期间（以下在本章中称为"公告期间"），已发生公告的中断（指被置于不特定多数人能够接受其提供状态的信息，已变为未被置于该状态或者该信息被置于该状态后又被改变的情况，以下在本款中相同），且符合下列所有情形时，该公告之中断，不影响该公告的效力：

（一）对发生公告中断，公司属于善意且无重大过失或者公司有正当事由的；

（二）已发生公告中断的累计时间，不超过公告期间的 1/10 的；

（三）公司知道已发生公告中断之事后，迅速将该意旨、已发生公告中断的时间以及公告中断的内容附于该公告的基础上已进行公告的。

第 2 节 电子公告调查机关

第 941 条 （电子公告调查）

将本法或者其他法律所规定的公告（第 440 条第 1 款所规定的公告除外，以下在本节中相同），拟通过电子公告进行的公司，在公告期间，就作为该公告内容的信息是否处于不特定多数人能够接受其提供的状态中，须根据法务省令的规定，向已经法务大臣登记者（以下在本节中称为"调查机关"）请求进行调查。

第 942 条 （登记）

① 前条所规定的登记（以下在本节中单称为"登记"），通过拟进行同条所规定的调查（以下在本节中称为"电子公告调查"）者的申请而进行。

② 拟接受登记者，在考量实际费用的基础上须缴纳政令所规定额的手续费。

第 943 条 （资格欠缺事由）

符合下列情形之一者，不得接受登记：

（一）违反以下法律的规定，或者违反基于本节规定的命令，并被处以罚金以上的刑罚，结束该执行，或者不再需要执行之日起未经过 2 年者。即违反本节的规定或农业合作合伙法（1947 年法律第 32 号）第 92 条第 5 款、金融商品交易法第 50 条之 2 第 10 款以及第 66 款之 40 第 6 款、注册会计师法第 34 条之 20 第 6 款以及第 34 条之 23 第 4 款、消费生活合作合伙法（1948 年法律第 200 号）第 26 条第 6 款、水产业合作合伙法（1948 年法律第 242 号）第 121 条第 5 款、中小企业等合作合伙法（1949 年法律第 181 号）第 33 条第 7 款（含出口水产业振兴法〈1954 年法律第 154 号〉第 20 条及中小企业团体组织法〈1957 年法律第 185 号〉第 5 条之 23 第 3 款以及第 47 条第 2 款中作准用的情形）、律师法（1949 年法律第 205 号）第 30 条之 28 第 6 款（含在同法第 43 条第 3 款中作准用的情形）、船主互助保险合伙法（1950 年法律第 177 号）第 55 条第 3 款、司法书士法（1950 年法律第 197 号）第 45 条之 2 第 6 款、土地房产调查士法（1950 年法律第 228 号）第 40 条之 2 第 6 款、商品期货交易法（1950 年法律第 239 号）第 11 条第 9 款、行政书士法（1951 年法律第 4 号）第 13 条之 20 之 2 第 6 款、投资信托及投资法人法（1951 年法律第 198 号）第 25 条第 2 款（含在同法第 59 条中所准用的情形）以及第 186 条之 2 第 4 款、税务师法第 48 条之 19 之 2 第 6 款（含在同法第 49 条之 12 第 3 款中所准用的情形）、信用金库法（1951 年法律第 238 号）第 87 条之 4 第 4 款、进出口贸易法（1952 年法律第 299 号）第 15 条第 6 款（含在同法第 19 条之 6 中所准用的情形）、中小渔业融资保证法（1952 年法律第 346 号）第 55 条第 5 款、劳动金库法（1953 年法律第 227 号）第 91 条之 4 第 4 款、技术研究合伙法（1961 年法律第 81 号）第 16 条第 8 款、农业信用保证保险法（1961 年法律第 204 号）第 48 条之 3 第 5 款（含在同法第 48 条之 9 第 7 款中所准用的情形）、社会保险劳务士法（1968 年法律第 89 号）第 25 条之 23 之 2 第 6 款、森林合伙法（1978 年法律第 36 号）第 8 条之 2 第 5 款、银行法第 49 条之 2 第 2 款、保险业法（1995 年法律第 105 号）第 67 条之 2 及第 217 条第 3 款、资产流动化法（1998 年法律第105号)第194条第4款、专业代办人法(2000年法律第49号)第53条之2第6款、农林中央金库法(2001年法律第93号)第96条之2第4款、信托业法第57条第6款以及一般社团法人及一般财团法人法第333条(以下在本节中统称为"电子公告关联规定")中所准用的第955条第1款的规定;

(二)根据第954条的规定被撤销登记,且自该撤销之日起未经过2年者;

(三)属于法人,且在执行其业务的理事等(指理事、董事、执行官、执行业务的股东、监督者或监事或者类似这些职务者,在第947条中相同)当中,存在符合以上2项所规定者之一者。

第944条 （登记条件）

① 根据第942条第1款的规定已申请登记者,符合下列全部要件时,法务大臣须进行其登记。此时,有关登记的必要程序,由法务省令规定:

(一)属于对电子公告调查所必要的电子计算机(含输入输出装置,以下在本项中相同)以及编程(属于对电子计算机的指令,为能获得一项结果被组合的程序,以下在本项中相同),且使用符合下列全部要件的设备等开展电子公告调查:

1. 该电子计算机以及编程,属于利用互联网可查阅以电子公告所公告信息的设备;

2. 为防止损坏该电子计算机或供其使用的电子记录,或防止向该电子计算机发送虚假信息或不正当指令,或者防止通过其他方法不按该电子计算机的使用目的进行操作,或者进行与使用目的相反的运行等,已采取必要措施;

3. 该电子计算机以及编程,在进行该电子公告调查的整个期间,具有保存输入该电子计算机的信息及指令,以及保存利用互联网已接受提供信息的功能。

(二)为进行正确的电子公告调查,已规定必要的实施方法。

② 登记,以在调查机关存根簿上记载或者记录下列事项的方式进行:

(一)登记年月日以及登记编号;

(二)已经登记者的姓名或者名称及住所,以及属于法人时,其代表人的姓名;

(三)已经登记者,进行电子公告调查的事务所的所在地。

第945条 （登记的更新）

① 登记,在政令所规定的不少于3年的各期间未进行更新的,将会因该

期间的经过而丧失其效力。

② 对前款所规定的登记更新,准用以上3条的规定。

第 946 条 （调查的义务等）

① 调查机关,已被请求进行电子公告调查时,有正当理由的除外,须进行电子公告调查。

② 调查机关,须公正且根据法务省令所规定的方法进行电子公告调查。

③ 调查机关,在进行电子公告调查时,须根据法务省令的规定向法务大臣报告已请求进行电子公告调查者(以下在本节中称为"调查委托人")的商号以及法务省令所规定的其他事项。

④ 调查机关,须在电子公告调查后,根据法务省令的规定及时向调查委托人通知该电子公告调查的结果。

第 947 条 （不得进行电子公告调查的情形）

调查机关,对下列者通过电子公告所进行的公告,或者由法务省令规定的该人或其理事等所参与的情形下的该公告,不得进行电子公告调查：

（一）该调查机关；

（二）该调查机关属于股份公司时的母股份公司(指以该调查机关为子公司的股份公司)；

（三）理事等或者职员(含在过去2年内曾属于其中之一者,在下项中相同)占该调查机关理事等的比例超过1/2的法人；

（四）在理事等或者职员中,包括该调查机关(作为法人的调查机关除外)或者享有该调查机关代表权的理事等的法人。

第 948 条 （事务所的变更备案）

调查机关拟变更进行电子公告调查事务所的所在地时,在拟变更之日的2周前,须向法务大臣备案。

第 949 条 （业务规程）

① 调查机关,须规定有关电子公告调查业务的规程(在下款中称为"业务规程"),并须在电子公告调查业务开始前向法务大臣备案。拟变更该规程时,亦同。

② 在业务规程中,须规定进行电子公告调查的方法、电子公告调查的费用及其他法务省令所规定的事项。

第 950 条 （业务的停止或废止）

调查机关拟停止或废止全部或者部分电子公告调查业务时,须根据法务省令的规定,提前向法务大臣备案该意旨。

第 951 条 （各财务报表等的置备及查阅等）

① 调查机关,在每个事业年度结束后的 3 个月内,须制作该事业年度的财产目录、资产负债表、利润表或者收支平衡表以及事业报告书（含代替这些报表的制作已制作电子记录时的该电子记录,在下款中称为"各财务报表等"）,并须在事务所置备 5 年。

② 调查委托人及其他利害关系人,对调查机关在其业务时间内,可随时提出下列请求。但提出第 2 项或者第 4 项所列请求时,须支付该调查机关所规定的费用：

（一）各财务报表等以书面形式所制作时,查阅或者誊写该书面文件的请求；

（二）交付前项所规定书面文件的誊本或者抄本的请求；

（三）各财务报表等以电子记录形式所制作时,查阅或者誊写通过法务省令规定的方法所表示的已记录于该电子记录中的事项的请求；

（四）通过调查机关所规定的电子方法提供已记录于前项所规定电子记录中的事项,或者交付已记载该事项的书面文件的请求。

第 952 条 （符合规定的命令）

法务大臣,认为调查机关已不再符合第 944 条第 1 款各项之一时,可命令该调查机关为符合这些规定应采取必要的措施。

第 953 条 （改善命令）

法务大臣,认为调查机关已违反第 946 条的规定时,可命令该调查机关应采取对进行电子公告调查或者改善电子公告调查的方法及其他业务方法所必要的措施。

第 954 条 （登记的撤销等）

法务大臣,认为调查机关符合下列之一时,可撤销其登记,或者可命令在所规定的期限停止全部或者部分电子公告调查业务：

（一）已符合第 943 条第 1 项或者第 3 项时；

（二）已违反第 947 条（含在电子公告关联规定中所准用的情形）至第 950 条、第 951 条第 1 款或者下条第 1 款（含在电子公告关联规定中所准用的情形）的规定时；

（三）无正当理由而已拒绝第 951 条第 2 款各项或者下条第 2 款各项（含在电子公告关联规定中所准用的情形）所规定的请求时；

（四）已违反第 952 条或者前条（含在电子公告关联规定中所准用的情形）所规定的命令时；

（五）通过不正当手段已接受第941条所规定的登记时。

第955条 （调查记录簿等的记载等）

① 调查机关,须根据法务省令的规定,备有由法务省令所规定的调查记录或者类似于此的记录簿册(以下在本条中称为"调查记录簿等"),并记载或者记录法务省令针对电子公告调查所规定的事项,以及须保存该调查记录簿等。

② 调查委托人以及其他利害关系人,可对调查机关在其业务时间内,随时就该调查机关根据前款或者下条第2款的规定所保存的调查记录簿等(限于有利害关系的部分),提出下列请求。但提出该请求时,须支付该调查机关所规定的费用：

（一）调查记录簿等以书面形式所制作时,交付该书面文件副本的请求；

（二）调查记录簿等以电子记录形式所制作时,通过调查机关所规定的电子方法提供已记录于该电子记录中的事项的请求,或者交付已记载该事项的书面文件的请求。

第956条 （调查记录簿等的交接）

① 调查机关,拟废止全部电子公告调查业务时,或者已根据第954条的规定撤销了登记时,须向其他调查机关交接与其保存相关的前条第1款(含在电子公告关联规定中所准用的情形)所规定的调查记录簿等。

② 根据前款的规定已接受同款所规定的调查记录簿等的交接的调查机关,须根据法务省令的规定保存该调查记录簿等。

第957条 （由法务大臣实施电子公告调查业务）

① 法务大臣,在无接受登记者时,以及已提出第950条所规定的停止或废止全部或者部分电子公告调查业务的备案时,根据第954条的规定已撤销登记,或者已对调查机关作出了停止全部或者部分电子公告调查业务的命令时,调查机关因自然灾害及其他事由进行全部或者部分电子公告调查业务已陷入困境时,以及认为有其他必要时,可自行实施全部或者部分该电子公告调查业务。

② 法务大臣根据前款的规定自行实施全部或者部分电子公告调查业务时的有关电子公告调查业务的交接及其他必要事项,由法务省令作出规定。

③ 根据第1款的规定请求由法务大臣实施电子公告调查者,须在考量实际费用的基础上缴纳政令所规定数额的手续费。

第958条 （报告及检查）

① 法务大臣,在本法实施的必要限度内,可让调查机关报告其业务或经

营状况,或让其职员深入调查机关的事务所或事业所,对业务状况、账簿、文件以及其他物件进行检查。

② 根据前款的规定,职员进行现场检查时,须携带表明其身份的证明,并须向相关人出示该证件。

③ 第1款所规定的现场检查权限,不得将其解释为刑事犯罪搜查所设定的权限。

第 959 条 （公示）

法务大臣,在下列情形下须在官报上公示其意旨:

（一）已进行登记时;

（二）根据第 945 条第 1 款的规定确认登记已丧失其效力时;

（三）已提出第 948 条或者第 950 条所规定的备案时;

（四）根据第 954 条的规定已撤销登记,或者已作出停止全部或者部分电子公告调查业务的命令时;

（五）根据第 957 条第 1 款的规定,法务大臣决定自行实施全部或者部分电子公告调查业务时,或者决定不实施自行所进行的全部或者部分电子公告调查业务时。

第八编　罚　则

第 960 条　（董事等的特别渎职罪）①

下列人者,以为自己或第三人谋取利益或者给股份公司造成损害为目的,实施违背其任务的行为,并对该股份公司已造成财产损害时,处 10 年以下的有期徒刑或 1000 万日元以下的罚金,或者二者并处:

（一）发起人;

（二）设立时董事或者设立时监事;

（三）董事、会计参与、监事或者执行官;

（四）根据民事保全法第 56 条所规定的临时处分命令已被选任的代行董事、监事或者执行官职务者;

（五）根据第 346 条第 2 款、第 351 条第 2 款或者第 401 条第 3 款（含在第 403 条第 3 款以及第 420 条第 3 款中所准用的情形）的规定,已被选任的应临时执行董事(监查等委员会设置公司时,指作为监查等委员的董事或者之外的董事)、会计参与、监事、代表董事、委员（指提名委员会、监查委员会或者报酬委员会的委员）、执行官或者代表执行官职务者;

（六）经理人;

（七）已接受有关事业的某种类或者特定事项委托的使用人;

（八）检查官。

---

①　日文条文原文中称为"特别背任罪",其中"背任",指为自己或者第三人谋取私利而实施违背其任务并给公司造成财产损害的行为。实际上,该罪行在损公肥私的这一点上,与我国刑法针对国家机关工作人员所规定的"渎职罪"基本相同(参见我国《刑法》第 397 条第 1 款等的规定),故为了便于理解,本翻译将其译为"特别渎职罪",特此说明。

② 下列者，以为自己或第三人谋取利益或者给清算股份公司造成损害为目的，实施违背其任务的行为，并对该清算股份公司已造成财产损害时，与前款相同：

（一）清算股份公司的清算人；

（二）根据民事保全法第 56 条所规定的临时处分命令已被选任的代行清算股份公司清算人职务者；

（三）根据在第 479 条第 4 款中所准用的第 346 条第 2 款，或者在第 483 条第 6 款中所准用的第 351 条第 2 款的规定，已被选任的应临时执行清算人或者代表清算人职务者；

（四）清算人代理；

（五）监督委员；

（六）调查委员。

第 961 条 （公司债券持有人代表等的特别渎职罪）

公司债券持有人代表或者决议执行人（指第 737 条第 2 款所规定的决议执行人，以下相同），以为自己或第三人谋取利益或者给公司债券持有人造成损害为目的，实施违背其任务的行为，并对公司债券持有人已造成财产损害时，处 5 年以下的有期徒刑或 500 万日元以下的罚金，或二者并处。

第 962 条 （未遂罪）

对以上 2 条所规定罪行的未遂，予以刑罚。

第 963 条 （危害公司财产罪）

① 第 960 条第 1 款第 1 项或者第 2 项所列者，就第 34 条第 1 款或第 63 条第 1 款所规定的缴纳或交付，或者就第 28 条各项所列的事项，对法院或者创立大会或种类创立大会进行了虚假陈述，或者已隐瞒事实时，处 5 年以下的有期徒刑或 500 万日元以下的罚金。

② 第 960 条第 1 款第 3 项至第 5 项所列者，就 199 条第 1 款第 3 项或者第 236 条第 1 款第 3 项所列事项，对法院或者股东大会或种类股东大会进行了虚假陈述，或者已隐瞒事实时，也与前款相同。

③ 检查官，就第 28 条各项、第 199 条第 1 款第 3 项或者第 236 条第 1 款第 3 项所列事项，对法院进行了虚假陈述，或者已隐瞒事实时，也与第 1 款相同。

④ 根据第 94 条第 1 款的规定已被选任者，就第 34 条第 1 款或第 63 条第 1 款所规定的缴纳或交付，或者就第 28 条各项所列事项，对创立大会进行了虚假陈述，或者已隐瞒事实时，也与第 1 款相同。

⑤ 第960条第1款第3项至第7项所列者,符合下列情形之一时,也与第1款相同:

(一) 与何人的名义进行无关,以股份公司的损益不正当地已取得其股份时;

(二) 违反法令或章程的规定,已进行盈余金分配时;

(三) 在股份公司的经营范围外,为投机交易已处分股份公司的财产时。

第964条 (虚假文书使用等罪)

① 下列者,在募集股份、新股预约权、公司债券或者附新股预约权公司债券的认购人时,在记载了有关公司事业及其他事项说明的资料或有关该募集的广告及其他有关该募集的文书中,已使用就重要事项存在虚假记载的资料,或者代替这些书面资料的制作,在以电子记录形式所制作的电子记录中,在该募集事务中已提供就重要事项存在虚假记录的电子记录时,处5年以下的有期徒刑或500万日元以下的罚金,或二者并处:

(一) 第960条第1款第1项至第7项所列者;

(二) 执行份额公司业务的股东;

(三) 根据民事保全法第56条所规定的临时处分命令已被选任的代行份额公司业务执行股东的职务者;

(四) 已接受募集股份、新股预约权、公司债券或者附新股预约权公司债券认购人委托者。

② 进行股份、新股预约权、公司债券或者附新股预约权公司债券出售者,在有关该出售的文书中已使用就重要事项存在虚假记载的资料,或者代替这些文书的制作,在以电子记录形式所制作的电子记录中,在该出售事务中已提供就重要事项存在虚假记录的电子记录时,也与前款相同。

第965条 (虚假出资罪)

第960条第1款第1项至第7项所列者,为假装与股份发行相关的缴纳已进行虚假贷款时,处5年以下的有期徒刑或500万日元以下的罚金,或二者并处。协助虚假贷款者,亦同。

第966条 (股份超额发行罪)

下列者,超过股份公司可发行股份的总数已发行股份时,处5年以下的有期徒刑或500万日元以下的罚金:

(一) 发起人;

(二) 设立时董事或者设立时执行官;

(三) 董事、执行官或者清算股份公司的清算人;

（四）根据民事保全法第 56 条所规定的临时处分命令已被选任的代行董事、执行官或者清算股份公司清算人职务者；

（五）根据第 346 条第 2 款（含在第 479 条第 4 款中作准用的情形）或者在第 403 条第 3 款中所准用的第 401 条第 3 款的规定,已被选任的应临时执行董事（监查等委员会设置公司时,指作为监查等委员的董事或者之外的董事）、执行官或者清算股份公司清算人职务者。

第 967 条 （董事等的行贿受贿罪）

① 下列者,就其职务接受不正当请托,并收受财产上的利益,或者已提出该要求或已作出约定时,处 5 年以下的有期徒刑或 500 万日元以下的罚金：

（一）第 960 条第 1 款各项或者第 2 款各项所列者；

（二）第 961 条所规定者；

（三）会计监查人或者根据第 346 条第 4 款的规定已被选任的应临时执行会计监查人职务者。

② 提供前款所规定利益,或者已提出请求或已作出约定时,处 3 年以下的有期徒刑或 300 万日元以下的罚金。

第 968 条 （有关股东等权利行使的行贿受贿罪）

① 就下列事项接受不正当请托,并收受财产上的利益,或者已提出其要求或已作出约定者,处 5 年以下的有期徒刑或 500 万日元以下的罚金：

（一）在股东大会、种类股东大会、创立大会、种类创立大会、公司债券持有人会议或者债权人会议上的发言或者表决权的行使；

（二）第 210 条或第 247 条、第 297 条第 1 款或第 4 款、第 303 条第 1 款或第 2 款、第 304 条、第 305 条第 1 款或第 306 条第 1 款或第 2 款（含在第 325 条中准用这些规定的情形）、第 358 条第 1 款、第 360 条第 1 款或第 2 款（含在第 482 条第 4 款中准用这些规定的情形）、第 422 条第 1 款或第 2 款、第 426 条第 7 款、第 433 条第 1 款或第 479 条第 2 款所规定的股东权利的行使,第 511 条第 1 款或第 522 条第 1 款所规定的股东或债权人权利的行使,或者第 547 条第 1 款或第 3 款所规定的债权人权利的行使；

（三）持有相当于公司债券总额（已清偿额除外）的 1/10 以上的公司债券的公司债券持有人权利的行使；

（四）第 828 条第 1 款、第 829 条至第 831 条、第 833 条第 1 款、第 847 条第 3 款或第 5 款、第 847 条之 2 第 6 款或第 8 款、第 847 条之 3 第 7 款或第 9 款、第 853 条、第 854 条或者第 858 条所规定诉讼的提起（限于股东等〈指第

847条之4第2款所规定的股东,在下项中相同〉股份公司的债权人或者持有新股预约权或附新股预约权公司债券者所提起的诉讼);

(五)第849条第1款所规定的股东等的诉讼参加。

② 提供前款所规定的利益,或者已提出其请求或已作出约定者,也与同款相同。

第969条 （没收以及追缴）

符合第967条第1款或者前条第1款所规定的情形,且犯人已收受的利益,予以没收。不能没收其全部或者部分时,追缴其价额。

第970条 （有关股东权利行使的利益提供罪）

① 第960条第1款第3项至第6项所列者,或者股份公司的其他使用人,就股东的权利、与该股份公司相关的资格符合旧股东(指第847条之2第9款所规定的资格符合旧股东,在第3款中相同)的权利,或者该股份公司的最终全资母公司等(指第847条之3第1款所规定的最终全资母公司等,在第3款中相同)的股东的权利行使,以该股份公司或者其子公司的损益已提供财产上的利益时,处3年以下的有期徒刑或300万日元以下的罚金。

② 知情且已接受前款所规定利益的提供,或者让第三人已提供这种利益者,也与同款相同。

③ 就股东的权利、与股份公司相关的资格符合旧股东的权利,或者该股份公司的最终全资母公司等的股东的权利行使,以该股份公司或者其子公司的损益,已向同款所规定者要求给自己或者第三人提供第1款所规定利益者,也与同款相同。

④ 已犯有以上2款所规定罪行者,就其实行对第1款所规定者实施了胁迫行为时,处5年以下的有期徒刑或500万日元以下的罚金。

⑤ 对已犯有以上3款所规定罪行者,可根据情节并处有期徒刑及罚金。

⑥ 已犯有第1款所规定罪行者,已自首时可减轻或免除其刑罚。

第971条 （国外犯）

① 第960条至第963条、第965条、第966条、第967条第1款、第968条第1款以及前条第1款所规定的罪行,对在日本国之外已犯有这些罪行者也适用。

② 第967条第2款、第968条第2款以及前条第2款至第4款所规定的罪行,服从刑法(1907年法律第45号)第2条之例。

第972条 （对法人的罚则适用）

第960条、第961条、第963条至第966条、第967条第1款或者第970

条第 1 款所规定者属于法人时，对已实施其行为的董事、执行官及其他执行业务的公司负责人或者经理人，分别适用这些规定以及第 962 条的规定。

第 973 条 （业务停止命令违反罪）

对已违反第 954 条所规定的全部或者部分电子公告调查（指第 942 条第 1 款所规定的电子公告调查，以下相同）业务停止命令者，处 1 年以下的有期徒刑或 100 万日元以下的罚金，或二者并处。

第 974 条 （虚假备案等罪）

对属于下列之一者，处 30 万日元以下的罚金：

（一）未进行第 950 条所规定的备案，或者已进行虚假备案者；

（二）违反第 955 条第 1 款的规定，未在调查记录簿上记载或者记录对同款所规定的电子公告调查法务省令所规定的事项，或进行虚假记载或记录，或者违反同款或第 956 条第 2 款的规定，未保存调查记录簿等者；

（三）未进行第 958 条第 1 款所规定的报告，或进行虚假报告，或者已拒绝、妨碍、或规避同款所规定的检查者。

第 975 条 （同时处罚规定）

法人的代表人或者法人或人的代理人、使用人及其他从业人员，就该法人或者人的业务，已实施以上 2 条所规定的违反行为时，除处罚行为人外，对该法人或者人，也处各本条所规定的罚金刑。

第 976 条 （应处罚款的行为）

发起人、设立时董事、设立时监事、设立时执行官、董事、会计参与或应执行其职务的股东、监事、执行官、会计监查人或应执行其职务的股东、清算人、清算人代理、执行份额公司业务的股东、根据民事保全法第 56 条所规定的临时处分命令已被选任的董事、监事、执行官、清算人或代行份额公司业务执行股东职务者、第 960 条第 1 款第 5 项所规定的应临时执行董事、会计参与、监事、代表董事、委员、执行官或代表执行官职务者、同条第 2 款第 3 项所规定的应临时执行清算人或代表清算人职务者、第 967 条第 1 款第 3 项所规定的应临时执行会计监查人职务者、检查官、监督委员、调查委员、股东名册管理人、公司债券存根簿管理人、公司债券管理人、承继事务的公司债券管理人、公司债券持有人代表、决议执行人、外国公司在日本的代表人或者经理人，属于下列情形之一时，处 100 万日元以下的罚款。但就该行为应处刑罚时，不在此限：

（一）已懈怠进行本法所规定的登记时；

（二）已懈怠进行本法所规定的公告或通知时，或者进行了不正当的公告或通知时；

（三）已懈怠进行本法所规定的披露时；

（四）违反本法规定，无正当理由已拒绝对通过法务省令规定的方法所表示的已记载或者记录于书面文件或电子记录中的事项的查阅或誊写，或者已拒绝对书面文件誊本或抄本的交付、通过电子方法将已记录于电子记录中的事项的提供，或者已拒绝对已记载该事项的书面文件的交付时；

（五）已妨碍本法所规定的调查时；

（六）对政府机关、股东大会、种类股东大会、创立大会或种类创立大会、公司债券持有人会议或者债权人会议已进行虚假陈述或者已隐瞒事实时；

（七）未在章程、股东名册、股票丧失登记簿、新股预约权存根簿、公司债券存根簿、会议记录、财产目录、会计账簿、资产负债表、利润表、事业报告、事务报告，第435条第2款或第494条第1款所规定的附属明细表、会计参与报表、监查报告、会计监查报告、决算报告，或者第122条第1款、第149条第1款、第171条之2第1款、第173条之2第1款、第179条之5第1款、第179条之10第1款、第182条之2第1款、第182条之6第1款、第250条第1款、第270条第1款、第682条第1款、第695条第1款、第782条第1款、第791条第1款、第794条第1款、第801条第1款或第2款、第803条第1款、第811条第1款或第815条第1款或第2款所规定的书面文件或电子记录中，记载或者记录应记载或记录的事项，或者进行了虚假记载或记录时；

（八）违反第31条第1款的规定，第74条第6款、第75条第3款、第76条第4款、第81条第2款或82条第2款（含在第86条中准用这些规定的情形）、第125条第1款、第171条之2第1款、第173条之2第2款、第179条之5第1款、第179条之10第2款、第182条之2第1款、第182条之6第2款、第231条第1款或第252条第1款、第310条第6款、第311条第3款、第312条第4款、第318条第2款或第3款或第319条第2款（含在第325条中准用这些规定的情形）、第371条第1款（含在第490条第5款中所准用的情形）、第378条第1款、第394条第1款、第399条之11第1款、第413条第1款、第442条第1款或第2款、第496条第1款、第684条第1款、第731条第2款、第782条第1款、第791条第2款、第794条第1款、第801条第3款、第803条第1款、第811条第2款或者第815条第3款的规定，未置备账簿、书面文件或电子记录时；

（九）无正当理由，对股东或者设立时股东在股东大会或种类股东大会或者创立大会或种类创立大会上所请求的事项未进行说明时；

（十）违反第 135 条第 1 款的规定已取得股份时,或者违反同条第 3 款的规定已懈怠进行股份的处分时;

（十一）违反第 178 条第 1 款或者第 2 款的规定,已注销股份时;

（十二）违反第 197 条第 1 款或者第 2 款的规定,已拍卖或者出售股份时;

（十三）在股份、新股预约权或者公司债券的发行之日前,已发行股票、新股预约权证券或者公司债券证券时;

（十四）违反第 215 条第 1 款、第 288 条第 1 款或者第 696 条的规定,未及时发行股票、新股预约权证券或者公司债券证券时;

（十五）未在股票、新股预约权证券或者公司债券证券上记载应记载事项,或者已进行虚假记载时;

（十六）违反第 225 条第 4 款、第 226 条第 2 款、第 227 条或者第 229 条第 2 款的规定,未注销股票丧失登记时;

（十七）违反第 230 条第 1 款的规定,在股东名册上已进行记载或者记录时;

（十八）违反第 296 条第 1 款的规定或者第 307 条第 1 款第 1 项(含在第 325 条中所准用的情形)或第 359 条第 1 款第 1 项所规定的法院命令,未召集股东大会时;

（十九）已提出依第 303 条第 1 款或者第 2 款(含在第 325 条中准用这些规定的情形)所规定的请求,但未将与该请求相关事项作为股东大会或者种类股东大会的议题事项时;

（十九之二）违反第 331 条第 6 款的规定,未以作为监查等委员的董事的过半数的方式选任独立董事时;

（二十）违反第 335 条第 3 款的规定,未以监事半数以上的方式选任独立监事时;

（二十一）已提出第 343 条第 2 款(含根据第 347 条第 2 款的规定所替换适用的情形),或者第 344 条之 2 第 2 款(含根据第 347 条第 1 款的规定所替换适用的情形)所规定的请求,但未将与该请求相关的事项作为股东大会或种类股东大会的议题事项,或者未向股东大会或种类股东大会提出与该请求相关的议案时;

（二十二）董事(监查等委员会设置公司时,指作为监查等委员的董事或者之外的董事)、会计参与、监事、执行官或会计监查人已不足本法或章程所规定的人数,但已懈怠履行其选任(含应临时执行会计监查人职务者的选任)

的程序时；

（二十三）违反第 365 条第 2 款（含在第 419 条第 2 款以及第 489 条第 8 款中所准用的情形）的规定，未向董事会或者清算人会进行报告，或者已进行虚假报告时；

（二十四）违反第 390 条第 3 款的规定，未选定专职监事时；

（二十五）违反第 445 条第 3 款或第 4 款的规定，未提留资本公积金或公积金，或者违反第 448 条的规定，已减少公积金额时；

（二十六）违反第 449 条第 2 款或第 5 款、第 627 条第 2 款或第 5 款、第 635 条第 2 款或第 5 款、第 670 条第 2 款或第 5 款、第 779 条第 2 款或第 5 款（含在第 781 条第 2 款中准用这些规定的情形）、第 789 条第 2 款或第 5 款（含在第 793 条第 2 款中准用这些规定的情形）、第 799 条第 2 款或第 5 款（含在第 802 条第 2 款中准用这些规定的情形）、第 810 条第 2 款或第 5 款（含在第 813 条第 2 款中准用这些规定的情形），或者第 820 条第 1 款或第 2 款的规定，已减少资本金或公积金额、已返还出资份额、处分份额公司的财产、已进行组织形式变更、吸收合并、新设合并、吸收分立、新设分立、股份交换、股份移转，或者外国公司在日本的全体代表人已离任时；

（二十七）违反第 484 条第 1 款或第 656 条第 1 款的规定，已懈怠破产程序开始的申请时，或者违反第 511 条第 2 款的规定，已懈怠进行特别清算开始的申请时；

（二十八）以延迟清算结束为目的，不正当地已规定第 499 条第 1 款、第 660 条第 1 款或者第 670 条第 2 款所规定的期间时；

（二十九）违反第 500 条第 1 款、第 537 条第 1 款或者第 661 条第 1 款的规定，已进行债务清偿时；

（三十）违反第 502 条或者第 664 条的规定，已分配清算股份公司或者清算份额公司的财产时；

（三十一）已违反第 535 条第 1 款或者第 536 条第 1 款的规定时；

（三十二）已违反第 540 条第 1 款或第 2 款或者第 542 条第 1 款或第 2 款所规定的保全处分时；

（三十三）违反第 702 条的规定已发行公司债券，或者违反第 714 条第 1 款的规定未确定承继事务的公司债券管理人时；

（三十四）已违反第 827 条第 1 款所规定的法院命令时；

（三十五）违反第 941 条的规定，未请求电子公告调查时。

第 977 条

对属于下列情形之一者,处 100 万日元以下的罚款:

(一)违反第 946 条第 3 款的规定,未进行报告,或者进行了虚假报告者;

(二)违反第 951 条第 1 款的规定,未置备各财务会计报表等(指同款所规定的各财务会计报表等,以下相同),或者未在各财务会计报表等上记载或记录应记载或记录的事项,或进行了虚假记载或记录者;

(三)无正当理由已拒绝第 951 条第 2 款各项或者第 955 条第 2 款各项所列请求者。

第 978 条

对属于下列情形之一者,处 100 万日元以下的罚款:

(一)违反第 6 条第 3 款的规定,在其商号中已使用有可能被误认为其他种类公司的文字者;

(二)违反第 7 条的规定,在其名称或者商号中已使用有可能被误认为是公司的文字者;

(三)违反第 8 条第 1 款的规定,已使用有可能被误认为其他公司(含外国公司)的名称或商号者。

第 979 条

① 对公司成立前使用该公司的名义已开展事业者,处相当于公司设立的登记免许税额的罚款。

② 违反第 818 条第 1 款或者第 821 条第 1 款的规定已进行交易者,也与前款相同。

附则(2005 年 7 月 26 日法律第 86 号)

① (施行日期)

本法,在自公布之日算起不超过 1 年 6 个月的范围内,自政令所规定之日起施行。

② (过渡措施的原则)

本法的规定(罚则除外),其他法律另有特别规定的除外,对本法施行前已发生的事项也适用。

③ (有关商号使用的过渡措施)

对在本法施行之际,在其商号中已使用有可能误认为是合同公司的文字时的公司法施行关联法律清理法(2005 年法律第 87 号)第 3 条第 2 款规定的特例有限公司、根据同法第 66 条第 1 款前段的规定所存续的股份公司或者根据同条第 3 款前段的规定所存续的两合公司或无限公司,自本法施行之日起的 6 个月期间(这些公司在该期间内已进行商号变更时,指变更该商号前的期间),不适用第 6 条第 3 款的规定。

④ (合并等之际有关对股东支付现金等的过渡措施)

自本法施行之日起经过 1 年之日前的期间,就适用有关已订立合并合同的合并、已订立吸收分立合同的吸收分立或已制作新设分立计划的新设分立、已订立股份交换合同的股份交换或者已制作股份移转计划的股份移转程序的第 749 条第 1 款第 2 项、第 751 条第 1 款、第 753 条第 1 款、第 755 条第 1 款、第 758 条第 4 项、第 760 条、第 763 条、第 765 条第 1 款、第 768 条第 1 款第 2 项、第 770 条第 1 款以及第 773 条第 1 款的规定,将第 749 条第 1 款第 2 项中的"下列事项"改为"下列事项(2 至 5 所列事项除外)",将第 751 条第 1

款各项所列记以外部分中的"下列事项"改为"下列事项(第 3 项以及第 4 项所列事项除外)",将第 753 条第 1 款各项所列记以外部分中的"下列事项"改为"下列事项(第 8 项以及第 9 项所列事项除外)",将第 755 条第 1 款各项所列记以外部分中的"下列事项"改为"下列事项(第 6 项以及第 7 项所列事项除外)",将第 758 条第 4 项中的"下列事项"改为"下列事项(2 至 5 所列事项除外)",将第 760 条各项所列记以外部分中的"下列事项"改为"下列事项(第 5 项所列事项除外)",将第 763 条各项所列记以外部分中的"下列事项"改为"下列事项(第 8 项以及第 9 项所列事项除外)",将第 765 条第 1 款各项所列记以外部分中的"下列事项"改为"下列事项(第 6 项以及第 7 项所列事项除外)",将第 768 条第 1 款第 2 项中的"下列事项"改为"下列事项(2 至 5 所列事项除外)",将第 770 条第 1 款各项所列记以外部分中的"下列事项"改为"下列事项(第 3 项以及第 4 项所列事项除外)",将第 773 条第 1 款各项所列记以外部分中的"下列事项"改为"下列事项(第 7 项以及第 8 项所列事项除外)"。

附则(2014 年 5 月 30 日法律第 42 号)

第 1 条 (施行日期)
　　本法,在自公布之日算起不超过 2 年的范围内,自政令所规定之日起施行。

附则(2014年6月27日法律第90号)

第1条 （施行日期）

本法,在自公布之日算起不超过1年6个月的范围内,自政令所规定之日起施行。

第2条 （过度措施的原则）

通过本法修改后的公司法(以下称为"新公司法")的规定(罚则除外),本附则另有特别规定的除外,对本法施行之日(以下称为"施行日")前已发生的事项也适用。但这并不影响根据本法修改前的公司法(以下称为"旧公司法)的规定所发生的效力。

第3条 （有关委员会设置公司的过度措施）

① 本法施行之际当时作为委员会设置公司(指旧公司法第2条第12项所规定的委员会设置公司,在下款中相同)的股份公司,或者在施行日前已接受旧公司法第30条第1款所规定的章程(限于存在设置同项所规定委员会之意的规定的章程)的公证,且在本法施行后成立的股份公司的章程中,视为存在设置新公司法第2条第12项所规定的提名委员会等之意的规定。

② 将旧公司法所规定的委员会设置公司的登记,视为新公司法第911条第3款第23项所列事项的登记。

第4条 （有关独立董事以及独立监事要件的过度措施）

就本法施行之际当时设置旧公司法第2条第15项所规定的独立董事或者同条第16项所规定的独立监事的股份公司的独立董事或者独立监事,在本法施行后与最初结束的事业年度有关的年度股东大会结束之时前,与新公司法第2条第15项或者第16项的规定无关,仍根据前例。

第 5 条 （有关欺诈性事业转让等的过度措施）

① 就施行日前已订立公司向其他公司转让事业的合同时的该事业转让，不适用新公司法第 23 条之 2 的规定。

② 就施行日前已订立公司对商人转让事业的合同或者已订立公司受让商人的营业的合同时的该事业转让或者营业受让，与新公司法第 24 条的规定无关，仍根据前例。

第 6 条 （有关设立时发行股份的过度措施）

施行日前，章程已接受旧公司法第 30 条第 1 款所规定的公证，就与该章程相关的股份公司的设立之际所发行的设立时发行股份，不适用新公司法第 52 条之 2、第 102 条第 3 款以及第 4 款、第 102 条之 2 以及第 103 条第 2 款及第 3 款的规定。

第 7 条 （有关成为公开公司时的可发行股份总数的过度措施）

在施行日前，章程规定了非公开公司的股份公司成为公开公司之意，为了进行与该章程的变更相关的决议已开始股东大会的召集程序，对该章程变更后的可发行股份总数，与新公司法第 113 条第 3 款的规定无关，仍根据前例。

第 8 条 （有关与章程变更等相关的股份回购请求的过度措施）

在施行日前，为进行与旧公司法第 116 条第 1 款各项所规定行为相关的决议已开始股东大会的召集程序（为实施同款各项所规定行为不需要股东大会的决议时，指已作出与该行为相关的董事会的决议或者董事或执行官的决定的情形），就与该行为相关的股份回购请求，仍根据前例。

第 9 条 （有关与章程变更相关的新股预约权回购请求的过度措施）

在施行日前，为进行与旧公司法第 118 条第 1 款各项所列章程变更相关的决定已开始股东大会召集程序，就与该章程变更相关的新股预约权回购情形，仍根据前例。

第 10 条 （有关附全部取得条件种类股份取得的过度措施）

在施行日前，为进行旧公司法第 171 条第 1 款所规定决议已开始股东大会的召集程序，就该附全部取得条件种类股份的取得，仍根据前例。

第 11 条 （有关股份合并的过度措施）

在施行日前，为进行与旧公司法第 180 条第 2 款所规定的决议已开始股东大会的召集程序，就该股份的合并，仍根据前例。

第 12 条 （有关募集股份的过度措施）

在施行日前，已作出旧公司法第 199 条第 2 款所规定的募集事项的决定时，就该募集股份，不适用新公司法第 205 条第 2 款、第 206 条之 2、第 209 条第 2 款以及第 3 款、第 213 条之 2 以及第 213 条之 3 的规定。

第 13 条 （有关新股预约权的过渡措施）

① 在施行日前，已作出旧公司法第 238 条第 1 款所规定的募集事项的决定时，就该募集新股预约权，不适用新公司法第 244 条第 3 款、第 244 条之 2、第 282 条第 2 款以及第 3 款、第 286 条之 2 以及第 286 条之 3 的规定。

② 对在施行日前已被发行的新股预约权（募集新股预约权除外），不适用新公司法第 282 条第 2 款以及第 3 款、第 286 条之 2 以及第 286 条之 3 的规定。

第 14 条 （有关新股预约权无偿分配的过度措施）

在施行日前已作出旧公司法第 278 条第 1 款各项所列事项的决定时，就该新股预约权无偿分配，仍根据前例。

第 15 条 （有关就会计监查人选任等的议案内容的决定的过渡措施）

在施行日前，为进行有关会计监查人的选任或解任或者会计监查人不再连任的决议已开始股东大会的召集程序时，就与会计监查人的选任或解任或者会计监查人不再连任相关的程序，与新公司法第 344 条的规定无关，仍根据前例。

第 16 条 （有关董事等的部分责任免除等的过度措施）

对基于董事、会计参与、监事、执行官或者会计监查人在施行日前的行为的部分责任的免除以及有关该责任限度的合同，与新公司法第 425 条至第 427 条的规定无关，仍根据前例。此时，拟免除该部分责任时，就作为监查等委员会设置公司（指新公司法第 2 条第 11 项之 2 所规定的监查等委员会设置公司）的股份公司适用旧公司法第 425 条第 3 款（含在旧公司法第 426 条第 2 款至第 427 条第 3 款中所准用的情形，以下在本条中相同）的规定，将旧公司法第 425 条第 3 款中的"监事设置公司或者委员会设置公司"改为"监查等委员会设置公司（指根据修改公司法部分内容的法律〈2014 年法律第 90 号〉修改后的公司法〈以下在本款中称为"新公司法"〉第 2 条第 11 项之 2 所规定的监查等委员会设置公司）"，将"按照以下各项所列股份公司的区别，该各项所规定者"改为"各监查等委员（指新公司法第 38 条第 2 款所规定的监查等委员）"。

第 17 条 （有关子公司的股份或者出资份额转让的过度措施）

在施行日前，已订立与子公司的全部或者部分股份或者出资份额的转让相关的合同时，就该转让，与新公司法第 467 条第 1 款以及第 536 条第 1 款的规定无关，仍根据前例。

第 18 条 （有关事业转让等的过渡措施）

在施行日前，已订立与旧公司法第 468 条第 1 款所规定的事业转让等相关的合同时，就该事业转让等，与新公司法第 469 条以及第 470 条的规定无关，仍根据前例。

第 19 条 （有关股份公司清算的过渡措施）

就施行日前已成为符合旧公司法第 475 条各项所列情形的清算股份公司的监事，与新公司法第 478 条第 6 款以及第 7 款的规定无关，仍根据前例。

第 20 条 （有关股份公司合并等的过度措施）

就施行日前已订立合并合同、吸收分立合同或股份交换合同，或者已制作组织形式变更计划、新设分立计划或股份转移计划的组织形式变更、合并、吸收分立、新设分立、股份交换或者股份转移，仍根据前例。

第 21 条 （有关责任追究等之诉的过度措施）

① 在施行日前已提起旧公司法第 847 条第 1 款所规定的责任追究等之诉时，就该责任追究等之诉，仍根据前例。

② 就施行日前新公司法第 847 条之 2 第 1 款各项所列行为已发生效力的情形，不适用同条的规定。

③ 就施行日前已成为其原因的事实已发生的特定责任（指新公司法第 847 条之 3 第 4 款所规定的特定责任），不适用同条的规定。

第 22 条 （有关与限定监事的监查范围等相关登记的过度措施）

① 在本法施行之际当时章程规定将监事的监查范围限定在财务会计方面的股份公司，在本法施行后监事最初就任或者离任前的期间，不再要求新公司法第 911 条第 3 款第 17 项 1 所列事项的登记。

② 对股份公司在本法施行之际当时存在旧公司法第 911 条第 3 款第 25 项或者第 26 项所规定的登记时，该股份公司，限于与该登记相关的董事或者监事正在任职期间，不再要求注销该登记。

第 23 条 （有关罚则的过度措施）

对施行日前所实施的行为以及根据本附则的规定被规定为仍根据前例时的在施行日后所实施的行为的罚则适用，仍根据前例。

第 24 条 （委托政令）

本附则所规定的过度措施外，就本法施行所必要的过渡措施，由政令作出规定。

第 25 条 （研究）

政府,在本法施行后已经过 2 年,且在综合考虑独立董事的选任情况及其他经济社会形势的变化等的基础上,就企业治理制度的合理性开展研究,并认为有必要时,根据其研究结果,以规定设置独立董事的义务等的方式可采取所需要的措施。